The Conduct of Hostilities under the Law of International Armed Conflict

무력분쟁법상의 적대행위

Yoram Dinstein 저 / 김 현 수 역

연경문화사

서문

본서의 개념과 구성은 2년간 미(美) 해대 국제법 교수로 재직 시, 학생장교와 더불어 여러 곳에서(강의실 안 밖에서) 이미 현시한바 있다. 본인은 또한 해군대학 국제법학과(만사가 교수가 학장임) 교수진들과의 많은 지적인 대화를 갖게 되었다. 강의실 및 과외시간 토의에서 나온 문제들, 논의가 되었던 이론적인 내용들, 조종사, 해군, 해병 및 육군 지휘관들이 제기한 실질적 문제들이 나로 하여금 새로운 측면에서의 적대행위에 관한 법을 고찰하도록 하였다.

본인이 독일 하이델베르크 막스프랑크 국제법연구소의 훔볼트 연구원으로 1년 이상 보낼 수 있었던 것은 대단한 행운이었다. 즐거운 연구 환경에서 본 연구소 소장인 볼프룸 교수의 지도로 여러 학자들과 논쟁하고 메모한 것을 비교하며 대화할 수 있었다. 또한 본 연구소의 터전인 국제법 도서관에 소장된 방대한 자료에 자유롭게 접근할 수 있었다. 본서의 대부분은 하이델베르크에서 연구 및 집필된 것이다.

그때 이후 본인은 원고를 최종 수정하여 최근에 나온 상당한 출판물을 참조하여 진행 중인 사건배경에 대한 각주는 물론 본문 내용까지 지속적으로 수정하였다. 또한 무시무시한 9·11 테러사건 이후 제기된 새로운 문제를 제기하였다.

2011년

Yoram Dinstein

역자 서문

시대와 문명의 변화에 따라 무력충돌(전쟁)의 양상도 다양화 되었고 이에 상응하여 무력충돌을 규제하는 관련 법규도 다양하게 등장하게 되었다. 그러나 대다수 무력충돌 관련법규는 다자가 아닌 양자적 성격으로 많이 체결되었고 또한 특정무기를 제한 또는 규제하기 위하여 사후에 일시적으로 나타나는 경우가 많았었다. 따라서 무력충돌 문제를 국제사회의 모든 국가가 총체적으로 규율할 수 있는 보편적 규범의 탄생이 여전히 아쉬운 실정이다. 특히 오늘날 무력충돌의 경우는 그 양상이나 무기사용 및 결과 등이 실로 복잡 미묘하여 관련법규의 충실한 적용이 더욱 어려워지고 있는 것이 사실이다.

본서는 이러한 현실을 고려하여 국제법상의 적대행위 유형들을 대단히 상세하게 고찰하여 실제 전시상황에 직접 적용 가능하도록 구체적인 예시를 언급하고 있다. 역자는 본서 활용의 중요성을 인식하여 해군대학 교수로 재직 시 본서를 번역한 바 있으나 여전히 미진한 부분이 많아 이번에 좀 더 충실한 번역을 하여 출판하게 되었다. 무력충돌법의 근본정신이 인도적 차원의 인명 즉 인권보호와 재산의 보호 및 재산 등의 피해 최소화에 있음을 고려할 때 사전에 어떠한 행위가 적대행위인지 또는 적법행위인지를 구분할 수 있다면 무력충돌 시는 물론 그 이후의 전시배상 등 책임문제 해결에도 상당한 기여를 할 수 있을 것으로 보인다.

특히 본서는 무력충돌 발생 시 무엇이 어떤 것이 적대행위인지 그리고 이러한 행위 발생 시 어떠한 국제법(무력충돌법)이 적용되는지를 상세하게 적시하고 있어 실제로 무력충돌에 참여하는 전투원은 물론이고 지휘관 및 정책집행자들에게 대단히 유익한 법적 자료가 될 것으로 보인다.

끝으로 어려운 여건 하에서도 본서의 출간을 위해 아낌없는 조언과 지원을 해주신 연경문화사 이정수 사장님께 지면을 통해서나마 심심한 감사의 말씀을 드립니다.

2011년 인하대학교 연구실에서

김 현 수

약어

AASL	Annals of Air and Space Law
AC	Appeal Cases [United Kingdom]
AD	Annual Digest and Reports of Public International Law Cases
AFDI	Annuaire Francais de Droit International
AFLR	Air Force Law Review
AIDI	Annuaire de l' Instritut de Droit International
AJIL	American Journal of International Law
ALJ	Australian Law Journal
ALR	Alberta Law Review
ASILSILJ	ASILS International Law Journal
AUILR	American University International Law Review
AUJILP	American University Journal of International Law and Policy

AULR	American University Law Review
Annotated Supplement	Annotated Supplement to the Commander' s Handbook on the Law of Naval Operations, 73 ILS (US Naval War College, A. R. Thomas and J. C. Duncan eds., 1999)
Ar. V.	Archiv des Völkerrechts
BCEALR	Boston College Environmental Affairs Law Review
BJIL	Buffalo Journal of International Law
BPP	Bulletin of Peace Proposals
BUILJ	Boston University International Law Journal
BYBIL	British Year Book of International Law
CILJ	Cornell International Law Journal
CJTL	Columbia Journal of Transnational Law
CLR	California Law Review
CWILJ	California Western International Law Journal
CWRJIL	Case Western Reserve Journal of International Law
CYIl	Canadian Yearbook of International Law
Commentary on the Additional Protocols	Commentary on the Additional Protocols of 8 June to the Geneva Conventions of 12 August 1949(ICRC, Y. Sandoz et al. eds., 1987)
DJCIL	Duke Journal of Comparative & International Law.

DJIL	Dickinson Journal of International Law
DJILP	Denver Journal of International Law and Policy
DSB	Department of State Bulletin
EILR	Emory International Law Review
EJCCLCJ	European Journal of Crime, Criminal Law and Criminal Justice
EJIL	European Journal of International Law
ENMOD	Environmental Modification
EPIL	Encyclopedia of Public International Law (R. Bernhardt ed., 1992–2000)
EPL	Environmental Policy and Law
EPLJ	Environmental and Planning Law Journal
Env. L	Environmental Law
FILJ	Fordham International Law Journal
GIELR	Georgetown International Environmental Law Review
GJICL	Georgia Journal of International and Comparative Law
GLJ	Georgetown Law Journal
GWJILE	George Washington Journal of International Law and Economics
GYIL	German Yearbook of International Law

HHRJ	Harvard Human Rights Journal
HICLR	Hastings International and Comparative Law Review
HILJ	Harvard International Law Journal
HJLPP	Harvard Journal of Law & Public Policy
HRQ	Human Rights Quarterly
Handbook	The Handbook of Humanitarian Law in Armed Conflicts(D. Fleck ed., 1995)
Hum. V.	Humanitäres Völkerrecht
ICC	International Criminal Court
ICJ Rep.	Reports of the International Court of Justice
ICLQ	International and Comparative Law Quarterly
ICRC	International Committee of the Red Cross
ICTY	International Criminal Tribunal for the Former Yugoslavia
IHL	International Humanitarian Law
IJCP	International Journal of Cultural Property
ILM	International Legal Materials
ILR	International Law Reports
ILS	International Law Studies
IMT	International Military Tribunal
IMTFE	International Military Tribunal for the Far East

IRRC	International Review of the Red Cross
IYHR	Israel Yearbook on Human Rights
Int. Aff.	International Affairs
Int. Law.	International Lawyer
Int. Leg.	International Legislation (M. O. Hudson ed., 1931–50)
Int. Org.	International Organization
Int. Rel.	International Relations
JACL	Journal of Armed Conflict Law
JCSL	Journal of Conflict & Security Law
JPR	Journal of Peace Research
JSS	Journal of Strategic Studies
LJIL	Leiden Journal of International Law
LLAICLJ	Loyola of Los Angeles International & Comparative Law Journal
LOIAC	Law of International Armed Conflict
LRTWC	Law Reports of Trials of War Criminals
Laws of Armed Conflicts	The Laws of Armed Conflicts: A Collection of Conventions, Resolutions and Other Documents(D. Schindler and J. Toman eds., 3rd edn, 1988)
MJIL	Michigan Journal of International Law
MPYUNL	Max Planck Yearbook of United Nations Law
Mer.LR	Mercer Law Review

Mich.LR	Michigan Law Review
Mil.LR	Military Law Review
NATO	North Atlantic Treaty Organization
NCLR	North Carolina Law Review
NILR	Netherlands International Law Review
NJIL	Nordic Journal of International Law
NLR	Naval Law Review
NMT	Trials of War Criminals before the Nuremberg Military Tribunals under Control Council Law No. 10
NTIR	Nordisk Tidsskrift for International Ret
NWCR	Naval War College Review
NYIL	Netherlands Yearbook of International Law
NYUJILP	New York University Journal of International Law and Politics
New Rules	New Rules for Victims of Armed Conflicts: Commentary on the Two 1977 Protocols Additional to the Geneva Conventions of 1949 (M. Bothe, K. J. Partsch and W. A. Solf eds., 1982)
PASIL	Proceedings of the American Society of International Law
RCADI	Recueil des Cours de l'Académie de Droit International

RDMDG	Revue de Droit Militaire et de Droit de la Guerre
RDSC	Resolutions and Decisions of the Security Council
RGDIP	Revue Générale de Droit International Public
ROE	Rules of Engagement
SIULJ	Southern Illinois University Law Journal
SJICL	Singapore Journal of International and Comparative Law
SJIL	Stanford Journal of International Law
SJLR	St John's Law Review
SMLJ	St Mary's Law Journal
Ste. LR	Stetson Law Review
Supp.	Supplement
Syd. LR	Sydney Law Review
TJCIL	Tulsa Journal of Comparative and International Law
TJICL	Tulane Journal of International and Comparative Law
UCLAPBLJ	UCLA Pacific Basin Law Journal
UN	United Nations
UNESCO	United Nations Educational, Scientific and Cultural Organization
UNJY	United Nations Juridical Yearbook

UNTS	United Nations Treaty Series
URLR	University of Richmond Law Review
USAFAJLS	United States Air Force Academy Journal of Legal Studies
VJIL	Virginia Journal of International Law
VJTL	Vanderbilt Journal of Transnational Law
VLR	Virginia Law Review
WILJ	Wisconsin International Law Journal
YIEL	Yearbook of International Environmental Law
YIHL	Yearbook of International Humanitarian Law
YJIL	Yale Journal of International Law
YUN	Yearbook of the United Nations
ZaöRV	Zeitschrift für ausländisches öffentliches Recht und Völkerrecht

목차

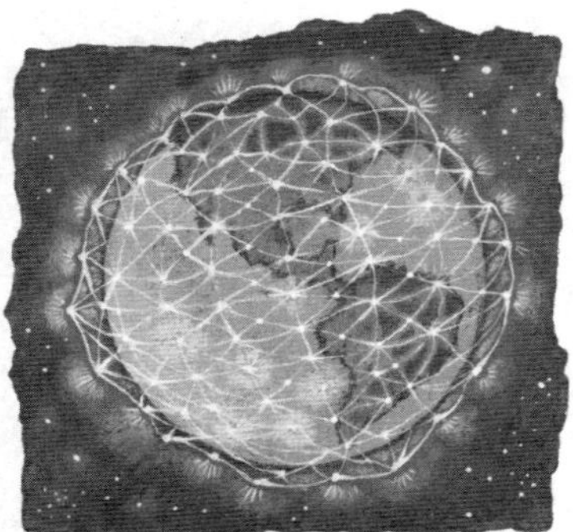

The Conduct of Hostilities under the Law of International Armed Conflict

제1장
서 언

사람들은 포성이 울릴 때도 법이 침묵하고 있었다고 믿어 왔으며 오늘날도 이러한 믿음은 여전히 존재한다. 사실상 적대행위를 규율하는 국제법 규범의 수가 많지 않다는 것은 특이한 현상인바, 비례성, 무차별 전쟁 또는 대량살상무기의 금지와 같은 법률문제는 반드시 그런 것은 아니나 이는 정치인과 언론인들에 의해 많은 영향을 받아왔고 또한 우리의 영역 밖에 있었다. 전쟁이 장군이나 제독들에게만 맡겨지는 것이 일반적인 정서라면 전쟁에 적용될 법률도 동일하다고 보인다.

전쟁법 위반자에 대한 형사처벌을 확인하고자하는 욕구가 점증하는 것처럼 전쟁법에 대한 일반인의 관심 증대도 시대 상황의 급진적 변화에 따라 해가 갈수록 커지고 있다. 본서에서는 이러한 변화 이유가 그리 중요한 것은 아니나, 아마도 이러한 발전은 전자시대에 전쟁의 공포가 텔레비전을 통하여 전장에서 수천마일 떨어진 가정에까지 직접 전달될 수 있다는 사실에 기인한다. 사람들은 오늘날 지구상 도처에서 발생되는 전쟁으로부터 그 어느 때보다도 심각하게 영향을 받게 된다고 믿는다. 또한 대다수 사람들은 전쟁법에 인도적 요소를 어떻게 하면 많이 가미시킬 수 있는가에 대한 생각 및 그 대안을 갖고 있는 것으로 보인다. 물론 이는 바람직한 발전이나, 전쟁이란 승리하기 위해 싸운다는 순수한 생각을 마음속에 항시 갖고 있는 것도 중요하다.

일부 사람들은 가장 고귀한 인도적 자극으로 활력을 불어넣을 수 있다는 생각을 하지는 않으면서 아무런 피해가 없는 전쟁을 보고 싶어 한다. 그러나 이것은 실현 불가능한 꿈에 불과하다. 전쟁은 체스 게임이 아니며 그 정의에서 보듯이 생명의 손실 및 고통과 피해를 수반하게 된다. 이러한 것이 있는 한 인도적 고려가 적대행위의 유일한 법적 중재자가 되기는 어렵다. 전쟁법은 인명 손실, 고통과 피해를 최소화 하기위해 일정 행위를 금지하거나 금지할 수 있다. 그러나 이것은 전쟁에서의 군사적 승리라는 현실적인 대안이 있을 경우에만 가능할 수 있다. 이론적으로 교전자에게 허용 가능한 것이 아무것도 없다면, 이는 궁극적으로 관행상 모든 것이 허용된다는 것을 의미하게 되는바, 그 이유는 관련 규정이 무시될 수 있기 때문이다.

본서는 국제무력충돌 시, 즉 양국 또는 다국 간 무력충돌시의 적대행위를 다룬다. 국내무력충돌을 다루는 국제법 규범은 최근에 상당히 발전되었으며, 여러 분야에서 국가 간 적대행위에 관련된 규칙들을 포함하게 되었다. 그러나 법률적 및 실질적 의미에서 보면, 여전히 국제적 및 국내적 무력충돌 간에는 중요한 비군사적 측면이 존재하고 있다. 이에 본서는 국제무력충돌법(전쟁법)만을 다루며 이는 주로 전시 즉 전쟁발발 시에 적용되는 법을 언급한다는 것을 의미한다.

본서는 국가 간 무력충돌에 관한 법률문제를 언급하려는 것은 아니라 적대행위에 관하여만 집중적으로 고찰할 것이다. 중립, 점령자 또는 전쟁포로의 처리와 같은 문제에 대하여 일부 언급이 있을 것이다. 이는 단지 비교 고찰 또는 문제점을 분명히 하기 위한 목적에 있다는 것을 밝혀둔다. 특히 본서는 국가 간 무력사용의 적법성 문제를 다루지는 않는다.[1)]

본서는 서론, 합법적 전투, 금지되는 무기, 합법적 군사목표, 공격으로부터의 민간인 및 민간시설 보호, 특별보호조치, 환경보호, 기타 전쟁 방식과 수단 및 전쟁범죄 등 총 9개의 장으로 구성되어있다. 또한 일부 특수한 문제들 즉 부차적인 손실, 교전자 손해배상, 항공폭격 및 상선공격, 핵무기의 합법성, 적 지휘관의 개별 목표 등 현행 국제법 및 조약과 상반되는 내용도 분석한다.

본서는 국제법 학자뿐 아니라 장교의 지침서로 활용될 것을 목적으로 하였으며

---

1) Y. Dinstein, *War, Aggression and Self-Defence* (3rd ed, 2001).

따라서 국제무력충돌의 원칙과 규정을 모든 장교에게 교육시킬 필요가 있다고 본다. 이러한 교육은 평시 그리고 사전에 이루어져야 하며, 전시 특히 전자시대에 이러한 교육은 종종 일회적인 것이 될 수도 있으나 훈련 시부터 본격적으로 포함되어야 한다. 모든 군사행동이 궁극적으로 작전적 측면에서 전투 준비를 하도록 장교 및 병사들을 철저히 준비시키는 것과 마찬가지로 육군, 해군 및 공군의 장병에게 법적 요구 준수를 하나의 의무로 한다는 것을 고취시킬 필요가 있다.

법률가가 복잡한 모든 법률체계를 다 안다고 기대할 수는 없다. 그러나 군사교육을 통하여 전쟁법 규정 및 복잡한 지휘문제 그리고 전투 시 복종과 같은 법률문제의 이해에 친숙해져야 한다. 이것이 심각한 전쟁법 위반행위가 발생하지 않도록 하는 유일한 방법이 될 것이며, 또한 전쟁법규와 현실간의 차이 즉 '의무'와 '존재'의 차이를 어느 정도 조화시킬 수 있는 유일한 방법이다.

제2장

구 성

본서는 관습국제법 및 현행 조약상의 전쟁법에 관한 현대적 규범을 다루는 바, 그 목적은 과거에 현실화되지도 않았고 미래에도 발전될 수 없는 그러나 법적으로 규정되어 있으며 현재 사실상 이행되고 있는 전쟁법을 제시하여 이를 분석하는 것이다.

전쟁법은 국제법 위반내용을 다루며 따라서 모든 교전국을 구속한다. 전쟁법은 여러 국가 또는 국제조직이 발표한 교전규칙과는 차별화되어야 하는데, 이는 자신들의 의지에 따라 교전규칙이 변경되기 때문이다. 교전규칙은 일정행위를 제한하거나 국제법상 허용 가능한 범위 내에서 일정 행위를 허가할 수 있다.[1] 따라서 교전국은 정치적이든 기타 이유든 전쟁법상 그 사용이 합법적인 살상무기를 적대행위 시 사용하지 않거나 합법적 군사목표가 되는 단일표적의 공격을 회피할 수도 있다. 그러나 어떠한 상황에서도 즉 교전규칙이나 기타의 방법으로 교전국은 자국 군대에게 전쟁법상의 국제의무와 양립할 수 없는 행위를 허용할 수 없다.

우선 강조되어야 할 점은, 전쟁법은 모든 분쟁당사국에게 법적용에 있어서의 형평에 근거하고 있는 바, 이는 교전국의 전쟁법에 관한 입장과는 별개의 문제인 것이다. 전쟁법은 한편으로는 침략국의 군대와 자위권 행사군대, 그리고 다른 한편으로는 집단안보나 유엔안보리가 허가한 군대와의 차별을 하지 않는다.[2] 전쟁법 위반은 적이 전쟁법 위반의 적대행위 개시에 책임이 있다는 이유로 정당화 될 수 없다. 1977년 전쟁피해자 보호를 위한 제네바협약 추가의정서(이하부터 제1의정서) 서문은 다음과 같다.

---

1) A. P. V. Rogers and P. Malherbe, *Model Manuual on the Law of Armed Conflict* 151 (ICRC,1999).
2) Y. Dinstein, *War, Aggression and Self-Defence*, pp.140-7 (3rd ed, 2001) 참조.

"1949년 8월 12일자 제네바협약 및 본 의정서의 규정은 무력충돌의 성격이 나 원인 또는 충돌 당사국에 의하여 주장되거나 충돌당사국에 의한 어떠한 불합리한 차별도 없이 이들 약정에 의하여 보호되는 모든 자에게 어떠한 상황에서도 완전히 적용되어야 한다."[3)]

물론 유엔군조차도 전쟁법 원칙과 규정을 존중할 의무가 있다.[4)]

이를 위하여 다음과 같은 내용의 고찰이 필요하다. 즉 (1)국제법 규범의 연원 (2)물적 관할의 의미 (3)법규범이 적용되는 국가 간 분쟁의 성격에 관한 문제 (4)군사적 필요와 인도적 고려 간의 형평성 (5)전쟁법과 인권법간의 상호관계 (6)전쟁법의 전파 등이다.

---

3) Protocol Additional to the Geneva Conventions of 12 August 1949, and Relating to the Protection of Victims of International Armed Conflicts (Protocol I),1977, *Laws of Armed Conflicts*, 621, p.628.

4) UN Secretary-General's Bulletin on the observance by United Nations Forces of International Humanitarian Law, 1999, 38 *ILM* 1656, id.(1999) 참조.

2.1 연원

2.1.1 관습국제법과 조약법

적대행위를 규제하는 대다수 전쟁법 규정은 관습국제법으로 수년간 발전되어 왔다. 관습국제법은 '법으로 수락된 일반적 관행의 증거' (국제사법재판소규정 제39조 1항 나)가 있을 때 정형화 된다.[5] 이들 두 가지 구성 요소 중 하나는 객관적이며 다른 하나는 주관적인 것으로 압축된다. 본 정의의 객관적 요소는 국가의 일반적 관행과 관련된 것이고, 주관적 요소는 '법으로 수락된' 이라는 단어로 압축된다. 주관적 요소의 의미는 '이러한 관행의 이행이 이를 요구하는 법규에 의해 의무적이 된다는 믿음' 을 의미한다.[6]

국가관행에 관하여, 이는 주로 사실상의 행위로 이루어지나, 이에 부가하여 선언이나 성명 등으로도 이루어진다. 전쟁법 내용에 있어 특별히 중요한 것은 군사

5) Statute of the International Court of Justice, Annexed to Charter of the United Nations, 1945, 9 *Int.Leg.*, 510, p.522.
6) *North Sea Continental Shelf cases*, [1969] ICJ Rep. 3, p.44.

교범이나 작전지침서에 첨부된다.

'일반적' 관행과 관련해서는 다음의 4가지를 관찰 할 수 있다.

(1) 모든 국가가 반드시 일반적 관행에 참여할 필요가 있다는 것은 아니다.[7] 즉 일반적이라는 단어가 복잡하게 되어서는 안 된다는 것이다.
(2) 특정 분야에서, 일부 국가의 관행은 – 가장 직접적으로 작용하는 – 무시된다.[8] 예를 들면 해전 법규가 이에 해당된다(모든 국가가 바다문제를 중요하게 고려하지는 아니함). 이는 국가 활동에 비밀스런 분야가 있는 경우 더욱 그러하다.
(3) 모든 국가가 특정한 규범출현에 기여하지 않는다 하여도 일단 이 규범이 일반 관습국제법의 일부가 되면 이는 모든 국가를 구속한다(법으로 수락된 일반적 관행에 의해 입증된 것으로).
(4) 관습국제법은 그 범위가 항상 일반적인 것은 아니다. 어떤 관습규범의 적용은 특정지역에만 제한되거나 양자관계에만 한정되기도 한다.[9]

전쟁법상의 적대행위를 규제하는 대다수 규정은 다자조약에서는 대다수 수용되었다. 그러나 어느 단일 조약이나 보편조약에서도 전쟁법의 모든 분야를 다 수용하지는 못하였다. 이 결과 관습국제법의 중요성이 다대해졌으며, 제1추가의정서 제1조 2항에서도 이를 다음과 같이 규정한다.

---

7) 1(1) Oppenheim's International Law 29 (R. Jennings and A. Watts eds., 9th ed, 1992) 참조.
8) *Ibid* 참조.
9) 양자의 관습국제법상의 추정은 국제사법재판소의 인도영토통행권사건판결(*Case Concerning Right of Passage over Indian Territory* (Merits))에서 확인된다, [1960] ICJ Rep. 6, p.39.

> "본 의정서 또는 다른 국제협정의 적용을 받지 아니하는 경우에는 민간인 및 전투원은 확립된 관습, 인도원칙 및 공공양심의 명령에서 기인되는 국제법 원칙의 보호와 권한하에 있다."[10]

이것은 소위 마르텐조항의 현대적 내용으로 제3장에서 검토될 것이다.

조약은 그 명칭이 무엇이든(협약, 헌장, 의정서, 선언 등) 문서로 된 국가 간의 합의이며 국제법에 의해 규율된다.[11] 조약은 체약당사국만을 구속하는바, 이러한 조약과 국가 간의 법적 관계는 스스로 구속을 받겠다는 당사국의 동의에서 나온 것이다.[12]

전쟁법을 조약법과 일반 관습국제법으로 양분한다하여도 이들 법원간의 상호작용을 배제하지는 않는다. 이러한 상호작용은 다음과 같은 다양한 수준에서 존재한다.

(1) 일부 조약규정 입안자는 관습국제법을 반영한 완전한 입법을 하고자 한다. 즉 관련내용의 입안자는 그 본질을 변경함이 없이 관습국제법에게 성문법의 지위를 부여하고자 하며 대체적으로 국제공동체도 이러한 노력이 성공을 거두었음을 인정한다. 이렇게 되면 비체약 당사국도 조약 규범에 구속을 받게 되는데, 이는 그 내용이 조약의 일부가 되어서가 아니라 이들이 관습국제법을 구체화한 것이기 때문이다.

(2) 일부 조약규정은 새로운 법을 제정하려는 목적으로 채택되기 때문에 기존 관습국제법 내용과 상의함을 보이기도 한다. 대체적으로 조약은 관습국제법

---

10) Protocol I, *Supra* note 3, p.627.
11) Article 2(1)(a)of the 1969 vienna Convention on the Law of Treaties, [1969] *UNJY* 140, p.141 참조.
12) S. Rosenne, '"Consent" and Related Words in the codified Law of Treaties', *An International Law Miscellany* 357, p.360 (1993) 참조.

을 변형시킬 수 있다. 그러나 그 유일한 예외가 조약과 강행법규와의 충돌인 바, 즉 이는 조약의 유·무효와 관련된 문제이다.[13] 물론 성격상 의심의 여지가 없는 확정적인 규범은 거의 없으나, 기존 규범이 고문으로부터의 자유와 같은 그러한 특징을 가질 때 조약에 의한 변경은 이루어지기 어렵다.[14] 관습규범은 최종적인 것이 아님을 고려할 때, 조약은 동 규범에서 시작하여 체약당사국간의 관계에 전적으로 적용될 것이다. 그 다음 아래 사항 중 하나가 발생될 수 있다. 즉 (가) 비체약 당사국간 법률관계에서 관습국제법상 장기적으로 지속되는 차이가 조약당사국이 제정한 법률제도와 적용 조약 간에 형성될 것이다. (나) 상당한 기간 동안, 국가의 일반적 관행은 조약규범의 영향을 받아 관습국제법에 동 규범이 투영되도록 한다. 이는 최초 제정 당시의 법률 때문이 아니라 그러한 법률이 발전되었기 때문이다.

모든 국제무력충돌 시, 교전중의 행위가 문제되었을 시, 해당 교전국이 발효중인 조약에 구속된다는 동의를 표시하였는가를 결정하는 것은 불가피한 일이다. 그러나 이것만으로는 충분하지 않고 다음의 사항들이 평가 되어야 한다.

(1) 조약은 '모든 교전자가 협약당사국일 경우에만' 적용된다는 총가입조항을 포함할 수 있다(1907년 헤이그 제4협약 제2조).[15] 이러한 측면 고려시 단일 교전국이 무력충돌 시, 동 조약 체약당사국이 됨을 거부할 경우 기타 교전국 간에서 조차 동 조약은 적용되지 않는다. 총가입조항의 목적은 연합전시 이중적인 법률 제도의 적용을 피하기 위한 것 이다. 그 결과 일개 국가가 주요

13) Articles 53 and 64 of the vienna Convention, *Supra* note 11, 154, p.157 참조.
14) Dinstein, *Supra* note 2, pp.96-8 참조.
15) Hague Convention (Ⅳ) Respecting the Laws and Customs of War on Land, 1907, *Laws of Armed Conflicts* 63, 71. Cf, Hague Convention (Ⅱ) with Respect to the Laws and Customs of War on Land, 1899, *ibid.*

전쟁에서 조약의 적용을 배제할 경우 '특히 부담이 될' 수 있다.[16)]

(2) 교전국 일방이 체약당사국이 아니고 타방이 '상호관계상 동 조약에 의해 구속을 받아야' 한다면 이 경우의 조약은 위임될 수 있다(1942년 전쟁 피해자 보호를 위하 제네바협약 제2조 3항[17)]). 분명히 이러한 규정은 교전국 일방이 동 조약 체약당사국이 아닌 경우 양자의 무력충돌 시, 실질적으로 적용되지 않는다. 다자간 무력 충돌에서 조차도 조약은 적어도 두 상반되는 교전국이 체약당사국이 아닌 한 즉 이들이 '상호관계상' 동 조약 적용을 받지 않는 한 이들에게 적용될 수가 없다.

(3) 이와 반대로, 조약이 관습국제법의 선언에 불과한 경우, 국제무력충돌 시, 교전국의 체약당사국 여부는 중요하지 않다. 따라서 동 조약의 발효나 총가입조항 문제는 중요하지 않다. 동 조약의 법적 지위가 어떠하든 관습국제법의 일반적인 의무는 모든 교전국을 구속한다는 것이다. 이러한 의무는 그 사실여부에 관계없이 조약에서 수용되었기 때문이 아니라 독자적으로 관습국제법으로 구현되었기 때문에 준수되어야 한다는 것이다.

전쟁법 규정 선포조약은 통상 교전국과의 협의에 의하는바, 이는 동 조약과 관습국제법과의 충돌여부를 결정하기 위한 것이다. 조약의 내용이 관습국제법과 일치한다는 결론에 도달한다는 것은 문언상으로 보면 상대적으로 명확히 한다는 것을 의미한다. 그러나 관습국제법상 중요하게 고려해야 할 사항은, 그 조약의 내용이 법으로 수락된 일반적 국가관행과 일치하는 증거가 되어야 한다는 것이다. 사

16) W. K. Geck, 'General Participation Clause', 2 *EPIL* 510 참조.

17) Geneva Convention (Ⅰ) for the Amelioration of the Condition of the Wounded and Sick in Armed Forces in the Field, 1949, *Laws of Armed Conflicts* 373, 376; Geneva Convention (Ⅱ)for the Amelioration of the Condition of Wounded, Sick and Shipwrecked Members of Armed Forces at Sea, 1949, ibid, 401, p.404; Geneva Convention(Ⅲ)Relative to the Treatment of Prisoners of War, 1949, ibid,, 423, p.429; Geneva Convention (Ⅳ)Relative to the Protection of Civilian Persons in Time of War, 1949, ibid, 495, p.501.

실상 모든 조약의 입법 특히 기존 관습국제법을 반영할 경우 동 조약의 이미지를 분명히 하여 불분명한 부분을 명쾌히 하는 것이 중요하다.

2.1.2 주요조약

적대행위에 관한 조약의 형성은 19세기 중엽부터 시작되었다.[18] 그 형성의 중요 계기로는 1868년 전시 400g이하 폭발물 사용 포기에 관한 세인트피터스버그 선언(St Pertersburg Declaration)이었는바, 동 선언의 서문에서 "문명의 발전은 전쟁 피해를 가능한 한 최소화하는 효과를 가져야 한다"라고 선언한다.[19] 동 선언에 이어 두 개의 주요 조약 즉 (1)헤이그협약과 (2)제네바협약이 탄생되게 되었다.

(1) 1899년 및 1907년 헤이그협약

이들 협약은 파리회의에서 채택되어 육상, 해상 및 공중에서의 적대행위에 적용되는 협약이 되었다. 1899년에 채택된 여러 내용들이 1907년에는 개정되었으며 또한 추가로 내용이 부가되어 1907년에는 모두 14개가 되었다.[20] 이 중 일부는 시기적으로 맞지 않아 방치되기도 하였으나 기타는 관습국제법의 일부가 되었다. 사실상 1946년 뉴렘베르그 국제군사재판소는 1907년 헤이그 제4협약이 수년간 관습국제법의 지위를 향유하고 있었다며 다음과 같이 언급하였다.

---

18) The earliest instrument is the Paris Declaration Respecting Maritime Law, 1856, *Laws of Armed Conflicts,* p.787.
19) St Petersburg Declaration Renouncing the Use, in Time of War, of Explosive Projectiles under 400 Grammes Weight, 1868, *Laws of Armed Conflicts,* 101, p.102.
20) For the lists of the instruments, Final Act of the International Peace Conference, The Hague, 1899, *Laws of Armed Conflicts* 49, 50; Final Act of the Second International Peace Conference, The Hague, 1907, *ibid.,* 53, p.54 참조.

> "협약에 있는 지상전 규칙은 의심의 여지없이 동 협약 채택 당시의 기존 국제법을 반영한 것이었다. 그러나 1939년경 동 협약에 규정된 이러한 규칙은 문명국가에 의해 인정되어 전쟁에 관한 법률과 관습의 선언으로 간주되었다."[21]

동경 극동국제군사재판소는 1948년 다음과 같이 다수 판사에 의한 판결내용을 반복하였다.

> "구속력있는 조약으로서 동 협약의 규정을 준수할 의무가 '총가입조항'의 시행으로 사라질 수 있다 하여도, 동 협약은 국가 관습법의 훌륭한 증거로서 존재한다."[22]

(2) '적십자 협약'으로 알려진 전쟁피해자 보호를 위한 제네바협약[23]

야전 군대 상병자에 관한 최초의 제네바협약이 1864년 채택되었다.[24](두난트(H. Dunant)의 시도가 적십자협약의 기초가 됨[25]). 이는 1906년 개정 및 대체되었고[26] 다시 전쟁포로에 관한 제2협약이 추가되어[27] 1929년에 개정되었다.[28] 1949년 양 협약은 육전에 있어서의 군부상자 및 병자의 상태 개선에 관한 협약(제1협약), 해상에 있어서의 군대의 부상자, 병자 및 조난자의 상태개선에 관한 협약(제2협약), 포로의 대우에 관한 협약(제3협약), 및 전시 민간인 보호에 관한 협약(제4협

21) International Military Tribunal(Nuremberg), Judgment and Sentences, 1946, 41 *AJIL* 172, pp.248-9 (1947).
22) International Military Tribunal for the Far East (Tokyo), 1948, [1948] *AD*356, p.366.
23) 예를 들면, A. Schlogel, 'Geneva Red Cross Conventions and Protocols', 2 *EPIL* p.531, id 참조.
24) Geneva Convention for the Amelioration of the Condition of the Wounded in Armies in the Field, 1864, *Laws of Armed Conflicts,* p.279.
25) 'Introductory Note', *ibid,* p.275 참조.
26) Geneva Convention for the Amelioration of the Condition of the Wounded and Sick in Armies in the Field, 1906, *Laws of Armed Conflicts,* p.301.
27) Geneva Convention for the Amelioration of the Condition of the Wounded and Sick in Armies in the Field, 1929, *Laws of Armed Conflicts,* p.325.
28) Geneva Convention Relative to the Treatment of Prisoners of War, 1929, *Laws of Armed Conflicts,* p.339.

약)으로 대체되었다.[29)]

1977년 국제적 무력충돌에 관한 의정서(제1의정서)가 제네바협약에 추가되었고[30)] 동시에 비국제적 무력충돌을 다루는 기타 의정서(제2의정서)도 추가되었다.[31)] 양 추가 의정서가 4개 제네바협약을 대체하지는 않으나, 새로운 내용만이 보완되었다. 제1의정서는 제네바협약의 전통적 범주를 벗어나, 사실상의 적대행위와 관련된 여러 문제들을 직접 언급한다. 그러나 4개 제네바협약이 사실상 보편적으로 수용되었기 때문에 동 의정서의 여러 분야가 미국[32)] 및 기타 국가들에 의해 부인되기도 하였다.[33)] 동 의정서 대부분이 관습국제법의 선언으로 간주될 수 있거나 적어도 논쟁의 대상이 되지는 않는 것으로 간주될 수 있다. 그러나 논쟁의 근간이 되었던 규정들이 그대로 사장되어 있기에는 문제가 심각하게 되었다. 논쟁이 된 규정들은 다음 장에서 비판이 될 것이다.

'헤이그협약' 과 '제네바협약' 양 협약이 국가 간 무력충돌 시, 적대행위를 나타내는 조약법으로서의 기능을 완전히 하는 것은 아니다. 이에 관한 여러 다른 조약들이 있으며 이들 중 일부는 '헤이그협약' 이나 '제네바협약' 과 관련이 없으면서도 제네바나 헤이그에서 채택되기도 하였다. 따라서 이와 관련하여 다음과 같은 세 가지 관련 입법 내용을 언급할 가치가 있다.

(1) 1925년 질식성, 독성 또는 기타의 가스 및 세균학적 방법의 전쟁사용을 금지

29) Geneva Convention (Ⅰ), *Supra* note 17, p.373; Geneva Convention (Ⅱ), ibid, 401;Geneva Convention(Ⅲ), ibid., p.423; Geneva Convention(Ⅳ), *ibid.,* p.495.

30) Protocol Ⅰ, *Supra* note 3, p.621.

31) Protocol Additional to the Geneva Conventions of 12 August 1949, and Relating to the Protocol of Victims of Non-International Armed Conflicts (ProtocolⅡ), 1977, *Laws of Armed Conflicts,* p.689.

32) Operational Law Handbook11(US Army Judge Advocate General, 2003) 참조.

33) 이것은 미국에 의해 부인되지 않았다. 국제관습법을 반영하는 의정서 조항을 확인시도하는 종합적인 계획을 국제적십자위원회가 추진하고 있다.

하는 의정서가 국제연맹의 주도하에 제네바 회의에서 입안되었다.[34)]

(2) 1954년 유네스코의 후원 하에 무력충돌 시, 문화재 보호를 위한 협약이 헤이그에서 채택되었고[35)] 이후 추가 의정서가 제정되었다.

(3) 1980년 유엔이 주도한 제네바 회의에서 특정재래식 무기사용의 금지 또는 제한에 관한 협약 및 의정서가 채택되었다.[36)] 동 협약은 여러 가지 실질적인 의정서 탄생의 기초가 되었다.

기타 조약들은 관련되는 장에서 언급될 것이다. 이들 조약들은 전문가 그룹이 준비한 구속력도 없는 법률내용과 충돌이 있어서는 안 된다. 왜냐하면 이러한 내용이 때로는 관습국제법을 그대로 반영한 것으로 생각 될 수 있으며, 이들 중 새로운 분야는 향후 조약이나 국가관행에 많은 영향을 줄 수 있기 때문이다. 이들 중 두 가지를 예를 들면 다음과 같다.

(1) 1922년 워싱턴 군축회의시 법률가위원회가 입안한 1923년 空戰에 관한 헤이그 규칙.[37)]

(2) 산레모 국제인도법협회가 후원하고 국제법률가 및 해군 전문가 그룹이 입안한 해상에서의 무력충돌 시 적용되는 국제법에 관한 1995년 산레모 매뉴얼(San Remo Manual).[38)]

---

34) Geneva Protocol for the Prohibition of the Use in War of Asphyxiating, Poisonous or Other Gases, and of Bacteriological Methods of Warfare, 1925, *Laws of Armed Conflicts,* p.115.

35) Hague Convention for the Protection of Cultural Property in the Event of Armed Conflict, 1954, *Laws of Armed Conflicts,* p.745.

36) Geneva Convention on Prohibitions or Restrictions on the Use of Certain Conventional Weapons Which May Be Deemed to Be Excessively Injurious or th Have Indiscriminate Effects, 1980, *Laws of Armed Conflicts,* p.179.

37) Hague Rules of Air Warfare, 1923, *Laws of Armed Conflicts,* p.207.

38) San Remo Manual on International Law Applicable to Armed Conflicts at Sea (L. Doswald-Beck ed., 1995).

2.2 의미

오랫동안 '헤이그협약'과 '제네바협약'이 병기되어 왔는바, 그 결과 마치 전쟁법의 두 가지 형태가 존재했던 것처럼 보인다. 이러한 접근으로 '제네바협약'과 '헤이그협약'이 항시 분리 되었고 상당한 수의 규범이 양 조약 간에 서로 바뀌게 되었으나 실제로는 정당화 되지는 않았다. 초기에는 1864년 제네바협약 원칙이 해전에 있어서는 1899년 헤이그협약 (Ⅲ)에 적용되었다.[39] 1906년 1864년의 제네바협약 개정에 따라 1907년의 헤이그협약 (X)은 개정 제네바 내용에 기초하여 새로이 적용되었다.[40] 1949년 제네바협약 (Ⅱ)은 헤이그협약 (X)을 대체하였고[41] 또한 전쟁포로에 관한 규칙이 1899년 헤이그협약 (Ⅱ) 및 1907년 헤이그협약 (Ⅳ) 부속규정 제2장에서 최초로 수용되었다.[42] 이외에도 상당히 많은 보충규정이 1929년 전쟁포로에 관한 제네바협약에 등장 하였으며 이후 1949년 제네바협약 (Ⅲ)으로

39) Hague Convention (III) for the Adaptation to Maritime Warfare of the Principles of the Geneva Convention of 22 August 1864, 1899, *Laws of Armed Conflicts*, p.289.
40) Hague Convention (X) for the Adaption to Maritime Warfare of the Principles of the Geneva Convention, 1907, *Laws of Armed Conflicts*, p.313.
41) Geneva Convention (II), *Supra* note 17, p.149 (제58조).
42) Hague Regulations Respecting the Laws and Customs of War on Land, Annexed to Hague Convention (II)of 1899 and Hague Convention (IV)of 1907, *Laws of Armed Conflicts* 75, pp.76-82 (제4조-20조).

대체되었다.[43]

기타의 예가 인용될 수 있으나, 추가의정서 (I)의 채택으로 '헤이그협약' 과 '제네바협약' 간의 모든 차이가 현저히 구시대적인 것으로 되어 버렸다. 핵무기 사용이나 위협의 적법성에 관한 1966년의 권고적 의견에서 국제사법재판소는 '헤이그협약' 과 '제네바협약' 에 관하여 다음과 같이 언급하였다.

> "무력충돌 시 적용되는 이 두 가지 법률은 상호 긴밀히 연결되어서 오늘날 국제인도법으로 불리는 하나의 복잡한 체계로 변형될 것으로 보인다. 1977년 추가의정서 규정은 동 법률을 통합하여 복잡하게 되었다는 것을 나타내고 있다."[44]

의미상으로 보면, 재판소가 직시한 것처럼 '국제인도법' 이란 용어는 '헤이그협약' 과 '제네바협약' 양자를 혼합한 것이다. 오늘날 이 용어가 평범하게 사용됨에도 불구하고 국제사법재판소가 '국제인도법' 을 애매한 것으로 표현한 것은 상당한 문제점이 있음을 말해준다. 이것은 국제인도법 중 일부만이 군사적 필요성의 구속력을 무효화시키기 때문에 적대행위를 규율하는 모든 규칙이 본질적으로 인도적이며 인도적이 되어야 한다는 잘못된 인상을 준 것에 대한 책임이 있다는 사실에 기인한다. 또 다른 과거의 대안이었던 '전쟁법' 도 전면전에 해당하는 국제무력충돌 시, 문제의 규범이 역시 유효하다는 현실과 조화가 될 수 없기 때문에 여전히 불만족스럽다. 그러므로 본서에서도 국제인도법이란 용어 대신 국제무력충돌법이라는 용어를 사용하기로 한다. 이 또한 언어 의미적인 문제로 법의 실질적 지위에 영향을 주는 것은 아니다.

43) Geneva Convention (III), *Supra* note 17, p.477, 1972년 협약 (제134조)을 대체한다고(체약국간의 관계에서)분명히 언급함). 그러나 이는 헤이그규정 제2장의 보충에 불과하다 (제135조).

44) Advisory Opinion on the Legality of the Threat or Use of Nuclear Weapons, [1996] *ICJ Rep,* 226. p.256.

2.3 국가 간 무력 충돌

본장은 국제무력충돌 즉 양국 또는 그 이상의 주권국가가 개입된 무력충돌만을 다룬다. 따라서 다른 규칙(예를 들면, 1977년 제2추가의정서)이 적용되는 내전문제는 언급하지 않는다. 그러나 국가 간 충돌과 국내 무력충돌의 한계선을 긋는다는 것이 다음 두 가지 상황에서 상당히 복잡할 수 있다는 것을 인정해야 한다.

(1) 무력충돌을 국가 간 적대행위와 국내 적대행위 양자를 모두 수용한다는 의미에서 횡적으로는 혼합될 수 있다. 국내 및 국제적 이중충돌은 동시 또는 계속하여 발생할 수 있다. 그러나 문제는 무력충돌이 국가 간 및 국내 요소와는 본질적으로 다르다는 점이다.[45] 이는 2001년 아프가니스탄에서 그 사례를 볼 수 있는바, 오랫동안 북부동맹과 내전을 벌여왔던 탈리반(Taliban) 정권은 2001년 9월 11일 미국에 대하여 사악한 공격을 감행했던 알카에다

45) C. Greenwood, 'The Development of International Humanitarian Law by the International Tribunal for the Former Yugoslavia', 2 *MPYUNL* 97, p.117 (1998) 참조.

(Al Qaeda) 테러리스트들에게 주거지 및 재정적 지원을 제공한 결과로 미국이 주도하는 연합군과의 내전에 휘말리게 되었다.[46]

교전국이 자국 영토 내외에서 적군에 의해 포위되었다고 해서 국제 및 국내 무력충돌이 반드시 혼재한다는 것을 의미하지는 않는다. 특별한 적대행위가 군내의 적들 간에(예를 들면, 탈리반 세력과 북부동맹군 간)만 발생 될 수 있는 바, 즉 기타의 적대행위가 국내 항공기에서 발생할 수 있다는 것이다(예를 들면, 탈리반 세력과 미국인 간). 국제무력충돌법(전쟁법)은 국제 군사작전만을 통제할 것이며, 이에 관하여 1986년 니카라과(Nicaragua) 사건에서 국제사법재판소는 다음과 같이 선언하였다.

"반군과 니카라과 정부군간의 충돌은 '국제적 성격이 아닌' 무력충돌이다. 니카라과와 정부군에 대한 반군의 행위는 따라서 이러한 성격의 충돌에 적용 가능한 법률에 의해 규제된다. 그러므로 미국의 니카라과에 대한 행위는 국제적 충돌에 관한 법률이 적용된다."[47]

(2) 무력 충돌이 국내에서 시작하여 국가 간 무력충돌로 전개된다는 점에서 종적으로 서로 혼재되어 있을 수 있다. 이러한 문제의 잠재적 발전 가능성은 국내 무력충돌이 중앙정부에 반하는 반군 편에 타국이 군사적으로 개입할 경우 국가 간 무력충돌로 확대될 것이다. 또 다른 가능성은 국가가 내전에 개입하여 그 결과 두개 또는 그 이상의 독립 국가로 분리되었을 경우이다. 이러한 분리는 1990년대 (舊)유고에서 발생했는바, (舊)유고국제범죄재판소

46) C. Greenwood, 'International Law and the "War against Terrorism"',78 *Int.Aff.* 301, p.309 (2002참조).
47) Case Concerning Military and Paramilitary Activities in and against Nicaragua (Merits),[1996] *ICJ Rep.* 14, p.114.

최고법원은 1999년 타딕(Tadic) 사건에서 유고 연방이 보스니아-헤르세고비나에서의 적대행위에 개입한 것이 이들 간에 국제무력충돌이 존재하였다는 것을 의미한다고 하였다.[48)]

전쟁법은 전쟁선언과 관계없이 교전국간에 수행되는 적대행위와 관련된다.[49)] 이는 다음과 같은 두 가지 고려요소에 기인한다.

(1) 주권국가간 전쟁은 기술적 의미(일국이 타국에 대한 공식적인 전쟁선언으로 시작) 또는 실질적 의미(공식적인 선언과 관계없이 양국 간 무력사용) 양자에서 발생할 수 있다.[50)]

(2) 전쟁법은 적대행위가 전쟁이 아닌 단순 사건인 경우에도 주권국가간의 적대행위를 규제하기 위한 것이다.[51)] 전쟁희생자 보호를 위한 1949년 제네바협약 제2조에서 이를 다음과 같이 규정한다.

"본 협약은 둘 또는 그 이상의 체약국간에 발생할 수 있는 모든 선포 전쟁 또는 기타 무력충돌의 경우에 대하여 당해 체약국 중 일국의 전쟁상태 승인 여부와 관계없이 적용된다."[52)]

국가 간 적대행위에 전쟁법을 적용하는 것은 일국이나 일국의 정부로서 적국에 대한 어떤 공식적인 승인을 조건으로 하는 것은 아니다.

48) ICTY, Appeals Chamber, Prosecutor v. Tadic, Judgment (1999),Case IT-94-1-A, 38 *ILM* 1518, p.1549 (1999).
49) C. Greenwood, 'Scope of Application of Humanitarian Law', Handbook 39, p.43 참조.
50) On the distinction between war in the technical and in the material sense, Dinstein, *Supra* note 2, pp.9-10 참조.
51) *Ibid,* p.16 참조.
52) Geneva Convention (Ⅰ), *Supra* note 17, p.376;Geneva Convention (Ⅱ), *ibid.,* p.404; Geneva Convention (Ⅲ), *ibid.,* p.429; Geneva Convention(Ⅳ), *ibid.,* p.501.

(1) 상대측 상태에 관한 어떠한 공식적인 승인도 교전국에 의해 요구되지 않는다.[53] 상대가 국제법상 객관적 기준을 만족시키는 한[54] 교전 당사국간 어떠한 무력충돌도 국가 간 무력충돌이 될 것 이다.

(2) 동일한 맥락에서, 적국 정부에 대한 특정 정권의 공식적인 승인이 필요한 것은 아니다. 결과적으로 2001년 적대행위에서 탈리반 정권은 국제 공동체에 의해 아프가니스탄 정부로서 승인을 받지 못하였다(특히 미국에 의해). 탈리반 정권이 대다수 아프가니스탄 영토를 통제하였다는 사실은 이들이 사실상의 정부였으며 이들 정권의 행위가 '아프가니스탄 국가의 행위로 간주되어야' 한다는 것을 의미한다.[55]

53) Greenwood, *Supra* note 49, p.45 참조.
54) 이러한 기준에 관하여는, J. Crawford, The creation of states in International Law 36 (1979) 참조.
55) Greenwood, *Supra* note 46, pp.312-13.

2.4 군사적 필요와 인도적 고려

전쟁법은 극적으로 대립되는 두개의 충돌, 즉 군사적 필요와 인도적 고려와의 형평을 예상하고 있다. 군사적 필요가 완전히 우세하다면 어떠한 형태의 제한도 교전국 행동의 자유에 부과되지 않을 것이며, 인도주의가 군대의 행동을 제시하는 유일한 지침일 경우 전쟁은 살상, 파괴 및 인간의 고통 등을 수반하지 않을 것이며 단기적으로는 전쟁이 전쟁과 같지 않을 것이다. 사실상 전쟁법은 이들의 중간과정을 취하는바, 교전국에는 더 많은 재량을 허용하면서 동시에 행동의 자유를 제한한다. 전쟁법 규범의 과제는 1868년 세인트 피터스버그 선언에서 제도화 될 때부터 군사적 필요와 인도적 요구의 기술적 한계를 명백히 하는 것이었다.[56]

전쟁법의 최고 교훈은 세인트 피터스버그 선언을 재인용하는 즉 '전쟁의 피해를 가능한 한 최소화하는' 것이다. 무력충돌 시, 인간의 고통을 감소시키려는 인도적 욕망은 그 중립을 취하는 것이다. 그러나 이러한 개념의 제기로 전쟁피해를 절

56) St Petersburg Declaration, *Supra* note 19, p.102.

대적으로 경감시키는 것이 아니라 전쟁의 고통으로부터 가능한 많은 구제를 받게 하는 것이다. 즉 전쟁이 군사적 목적으로 수행됨을 고려해야 하며 각 교전 당사국의 우위에 있는 목적은 전쟁을 승리하는 것이다. 세인트 피터스버그 선언은 1899년 1907년 헤이그협약[57] 제27 및 1977년 추가의정서 (Ⅰ) 제35조 1항[58]에서 확인 및 지지 되는바, 즉 전쟁 수단이나 방법을 선택하는 교전국의 권리가 '무제한이 아니다' 라는 것이다.

전쟁법은 견제와 균형에 해당하는 즉 군사작전의 효과를 손상시키지 않고 인간 고통을 최소화시키려고 하는 것이다. 군 지휘관은 종종 자신들의 의무가 헛된 고통을 야기하지 않고 이행될 수 있다고 이해한다. 이는 세인트 피터스버그 선언이 군인만이 참석한 국제회의에서 입안되었다는 것은 주목할 만하다.[59] 따라서 적대행위를 규제하는 조약법 제정을 위해 모든 노력을 다하는 군사 전문가의 투입이 대단히 중요하게 되었으며, 관습국제법상의 국가관행도 적대행위 기간 중 상당한 시련을 겪거나 날조되기도 하였다.

전쟁법의 모든 규범이 힘의 균형에 의해 만들어 졌는바, 이는 상당한 군사적 필요 요구와 인도적 고려 간의 뿌리 깊은 긴장과의 대립 속에서 결국은 타협안을 찾게 되었다. 전반적인 타협 대상은 전쟁법 규범부터 기타 규범까지 다양하며, 일반적으로 보면, 전쟁법의 어떠한 부분도 군사적 요구를 간과하지 않았고 동시에 인도적 고려 측면을 소홀히 하지 않았다고 할 수 있다. 전쟁법의 모두 내용들은 무력충돌에 대한 현실적인 접근으로 활성화가 되었다.

전쟁법 위반발생 시, 개별 위반자는 '군사적 필요' 를 자신들 행위의 정당화로 주장한다. 과연 이것이 허용 가능한 항변이 되는가? 뉴렘베르그 '변론' 에서 미국

57) Hague Regulations, *Supra* note 42, p.82.
58) Protocol I, *Supra* note 3, p.644.
59) L. Renault, 'War and the Law of Nations in the Twentieth Century', 9 *AJIL* 1, p.3 (1915) 참조.

군사재판소는 1948년 인질사건에서 다음과 같이 선언하였다.

> "군사적 필요는 최소 가능한 시간, 생명 및 비용으로 적을 완전히 굴복시키기 위하여 교전국이 전쟁법에 따라 일정한 종류 또는 일정한 정도의 무력사용을 허가한다."[60]

여기서의 주요 문구는 '전쟁법에 따라' 인데, 이것은 다음 사항을 보장하는 것이다.

(1) 교전자는 행위가 전쟁법상의 합법성 범위를 초과하지 않는 한, 전쟁에서 승리하기 위하여 군사적 필요가 요구되는 어떠한 행위도 할 수 있다. 이것은 확실한 작전적 허용을 암시한다. 법의 힘이란 군사적 필요가 요구되나 전쟁법상 금지되지 않는 그러한 곳에서의 사용을 가능하게 해준다.

(2) 종종 전쟁법에 의해 일정한 행위가 금지되는바, 이에는 군사적 필요의 경우 확실한 예외가 포함되기도 한다. 이에 관하여는 1899년 및 1907년 헤이그 협약 제23조 (사)항에 규정되어 있으며 본 규정상 금지되는 사항은 아래와 같다.

> "적 재산의 파괴 및 몰수는, 이러한 파괴나 몰수가 전쟁 필요성에 따라 불가피하게 요구되지 않는 한 금지된다."[61]

이의 의미는 재산의 파괴가 무자비하게 감행될 때 군사적 필요에 의해 정당화

60) Hostage case (USA v. List et al.)(American Military Tribunal, Nuremberg, 1948), 11 NMT 1239, p.1253.
61) Hague Regulations, *Supra* note 42, p.83.

되지 않으면 이는 불법하다는 것이다. 인질사건의 재판에 나온 내용을 보면 다음과 같다.

> "재산의 파괴가 적법화 되기 위해서는 불가피하게 전쟁의 필요성이 요구되어야 한다. 파괴 그 자체를 목적으로 하는 파괴는 국제법 위반이 된다. 재산의 파괴와 적군의 정복 간에는 어느 정도의 합리적인 연관성이 있어야 한다."[62]

(3) 전쟁법상 특정행위를 금지할 경우, 동 규범 입안자가 이미 군사적 필요의 존재를 고려했으며 이를 타당한 하나의 예외로 인정하여 이를 거부하였다고 보아야 한다. 이러한 상황에서 규범과 일탈되는 군사적 필요를 정당화하는 것은 합법적이지 않다. 반면 전쟁법이 모든 것을 해결해 주는 것은 아니다. 전쟁법상의 무조건적 규범들은 조건 없이 준수되어야 하는바, 이는 군사적 필요가 또 다른 재량으로 군사화 시킬 경우에도 해당된다. 인질사건 판결을 한 번 더 인용한다면, 군사적 필요 또는 편의주의가 규정의 위반을 정당화하지는 않는다는 것이다.[63]

하나의 좋은 예를 전쟁포로 체포에서 볼 수 있는바, 제네바협약 (Ⅲ)상 구금중인 전쟁포로는 죽음에 처하여서는 아니 되며[64] 체포 후 가능한 조속히 전투지역에서 떨어진 지역에 위치한 수용소로 후송되어야 한다.[65] 대체적으로 이는 전쟁포로들이 정상적으로 후송될 수 없거나 또는 이들이 외부의 위험으로부터 확실히 보호

62) Hostage case, *Supra* note 60, pp.1253-4.
63) *Ibid.*, p.1256.
64) Geneva Convention (III), *Supra* note 17, p.435 (Article 13).
65) *Ibid.*, p.437 (Article 19).

되도록 하기 위하여 후송과정을 수행하는 임무를 부여함으로써 이루어진다. 문제는 적 전투원이 전쟁포로를 저지하거나 적절히 후송할 요원을 파견할 수도 없는 부대원들에 의해 체포될시 발생하는 경우이다. 이 경우 전쟁포로들이 군사적 필요에 의해 살해되어야 하는가? 그 대답은 분명히 아니다. 제1추가의정서 제41조 3항은 이러한 비정상적 조건에서 전쟁포로는 석방되어야 한다고 분명히 규정한다.[66]

이것은 동 의정서가 채택되기 이전부터 사실상 법률로 되었다. 관습국제법은 전쟁포로의 살상을 '극단적인 필요의 경우조차' 금지하고 있는바, 예를 들면 이들이 군사기동을 저해하거나 보호를 요구하면서 전투력을 약화시키는 경우에도 그러하다.[67] 군사적 필요는 이러한 규칙을 무시하지 않으며, 이는 비군사적 필요가 동 규칙의 일부로 된 이래 지속되어 왔다.[68] 군사적 필요와 인도적 고려의 법적 구속력 있는 타협점으로 전쟁포로가 구금이나 석방 시, 안전하게 보호되어야 한다는 점에서 해결되었다.

헤이그규정 제23조 (사)항은 기타 규정의 내용과 같이 '불가피하게' 라는 부사를 군사적 필요에 부가한다. 이러한 부가의 '정확한 중요성' 은 '완전히 명쾌한 것은 아닌' [69]바, 특히 다양한 부사 및 형용사가 '절대적' [70], '긴급한' [71] 또는 '피할 수 없는' [72]이라는 군사적 필요와 같은 일반적 용어로 사용될 때 더욱 그러하다. 부사 및 형용사의 추가는 군사적 필요 비중이 있고 상당한 주의로 이러한 행위가 이루어져야 함을 의미한다.[73] 그러나 전쟁법 적용 시, 보다 주의할 것은 하시라도 이러한 내용이 적용되어야 한다는 것이다.

---

66) Protocol I, *Supra* note 3, p.646.
67) M. Greenspan, *The Modern Law of Land Warfare,* p.103 (1959).
68) C. Greenwood, 'Historical Development and Legal Basis', Handbook1, p.33.
69) H. McCoubrey, The Nature of the Modern Doctrine of military Necessity', 30 *RDMDG* 215, p.234 (1991) 참조.
70) Article 54 of the 1907 Hague Regulations, *Supra* note 42, p.91 참조.
71) Articles 33-4 of Geneva Convention (I), *Supra* note 17, p.387 참조.
72) Article11(2)of the Hague Convention for the Protection of Cultural Property in the Event of Armed Conflict, *Supra* note 35, p.751 참조.
73) E. Rauch, 'Le Concept de Necessite Militaire dans le Droit de la Guerre', 19 *RDMDG* 205, pp.216-18 (1980) 참조.

2.5. 인도법과 인권

전쟁법이 '국제인도법' 으로 언급될 경우, 이는 '무력충돌 시 인권의 보호에 관한 법률' 로 잘못 인식되기 쉽다는 것이다.[74] 이것은 잘못된 개념일 수 있다. '인간의' 그리고 '인도적' 이라는 표현이 유사하다하더라도 이들이 상호 혼재되거나 상호 변화될 수 있는 것으로 간주되는 것은 피할 필요가 있다. '인권' 이란 단어에서 '인간의' 란 형용사는 권리가 부여되는 주체를 의미하며, 인권은 인간에게 부여된다. 이와 대조적으로 '국제인도법' 상의 '인도' 란 형용사는 이러한 법률 규범의 형성에 책임 있는 자들을 고려함을 의미한다. 국제인도법이나 전쟁법은 인간의 고통을 경감시킬 목적으로 무력충돌시의 행위를 전환시키려는 법률이다.

의심의 여지없이 전쟁법(또는 국제인도법)은 인권 보호규범을 포함한다. 그러나 전쟁법상 확립된 많은 권리가 국가에게만 전적으로 인정되지 개개인의 인권은

74) S. Miyazaki, 'The Martens Law and International Humanitarian Law', *Studies and Essays on International Humanitarian Law and Red Cross Principles in Honour of Fean Pictet* 433, id. (C. Swinarski ed., 1984).

인정되지 않는다. 1949년 제네바협약 일부규정을 비교해보면 국가의 권리와 인권 양자 모두에 적용됨을 쉽게 알 수 있다.

제네바협약(Ⅰ) 제7조는 다음과 같다.

"부상자, 병자, 의무요원 및 종교요원은 어떠한 경우에도 본 협약 및 전조에서 말한 특별협정에 의하여 그들에게 보장된 권리의 일부 또는 전부를 포기할 수 없다."[75)]

유사규정이 제네바협약(Ⅱ)[76)], (Ⅲ)[77)], (Ⅳ)[78)]에도 나타난다. '그들에게 보장된'이란 문구는 이러한 권리가 직접 지정된 범주에 속하는 개인에게 부여됨을 의미하며 국가의 권리만을 의미하는 것은 아니다.[79)]

한편, 제네바협약(Ⅰ) 제16조는 제4항에서 다음의 의무를 포함한다.

"충돌당사국은 사망증명서 또는 정당하게 인증된 사망자 명부를 작성하여 동 정보국을 통하여 상호 송부하여야 한다."[80)]

다음에서, 또한 충돌당사국은 사망자 신분표식의 일부나 정서적 가치가 있는 물건을 수집하여야 한다고 규정한다.[81)] 이와 동등한 의무가 제네바협약(Ⅱ)에서도 나타나는바[82)], 이는 사망확인서 및 신원확인서를 수령할 권리는 이들이 준비하고

75) Geneva Convention (Ⅰ), *Supra* note 17, p.377.
76) Geneva Convention (Ⅱ). *Supra* note 17, p.405 (Article7).
77) Geneva Convention (Ⅲ). *Supra* note 17, p.432 (Article 7).
78) Geneva Convention (Ⅳ), *Supra* note 17, p.504 (제8조).
79) Commentary, I Geneva Convention 82-3 (ICRC, J. S. Pictet ed., 1952) 참조.
80) Geneva Convention (Ⅰ), *Supra* note 17, p.381.
81) *Ibid.*
82) Geneva Convention (Ⅱ). *Supra* note 17, p.410 (제19조).

이행해야할 의무와 상응하는 것으로서 개개인간이 아닌 교전국에게 부여된 의무임이 분명하다. 동 규정의 이행을 통하여 이익을 얻게 되나 그 권리는 직접 사람에게 부여되지는 않는다.

이러한 예는 분명히 비정상적으로 명쾌한 사례를 대표하는바, 때로는 전쟁법이 창출한 권원이 인권 또는 국가의 권리에 해당하는가를 결정하기가 쉬운 것은 아니다. 또한 교전국의 의무는 적 교전자 (국가의 권리)와 개인적으로 영향을 받는 (인권) 양자에게 상응하는 권리를 발생시킬 수 있다. 이는 민간인에 관한 제네바협약(Ⅳ) 제33조에서 예시된다.

> "피보호자는 그 자신이 행하지 않은 위반행위로 인하여 처벌되어서는 아니 된다. 집단 처벌 및 모든 협박 또는 공갈은 금지된다."[83)]

첫 번째 문장은 개별 인권 용어로 표현되나, 둘째 문장은 일반적 용어로서 집단으로 영향을 미치는 아마도 전체적으로는 민간인에게 영향을 주는 용어로서 반대당사국간의 법률관계에 보다 관련이 있다. 단일 의무에 상응하는 이중적 권리(국가 및 개개 인권)의 존재가 보다 좋은 보호제도로 여겨진다. 개인은 교전국의 선의에 의하지 않고 자신의 권리를 고수할 수 있으며, 교전국은 체계적인 자신의 법적 권리를 향유하고 있다. 각자는 가능한 어떠한 조치도 취할 수 있는 권리가 있으며 각자 (국가 또는 개인)의 권리에 의해 적절한 것으로 여겨질 수 있고 타방의 독자적 권리를 누구도 침해할 수 없다.

전쟁법상의 모든 권리와 의무(인권 및 이에 상응하는 의무 포함)는 국제무력충

83) Geneva Convention (Ⅳ), *Supra* note 17, p.511.

돌 시 주효하다는 것이 강조되어야하며 이들은 충돌과정 시 전적으로 적용된다. 전쟁법상의 인권 즉 전쟁법상 국가의 권리와 같은 인권은 전시에 유효하며(단기전시, 적대행위에도 동일) 이들은 무력충돌이라는 특별한 요구에 의해 발생되고 정형화 된다. 전쟁법상의 권리 훼손은 일부 극단적인 경우에 가능하다.[84] 이는 특정인이나 특정상황에만 제한되지 기타의 경우는 그러하지 아니하다.

이러한 중요 관점에서 전쟁법상의 인권은 통상적인 인권과는 완전히 다르다. 통상적인 (평시)인권은 흔히 제한이 따르게 되며 '국가안보나 공공안전을 위하여' 그 제한이 가능하다.[85] 보다 중요한 것은 통상적인 (평시)인권은 그 제한유무에 관계없이 그 적용에 있어 국제무력충돌 시에는 보통 그 가치가 훼손될 수 있다는 것이다.

통상적인 인권의 훼손이 1966년 시민과 정치적 권리에 관한 국제협약 제4조 1항에서 다음과 같이 허용하고 있다.

> "국민의 생명을 위협하는 비상시에 그리고 이의 존재가 선포된 경우, 본 협약 당사국은 상황이 요구하는 정도에서 엄격히 본 협약상의 의무를 제한하는 조치를 취할 수 있다. 물론 이러한 조치는 국제법상의 의무와 일치하며 종족, 색깔, 성별, 언어, 종교 또는 사회적 원인을 이유로 차별을 해서는 아니 된다."[86]

동 협약 제4조 1항은 전쟁을 직접 언급하지 않았지만, 전쟁이란 '국민의 생명을 위협하는 비상시의 유형' 임을 나타낸다는 일반적 인식을 배경으로 하고 있다.[87]

---

84) Geneva Convention (Ⅳ) 제5조, ibid, 503;and Article 54(5) of Protocol I, *Supra* note 3, p.653.
85) 예를 들면, 집회 및 결사의 자유, Articles 21 and 22(2) of the International Convention on Civil and Political Rights, 1966, [1966] *UNFY* 178, pp.184-5.
86) *Ibid,* p.180.
87) M. Nowak, UN Convention on Civil and Political Rights: *CCPR Commentary* 78 (1993).

실제로 전쟁은 규제조항 입안자의 마음속에 있음을 알 수 있다.[88] 비교할만한 규제조항을 포함하고 있는 1950년의 인권 및 기본적 자유보호를 위한 유럽협약 제15조 1항은 '전시 또는 국민의 생명을 위협하는 기타 비상시' 만을 명백히 언급하고 있어 그 가치가 있다고 보이지는 않는다.[89] 통상적인 (평시)인권 제한 시, 전쟁법상의 인권이 상당히 많은 공간을 채우게 된다고 말할 수 있는데, 이것은 특히 정상적인 법률절차가 위협을 받을시 그 대안이 되기 때문이다. 평시의 사법적 보장은 전시에 제한될 수 있으나 전쟁법은 적용지역에서 최소한의 보장만을 하게 된다.[90]

모든 평시인권이 전시에 제한되는 것은 아니다. 유럽협약 제4조 2항은 구체화된 인권의 제한을 금지[91]하는 바, 이에는 생명권으로 고문 또는 잔혹행위로부터의 자유, 비인간적 또는 대우나 처벌에 있어서의 차등(자유로운 동의가 없는 의학적 또는 과학적 실험의 불복종을 포함), 노예나 노역으로부터의 자유, 계약상의 의무이행 무능력을 이유로 한 투옥으로부터의 자유, 위원회 당시 범죄가 아닌 작위나 부작위에 의한 유죄로부터의 자유 또는 당시 적용된 형량보다 더 과중한 형벌로부터의 자유, 법 앞의 인간으로 인정받을 권리, 사상, 양심 및 종교의 자유 등이다.

유럽협약 제4조 2항에 열거된 일부 제한되지 않는 권리는 전시에는 거의 영향이 없거나 특별한 영향이 없는 것으로서 인권에 의해 입증된다. 생명권은 보다 직접적으로 적합하나, 통상적인 적대행위의(인간생명의 막대한 손실을 초래할 수 있는) 결과로부터 인간을 보호하지는 않는다. '합법적 전쟁으로부터 초래되는 사항에 관하여' 비제한 조항에 대한 예외가 유럽협약 제15조 2항에 명백히 규정되어

---

88) A-L, Svenson-McCarthy, *The International Law of Human Rights and States of Exception with Special Reference to the Travaux Preparatoires and Case-Law of the International Monitoring Organs* 214(1998) 참조.
89) [European] Convention for the Protection of Human Rights and Fundamental Freedoms, 1950, 213 *UNTS* 222, p.232.
90) R. E. Vinuesa, 'Interface, Correspondence and Convergence of Human Rights and International Humanitarian Law', 1 *YHL* 69, p.89 (1998) 참조.
91) International Covenant on Civil and Political Rights, *Supra* note 85, p.180.

있다.[92)]

동 협약에 관하여 핵무기 사건에 관한 권고적 의견을 주장한 국제사법재판소는 적대행위 시, 자의적으로 인간의 생명을 약탈했는가의 척도는 전쟁법상의 특별규정에 의해 결정된다고 한다.[93)] 무력충돌 시, 생명권은 '전쟁법에서 특별히 금지하였던' 전쟁포로의 살상 및 인질처형과 같은 행위와 관련된다.[94)]

기타 비제한 인권은 통상 전쟁법에서 직접 규정한 권리와 일치한다. 따라서 국제무력충돌 시의 고문은 전쟁법에 의해 금지되는바, 이는 일반적으로[95)] 그리고 부상자, 병자, 조난자에 관한 특별조항[96)] 상 전쟁포로[97)] 및 민간인[98)] 양자 모두에게 금지된다. 1998년 푸룬지자(Furundzija) 사건에서 (舊)유고전범재판소는 주장하기를, "전쟁법상 고문금지는 관습국제법 규범보다 우선되는 규범이다"라고 하였다.[99)] 이러한 전쟁법상의 사전차단 규정은 제한할 수 없는 인권규정과는 별개로 작용한다.

고문은 전쟁법상 직접적으로 금지되는 인권에 치명적인 유일한 행위가 아니나, 전반적으로 교전국이 통상적인 인권제한의 전제조건을 선언했다고 추정하면서 국제무력충돌과정에서의 대다수 실질적인 인권보호는 전쟁법에서 생겨나는 것이지 제한할 수 없는 인권의 지속적 적용에서 생기는 것은 아니다.

전쟁법은 유럽협약상의 제한할 수 없는 인권에 의한 것보다 더 큰 정도로 인권을 보장할 수 있다. 동 협약 제7조는 "누구도 의학적 또는 과학실험에 자신의 자유로운 동의 없이 복종해서는 안 된다"라고 언급한다.[100)] 제네바협약은 동의 문제를

---

92) [European] Convention, *Supra* note 89, p.232.
93) Advisory Opinion on Nuclear Weapons, *Supra* note 44, p.240.
94) A. H. Robertson and J. G. Merills, *Human Rights in the World: An Introduction to the Study of the international Protection of Human Rights* 312 (4th ed., 1996) 참조.
95) Protocol I, *Supra* note 3, p.665 (Article 75(2)(a)(ii).
96) Geneva Convention (I), *Supra* note 17, p.379 (제12조 2항); Geneva Convention (II), ibid., p.408 (제12조 2항).
97) Geneva Convention (III), *Supra* note 17, p.436 (제17조 4항).
98) Geneva Convention (IV), *Supra* note 17, p.511 (제32조).
99) ICTY, Trial Chamber, Prosecutor v. Furundzija, Judgment(1998), Case IT-95-17/1, 121 *ILR* 213, pp.254-7, 260-1.
100) International Covenant on Civil and Political Rights, *Supra* note 85, p.181.

초월하여 전쟁포로에 대하여는 '자신의 이해관계'에 의해 수행되거나 자신의 의학적, 치과적 또는 병원치료 등에 의해 정당화되지 않는 어떠한 종류의 '의학적 또는 과학적 실험'을 금지[101]하고 있으며, '피보호자의 의학적 처리상 필요하지 않은 의학적 또는 과학적 실험'을 민간인에게도 금지한다.[102] 제1의정서는 타방당사국의 권한범위 내에 있는 재소자, 억류자 및 기타 사람들을 규정하고 있는바, 특히 기증자의 동의가 있는 경우 이식수술을 위한 세포나 기관의 제거를 규율하는 문제에 관하여 상세히 설명하고 있다.[103] 물론 '여기서의 관련자들이 이 분야에서 특히 상처를 받기 쉽다'는 것으로 동 의정서 입안자들이 한층 더 주의를 해야 하는 이유가 여기 있으나, 협약상의 비제한 규정을 해하지 않고 전쟁법이 이러한 특별한 문제에 있어 더욱 앞서고 있다는 것은 사실이다.[104]

전쟁법 규범과 함께 전시 비제한 인권의 지속적 적용은 위반으로부터의 개별 피해자에게 이익이 된다는 표시가 될 수 있다. 그 이유는 법의 준수 실패에 따른 구제 추구 시, 인권은 개인의 효과적 행위 양상을 제공할 수 있는바, 이는 이와 동등한 어떠한 수단도 전쟁법에서 제기하고 있지 않기 때문이다.[105] 이것은 특히 위반 피해자에게 적절한 구제를 주기 위하여 관할권이 부여된 감독기관을 인권기구가 설립할 경우 분명해진다. 이와는 달리 유럽인권재판소는 2001년 뱅코빅(Bankovic) 사건에서 벨그레이드 텔레비전 및 라디오 방송국에 대한 나토의 폭격으로 살해되거나 피해를 당한 자들에게 허용할 수 없는 내용을 적용하기로 선언하였는데, 그 이유는 피해자의 주장과 가해자 행위간의 '사법적 관련성'의 부족으로 인한 것이었다.[106] 재판소는 유럽인권협약상의 국가책임은 본질적으로 영토

101) Geneva Convention (III), *Supra* note 17, p.435 (제13조 1항).
102) Geneva Convention (IV), *Supra* note 17, p.511 (제32조).
103) Protocol I, *Supra* note 3, pp.633-4 (제11조).
104) Y. Sandoz, 'Article 11', *Commentary on the Additional Protocols* 149, p.156.
105) R. Provost, *International Human Rights and Humanitarian Law* 45 (2002) 참조.
106) European Court of Human Rights, Bankovic et *al. v.* Belgium et al. (2001), 41 *ILM* 517, p.530 (2002).

내에 적용되며 영토 밖 전쟁행위에까지도 적용되는 것은 아니라고 결론을 내렸다.[107] 따라서 인권기구의 보호에서 제외된 이러한 행위가 전쟁법 규정의 주요 내용이 된다.

107) *Ibid.*, p.526.

2.6 홍보

전쟁법은 군복을 착용하고 자신의 권한 또는 책임 있는 위치에서 자국을 위하여 일하는 사람들에게 적용되므로 많은 위반과 남용이 될 수 있는 대다수 국제법 위반과는 다르다. 대다수 민간인의 경우와 같이 모든 전투원은 적어도 전쟁법 규정을 잠재적으로 위반할 수 있다. 따라서 모든 전투원 및 가능한 한 많은 민간인도 이러한 규범에 익숙해야 하는 것이 필수조건이다. 평시에도 지속되며 전시나 군대 훈련 시 강화되는 전쟁법 규범의 최대한 홍보, 연구 및 지시를 통하여 이러한 규칙의 존중이 거의 조건적으로 적용되는 분위기를 창출할 수 있게 한다. 홍보 및 교육 의무는 4개 제네바협약[108] 및 제1의정서[109] 그리고 헤이그 문화재협약[110]에서 강조된다.

제1의정서 제82조는 제 협약 및 본 의정서 적용에 관하여 군 지휘관에게 자문을 하게 될 법률고문의 확보를 보장해야 한다고 규정한다.[111] 이것은 법률고문을

108) Geneva Convention (Ⅰ), *Supra* note 17, p.391 (제47조); Geneva Convention (Ⅱ), *ibid.*, p.417 (제48조); Geneva Convention (Ⅲ), *ibid.*, p.475 (제127조); Geneva Convention (Ⅳ), *ibid.*, p.546 (제144조).

109) Protocol Ⅰ, *Supra* note 3, p.670 (제83조).

110) Hague Convention for the Protection of Cultural Property in the Event of Armed Conflict, *Supra* note 35, p.755 (제25조).

111) Protocol Ⅰ, *Supra* note 3, p.670.

확보하게 될 지휘관의 최소한의 수준을 개별 체약당사국이 결정할 수 있다고 하더라도 매우 중요한 실용적인 조치이다.[112] 실제로 그러한 지휘관의 수준은 사단이나 기타 독립부대의 규모를 통상 의미하게 된다.[113]

법률고문을 가까이 하는 것은 군 지휘관이 전쟁법 규정을 준수하라는 상급부대로부터의 명령을 받지 않는 한 의미가 없다. 100년 전 그 이전의 시기에, 1899년 헤이그협약 (Ⅱ) 제2조는 이후 1907년 헤이그협약 (Ⅳ) 제1조가 계승하였는바, 이미 개별기구에 부속된 규정에 따라 군대에게 지시를 내릴 것을 국가의 의무로 설정하였다.[114] 제네바협약 (Ⅰ) (Ⅱ)는 각체약국이 지휘관을 통하여 이러한 규정의 상세한 처리를 보장하고 예기치 못한 상황도 규정하여야 한다고 한다.[115]

제1의정서 제80조 2항에서는 "체약당사국은 제 협약 및 본 의정서 준수를 보장하기 위하여 명령과 지시를 내려야하며 그 집행을 감독하여야 한다"라고 규정하고 있다.[116]

분서의 본래 목적은 지휘관, 법률고문 및 명령자들이 전쟁법상 자신들의 의무를 수행함에 있어서 이들을 보좌하기 위한 것이다.

---

112) L. C. Green, 'The Role of Legal Advisers in the Armed Forces', 7 *IYHR* 154, p.163 (1977) 참조.
113) J. de Preux, 'Article 82', *Commentary on the Additional Protocols* 947, p.954 참조.
114) Hague Convention (II)of 1899 and Hague Convention (Ⅳ) of 1907, *Supra* note 15, p.71.
115) Geneva Convention (I), *Supra* note 17, p. 391(제45조); Geneva Convention (II), ibid, p.417(제46조).
116) Protocol I, *Supra* note 3, p.669.

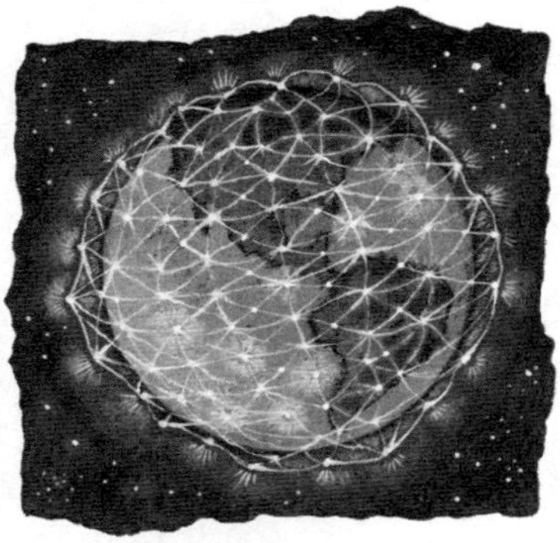

The Conduct of Hostilities under the Law of International Armed Conflict

제3장

합법적 전투

3.1 전투원 및 민간인

전쟁법상 국제무력충돌 시, 전투원은 다음 두 가지 범주에 해당한다.

(1) 교전국 군대 구성원 및 자신의 특정한 임무가 적극적인 적대행위와 관련이 없는 경우라 하더라도 이 경우에 해당되는 종교요원.

(2) 적대행위에 적극적으로 역할을 하는 기타 사람들.[1)]

전쟁법에서는 전투원과 비전투원의 특징에 관하여 기본적인 원칙[2)]을 두고 있는바, 그 목적은 교전 당사국의 전투원간에 발생되는 국제무력충돌 시, 모든 가능한 상황에서 적용되도록 하기 위한 것이다. 합법적 전투원은 적 전투원이나 군사목표를 공격하거나 살인·상해 및 파괴를 할 수 있다. 이와는 달리 민간인은 전투에

---

1) A. P. V. Robers and P. Malherbe, *Model Manual on the Law of Armed Conflict*. p.29 (ICRC, 1999) 참조.
2) Advisory Opinion on the *Legality of the Threat or Use of Nuclear Weapons*, [1996] ICJ Rep, 226, p.257.

적극적으로 가담해서는 안 되며, 만일 그렇게 할 경우 이들은 민간인으로서의 지위를 상실한다. 이들이 민간인으로서의 지위를 향유하는 한 이들은 '군사작전에서 야기되는 위험으로부터 일반적인 보호'[3]를 받게 된다.

적대행위의 적극적인 가담이 무엇을 의미하지는 지를 정의하기란 쉽지 않으나, 통상 '직접적인 적대행위가담'을 의미한다.[4] 그러나 형용사인 '직접적'이란 것은 요구되는 가담행위 정도가 어떠한 것인지를 분명히 밝히지 않는다. 예를 들면, 탄약을 전투원에게 공급하는 운전자 및 적 통제지역에서 군사정보를 수집하는 사람들은 통상 적극적으로 적대행위에 가담한 것으로 인정된다.[5] 그러나 후자와 모국(母國)에 있는 중계소에서 일하면서 위성이나 청음초에서 정보자료를 수집하는 민간인에도 이를 적용하는 것은 형평성에 문제가 있다.[6] 즉 일반적인 전쟁노력(식료품의 전투원 공급)에의 단순한 기여는 적극적인 적대행위 가담이 아니다.

민간인은 전투원으로 변형이 가능한바, 실제로 모든 전투원은 과거에는 민간인이었으며 누구도 전투원으로 태어난 것은 아니다. 이와 같은 맥락에서 전투원은 전역하여 민간인이 될 수 있으나, 개인은 동시에 전투원 및 민간인으로 될 수는 없고 항상 하나의 신분에서 다른 신분으로의 이동이 가능할 수 있다.

육상, 해상 또는 공중 어디에 있든지 우리는 적과 싸울 수도 있고 민간인으로 남을 수도 있다. 흥미롭게도 이것은 해전법에서 최초로 일반규범으로 정형화되었다. 1856년 파리선언 제1조는 이를 다음과 같이 선언하였다.

> "사략선을 나포에 활용함은 금후부터 이를 폐지할 것."[7]

---

3) Protocol Additional to the Geneva Conventions of 12 August 1949, and Relating to the Protection of Victims of International Armed Conflicts(Protocol I), 1977, *Laws of Armed Conflicts* 621, p.651 (Article 51(1)).
4) Article 51(3) of Protocol I, *Supra* note 3, p.651 참조.
5) Rogers and Malherbe, *Supra* note 1, p.29 참조.
6) M. E. Guilloy, 'Civilianizing the Force: Is the United States Crossing the Rubicon?', 51 *AFLR* 111, pp.135-6 (2001) 참조.
7) Paris Declaration Respecting Maritime Law, 1856, *Laws of Armed Conflicts,* 787, p.788.

사력선 승무원은 정부로부터 적 상선을 공격하도록 공식적 허가를 받지 못한 사람들이다.[8] 파리선언이 가리키는 것처럼, 이는 단순히 관습국제법상 '이에 설정된 상황' 으로서 사략선의 폐지를 확인해 줄 뿐 이다.[9] 육전(공전)법은 단지 비슷한 행위유형이 제외되지 않도록 조정된 것뿐이었다.

전투원은 퇴역이나 민간인으로의 신분전환으로 적대행위에서 벗어나거나 전투력을 상실할 수 있다. 이것은 자신의 선택(무기를 버리거나 포로가 됨)이나 환경(부상, 병 또는 조난의 결과)에 의해 강제적으로 발생될 수 있다. 전투력을 잃거나 적의 수중에 있는 전투원은 원칙적으로 전쟁포로의 대우를 받을 자격이 있다. 전쟁포로가 된다는 것은 적대행위 지속을 하지 못하게 하기 위한 구류와 같은 일종의 자유의 부인을 의미한다. 그러나 구류는 하나의 목적만을 가지는 바, 즉 적대행위에의 추가가담이 배제된다는 것이다. 구류는 전쟁포로가 자행한 범죄행위에 의한 것이 아니며, 따라서 그는 '단순히 적대행위에 가담했다' 라는 이유만으로 처형이나 처벌될 수는 없다.[10] 이러한 자유는 일시적으로 부인되나, 중요한 점은 포로의 생명, 건강 및 품위가 보장되어야 한다는 것이다. 이에 관한 상세규정이 포로의 대우에 관한 1948년 제네바협약 (Ⅲ)에 나와 있다.[11]

---

8) U. Scheuner, 'Privateering', 3 *EPIL* 1120, pp.1120-1 참조.
9) *Ibid.* p.1122.
10) A. Rosas, The Legal Status of Prisoners of War: A Study in International Humanitarian *Law Applicable in Armed Conflicts,* p.82 (1976).
11) Geneva Convention (Ⅲ)Relative to the Treatment of Prisoners of War, 1949, *Laws of Armed Conflicts,* p.423.

3.2. 합법적 및 비합법적 전투원

적에게 나포된 포로의 지위에 관한 자격은 이 포로가 합법적 전투원이면 모든 전투원에게 인정된다. 합법적 및 비합법적 전투원의 차이는 전투원과 민간인의 근본적 차이의 결과인 바, 전자의 최대 목적은 후자를 보호하는 것이다.[12] 전쟁법은 민간인을 효과적으로 전쟁 목표물로부터 보호할 수 있는데, 이는 이들 민간인이 적에 의해 비전투원으로 식별될 수 있는 경우에만 해당된다. 전투원은 '야전에서는 보이지 않으려고 하나 군중 속에서는 그러하지 않을 수 있다.'[13]

전투원과 민간인 구별의 애매한 점은 민간인이 숨어 있을 때 전투원으로 혐의를 받게 된다는 것에 있다. 그 결과 관습국제법상 전투원이 적을 오도하여 발견되지 않도록 민간인으로 위장할 경우 일정한 제재가 부과된다.

무기를 휴대하지 않거나 적극적으로 적대행위에 가담하지 않는 적 민간인은 전쟁법상 그의 생명, 건강 및 품위 뿐 아니라 이유 없이 구류되지 않는 자유가 보장

12) T. Meron, 'Some Legal Aspects of Arab Terrorists' Claims to Privileged Combatancy', 40 *NTIR* 47, p.62 (1970) 참조.
13) D. Bindchedler-Robert, 'A Reconsideration of the Law of Armed Conflicts', *The Law of Armed Conflicts' The Law of Armed Conflicts: Report of the Conference on Contemporary Problems of the Law of Armed Conflict,* 1969 1, p.43 (Carnegie Endowment, 1971).

된다. 그러나 어떤 사람이 동시에 두개의 모자 즉, 민간인 모자와 군인철모를 착용하는 것은 허용되지 않는다. 낮에는 무고한 시민으로 있다가 야간에 군사기습에 가담한 자는 민간인도 아니며 합법적 전투원도 아니다. 그는 비합법적인 전투원이다. 그가 적에 의해 합법적 목표물이 될 수 있다는 점에서는 전투원이나 합법적 전투원에 속하는 권리를 주장할 수는 없다. 그는 전시 민간인 보호에 관한 1944년 제네바협약(Ⅳ) 제5조상의 민간인 지위도 부여받지 못한다.[14)]

비합법적 전투의 법적 문제는 1942년 큐린(Qurin) 사건에서 미국대법원이 다음과 같이 언급하였다.

> "보편적 합의 및 관행에 의하면, 전쟁법도 군대와 교전국의 평화적 시민을 구별하며 합법적 및 비합법적 전투원도 구별한다. 합법적 전투원은 적대 군대의 포로로서 나포 및 구류에 따라야 된다. 비합법적 전투원도 나포 및 구류에 따라야 하는 것은 동일하나, 이에 부가해서 그들의 교전이 비합법적 행위라는 이유로 군사재판소에 의한 재판 및 처벌에 따라야 한다."[15)]

마지막 문구의 예외에서 전쟁법이 정확히 반영되었음을 알 수 있다.

큐린 판결의 요지는 적에 의해 나포된 경우, 합법적 전투원과 동일하게 비합법적 전투원도 자동적으로 구류에 처하게 된다. 그러나 합법적 전투원과는 달리 비합법적 전투원은 포로의 지위를 받지 못한다. 따라서 재판 없이는 처형되지 아니하나 군사재판소의 소추나 처벌은 수용해야 한다.

비합법적 전투원은 왜 소추 및 처벌이 될 수 있는가? 큐린 사건의 판결은 '이들

---

14) Geneva Convention (Ⅳ) Relative to the Protection of Civilian Persons in Time of War, 1949, *Laws of Armed Conflicts*, p.495, 503.
15) *Ex parte Quirin et al.* (1942). 317 US [Supreme Court Reports]1, pp.30–1.

의 교전이 불법적인 행위였기 때문에 재판 및 처벌을 한다고 한다. 때로는 개인이 비합법적 전투원으로 행위 하면 그 자체가 위반이 되고 군사재판소는 이러한 행위에 대해 소추 및 처벌할 수 있다. 그러나 비합법적 전투원은 정상적인 국내재판소에서 사법절차를 진행할 수 있으며 합법적 전투원의 지위를 상실케 하는 행위 이외의 행위를 언급할 수 있다. 합법적 전투원의 지위를 부정하는 행위가 곧 범죄가 되는 것은 아니나, 범죄자로 각인된 자의 범죄 행위에 대하여 통상적인 형사조치가 따를 수 있다. 비합법적 전투원은 '이들의 행위가 국제법상 전쟁범죄가 아니라 하더라도 규정위반의 적대행위를 범한 것에 대하여 타방 당사국의 국내형법에 의해 처벌될 수 있다.'[16)]

기본적으로 전쟁은 그 속성상 일련의 폭력행위(살인, 습격, 포격 등)를 수반하게 되는바, 이는 모든 국가의 형법에서 통상적으로 유죄가 된다. 전투원인 존 두(John Doe)가 총을 잡고 리차드 로(Richard Roe)를 살인의도를 가지고 겨냥하여 방아쇠를 당겨 리차드 로를 살해하였다면, 모든 국가의 국내 형법상 살인자에게 적용되는 살인행위를 계획한 것이 된다. 적이 나포하여 존 두를 살인죄로 기소하지 않는다면 이는 단 한 가지 이유에서이다. 즉 전쟁법은 존 두에게 법적인 보호를 하여 그에게 포로의 지위를 부여함으로서 재판 및 처벌로부터 그를 보호한다. 즉 이 경우의 보호는 무조건적으로 가능하다. 만일 존 두가 합법적 전투원 범주 밖의 행위를 하였다면 전쟁법은 보호를 하지 않게 된다. 따라서 존 두는 적의 국내법체계에 맡겨지며 동법이 부여하는 통상적인 형사제제가 그에게 가해질 것이다.

전범자 소추와 비합법적 전투원 소추 간에는 여러 차이가 있는바, 그 주요 차이점으로는 전쟁법의 적극적 또는 소극적 역할에서 나온다. 전범자는 전쟁법 그 자

16) Rosas, *Supra* note 10, p.305.

체의 심각한 위반에 대하여 재판에 회부되나, 전쟁법은 비합법적 전투원의 범죄 행위를 비난하지는 않는다. 이는 단지 국내 법률체계상의 위법행위 책임이 있는 자에 대하여 면책을 주는 것이다.

전범과는 달리 비합법적 전투원은 재판 없이 행정적 구류에 처해질 수 있다는 점이 특이한데, 재판을 하지 않는 비합법적 전투원의 구류는 큐린 사건에서 특별히 언급되어 있으며 이는 아프가니스탄 전쟁에서도 미국이 많이 활용하였다.

비합법적 전투원의 구류는 2002년 크네세트(Knesset)에 의해 통과된 이스라엘 특별법에 근거 한다.[17] 이러한 비합법적 전투원 구류에 관한 법률은 비합법적 전투원을 정의하기를, 직·간접적으로 제네바협약 상, 포로의 지위를 갖지 않으며 이스라엘에 대한 적대행위에 가담한 자라고 한다.[18] 구류는 이스라엘 국방총참모장의 국가안보를 이유로 한 결정에 근거하나, 지방법원의 사법심사에 따라야 한다(최초 및 매 6개월 마다).[19] 동 법률은 단 하나의 선택 여지가 있음을 강조하며, 비합법적 전투원은 형법상 재판에 회부 될 수 있다고 한다.[20] 동 법률이 언급한 중요한 점은 최대 구류기간을 정하였다는 것이고 비합법적 전투원은 적대행위가 종료되기 전까지 계속 구류상태에 있을 수 있다는 것이다.[21]

구류가 되던 소추가 되던, 비합법적 전투원은 소추 적용 법률의 범위를 초과해서는 안 된다. 제네바협약 (Ⅳ) 소추 조항인 제5조 3항에서, "이러한 자는 인도적인 대우를 받아야 하며 재판 시, 본 협약이 규정한 공정한 정식재판을 받을 권리를 박탈당하지 아니 한다"라고 한다.[22] 관습국제법상 일정한 최소기준이 있는 바 이는

17) Detention of Unlawful Combatants Law, 2002, 1834 *Sefer Hahukim* [Laws of the State of Israel, Hebrew], p.192 참조.
18) *Ibid.* (Section 2).
19) *Ibid.* (Sections 3,5).
20) *Ibid,* p.193 (Section 9).
21) *Ibid.* (Sections 7~8).
22) Geneva Convention (Ⅳ). *Supra* note 14, p.503.

무시될 수 없다. 1986년 니카라과 사건에서 국제사법재판소의 다수 판사가 주장하기를, '국제적 및 비국제적 충돌에 적용되는 최소규칙'은 1949년 제네바협약의 공통조항인 제3조에 표현되어 있다.[23] 그러나 공통조항 제3조[24]가 국제적 성격의 무력충돌과 관련 있음을 의미하지는 않는다는 것을 인정해야 한다. 반대의견에서 로버트 예닝(Robert Jennings)은 최소기준으로서의 공통조항인 제3조에 관한 대다수 견해가 이를 '쉽지 않은 문제'로 본다고 논평하였다.[25] 이는 특히 재판소가 국제 및 비국제적 무력충돌에 동일하게 적용할 수 있는 규범을 동 규정이 반영하고 있다는 결론에 맞추기 위하여 어떤 증거를 제시하려고 하지 않았다는 점은 사실이다.[26]

통상적인 제3조가 '개인적 품위에 대한 위반 특히 모욕적이고 품위를 훼손하는 대우'를 금지하고 있음은 논쟁의 여지가 없으며, 또한 그렇지 아니한 경우 '문명인에게 불가결한 것으로 인정되는 모든 사법적 보장'을 재판에서 제공할 필요성 있으며, 그 내용상 어떠한 국가도 무력충돌 시에 그 적용을 제한하도록 하는 최소규정 제한내용 반영이 허용되지 않는다.

'분쟁당사국 권한 내에 있으며 보다 유리한 대우를 받지 못하는' 자에 대한 근본적인 보장은 1977년 제1의정서 제75조에 따른다.[27] 동 규정은 특히 보다 유리한 대우를 받지 못하는 비합법적 전투원에게 중요하며 이는 관습국제법의 표현으로 널리 인정된다.[28]

그 자체의 특성상 구류조치나 소추는 (국내법 체계상의) 비합법적 전투원의 본

23) *Case Concerning Military and Paramilitary Activities in and against Nicaragua (Merits)*, [1986] ICJ Rep. 14, p.114.
24) Geneva Convention (Ⅰ)for the Amelioration of the Condition of the Wounded and Sick in Armed Forces in the Field, 1949, Laws of Armed Conflicts 373, pp.376-7; Geneva Convention (Ⅱ) for the Amelioration of the Condition of Wounded, Sick and Shipwrecked Members of Armed Forces at Sea, 1949, ibid., 401, pp.404-5; Geneva Convention (Ⅲ), *Supra* note 11, p.430; Geneva Convention (Ⅳ), *Supra* note 14, pp.501-2.
25) Dissenting Opinion of Judge Sir Robert Jennings, Nicaragua case, *Supra* note 22, p.528, 537.
26) T. Meron, *Human Rights and Humanitarian Norms as Customary International Law*, pp.36-7 (1989).
27) Protocol Ⅰ, *Supra* note 3, pp.665-7.
28) K. Dormann, 'The Legal Situation of "Unlawful/ Unprivileged" Combatants', 85 *IRRC* 45, p.70 (2003) 참조.

래 범주 즉 민간인 복장을 하고 자살폭발에 성공한 경우 등과는 관련이 없다.[29] 단순히 자신이 인간폭탄이 되고자 하는 민간인은, 그러나 성공하지 못한 민간인도, 여전히 구류나 소추에 따르게 될 수 있다. 일단 행위가 실행되면, 그 행위자는 법률범위 밖에 있게 되는바, 잠재적 자살 폭탄범에 대한 억제 조치를 취할 수 있는가의 문제는, 누구도 자신이 범하지 않는 위반에 대해서 처벌받을 수 없다는 일반적인 원칙 측면에서 보면 결코 해결되지가 않는다.[30] 테러행위 공모자 및 원조자는 적극적으로 소추 또는 구류될 수 있으나, 동 행위자의 가족 또는 기타 그와 관련이 있는 자는 단순히 그와 연관이 있다는 이유만으로 그 행위에 대한 책임을 물을 수는 없다.

29) 민간인 복장착용은 문제의 핵심이 되었다. 일부는 자살공격을 하는데(2차대전시 일본의 가미기제 특공대) 이들은 명백한 합법적 전투인 것이다.
30) 제33조 (1항), Geneva Convention (Ⅳ), *Supra* note 14, p.511 참조.

3.3. 관습국제법상 포로의 지위에 관한 자격

1899년 헤이그협약 중 육전의 법규관례에 관한 조약 제1조 및 1907년 헤이그협약은 아래와 같이 선언한다.

> "전쟁법 및 전쟁에서의 권리와 의무는 군대 뿐 아니라, 다음의 조건을 충족시키는 민병대와 의용대에게도 적용된다."
>
> 1. 그 부하에 대하여 책임을 지는 자에 의해 지휘될 것.
> 2. 멀리서 인식 할 수 있는 고정된 식별표시를 가질 것.
> 3. 공공연하게 무기를 휴대할 것.
> 4. 전쟁법규 및 관례에 따라 그들의 작전을 수행할 것.[31]

제2조는 자격규정을 추가하고 있는바, 1907년 개정협약에서 다음과 같이 규정

31) Regulations Respecting the Laws and Customs of War on Land, Annexed to Hague Convention (II) of 1899 and Hague Convention (IV) of 1907, *Laws of Armed Conflicts* 63, p.75.

하고 있다.

> "적 접근 시, 제1조에 따라 정규군대에 편입할 시간이 없는 경우 침투하는 군대에 대항하기 위하여 자발적으로 무기를 드는 비 점령지 주민들은 이들이 공공연하게 무기를 휴대하거나 전쟁법규 및 관행을 존중할 경우 교전자로 간주된다."[32]

또한 제3조는 다음과 같이 규정한다.

> "교전당국 군대는 전투원과 비전투원으로 구성될 수 있다. 적에게 나포될 경우 양자 모두 포로로 대우받을 권리가 있다."[33]

군대에 고용되지는 않았으나 군대와 동행하는 민간인에 대하여 제13조는 다음과 같이 규정한다.

> "신문기자와 보도원, 종군기자 및 납품업자와 같이 직접군대에 속하지 않고 군과 동행하는 자중 적의 수중에 있으면서 적이 편의상 구류하고자 하는 자는 이들이 동행하는 군대의 군당국이 발행한 증명서를 소지하고 있을 경우 포로로 대우를 받을 자격이 있다."[34]

헤이그규칙은 합법적 전투원에 관한 4개의 일반적 및 구체적 조건을 설정하는

32) *Ibid.*, pp.75~6.
33) *Ibid.*, p.76.
34) *Ibid.*, p.79.

바 그 내용은 다음과 같다.

(1) 책임 있는 지휘관에게 복종.
(2) 고정된 식별표시.
(3) 공공연한 무기휴대.
(4) 전쟁법에 따른 행위 등.

합법적 전투원에 관한 헤이그협약상의 4가지 조건은 '육전의 법규관례'를 구체화 한 것으로 보인다.[35] 1949년 제네바협약은 헤이그규칙을 그대로 유지하면서 보다 엄격하게 제정하였는바, 제네바협약 (Ⅲ) 제 4조 가항은 다음과 같이 규정한다.

"본 협약에서 포로라 함은 다음 유형의 하나에 속하는 자로서 적의 수중에 들어간 자를 말한다."

(1) 충돌 당사국 군대의 구성원 및 그러한 군대의 일부를 구성하는 민병대 또는 의용대의 구성원.
(2) 충돌당사국에 속하며 그들 자신의 영토 내외에서 활동하는 기타 민병대의 구성원 및 기타 의용대의 구성원, 단 그러한 조직적 저항운동을 포함하는 민병대 또는 의용대는 다음의 조건을 충족시켜야 한다.
  ㄱ. 그 부하에 대하여 책임을 지는 자에 의하여 지휘될 것.
  ㄴ. 멀리서 인식할 수 있는 고정된 식별 표시를 가질 것.
  ㄷ. 공공연하게 무기를 휴대할 것.

35) G I. A. D. Draper, 'The Status of Combatants and the Question of Guerilla Warfare', 45 *BYBIL* 173, p.186 (1971) 참조.

ㄹ. 전쟁에 관한 법규 및 관행에 따라 그들의 작전을 행할 것.

(3) 억류국이 승인하지 아니하는 정부 또는 당국에 충성을 서약한 정규군대의 구성원.

(4) 실제로 군대의 구성원은 아니나 군대와 동행하는 자, 즉 군용기의 민간인 승무원, 종군기자, 납품업자, 노무원 또는 군대의 복지를 담당하는 부대의 구성원. 단 이들은 이들이 동행하는 군대로부터 인가를 받고 있는 경우에 한하며, 이를 위하여 당해 군대는 이들에게 부속서의 표시와 유사한 신분증명서를 발급하여야 한다.

(5) 선장, 수로 안내인 및 견습선원을 포함하는 충돌당사국 상선의 승무원 및 민간항공기 승무원으로서 국제법의 다른 어떠한 규정에 의하여도 더 유리한 대우를 향유하지 아니하는 자.

(6) 점령되어 있지 아니한 영토의 주민으로서 적이 접근하여 올 때 정규군 부대에 편입할 시간이 없이 침입하는 군대에 대항하기 위하여 자발적으로 무기를 든 자. 단 이들이 공공연하게 무기를 휴대하고, 또는 전쟁법규 및 관행을 존중하는 경우에 한한다.[36]

상기 내용은 부상자, 병자 및 조난자를 다루는 제네바협약(Ⅰ)[37] 및 제네바협약(Ⅱ)[38] 제13조에서 그대로 나타난다. 제네바협약 (Ⅲ) 제4조 (나)항은 포로의 범위에 두 가지를 더 추가하였는바, 즉 하나는 점령지에 관한 것이고(점령지에서의 구류에서 석방되어 재 억류된 군대 구성원)[39], 다른 하나는 중립국에 속하는 것이다

36) Geneva Convention (Ⅲ), *Supra* note 11, pp.430-1.
37) Geneva Convention (Ⅰ), *Supra* note 24, pp.379-80.
38) Geneva Convention (Ⅱ), *Supra* note 24, p.401, 408.
39) 이러한 특별한 범주로 인하여 점령국이 체포 및 석방을 통하여 협약상 향유되는 포로의 지위를 박탈하지 못하게 한다. R.T.Yingling and R.W.Ginnane, 'The Geneva Conventions of 1949', 46 *AJIL* 393, pp.405-6(1952).

(중립국 영토로 간 교전자 군대의 구성원으로서 국제법상 그곳에서 억류되어야 하는 자).[40] 제4조 (다)항은 본 협약 제33조에서 규정하는 "의무직 및 군목의 지위에 하등의 영향도 미치지 아니한다"라고 하여[41] 포로가 될 수 없다고 언급하나, 포로를 지원할 목적의 경우 억류될 수 있다.[42]

포로의 지위로서 자격이 있는 자의 처음과 마지막 범주는 충돌당사국 군대의 구성원과 관계된다. 이들은 교전국의 정규군이나 정규군대의 호칭(이들은 민병대의 기술 임무 수행을 할 수 있다), 조직방법, 군복무가 징병인지 자발적인지, 부대가 정규군대의 일부인지 군복무라 불리는 예비군으로 구성되어있는지는 문제가 되지 않는다. 정규군대 및 게릴라 부대나 저항운동과 같은 비정규 군대 간에는 차이가 있다.

이에 대하여 제네바협약은 포로지위에 대한 정규군대의 적합성에 관하여 아무런 조건도 부과하지 않는다. 그러나 정규군대는 비정규군대를 구속하는 조건 충족에서 면제되지는 않는다. 정규군대는 그 속성상 이러한 조건을 충족시킬 것이라는 가정이 있을 뿐이다. 다만 이러한 가정은 분명히 반박의 여지가 있는바, 이 문제는 1968년의 모하메드 알리(Mohamed Ali) 사건에서, 추밀원은 포로의 지위를 보장하기 위하여 어떤 사람이 정규군대에 속한다는 것만으로는 충분하지 않는다고 하였다.[43] 추밀원은 군대구성원 조차도 비정규군대에 부과되는 조건을 준수하여야 하는 바, 이는 제네바협약이나 헤이그규정에서 명백히 언급이 되어 있지 않아도 관계없다.[44] 이는 인도네시아/말레이시아 간의 '충돌' 시, 민간복장을 한 자(者)가 싱가포르에 있는 건물에 폭발물을 장착하였던 인도네시아 군인에 관한 사건과 관

40) Geneva Convention (III), *Supra* note 11, pp.431-2.
41) *Ibid.*, p.432.
42) *Ibid.*, pp.442-3.
43) Mohamed *Ali et al. v. Public Prosecutor* (1968), [1969] AC 430. p.449.
44) *Ibid.*, pp.449-50.

련이 있다. 추밀원은 "군복을 입고 파업행위를 하는 정규군인은 포로의 지위를 상실하지 않는다"라는 이유에서 이자에 대하여 사형을 선고하였다.[45] 이전의 큐린(Quirin) 판결에서도 미국에서 파업을 하기 위하여 군복을 입지 않았던 군대의 구성원인 독일인에 관하여도 동일한 결과를 적용하였다.[46]

제네바협약 상, 포로의 두 번째 범주는 비정규군 즉 게릴라, 당원, 저항운동 및 이와 유사한 세력들은 포함한다. 이들 세력들은 현대전에서 확산이 되어왔기 때문에 가장 문제가 되는 범주에 해당한다. 제네바협약은 4개 헤이그협약상의 조건을 그대로 수용하며 또한 두개의 추가의정서 제4조 (A)(2)에서도 이를 암시하고 있는 바, 즉 조직 (V)과 충돌당사국 (VI)에 속한다는 조항이 그것이다. 또 다른 조건이 제네바협약의 내용에서 찾을 수 있는바, 즉 억류국 충성의무소홀 (VII)이 바로 그것이다.

4개 헤이그협약 및 추가 조건은 다음과 같이 설명된다.

(1) 책임 있는 지휘관에 대한 복종의 첫 번째 조건은 스스로 행동하는 자는 배제한다는 것이다. 비정규군의 소규모 부대 작전은 허용되나, 단 기타의 조건이 충족되어야 하며 개인적인 동기가 개입될 여지는 없다. 존 두(John Doe)나 리차드 로(Richard Roe)는 특히 점령지에서 합법적으로 적에 대한 사적인 전쟁을 할 수 없다.

(2) 둘째 및 셋째 조건은 전투원과 민간인의 차이에 관한 기본적인 원칙과 관련이 되어있다. 이들 양자의 조건은 이에 관한 혼란을 방지하여 어떤 기만의도를 배제하려고 한 것이다.

---

45) *Ibid.*, pp.451-4.
46) Ex parte Quirin *et al., Supra* note 15, pp.35-6.

멀리서 인식할 수 있는 고정된 식별 표시를 가질 것이란 두 번째 조건은 두 가지 요소를 가정으로 한다. 문제의 식별 표시는 두 가지 요건을, 하나는 식별(즉 부대의 표시 및 성격을 표시해야 함)과 다른 하나는 고정성(즉 부대가 식별표시를 마음대로 변경하여 적을 혼란에 빠지게 하는 것은 허용되지 않는다)이다. 정규군대의 가장 고정된 식별 표시는 특정한 군복을 착용하는 것이다. 그러나 비정규군은 군복을 착용할 필요가 없고 보다 덜 복잡한 고정식별표시를 하는 것으로 충분한데, 즉 의복 (특별한 셔츠나 문자 등)이나 일정한 기장 등을 부착하는 것을 말한다.[47]

고정식별표시는 적과 조우할 것 같은 모든 군사목적 수행 시, 전투원에 의해 부착되어야 하며(시작부터 끝까지, 즉 군대 전개시작부터 교전 종료 시 까지), 표시는 작전 중, 고의적으로 제거해서는 아니 된다.[48] 전투원은 비근무중 또는 군사적 임무와 관련 없는 임무수행 시(훈련이나 행정 업무 시), 식별 표시를 부착해서는 아니 된다.[49] 그러나 전선에서 멀리 떨어진 지역(지휘 통제 및 통신소등)에서 작전 시에는 식별표시를 할 필요가 없다. 중요한 것은 적을 기만할 의도의 여부에 있다. 따라서 야영임무수행 중에 군복을 착용하지 군인이 군복을 텐트에서 벗어놓을 수 있는데, 이 경우 숙영지가 적의 기습공격대상이 되는바, 이에 자극을 받은 방어대원들은 완전한 복장을 갖추지 않더라도 기습에 대항하기 위해 즉각적으로 무기를 사용할 수 있다.

고정식별표시를 한다는 조건은 단어 선택에 있어 여러 문제점을 제기하는 바, 즉 식별표시가 멀어서 인식되어야 한다는 것을 하나의 의무로 보기에도 그 이해가 쉽지 아니하다. 따라서 그 표현은 합리적으로 해석되어야 하는바, 이는 살고자 하

47) *Commentary, III Geneva Convention* 60 (ICRC, J. de Preux ed., 1960) 참조.
48) H. S. Levie, *Prisoners of War in International Armed Conflict*, 59 ILS 47 (1978) 참조.
49) W. A. Solf, 'Article 44', *New Rules* 241, p.252 참조.

는 전투원은 적의 시선을 끌지 않기 때문이다. 이와는 달리 군복을 입은 군인조차도 위장복을 이용하기 쉬운데, 이는 전투원이 지형학적 조건을 단순히 이용할 경우에는[50] 합법적인 책략이 된다.[51]

또 다른 문제는 야간전투와 관련된 것인바, 즉 전투원이 야광식별표시를 하지 않는다면 그러한 표시는 야간에 멀리서 식별할 수가 없을 것이다. 따라서 불완전한 용어 때문에 명백한 조건의 이행에 어려움이 있다는 것은 중요한 사실이다. 정규군대가 군복을 입는 것과 마찬가지로 군사임무수행을 위한 비정규군도 자신들을 식별하게 될 합리적인 형태의 고정 표시를 사용한다. 문제는 전투원으로 식별될 수 있다는 것이 아니라 민간인으로 위장하고자 하는데 있다.

전투원이 차량이나 탱크로 이동할 경우나 이와 유사하게 선박이나 항공기로 이동할 경우 개개인이 식별표식을 갖지 않아도 되는바, 이는 차량이나 기타의 표시가 적절히 식별되기 때문이다.[52] 또한 차량이나 포대의 외부표시가 있다하여 탑승한 전투원이 개인 식별 표시를 하지 않아도 되는 것은 아니다. 항공기 승무원에 관하여는 1923년 헤이그 항공전규칙 제15에 특별규정이 있는바, 항공기 승무원은 '항공기와 분리 된다' 라는 것이다.[53]

(3) 공공연하게 무기를 휴대한다는 세 번째 조건은 두 번째 조건과 유사한 논리 및 문제점을 갖고 있다. 이러한 조건이 권총휴대나 주머니 속에 수류탄을 갖고 다니는 것을 금지한다는 것을 암시하는가? 문제는 다만 표현상의 것으로, 중요한 것은 애매한 용어가 아니라 조건의 핵심이 무엇인가에 있다. 합법적 전투원은 적을 기만하여 접근이 용이하도록 허위로 흉내 내서는 아니

50) Article 37(2)of Protocol I, *Supra* note 3, p.645 참조.
51) Bindschedler-Robert, *Supra* note 13, p.43 참조.
52) Commentary, *Supra* note 47, p.60 참조.
53) Hague Rules of Air Warfare, 1932, Laws of Armed Conflicts 207, p.209.

된다. 합법적 전투원은 합리적인 방식으로 공공연하게 무기를 휴대해야하며 이는 무기의 특성과 상황에 따라 다르다.

(4) 전쟁법에 따른 행위를 요구하는 네 번째 조건은 합법적 및 비합법적 전투원의 차이를 강조하는 철학의 이해가 중요하다. 전투원이 전쟁법을 존중하지 않으려 한다면 그는 자신에게 유리하게 이를 적용하고자 할 경우 이에 의존하게 되는 금반언(禁反言)에 빠지게 된다.[54] 이러한 조건 충족에 실패한 비합법적 전투원은 전쟁범죄인이다. 그러나 이러한 조건이 전쟁법과 양립되지 않는 모든 행위와 관련이 있는 것은 아니며 반드시 전범위원회와 관련되어 있는 것도 아니다.

이것이 최초 헤이그조약이었으며 이후 이는 제네바협약에서 보장되었고, 상기에서 언급했듯이 다음의 추가 조건이 이들 협약으로부터 추론될 수 있다.

(5) 조직화란 다섯 번째 조건에서는 다소 다르게 사실상 강조하는바, 합법적 전투원은 훈련된 위계질서 내에서 행동해야하며 야전에서 행하는 하급부대의 일은 상급부대의 감독에 따라야 한다.

(6) 충돌당사국에 속한다는 여섯 번째 조건은 1969년 카셈(Kassem) 사건의 이스라엘 군사재판소 판결에서 실질적으로 표현되었다.[55] 이들은 이스트 뱅크에서 요르단 강을 건너 웨스트 뱅크까지 테러 목적으로 조직화된 '팔레스타인 해방전선' 이라 불리는 자들이었다. 이들은 나포되어 보안법 위반혐의가 적용되자 포로의 지위를 주장하였다. 이스라엘 군사재판소는 비정규군대는

54) Levie, *Supra* note 48, pp.50-1 참조.
55) Military Prosecutor V. Kassen and Others (Israel, Military Court, 1969), 42 *ILR* 470 참조.

충돌당사국에 속해야 한다고 주장[56]하였는바, 이스라엘과 전쟁 중인 어떠한 아랍정부도 요르단에서의 불법행위에 책임이 없다고 생각하였기 때문에 상기조건은 충족되지 않았다.[57] 동 판결은 제네바협약이 기존 국제법상 합법적 전투의 범위를 제한하지 않았다는 이유로 슈바르젠버거(Schwarzenberger)에 의해 비판을 받았다.[58] 그러나 제네바협약 이전에서도 헤이그 조건이 충돌당사국을 위해 행동하는 전투원에게만 적용된다는 전제가 있었다.[59] 다수의 독자적인 게릴라 집단은 이들이 전쟁법을 준수하고 고정식별표시를 사용하며 공공연하게 무기를 휴대하고 있다하여도 합법적 전투원으로 간주될 수 없다. 어쨌든 '교전국 정부와의 특정한 관계가 필요하다.'[60] 물론 당시 팔레스타인 게릴라가 사실상 충돌당사국에게 속하였는가는 논쟁의 여지가 있으나, 조건 그 자체는 문제가 없다.

(7) 억류국에 충성하지 않는다는 일곱 번째이면서 마지막 조건은 제네바협약에서 특별히 언급되지 않았으나 이는 판례법에서 연유되었다. 말레이시아에 상륙한 인도네시아 공수부대가 나포된 1967년 코이(Koi) 사건의 추밀원 판결에서 당국은 여러 말레이 사람들이 안보수역에서 불법으로 무기를 휴대했다는 이유로 유죄가 인정되어 사형이 선고 되었다.[61] 이에 대한 항소심에서의 문제는 이들이 포로의 지위를 갖는가에 있었다. 추밀원은 주장하기를(허드슨 경, Lord Hudson), "억류국의 국민은 충성의무가 있는 다른 사람과 마찬가지로 포로의 지위를 갖지 못한다"라고 하였다.[62] 이것은 추밀원이 관습국제법 규칙을 반영한 것이다.[63] 이러한 조건이 제4조 (A)에는 나와 있지 아

56) *Ibid.*, p.476.
57) *Ibid.*, pp.477-8.
58) G. Schwarzenberger, 'Human Rights and Guerrilla Warfare', 1 *IYHR* 246, p.252(1971) 참조.
59) L. Nurick and R. W. Barrentt, 'Legality of Guerrilla Forces under the Laws of war', 40 *AJIL* 563, pp.567-9 (1946) 참조.
60) Bindsschedler-Robert, *Supra* note 13, p.40.
61) Public Prosecutor v. *Koi et al.* (1967), [1968] AC 829.
62) *Ibid.*, pp.856-8.
63) *Ibid.*, pp.856-7.

니하다. 추밀원은 제네바협약 (Ⅲ)의 기타 규정 특히 제87조와 제100조[64]를 참조하여 "포로는 억류국의 국민이 아니며 또한 충성의무도 지지 아니한다" 라고 하였다.[65]

국적(또는 충성) 요구는 주의 깊게 접근해야 하는데, A국에 속하는 전투원이 B국에 의해 체포되었으나, 이 사람이 C국 국민의 경우에는 아무런 차이도 없다. 프랑스 외래군단에 있었던 독일병사가 인도네시아-중국과의 전쟁에서 포로의 지위가 인정되었으나, 이 병사의 전투가 독일에 대항하는 것이었다면 상기와 동일한 지위를 받지 못할 것이다.

코이 사건은 또한 증거법 문제를 제기하는바, 이는 제네바협약 (Ⅲ) 제5조 2항에서 규정되어 있다. 즉 교전행위를 통하여 적의 수중에 빠진 자가 제4조에 열거한 부류의 하나에 속하는 가의 여부에 대하여 의문이 생길 경우에는 그러한 자들은 그들의 신분이 관할재판소에 의하여 결정될 때까지 본 협약의 보호를 받는다. 추밀원 견해도 외국인의 단순한 충성이 제5조에 의하면 의심의 여지가 있다는 것에 관하여 양분되는바, 다수는 주장하기를, 문제는 법적 지위가 아니라 이를 반대한 소수였다.[66] 더욱 중요한 문제는 증거부담에 관한 것인데, 소수는 증거부담이 피고에게 있는 바, 그는 자신이 포로의 자격이 있음을 보여주어야 하기 때문이라는 견해를 제시하였다(결국 억류국의 국민이 아닌).[67] 다수는 이점에 관하여 침묵하였다. 법률의 정확한 해석을 하면 피고가 법원을 설득하여 적 군대 구성원이 될 경우 자신이 억류국에 충성의무가 있다는 것을 입증할 부담(그러므로 포로의 지위

64) Geneva Convention (III), *Supra* note 11,p.460, p.464.
65) Koi case, *Supra* note 61, p.857.
66) *Ibid.,* p.855, 865.
67) *Ibid.,* p.864.

자격이 없다)이 기소측으로 넘어간다.[68] 물론 피고는 먼저 자신이 적 군대 구성원임을 확증해야 한다.

긴급한 게릴라 전투가 있다면 비정규군대가 7개 제네바협약 모두 또는 4개 핵심 헤이그 조건을 준수하는 것이 쉽지 않다. 이러한 조건은 통상 정규군대가 작전을 한 다음 설정된다. 정규군대는 조직되고 위계질서에 따르며 당연히 충돌당사국에 속하고 군복을 착용하는 전통과 공공연하게 무기를 휴대하며 전쟁법 준수 교육을 받으며 충성문제는 거의 일어나지 않는다. 그러나 비정규군대의 상황은 더욱 복잡한데, 기타의 문제가 무시된다 하여도 차별조건 (2)와 고정 식별 표시 및 무기휴대 조건 (3) 양자를 충족시키기는 어렵다. 이는 '비밀 및 기습이 게릴라전의 본질' 이기 때문이다.[69] 2차 대전시 대다수 저항운동은 모든 조건을 충족하지는 않았다.[70] 실질적인 측면에서 보면, '대다수 게릴라가 관계되는 한, 이러한 규정의 준수는 자살행위와 유사할 것' 이라고 많은 사람들이 믿고 있다.[71] 여전히 헤이그규정, 제네바협약 및 관습국제법 규범이 존재한다.

헤이그규정, 제네바협약 및 관습국제법 상, 모든 조건이 용이해지는 시점은 '대다수의 철수시점' 이다. 이러한 범주는 점령지에서 '다수가 철수' 하지 않는 비점령지 주민에게만 적용된다. 이러한 생각은(프랑스 혁명에서 유래[72]) 침투시점에 점령을 예상하고 민간인이 자발적으로 무기를 휴대할 수 있다는 것이다. 이것은 단기전투 시, 임시단계로서 합법적 전투지위 조건에 관한 7가지 모든 조건을 충족할 필요가 없는 비정상적인 사태에 해당된다. 헤이그규정과 제네바협약은 두 가지 조건만을 열거하는 바, 즉 공공연한 무기휴대 및 전쟁법 존중(조건 3.4)이다.

---

68) R. R, Baxter, "The Privy Council on the Qualifications of Belligerents', 63 *AJIL* 290, 293 (1969).
69) R. R. Baxter, 'So-Called "Unprivileged Belligerency": Spies, Guerrillas, and Saboteurs', 28 *BYBIL* 323, p.328 (1951) 참조.
70) J. S. Picter, 'The New Geneva Conventions for the Protection of War victims', 45 *AJIL* 462, p.472 (1951) 참조.
71) G. von Glahn, 'The Protection of Human Rights in Time of Armed Conflicts', 1 *IYHR* 208, p.223 (1971) 참조.
72) On the origins of the institution, W. G. Rabus, 'A New Definition of the "Levee en Masse"', 24 *NILR* 232, id. (1977) 참조.

따라서 책임 있는 지휘관에 복종하며 고정식별표시를 사용하는 두 가지 기타 헤이그 조건을(조건 1.2) 충족한 필요가 있게 된다. '다수의 철수'가 순간적인 충격으로 이루어질 경우 조건 (5)가 적용되지 않음을 명심해야 한다. 조건 (6)은 여기서는 관련이 없으나 민간인이 침투에 저항 시, 충돌당사국에 속하는 문제는 논의 여지가 있다.

한편 국적(충성)조건 (7)은 논란의 여지가 있으나, '다수의 철수'라는 과도적인 문구는 상대적으로 단기간 지속 이후 소멸된다. 세 개의 시나리오 중 하나가 밝혀져야 하는바, 영토가 점령되거나(다수의 철수에도 불구하고) 침투세력이 격퇴되거나(다수의 철수나 적절한 증강세력의 도착에 감사), 방어전투가 안정을 하거나 하면 그 다음 충분한 조직기회가 있을 것이다.

헤이그규정과 제네바협약은 포로에 지위와 관련되는 한, 군대에 고용되거나 군대와 함께하는 특정 민간인이 합법적 전투원이라는 데에는 서로 일치한다. 분명히 민간인이 군대에 고용되거나 군대와 함께 한다는 사실로 인하여 그가 전투원으로 바뀌지는 않는다는 것은 사실이다. 그 결과 대다수 조건 충족 문제가 야기되지는 않는다. 그러나 모든 사례에서 조건 (4)는 중요한 것으로 간주되어야 하는바, 전쟁법상의 권리를 추구하는 자는 자신의 이해관계에 관한 법률을 존중해야 한다. 국적 또는 충돌에 관한 조건 (7)은 민간인에게도 관련된다. 민간인이 자위(自衛) 목적에서 소형무기를 휴대해야 한다면 이 경우 공공연한 무기 휴대에 관한 조건 (8)이 적용될 것이다.

상기 7가지 조건을 준수해야 하는 자는, 자신이 구성원으로 되어 있는 개인이나 단체가 되는가? 이 문제는 정규군대와 관련하여서는 야기되지 않는바, 이들 군대가 집단적으로 모든 조건을 이행하고 구체적인 사건에서 어느 정도 의심이 있다는 것을 가정할 경우 존 두가 아닌 전체 군대에 영향을 주게 된다. 모하메드 알리와 코이 사건에서 피고가 이러한 조건을 충족시키지 못하였다 하더라도 인도네시아 군대 구성원이 일반적으로 군복을 입고 있었기 때문에 말레이시아에 충성의무가 없다는 것은 의심의 여지가 없다. 그러나 비정규 군대의 작전 시, 합법적 전투조건의 충족문제는 집단적으로 게릴라 운동 그리고 개별적으로는 그 구성원 각자에게 관련될 수 있다. 이 문제에 대한 답변은 조건에 따라 다양하다.

그 속성상 조건(1), (5) 및 (6)은 집단적인 그룹을 언급하는 것으로 개별 구성원은 해당이 되지 않는다. 그룹이 전체적으로 조직된다는 것은 책임 있는 지휘관이 있으며 이들 그룹이 충돌당사국에 속한다는 것을 확실하게 할 필요가 있다. 이와 같은 경우에 있어서는 동일한 기준이 모든 그룹 구성원에게 적용되어야 한다.[73] 그 반대의 경우, 즉 그룹 자체가 아닌 그룹 개별 구성원에게 지침을 주는 조건 (1)이 적용되는바, 국적관련성은 개별적으로 결정된다. 기타 조건으로서 (2), (3) 및 (4)가 있는데, 고정식별표시에 관한 조건 (2)는 그룹의 일부가 자신을 나타내는 동일한 표시를 해야 하는 사전행위를 요구하는바, 이렇게 하지 않을 경우 그룹의 어떠한 구성원은 조건을 충족시킬 수 없게 된다. 이와 동일하게, 그룹이 고정식별 표시를 택할 경우라도 존 두가 이를 중요한 시기에 사용할 것임을 의미하지는 않는다. 존 두가 이렇게 하지 못할 경우 그의 비행은 전체 그룹에 영향을 주지 않으나 개인적인 결과책임은 져야 한다.

조건 (3)과 (4), 즉 공공연하게 무기를 휴대하고 전쟁법을 준수하라는 조건에 관하여는 이들의 조건 이행이 원초적으로는 개인적으로 그리고 부차적으로는 집단에 의하여 준수되어야 한다는 것이다. 즉 개별 사례에서 이러한 조건의 준수가 현

73) Draper, *Supra* note 32, p.196 참조.

실적으로 문제가 될 경우, 존 두는 자신의 실제 행위에 대한 답변을 해야 한다. 그러나 개인적인 확인 기회가 제시되지 않고 존 두가 절대적인 임무수행 시에 무기를 휴대하고 체포 되었을 때는 집단이 일반적으로 어떻게 행동하며 집단에서 개인까지 어떻게 추정을 할 것인가를 설정할 수 있다. 정치적으로 전쟁법 비준중 기록을 갖고 있는 경우 존 두에게 포로의 지위를 부여할 필요가 없다. 이와 반대로 집단이 항시 전쟁법 준수를 한다면 존 두는 이익을 향유하게 된다. 존 두가 실질적으로 전쟁법을 준수한다하여도 "집단이 통상 법률위반 행위를 할 경우 그는 합법적 전투원이 되어서는 아니 된다"라는 데에는 다툼이 있어 왔다.[74] 이는 알 카에다와 같은 극단적인 사건에는 적용할 수 없다. 그러나 그룹 구성원의 행위가 공평하지 않다면, 존 두는 자신의 경우에 있어서의 유리한 점과 동료의 불리한 점에 대해서 판단을 받아야 한다.

74) *Ibid.*, 197 ; and Meron, *Supra* note 12, p.65 참조.

3.4. 1977년 제1의정서상의 법적 지위

전투원의 법적 지위는 제1의정서에 따라 급격히 변화 되었는바, 동 의정서 제43조는 다음과 같이 선언한다.

(1) 충돌당사국의 군대는 동국이 적대당사국에 의하여 승인되지 아니한 정부 또는 당국에 의하여 대표되는 경우라 하더라도 자기부하의 지휘에 관하여 동국에 책임을 지는 지휘관 휘하에 있는 조직된 모든 무장병력, 집단 및 부대로 구성된다. 그러한 군대는 내부 규율체계 특히 무력충돌에 적용되는 국제법 규칙에의 복종을 강제하는 규율체계에 복종하여야 한다.

(2) 충돌당사국의 군대구성원(제3협약 제33조에 규정된 의무요원 및 종교요원 제외)은 전투원이다. 즉 그들은 직접 적대행위에 참여할 권리가 있다.

(3) 충돌당사국은 준군사적 또는 무장한 법 집행기관을 군대에 포함시킬 경우 타방 충돌당사국에 그러한 사실을 통고하여야 한다.[75]

75) Protocol I, *Supra* note 3, p.647

제43조는 관습국제법을 반영한 헤이그 및 제네바 규칙을 따르고 있다. 실제로 이는 합법적 전투에 관한 7개 조건 중 4개 조건을 재확인하였는바, 즉 부하행위에 책임 있는 지휘관에 관한 조건 (1)전쟁법 준수에 관한 조건 (4)조직 및 훈련 필요성에 관한 조건 (5) 및 충돌당사국 소속인 자에 관한 조건 (6) 등이다.[76]

그러나 제44조에서 상기 내용을 아래와 같이 추가하고 있다.

(1) 제43조에 정의된 자로서 적대당사국의 권력 내에 들어간 모든 전투원은 전쟁 포로가 된다.

(2) 모든 전투원은 무력충돌에 적용되는 국제법 규칙을 준수할 의무가 있으나 이들 규칙의 위반으로 인하여 전투원이 될 권리를 박탈당하지 아니하며, 적대당사국의 권력내에 들어갈 경우에는 (3)항 및 (4)항에 규정된 경우를 제외하고는 전쟁포로가 될 권리를 박탈당하지 아니한다.

(3) 적대행위의 영향으로부터 민간인 보호를 제고하기 위하여 전투원은 그들이 공격이나 공격전의 예비적인 군사작전에 참여하고 있는 동안 그들 자신을 민간인과 구별하여야 한다. 그러나 적대행위의 성격 때문에 무장전투원이 자신을 그와 같이 구별시킬 수 없는 무력충돌의 상황이 존재함을 감안하여 그러한 상황하에서 다음 기간 중 무기를 공공연히 휴대하는 경우에는 전투원으로서의 지위를 보유한다.

가. 각 교전기간 중

나. 공격개시 전의 작전 전개에 가담하는 동안 적에게 노출되는 기간 중.

76) J.de Preux, 제43조, *Commentary on the Additional Protocols* 505, p.517.

본 항의 요구에 복종하는 행위는 제37조 (1)항 다호에서 의미하는 배신적 행위로 간주되지 아니한다.

(4) (3)항의 2번째 문장에 제시된 요구를 충족시키지 못하는 동안 적대당사국의 권력내에 들어간 전투원은 전쟁포로가 될 권리를 상실한다. 그러나 모든 면에 있어서 제3협약 및 본 의정서에 의하여 전쟁포로에게 부여되는 것과 대등한 보호를 받아야 한다. 이러한 보호에는 자신이 범한 어떠한 범죄로 인하여 심리 및 처벌을 받는 경우에 제3협약에 의거하여 전쟁포로에 부여되는 것과 동등한 보호가 포함된다.

(5) 공격 또는 공격전의 군사작전에 참여하지 아니하는 동안 적대당사국의 권력내에 들어간 모든 전투원은 이전의 행위로 인하여 전투원 및 전쟁포로가 될 권리를 상실하지 아니한다.

(6) 본 조는 제3협약 제4조에 따른 어떠한 자의 전쟁포로가 될 권리를 침해하지 아니한다.

(7) 본 조는 충돌당사국의 군복을 착용한 정규군 부대에 배속된 전투원의 군복 착용과 관련하여 일반적으로 인정된 국가의 관행을 변경시키려고 의도하는 것이 아니다.

(8) 제1, 2협약 제13조에 언급된 자들의 범위에 추가하여, 본 의정서 제43조에 정의된 충돌당사국 군대의 모든 구성원은 그들이 부상을 입었거나 병이 들었을 경우 또는 제2협약에서와 같이 바다 밑 다른 수역에서 조난되었을 경우에는 상기 제 협약에 따른 보호를 받을 자격이 있다.[77]

77) Protocol I, *Supra* note, pp.647-8.

상기의 장황한 내용은 상당히 얽혀 있어 명쾌하지가 않았다. 근본적으로 상이한 조항을 서로 조화시키려고 상당한 노력이 있었으나, 그 결과는 실망스러운 것으로 나타났다. 제4조의 규정에도 불구하고 제44조 2항은 조건 4를 폐지하는 바, 즉 전쟁법 준수 여부와 관계없이 모든 전투원은(적대행위에 직접적 가담하는 자들) 합법적 전투를 할 자격이 있고, 포로의 지위를 박탈당하지 않는다고 한다. 제44조 3항은 식별원칙에 대한 경미한 접근으로 조건 3의 생략된 내용만을 유지하는바, 즉 공공연하게 무기를 휴대할 의무는 전투기간 및 공격개시 준비 예비단계에 한정된다.

적에게 노출되는 문제는 복잡한바, 전투원 자신이 노출되는 것을 모르거나 알아서는 아니 될 경우 등을 암시할 수 있는데, 이 경우에 이러한 의무는 적용되지 않는다.[78] 노출문제는 안경을 쓰지 않은 상태인지 아니면 망원경이나 광학기구와 같은 관측 장비에 의해 결정되어져야 하는가는 분명하지 않다.[79]

더욱더 중요한 것은 전개시점에 관한, 즉 최초 집결지점인지(전투원이 목적지로 향하는 지점) 아니면 공격이 개시되기 직전의 인지에 관한 합의가 없다.[80] 이러한 문제 및 기타 문제에 관하여 대다수는 침묵을 지키고 있다.[81]

제4항은 기술적으로 포로의 지위가 박탈당할 수 있다고 하고 있으나, 이 경우도 포로에 부여되는 모든 보호를 받아야 한다고 언급한다. 따라서 실질적인 측면을 보면 우회적으로 기술된 조건 (3)이 제44조에 의해 살아나게 된다.

조건 (2)에 관하여는, 이에 대한 유일한 언급이 제7항에 나와 있는바, 동 조는 "정규군대의 군복을 착용하는 일반적으로 인정된 국가 관행을 변경하려는 것은 아니다"라고 한다. 따라서 제44조는 조건 (2)의 삭제를 강조하는바, 즉 비정규군대가

---

78) J. de Preux, 'Article 44', *Commentary on the Additional Protocols* 519, p.535 참조.
79) Solf, *Supra* note 49, pp.254-5 참조.
80) de Preux, *Supra* note 78, pp.534-5 참조.
81) R. Lapioth, 'Qui a Droit au Statut de Prisonnier de Guerre?', 82 *RGDIP* 170, p.204 (1978) 참조.

적대행위 가담시에는 대단히 중요한 의미가 있다고 한다. 사실상 그 결과는 '비정규전투원의 우호적 보호를 위해 균형을 맞추는 것이 오히려 정규군과 민간인에게 해가 된다.'[82] 최종적인 분석을 통해서 보면, 고통을 받게 되는 자는 민간인임을 알 수 있다. '불가피하게 정규군대가 민간인을 더욱 엄하게 다루게 되나, 체포 시 이들이 전투원이나 포로로서 행동할 권리를 보유하는 한 적대국이 이들을 민간인으로 자유스럽게 취급할 수 있다고 믿는다면 그 구속력이 덜하게 될 것이다.'[83]

상기에서 지적한바와 같이, 합법적 전투의 7가지 조건은 비정규군대에게는 부담이 된다. 이 결과 어느 정도로 상기 조건을 완화시키는 지혜가 필요하게 될 것이다. 특히 두 가지 식별 조건인 조건 (2)와 (3)의 경우, 한쪽의 이행으로 다른 쪽이 충분하다고 믿는다면 상호 대안이 될 수 있는바[84], 여기에는 제44조의 입안자가 다루지 못한 부분이 있다. 즉 동 조항의 내용은 극과 극을 달리고 있어 합법적 전투조건의 애매한 점을 축소시킬 필요가 있는바, 그 결과로 의정서 체약 당사국이 합법적 및 비합법적 전투원간의 일반적 차이가 가치 면에서는 명목상에 불과한 것이 되었다. 합법적 및 비합법적 전투원의 분리는 단 두 가지 예외적인 경우 즉 스파이와 용병의 경우에만 의정서에 나와 있다.[85]

제44조가 창출한 새로운 법률제도에 대한 반대는 오늘날 주요 군사강국인 미국이 제1의정서 비준을 거부하는 주요 이유 가운데 하나이며[86], 동 조항에 대한 이러한 부정적 평가가 다른 국가의 가세로 공감을 받고 있다.

---

82) G. B. Roberts, 'The New Rules for Waging War: The Case against Ratification of Additional Protocol I', 26 *VJIL* 109, p.129 (1985-6).
83) A. D. Sofaer, 'The Rationale for the United States Decision', 82 *AJIL* 784, p.786 (1988).
84) W. J. Ford, 'Members of Resistance Movements', 24 *NILR* 92, p.104 (1977) 참조.
85) Protocol I, *Supra* note 3, p.649 (Article 46(l)).
86) *Operational Law Handbook* 11(US Army Judge Advocate General, 2003) 참조.

3.5 사례연구 : 아프가니스탄 전쟁

탈리반 정권과 알 카에다에 의한 2001년 9월 11일의 무력 공격으로 미국과 일부 동맹국들은 이들의 테러망을 격퇴하고자 아프가니스탄 전쟁을 시작하였으나, 이 전쟁은 합법적/비합법적 전투의 지위에 관한 다음과 같은 문제점을 제기하였다.

(1) 첫 번째 문제는 탈리반 전투수행자의 지위와 관련된 것인데, 한편으로는 탈리반 정권은 전쟁당시 사실상 아프가니스탄 영토의 90%이상을 장악하고 있었고, 다른 한편으로는 탈리반 정권이 국제 공동체의 대다수 국가로부터 승인을 받지 못하였다는 것이다.[87] 그러나 승인을 받지 못하였다는 그 자체가 관습국제법상 전투원의 지위에 손상을 줄 수는 없다. 상기에서 지적한 것처럼, 전쟁법의 적용이 적국의 정부로서 특정한 정권의 승인에 의한 것은 아니기 때문이다. 제네바협약 (Ⅲ) 제4조 (A/13)항에 의하면 억류국이 승인하지

---

87) R. Wolfrum and C. E. Philipp, 'The Status of the Taliban:: Their Obligations and Rights under International Law', 6 *MPYUNL* 559, pp.570-7 (2002) 참조.

아니하는 정부 또는 당국에 충성을 서약한 정규군대의 구성원도(2차 대전 시 독일 나치가 승인하지 않은 드골 장군의 프랑스 자유 부대의 경우가 그 예임)[88] 포로의 지위를 갖는다. 그러나 강조되어야 할 점은 승인 및 미 승인된 정부 군대가 서로 그 지위가 동등한가의 문제로서, 후자는 합법적 탈리반 정권의 승인 문제가 아니라 탈리반 세력이 사실상 상기의 모든 조건을 준수하였는가라고 묻는 것이 적절할 것이다. 세계의 방송매체, 특히 수천 명의 탈리반 군대 항복 이전과 이후를 상세한 생중계한 텔레비전을 통하여 아프가니스탄 전쟁을 면밀히 살펴보면 탈리반 세력은 공공연하게 무기를 휴대하였고(조건3), 기타 합법적 전투조건을 충족하였기 때문에 이들이 군복을 입지 않았다거나 고정된 식별 표시를 부착하지 않았다는 것을(조건 2) 부인할 수 없다. 복합적인 조건으로 보면, 탈리반 세력 구성원은 관습국제법상 포로의 자격을 갖지 못한다. 이러한 기준은 어떠한 예외도 허용하지 않으며 이는 탈리반 정권이 지배하는 아프가니스탄의 비정상적 상황에도 마찬가지이다. 탈리반이 전통적인 서구식[89] 군복을 입지 않는다는 것은 아주 잘못된 것으로서, 이는 탈리반 세력이 어쨌든 군복을 입지 않았기 때문에 생겨난 것이다(민간인과 구별되는 단 하나의 특별한 배지도 부착하지 아니함). 탈리반을 포함한 모든 군대는 군복 착용을 하거나 기타 고정된 식별 표시를 사용해야 한다. 만일 이렇게 하지 않을 경우 이들은 관습국제법상 포로의 지위를 주장할 수 없다. 법적 지위문제는 개별적으로는 분명한 것 같으나, 일부 사람들이 이 문제에 의심을 갖게 되자[90](왜냐하면 군복을 입지 않은 정부군의 경우란 매우 특이하기 때문이다). 이 문제는 사법심사의 대상이 될 수 있었다. 제

88) Commentary, *Supra* note 47, p.62 참조.
89) R. Cryer, 'The Fine Art of Friendship: Fus in Bello in Afghanistan', 7 *FCSL* 37, p.70 (2002).
90) G. H. Aldrich, 'The Taliban, Al Qaeda, and the Determination of Illegal Combatants', 96 *AJIL* 891, pp.896-7 (2002) 참조.

네바협약 (Ⅲ) 제5조 2항은 다음과 같이 기술한다.

> "교전행위를 행하여 적의 수중에 빠진 자가 제4조에 열거한 부류의 하나에 속하는가의 여부에 대하여 의문이 생길 경우에는 그러한 자들은 그들의 신분이 관할재판소에 의하여 결정될 때까지 본 협약의 보호를 향유한다."[91]

미국은 권한 있는 재판소의 결정으로 탈리반 세력의 지위에 대해 충분히 조언을 구할 수 있었는바, 이러한 목적의 권한 있는 재판소가 바로 군사위원회가 될 수 있다.[92]

(2) 알 카에다의 법적 지위는 탈리반과 혼동해서는 안 되는바, 이는 알 카에다가 비정규군대로 구성되어 있기 때문이다. 이들은 충돌당사국에 해당되는 요건을 쉽게 만족시키나, 사실상 알 카에다와 탈리반 정권과의 관계에 있어 '꼬리가 개를 흔들고 있었던' 시절이 있었다. 즉 충돌당사국(아프가니스탄)이 반대세력이 아닌 알 카에다에 속한 것으로 보였기 때문이다. 물론 알 카에다는 잘 조직된 집단(조건 5), 지휘체계 복종(조건 1) 및 아프가니스탄과의 적대행위 시, 공공연하게 무기를 휴대하였다(3). 그러나 알 카에다는 탈리반 정권처럼 군복착용을 거부하였거나 고정된 식별 표시를 하기를 거부하였다는(조건 2) 사실과는 달리, 이 집단은 조건 4를 존중하지 않고 전쟁법을 무시하였다. 알 카에다는 합법적 전투조건을 무시하여 9/11 최초 공격을 하게 되었다. 알 카에다는 테러뿐만 아니라 민간 복장을 하고 미국 민간 항공기를

91) Geneva Convention (Ⅲ), *Supra* note 11, p.432.
92) K. Anderson, 'What to Do with Bin Laden and Al Qaeda Terrorists? A Qualified Defense of Military Commissions and United States Policy on Detainees at Guantanamo Bay Naval Base', 25 *HFLPP* 591, pp.619-20 (2002) 참조.

납치하였다. 9/11 중 가장 놀랄만한 사건은 (가) 최초의 공격목표(뉴욕 세계무역센터 트윈타워)가 군사목표가 아닌 민간목표였다는 것이며, 이는 거의 3,000명의 무고한 시민을 사망하게 하였고, (나) 기타 다른 공격목표와 마찬가지로 트윈타워(군사목표가 아님)의 공격은 납치한 항공기 및 승객을 이용 수백 명의 민간인을 사망케 하였다. 이러한 엄청난 형태의 집단 공격 행위는 이들의 포로 지위 주장을 정당화시킬 수 없다. 탈리반 세력이 포로의 지위를 향유할 수 있는가에 대한 의문이 무엇이든 간에 알 카에다는 테러리스트이며 기타 어떠한 지위도 향유할 수 없다.

(3) 알 카에다의 개입은 또 다른 문제를 야기하였는바, 탈리반 세력이 아프간 국민으로 구성되었기 때문에 알 카에다는 전 세계에서 모여든 회교집단의 집합체가 되었다. 이들 중 대다수는 외관상으로는 아랍인이나 일부는 서구 국가 출신이고 이슬람으로 개종한 미국인도 있었다. 미국이 이 문제를 국내 헌법 및 형법체계 관점에서 다루었는가를 보면, 전쟁법상의 모든 고려요소와 무관하게 억류국에 충성의무가 있는 포로의 대우를 기대할 수 없다(조건 7).

(4) 합법적 전투 조건의 구속력은 아프가니스탄의 일개 충돌당사국에게만 미치는 것으로 보아서는 안 된다. 적대행위가 개시됨에 따라 일부 미국 전투원 특히 CIA요원들은 전투 중에 군복을 입지 않았다는 것이 명백히 드러났다. 군복(조건 2)과 같은 고정식별 표시에 관한 조건을 포함 합법적 전투의 7가지 조건을 충돌당사국 군대의 99%가 준수하였다하더라도 남은 1%가 동일한 조건에 따라 행위를 해야 하는 확고한 의무에서 제외되는 것은 아니다. 결과적으로 민간복장을 한 미국전투원이 적에게 체포될 경우 이들은 탈리반이나 알 카에다 이상으로 포로가 될 자격이 없을 것이다.

(5) 이 분야에서의 '초기 논쟁의 초점'은 미국이 아프가니스탄에서 관타나모(Guantanamo; 쿠바 섬)로 이송한 알 카에다 테러리스트들의 구류 문제였다.93) 불법 전투원은 포로의 자격이 없기 때문에 관타나모의 구류 조건에 대하여 여러 사람이 비판을 하였다. 그러나 사법절차상 어떠한 범죄 혐의도 없는 이들의 구류는(단순 행정조치) 적대행위 종결 이후에는 계속될 수 없다. 이러한 감금된 전투원의 경우는, 탈리반과 연결된 아프가니스탄에서의 적대행위 및 알 카에다가 사건과 관련된 적대행위를 한 자(者)를 말한다.

3.6 용병

제1의정서 제47조는 불법 전투원과 용병에 대한 새로운 내용을 다음과 같이 소개한다.

(1) 용병은 전투원 또는 전쟁포로가 될 권리를 가지지 아니한다.

(2) 용병은 다음에 해당하는 자를 말한다.

가. 무력 충돌시 싸우기 위하여 국내 또는 국외에서 특별히 징집된 자.

나. 실제로 적대행위에 직접 참가하는 자.[93]

다. 근본적으로 사적 이익을 얻을 목적으로 적대행위에 참가한 자 및 충돌당사국에 의하여 또는 충돌당사국을 위하여 그 당사국 군대의 유사한 지위 및 기능의 전투원에게 약속 되거나 지급된 것을 실질적으로 초과하는 물

93) *Ibid.*, p.621.

질적 보상을 약속받은 자.

라. 충돌당사국의 국민이 아니거나 충돌당사국에 의하여 통치되는 영토의 주민이 아닌 자.

마. 충돌당사국의 군대의 구성원이 아닌 자.

바. 충돌당사국이 아닌 국가에 의하여 동국의 군대구성원으로서 공적인 임무를 띠고 파견되지 아니한 자.[94]

동 의정서 제47조는 관습국제법에 기초하여 제정[95]되었는바, 흥미로운 것은 새로운 불법전투원 계층인 용병이 전통적인 불법전투원과는 다르다는 것인데, 즉 이러한 특별한 유형은 '전투원과 민간인간의 차이원칙과는 아무런 관련도 없다' 라는 것이다.

제47조 용병의 정의는 분명히 매우 제한적으로 6번째 조건에 의해 제정되었다. 여러 평론가들이 주장하기를, 이러한 조건들은 '제47조가 작용하지 못하도록 한다' 라고 한다.[96] 대체적으로 이 정의의 범주 내에 해당되며 그 동기의 타락성이 용병기준의 척도가 된다.[97] 사적인 욕망이 용병의 정의에서 제거된다면, 통상 이해되는 '용병' 이란 용어는 실질적으로 내용이 없게 된다.[98] 동기가 욕심에 의한 것은 아니나 이상적 또는 기타 이유로 행동하는 용병은 합법적 전투원이 된다.[99]

제47조의 범주에 속하는 용병은 특정 무력충돌을 목적으로 모집되어야 한다.[100] 특히 이 정의에는 '영국 군대에 있는 구르카스(Gurkhas)나 프랑스 외인구단의 구성원' 과 같은 군대에 통합된 부대에 복무하는 외국인은 배제된다.[101] 이는

94) Protocol I, *Supra* note 3, p.649.
95) H. C. Burmester, 'The Recruitment and Use of Mercenaries in Armed Conflicts', 72 *AJIL* 37, p.43 (1978) 참조.
96) F. J. Hampson, 'Mercenaries: Diagnosis before prescription', 22 *NYIL3,* p.30 (1991).
97) L. C. Green, 'The status of Mercenaries in International Law', 8 *IYHR* 9, pp.60–1 (1978) 참조.
98) J. L. Taulbee, 'Myths, Mercenaries and Contemporary International Law', 8 *IYHR* 9, pp.60–1 (1978) 참조.
99) J. de Preux, 'Article 47', *Commentary on the Additional Protocols* 571, p.580 참조.
100) E. Kwakwa, 'The current Status of Mercenaries in the Law of Armed Conflict', 14 *HICLR* 67, p.70 (1990–1) 참조.
101) A. A. Yusuf, 'Mercenaries in the Law of Armed Conflicts', *A New Humanitarian Law of Armed Conflict* 113, p.117 (A. Cassese ed., 1979) 참조.

결과적으로 명백한 법적 흠결이 있는 바, 외국인이 단일 분쟁 기간 동안 외국 군대에 복무하기 위해 입영할 경우 이들은 제47조 입안자의 견해에서 보면 용병이 아니다.[102] 또한 조건 중 하나가 적대행위에 직접 가담한 경우이므로 외국 고문 및 군사 기술진들은 이 범주에 해당되지 않는다.[103] 동일한 기준이 지원자들로 구성되어 공식적으로 해당국가에 의해 파견된 외국군대 구성원에게도 적용된다.[104]

국적문제는 용병의 정의에 중요한 역할을 하는바, 제47조에 해당하는 용병은 자신이 복무하는 국가의 국민의 될 수 없다(금전적 동기와는 무관).[105] 이런 경우 그 사람은 특정 무력충돌당사국 국민이 될 수 없는가? 이것은 그 사람이 동맹국 국민인 경우에 해당된다. 그러나 그 사람이 억류국 국민일 경우 동 의정서[106]상의 용병으로서 특성을 갖는 것은 아니나, 관습국제법에 규정된 것처럼 합법적 전투조건 (7) 이행 의무가 있는 포로의 자격을 갖지는 않을 것이다.[107]

1989년 유엔총회는 용병의 모집, 사용, 재정 및 훈련에 대한 국제협약을 제정하여 제1조에서 용병을 재 정의하고 있다.[108] 이를 동 의정서와 비교하면 그 정의 범주가 훨씬 광범위한데, 이는 적대행위에 사실상 가담하는 용병으로 모집된 자에게는 더 이상 필요가 없기 때문이다.[109] 그러나 동 협약 제3조 1항은 적대행위에 직접적으로 가담하는 용병은 단지 합법적 전투원이 되지 않는다는 것이 아니라 위반행위를 한 것이라고 한다.[110]

102) M. F. Major, 'Mercenaries and International Law', 22 *GFICL* 103, p.113 (1992) 참조.
103) de Preux, *Supra* note 99, p.579 참조.
104) *Ibid.*, p.581 참조.
105) H. W. Van Deventer, 'Mercenaries at Geneva', 70 *AJIL* 811, pp.813-14 (1976) 참조.
106) Kwakwa의 요점 참조, *Supra* note 100, p.72.
107) W. A. Solf, 'Article 47', *New Rules* 267, p.271 참조.
108) International Convention against the Recruitment, Use, Financing and Training of Mercenaries, 1989, 29 *ILM* 89, p.92 (1990).
109) L. C. Green, *The Contemporary Law of Armed Conflict*, p.116 (2nd ed., 2000) 참조.
110) Mercenaries Convention, *Supra* note 108, p.93.

3.7 무장 상선

해상에서의 무장상선 문제는 사략선 폐지 및 합법적/불법적 전투의 지위와 관련된다.[111] 1907년 헤이그협약 (VII)상, 교전자는 상선을 군함으로 변경할 수 있는데, 단 다음의 6가지 조건이 모두 충족되어야 한다.

(1) 군함으로 변경된 상선은 그 게양하는 국기 소속국의 직접관할, 직접감독 및 책임하에 있지 아니하면 군함에 속하는 권리 및 의무를 향유할 수 없다.

(2) 군함으로 변경된 상선은 그 국가의 군함외부에 특수휘장을 부착함을 요한다.

(3) 지휘관은 국가역부에 종사하는 해군장교이어야 한다.

(4) 승무원은 군율에 복종한다.

---

111) H. Fujita, '1856 Paris Declaration Respecting Maritime Law', *The Law of Naval Warfare: A Collection of Agreement and Documents with Commentaries* 61, p.71 (N. Ronzitti ed., 1988) 참조.

(5) 군함으로 변경된 일체의 상선은 그 행동에 있어서 전쟁의 법규관례를 준수해야 한다.

(6) 교전자로 상선을 변경한 것은 가급적 속히 그 변경을 군함목록에 기입함을 요한다.[112]

6번째 조건의 목적은 사략선과 변경된 상선과의 분명한 차이를 두고자 한 것이다. 그러나 헤이그협약 (Ⅶ)은 두 가지 중요한 차이점에 관한 문제를 해결하지 못하였는바, 즉 (가) 상선의 변경이 언제, 어디서나 가능한 것인지, (나) 변경된 선박이 전쟁종료 이전 다시 상선으로 환원될 수 있는지 등이다.[113] 이 문제에 관한 답은 긍정적인 바, 그 결과 상선이 공해상에서 희생자를 조우시마다 군함으로 변경될 수 있으며, 교전 직후 바로 보호를 받게 되는 비전투선박으로 그 지위를 변경할 수 있다는 것이다. 그렇다면 사략선과 변경된 상선과의 차이는 실제보다 더욱 분명해진다. 물론 적대행위 중 어떠한 재변경도 금지되어야 한다고 생각한다.[114]

적상선이 나포 전 군함에 의해 정선요구를 받을 경우 이에 따를 의무가 있는 것은 아니며 나포에 저항하거나 도주할 수 있다.[115] 그러나 이렇게 함으로써 공격에 노출되는 즉 합법적 군사목표가 된다.[116] 상선이 나포에 보다 잘 대응하도록 여러 해양 강대국들(주로 영국)은 경기관총으로 무장을 시키는 조치를 취했다. 이러한 행위는 결과적으로 잠수함에도 잠재적으로 영향을 미치는 바, 잠수함이 부상(浮上) 시 경기관총에 의해 피해를 당할 수 있기 때문이다.[117] 결과적으로 무장상선이

112) Hague Convention(Ⅶ) Relating to the Conversion of Merchant Ships into Warships, 1907, *Laws of Armed Conflicts* 797, p.798 (Articles 1–6).
113) G. Venturini, '1907 Hague Convention Ⅶ Relating to the Conversion of Merchant Ships into Warships', The Law of Naval Warfare, *Supra* note 111, pp.122–4 참조.
114) *Ibid.*, p.123.
115) L. Oppenheim, *2 International Law : A Treatise*, p.467 (H. Lauterpacht ed., 7th edn, 1952) 참조.
116) *Sam Remo Manual on International Law Applicable to Armed Conflicts at Sea* 147 (L. Doswald-Beck ed., 1995).
117) J. Gilliland, 'Submarines and Targets: Suggestions for New Codified Rules of Submarine Warfare', 73 *GLF* 975, p.984 (1984–5) 참조.

군사목표로서 공격을 받아 침몰될 수 있는가에 관한 규정의 발전을 가져오게 되었다.[118]

이것은 1946년 뉴렘베르그 판결에서 확인되었는바, 국제군사재판소는 '영국 무장상선에 대해 잠수함 전쟁' 을 하지 않은 데니츠(Dönitz) 제독에 대한 유죄 인정을 할 수 없다고 선언하였다.[119] 상선의 무장 문제는 나포에 대한 저항이나 도주와 같이 불법 전투로 간주되지는 않는다. 승무원이 적에 의해 나포되었다면 이들은 포로의 지위를 향유할 자격이 있다.[120]

118) *San Remo Manual, Supra* note 116, p.147 참조. G. P. Politakis, Modern Aspects of the Laws of Naval Warfare and Maritime Neutrality, p.292 (1998).
119) International Military Tribunal (Nuremberg), Judgment and Sentences, 1946, 41 *AJIL* 172, p.304 (1947).
120) K. Zemanek, 'Merchant Ships, Armed', 3 *EPIL* 350, p.352 참조.

The Conduct of Hostilities under the Law of International Armed Conflict

제4장

금지된 무기

4.1 서언

핵무기 사용 또는 위협의 적법성에 관한 1996년 국제사법재판소의 권고적 의견에서 '인도법을 구성하는 내용의 두 가지 주요 원칙을 인정하였는바'[1], 그 첫 번째 원칙은 전투원과 민간인의 차이에 관한 것으로 재판소는 다음과 같이 추론하였다.

> "국가는 민간인을 공격목표로 해서는 아니 되며 결과적으로 민간인과 군사목표를 식별할 수 없는 경우 무기사용을 해서는 아니 된다"[2]

무력충돌 시, 일부 무기가 민간인에 대한 직접적 또는 무차별적 공격 도구로 식별원칙을 위반한 채 사용될 수 있다. 그러나 특정 군사행동 시 이러한 경우가 곧 무기사용이 불법하다는 것을 의미하지는 않는바, 이는 기타 작전에서도 동일한 무기가 전쟁법의 범주 내에서 사용될 수 있기 때문이다. 그러나 문제는 특정한 무기

1) Advisory Opinion on *Legality of the Threat or Use of Nuclear Weapons*, [1996] ICJ Rep.
2) *Ibid.*

가 본질적으로 '민간 및 군사 목표를 식별할 수 없는' 방식에서 고안되었는가의 여부에 있다. 그렇다면 이 경우의 무기는 어떠한 상황에서든 불법한 것이 된다. 다소 다른 각도에서 보면, '무기는 그 사용으로 이차적인 피해가 발생한다 하더라도 군사 목적물을 목표로 할 수 없는 경우에는 불법적이 될 것이다.'[3] 그렇다면 문제는 군사목적물만을 목표로 하는 무기의 능력과 관계될 것이다.[4] 그러나 생화학 무기의 경우 해독제로 검사하지 않으면 무차별적으로 전염병을 민간인에 확산시킬 수 있다는 것이 문제의 요점이다.[5]

재판소가 주장한 두 번째 주요 원칙은 전투원이 겪게 되는 불필요한 고통과 관련되는바, 재판소는 이를 다음과 같이 언급하였다.

> "둘째 원칙에 따라, 불필요하게 전투원에게 고통을 주는 것은 금지된다. 따라서 이들에게 그러한 피해를 주거나 고통을 악화시키는 무기사용이 금지된다. 둘째 원칙의 적용에 있어 국가는 사용하는 무기 선택 시, 무제한의 자유를 갖는 것은 아니다."[6]

재판소는 또한 다음과 같이 지적하였다.

> "상기에서 언급한 원칙에 따라, 초기 단계에서 인도법은 전투원과 민간인에 대한 무차별적 효과발생 또는 합법적 군사목적 달성에 불가피한 것 이상으로 불필요한 커다란 피해를 전투원에게 줄 수 있기 때문에 특정 종류의 무기사용을 금지한다."[7]

3) Dissenting Opinion of Judge Higgins, *ibid.*, pp.588-9.
4) M. N.Schmitt, 'Future War and the Principle of Discrimination', 28 *IYHR* 51, p.55(1998).
5) *Ibid.*
6) Advisory Opinion on Nuclear Weapons, *Supra* note 1, p.257
7) I*bid.*

두 가지 중요원칙의 내용에 관하여 재판소는 마르텐(Martens) 조항을 인용하였는바[8], 1899년과 1907년 헤이그평화회의 러시아 대표 국제법 학자인 마르텐의 계획은 먼저 육전의 법규관계에 관한 1899년 헤이그협약 (Ⅱ)과 1907년 헤이그협약 (Ⅳ)[9] 서문에 이를 삽입하는 것이었다. 재판소가 인용한 '본 조항의 현대적 의미는'[10] 1977년 제1의정서에 다음과 같이 나와 있다.

> "본 의정서나 기타 국제협정으로 해결되지 않는 경우, 민간인과 전투원은 확립된 관행, 인도원칙 및 공공양심의 명령 등에서 연유된 국제법 원칙의 보호와 권한 내에 있게 된다."[11]

이의 관습법과의 관련성은 자명한바, 마르텐 조항은 '인도(人道)의 원칙'과 '공공양심의 명령'에 대하여 부가적으로 언급한 것이다. 1949년 콜푸채널(Corfu Channel) 사건에서 국제사법재판소는 '인도의 본질적 고려'란 문구를 사용하였는바,[12] 이는 마르텐 조항의 함축적 의미를 갖고 있다. 1966년 재판소는 마르텐 조항에 대하여 "이의 계속적 존재와 적용은 의심의 여지가 없다"라고 하였다.[13]

'인도의 원칙'과 '공공양심의 명령'이 전쟁법의 기원을 설명할 수 있으나, 이들이 무기의 합법성 문제에 직접적인 영향을 주지는 못한다는 것이다. '재판소의 측정기준이 인도의 원칙이나 공공양심명령이 아니라 불필요한 고통금지 및 차별원칙'이었음이 분명하기 때문이다.[14] 적대행위 중 특정행위와 관계없이 일반적인 변

---

8) *Ibid.*
9) Hague Convention (II) and Hague Convention (IV) Respecting the Laws and Customs of War on Land, 1899 and 1907, *Laws of Armed Conflicts* 69, p.70.
10) Advisory Opinion on Nuclear Weapons, *Supra* note 1, p.257.
11) Protocol Additional to the Geneva Conventions of 12 August 1949, and Relating to the Protection of Victims of International Armed Conflicts (Protocol I), 1977, *Laws of Armed Conflicts* 621, p.628.
12) Corfu Channel case (Merits), [1949] *ICJ* Rep. 4, p.22.
13) Advisory Opinion on Nuclear Weapons, *Supra* note 1, p.260.
14) T. Meron, 'The Martens Clause, Principles of Humanity, and Dictates of Public Conscience', 94 *AJIL* 78, p.87 (2000).

경이 있다하여도 '무기를 규제하는 독자적인 법적 기준'을 창출하지는 않는다.[15]

무력충돌 시, 적용되는 두 가지 주요 원칙과 함께 재판소는 세 번째 근본원칙을 확인하였는바, 즉 무기의 효과가 교전국 영토 내에 한정되어야 한다는 중립원칙이 그것이다.[16] 이 원칙은 중립국의 국경을 고려하지 않고 도처에 질병을 확산시킬 수 있는 유독성 생물학무기 사용거부를 강화시키게 될 것이다.

15) P. A. Robblee, 'The Legitimacy of Modern Conventional Weaponry', 71 *Mil.LR* 95, p.125(1976).
16) Advisory Opinion on Nuclear Weapons, *Supra* note 1, pp.261-2.

4.2 불필요한 고통금지 원칙

불필요한 고통을 주는 것을 금지하는 원칙이 1868년 세인트피터스버그선언 서문에서 최초로 등장하게 되었다.

> "문명의 발전이 전쟁 피해를 가능한 한 최대한도로 약화시키는 결과를 초래하였으며, 국가가 전쟁 중 성취하려고 노력해야하는 유일한 합법적 목적은 적의 군대를 약화시키는 것이며, 이러한 목적을 위해 가장 많은 수의 사람을 무력화시키는 것으로 충분하다. 그러나 그 목적이 무력한 사람들의 고통을 쓸데없이 악화시키거나 이들의 죽음을 불가피하게 하는 무기사용으로 되어서는 안 되며, 따라서 이러한 무기의 도입은 인도법에 반한다는 것을 고려한다."[17]

본 내용이 강조하는 기본개념은 '전투력이 없는 전투원을 표현한 것으로 충분'

17) St Petersburg Declaration Renouncing the Use, in Time of War, of Explosive Projectiles under 400 Grammes Weight, 1868, *Laws of Armed Conflicts*, 101, p.102.

하다는 것이다.[18]

불어 정본인 1899년 헤이그규정 제23 (e)는 다음과 같이 금지한다.

"좋지 않은 피해를 줄 수 있는 관련 무기, 사출탄 및 탄환을 사용하는 것"[19]

상기 내용은 1907년 헤이그규정 제23 (9)에서 불어로 그대로 재현되었다.[20]

통상 영어번역판은 구속적이지 못하나, 1899년의 제23 (e)항에 대한 것은 다음과 같다.

"무기, 사출탄 또는 과도한 피해를 야기시키는 속성이 있는 물질을 사용하는 것"[21]

한편 1907년의 번역은 불어 정본이 변경되지 않았음에도 불구하고 이와 다르다.

"무기, 사출탄 또는 불필요한 고통을 야기하기 위해 의도된 물질을 사용하는 것"[22]

따라서 '속성' 이란 단어는 '의도된' 이란 단어로 대체되었으며(무기의 속성이 아닌 의도에 강조를 둠) '과도한 피해' 는 '불필요한 고통' 으로 대체되었다.

1977년 제1의정서 제35 제(2)항은 그 적용범위를 무기로부터 '전쟁방식' 으로까지 확대하며, '속성상' 이란 단어로 바꾸고 안전을 고려 두 가지 대체적인 영어 신

18) J. de Preux, 'Article35', *Commentary on the Additional Protocols* 389, p.401.
19) J. B. Brown, 2 *The Hague Peace Conferences of 1899 and 1907 (Documents)* 110, p.116, 126 (1909).
20) *Ibid.,* p.368, 376, 388.
21) Hague Regulations Annexed to Hague Convention (II), 1899, *Supra* note 9, 75, p.83.
22) Hague Regulations Annexed to Hague Convention (IV), 1907, *Supra* note 9, 75, p.83.

조어인 '과도한 피해' 와 '불필요한 고통' 을 결합시키고 있다.

> "과도한 피해나 불필요한 고통을 주는 속성이 있는 무기, 사출탄 및 물질의 사용과 그러한 전쟁방식은 금지된다."[23]

상기내용은 지나치게 피해를 주거나 무차별적 결과를 초래하게 될 특정재래식 무기의 사용금지 또는 제한에 관한 1980년 협약서문에서나 다시 나타난다.[24]

의정서에서 강조한 것은 무기의 객관적 성격이지 이를 사용하는 자의 주관적 의도는 아니다.[25] '과도한 피해나 불필요한 고통' 이라는 이중적 영어표현은 객관적(대부분 육체적) 피해와 주관적(심리적) 고통 양자 모두에 적용되도록 한 것이다.[26]

피해나 고통이 '과도하거' 나 '불필요하다는' 것은 무엇인가? 이러한 이중적 문구에 대한 공통적인 해석은 "국제법상 사실상 군사적 이익을 증대시키지 못하고 고통만을 증대시키는 무기사용을 금지한다"라는 것이다.[27] 국제사법재판소의 표현에 의하면, 그 기준은 '합법적 군사목적 달성 시, 야기되는 불가피한 피해가 아닌 그 이상의 피해' 가 된다는 것이다.

무기는 '과도한 피해나 불필요한 고통' 을 이유로 금지되는 것이지 단지 이것이 '지대한' 또는 '무시무시한' 고통이나 피해를 주기 때문에 금지되는 것은 아니다.[28] 또한 특정무기의 사용이 배제될 수 있으나 이는 '그 속성상 이들 무기가 불

23) Protocol I, *Supra* note 11, p.644.
24) Convention on Prohibitions or Restrictions on the Use of Certain Conventional Weapons Which May Be Deemed to Be Excessively Injurious or to Have Indiscriminate Effects, 1980, *Laws of Armed Conflicts* 179.
25) H. Blix, 'Mean and Methods of Combat', *International Dimensions of Humanitarian Law* 135, p.138 (UNESCO, 1988) 참조.
26) M. G. Granat, 'Modern Small-Arms Ammunition in International Law', 40 *NILR* 149, pp.161-2 (1993) 참조.
27) B. M. Carnahan, 'Unnecessary Suffering, the Red Cross and Tactical Laser Weapons', 18 *LLA/CLJ* 705, p.713 (1995-6).
28) The Dissenting Opinion of Judge Higgins, Advisory Opinion on Nuclear Weapons, *Supra* note 1, pp.585-7 참조.

법한 것이기 때문에' 배제되는 것은 아니다.[29] 군사적 억압상황에서도 무기사용으로 피할 수 있는 피해나 고통을 야기할 경우 그 사용이 금지된다. 일부 학자들은 피해나 고통 및 예상되는 군사적 이익간의 비례성에 대하여 언급한다.[30] 본 장에서 비례성에 대한 언급이 비판을 받아 왔으며[31], 또한 비례성 원칙은 군사목표물에 대한 공격에서 야기되는 민간인에 대한 부차적 피해 문제와 관련된 것으로 전투원이 입은 피해나 고통과는 관계가 없다는 것이다.

'과도한 피해나 불필요한 고통' 에 관한 문제와 사용된 무기의 치명성 또는 비치명성에 관한 문제를 혼동해서는 아니 되는바, 치명적 무기와는 달리 '비치명적' 무기는 살해용이 아니라 무력화용인 것이다.' [32] 그러나 이들 두 가지 형태의 차이는 실제보다 더욱 분명하다. 치명적 무기는 실질적인 효과 면에서는 비치명적이나(이러한 무기 사용으로 피해를 당하여 생존한 부상전투원의 백분율로 판단할 경우),[33] 반대로 비치명적 무기(눈물가스나 고무총)가 특정한 상황에서 치명적일 수 있다.[34]

또한 일부 무기들(이를테면, 눈을 멀게 하는 레이저)은 비치명적이나 이들이 '과도한 피해나 불필요한 고통' 을 야기하려고 의도하였기 때문에 상당히 자극적일 수 있다. 본질적으로 '과도한 피해나 불필요한 고통' 에 대한 금지는 그 피해나 고통을 피할 수 없는 것인지에 따라 구별된다. 이는 문제의 무기와 기타 무기들의 비교를 요하게 되는바[35], 여기서는 두 가지 문제 특히 (1) 피해나 고통을 적게 하는 대체무기 가능성 (2) 대체무기가 초래한 결과가 적 개개인을 중립화하는데 충분히

29) R. Cryer, 'The Fine Art of Friendship: Jus in Bello in Afghanistan', 7 *JCSL* 37, p.60 (2002).
30) W. A. Solf, 'Article 35', *New Rules* 192, p.196 참조.
31) H. Meyrowitz, 'The Principle of Superfluous Injury or Unnecessary Suffering from the Declaration of St Petersburg of 1868 to Additional Protocol I of 1977', 34 *IRRC* 98, pp.109-10 (1994) 참조.
32) D. P. Fidler, 'The International Legal Implications of "Non-Lethal" Weapons', 21 *MJIL* 51, p.55(1999-2000).
33) R. Coupland and D. Loye, 'International Humanitarian Law and the Lethality or Non-Lethality of Weapons', *Non-Lethal Weapons: Technological and Operational Prospects* 60, p.62(M. Dando ed., 2000) 참조.
34) *Ibid.*
35) C. Greenwood, 'The Law of Weaponry t the starts of the New Millennjum', 71 *ILS* 185, 197 (The Law of Armed Conflict: Into the Next Millennium, M. N. Schmitt and L. C. Green eds. 1998) 참조.

'효과적' 이었는가이다.[36] 불가피하게 '그 기준은 인마살상용 목적으로만 만든 무기의 경우에만 타당한데, 예를 들면 군사요새 파괴용 포격으로 인하여 전투원보다 더 많은 피해가 목표물 인근 개인에게 예상될 경우에는 타당하지 않다.[37]

결론적으로 (舊)유고국제범죄재판소규정 제3조 (a)항의 '불필요한 고통을 야기하도록 고안된 무기' 는 개별 형사책임을 야기하는 전쟁법규관례에 위반되는 것으로 간주되어야 한다는 것이다.[38] 상기 논평에서 언급된 것처럼 이의 내용은 1907년 헤이그규정에 근거하여야 하며[39], 의도에 중점을 둔 '계획된' 이란 용어의 교체는 형사소송절차 이행 시, 타당할 수 있다.

1998년 로마국제형사재판소규정 제8(2)(나)(20)항은 전범대상으로 다음을 열거하고 있다,

> "과도한 상해나 불필요한 고통을 야기하는 성질을 가지거나 또는 무력충돌에 관한 국제법에 위반되는 무차별적 성질의 무기, 발사체, 장비 및 전투방식의 사용. 다만, 그러한 무기, 발사체, 장비 및 전투방식은 포괄적 금지 대상이어야 하며, 제121조와 제123조에 규정된 관련 조항에 따른 개정에 의하여 이 규정의 부속서에 포함되어야 한다."[40]

전쟁범죄의 정의가 완전히 옳다면, 이의 실제적 이행은 향후 준비하게 될 부속서 내용을 조건으로 한다. 규정의 개정과 재검토를 각기 규정하는 로마규정 제121

36) Solf, *Supra* note 30, p.196 참조.
37) *Ibid.,* pp.196–7.
38) Statute of the International Tribunal for the Prosecution of Persons Responsible for Serious Violations of International Humanitarian Law Committed in the Territory of the Former Yugoslavia Since 1991 (ICTY), Report of the Secretary-General Pursuant to Paragraph 2 of Security Council Resolution 808 (1993), 32 *ILM* 1159, p.1192 (1993).
39) *Ibid.,* pp.1171–2.
40) Rome Statute of the International Criminal Court, 1998, 37 *ILM* 999, p.1007 (1998).

조와 123조가 동 규정 효력발생 이후 7년이 지나면 재검토회를 소집한다고 규정한다.[41] 따라서 우리가 하고 있는 것은 일반적 원칙에 대한 형식적 서비스에 불과하다는 것이 분명하다.

41) *Ibid.*, pp.1067-8.

4.3. 특정무기의 명백한 금지 또는 규제

국제사법재판소가 확인한 것처럼 두 가지 주요한 구별원칙(민간인과 전투원간)과 불필요한 고통을 전투원에 주는 것을 금지하는 원칙은 보편적으로 인정된다. 그러므로 선천적으로 이들 양자원칙 중 하나라도 위반이 되는 무기사용은 금지된다. 그러나 실제 무기가 전쟁법과 충돌 시, 이에 대한 합의도출 보다는 추상적인 제한이 보다 쉽다. 그러나 이에 대한 세인트피터스버그 선언일로부터 이 문제가 분명해졌는데, 즉 의문이 있는 경우 특별한 무기가 금지된다는 것을 보장하는 유일한 안전장치는 구속력 있는 다자 조약에서 이를 분명히 언급하는 것이다. 사실상 오늘날까지 이러한 조약은 상당히 많이 있어 왔으며 수년간에 걸쳐 이들 상당수가 관습국제법의 선언으로 인정되어 왔다.

---

42) R. S. Clark, 'Methods of Warfare that Cause Unnecessary Suffering or Are Inherently Indiscriminate: A Memorial Tribute to Howard Berman', 28 CWILJ 379, p.385(1997-8).

물론 특정 무기사용을 명백히 금지한다는 내용의 문제 자체가 '일반적 원칙의 의미를 퇴색시키지는 못한다.'[42] 따라서 끝이 톱니로 되어 있는 총검과 앞부분에 가시가 있는 창(槍)의 사용(조약상 특별히 금지되지 아니 함) 등은 전투원에게 불필요한 고통을 주어서는 안 된다는 규범의 위반이 될 것이다.[43] 그러나 명백한 배제 조항이 없는 경우 쉽게 해결될 수 없는 불일치가 자주 생긴다. 따라서 소구경 총탄[44], 산탄총[45], 접속탄[46], 및 소모성우라늄 작열탄[47] 등의 사용 합법성에 관하여는 견해가 나뉜다.

무기나 무기형태 즉 발사무기의 형태, 속도 또는 효과 등이 전투원에게 불필요한 고통을 야기할 경우 이는 모두 금지되어야 한다(이들이 사용되는 상황에 관계없이). 이것은 '민간인과 군사 목표를 구별할 수 없는' 본질적으로 구별원칙과 충돌하는 무기에도 동일하게 해당된다. 그러나 사실상의 중요 문제는 무기를 본래의 특성대로 사용하는 것이 아니라 일정한 조정을 하여 무기를 사용하는 경우이다. 실질적인 예로, 네이탐탄은 장갑차, 벙커 그리고 구조물[48] 등에 대하여 사용되도록 만들어졌으나, 공공장소에서 보병에게 직접 사용될 경우 불필요한 고통을 야기할 것이며, 또한 이는 경험을 통해서도 알 수 있는바, 이 경우 특정한 상황이 민간인에게는 특별한 위험이 될 수 있다.

이러한 위험을 줄이기 위해 전쟁법은 선택된 무기를 사용하도록 하는 절대적 금지가 아닌 상대적 제한을 부과하기도 한다. 동 제한은 특별한 조건(기타의 경우에 동일 무기 사용 배제를 하지 않고)에서의 사용을 비난할 수 있는바, 예를 들면

---

43) de Preux, *Supra* note 18, p.405 참조.
44) E. Prokosch, 'The Swiss Draft Protocol on Small-Calibre Weapon Systems: Bringing the Dumdum Ban(1899) Up to Date', 35 IRRC, pp.411-21 (1995) 참조.
45) S. Oeter, 'Methods and Means of Combat', Handbook 105, 122-3. Per contra 참조, Annotated Supplement p.439 참조.
46) T. J. Herthel, 'On the Chopping Block: Cluster Munitions and the Law of War', 51 AFLR, pp.229-69 (2001) 참조.
47) E. David, 'Respect for the Principle of Distinction in the Kosovo War', 3 YIHL 81, pp.96-7 (2000) 참조.
48) Operational Law Handbook 15 (US Army Judge Advocate General, 2003).

위장폭탄은 합법적 무기이나, 이들이 어린이 장난감이나 기타 일정 물체에 부착하게 되면 그렇지 않다. 제한은 또한 고정된 형태의 탄약은 일정한 시간 이후에는 사람에게 피해를 주지 않는 자폭장치를 장착해야 한다.[49] 이러한 형태의 제한은 군비통제조약의 특징인 무기 제한과 혼동하여서는 안 된다.[50]

4.3.1 재래식 무기

4.3.1.1 독가스

1899/1907년 헤이그규정 제23조 (a)항은 독가스나 독가스 무기의 사용을 금지한다.[51] 독가스 금지는 주로 식수(적군이 사용하는 우물 등)나 음식 재료에 독가스를 주입하는 것이며, 비난의 대상이 되는 독가스 무기는 독화살이나 독창 등이 해당된다. 독가스와 유사한 것으로서 '상처를 악화시키는 어떤 물질' 을 말한다.[52]

독가스 거부는 국제무력충돌 시, 사용을 해서는 안 될 가장 오래된 지침인바, 이는 국제법의 태동 및 그 이전으로까지 거슬러 올라간다.[53] 1946년 뉴렘베르그 판결에서 국제군사재판소는 독가스 무기에 관한 헤이그 금지규정을 인용하여 헤이그규정이 오래 전부터 그리고 1907년 이래 이를 위법행위로 간주하여 처벌대상 범죄가 되었다고 한다.[54] 독가스 무기를 사용한다는 것은 분명한 법률 위반 또는

49) 여러 탄약에 자폭장치를 요구하는 제안이 논의 중에 있다.(초기 폭발실패로 무력충돌 이후에도 위협이 될 수 있다). P. Herby and A. R. Nuiten, 'Explosive Remnants of War: Protecting Civilians through an Additional Protocol to the 1980 Convention on Certain Conventional Weapons', 83 *IRRC* pp.195-205 (2001) 참조.
50) Cf, E. P. J. Myjer, 'Means and Methods of Warfare and the Coincidence of Norms between the Humanitarian Law of Armed Conflict and the Law of Arms Control', *International Law and the Hague's 750th Anniversary* 371, p.373 (W. P. Heere ed., 1999).
51) Hague Regulations, *Supra* notes 21-2, p.82.
52) de Preux, *Supra* note 18, p.405 참조.
53) L. C. Green, *The Contemporary Law of Armed Conflict* 142 (2nd ed., 2000) 참조.
54) International Military Tribunal (Nuremberg), Judgment and Sentences, 1946, 41 *AJIL* 172, p.281 (1947).

전쟁관련 위반이며 개개인은·1993년 (舊)유고형사재판소 규정 제31조 (a)항에 따라 형사 책임을 지게 된다.[55] '독가스나 독가스 무기 사용' 은 로마국제형사재판소 규정 제8(2)(아)(17)상의 전쟁 범죄가 된다.[56]

4.3.1.2 특정 작열탄(灼熱彈)

ㄱ) 1986년 세인트피터스버그 선언에 의하면 전시, 육상 또는 해상에서 400그램 이하의 작열탄 사용이 허용되지 않는다. 이는 또한 폭발성이 있거나 폭발 또는 가연성 물질로 충전된다.[57] '400그램의 한계는 다소 임의적' 이며 이는 '폭발성 포와 장총탄약' 을 구별하기 위한 것으로 이해해야 한다.[58] 폭발성 또는 가연성 포는(요새와 같은 고정 목표물 대상) 합법적 병기로서 이로 인한 개인의 무참한 피해와는 관계없으나, 장총 및 기관총탄은(인체와 같은 부드러운 목표 대상)폭발성이거나 가연성이 되어서는 아니 된다.[59]

1923년 헤이그 공전규칙(空戰規則) 제18조(비구속적)는 항공기에 의한 또는 항공기에 대한 투사물 사용을 규제하는 바, 즉 동 조항은 세인트피터스버그선언 당사국과 비당사국 모두에게 똑같이 적용된다고 언급한다.[60] 동 규칙을 입안한 법률가위원회는 항공기가 다른 목표를 겨냥할 경우 승무원이 비행 시, 탄약을 바꿀 수 없기 때문에 동 규정은 항공기가 육상 부대를 공격한다 하더라도 적용이 된다고 논평하였다.[61] 이 결과 공중전은 세인트피터스버그선언 적용의 예외가 된다.

---

55) ICTY Statute, *Supra* note 38, p.1192 참조.
56) Rome Statue, *Supra* note 40, p.1007.
57) St Petersburg Declaration, *Supra* note 17, p.102.
58) F. Kalshoven, 'Arms, Armaments and International Law', 191 *RCADI* 183, p.207 (1985).
59) Ibid., p.208.
60) Hague Rules of Air Warfare, 1923, *Laws of Armed Conflicts* 207, p.210.
61) Commission of Jurists to Consider and Report upon the Revision of the General Rules of Warfare, General Report, 32 *AJIL, Supp.,* 1, pp.20-1 (1938) (explanatory note to Article 18) 참조.

ㄴ) 탄알확산에 관한 1899년 헤이그선언(Ⅳ, 3)에 따르면, 인체에 쉽게 확산 되거나 퍼지는 탄알 사용은 불법한데, 이에는 완전히 탄알 속을 싸지 않거나 절지하여 구멍이 뚫린 단단한 외피를 가진 탄알 등이 해당된다.[62] 문제의 작열탄은 '덤덤탄' (인도의 영국포병이 처음 만들었다는 데에서 기원)으로 알려져 있다. '인체에 쉽게 확산 또는 퍼지는 탄알을 사용하는 것은 로마규정 제8(2)(아)(14) 항의 전쟁범죄가 된다.'[63] 그러나 1) 정확도를 늘리기 위해 속을 비운 탄알은 이들이 충격 시, 확산 되지 않기 때문에 금지되는 것은 아니다. 2) 국제무력충돌 시, 당연히 금지되는 경노출탄의 확산은 작전상 특정상황에서 배제되지는 않는다(주로 테러 대응).[64]

4.3.1.3 탐지불가 파편

1980년 특정 재래식무기협약 제1의정서에 의하면 '인체에서 X-레이 탐지가 되지 않는 파편으로 피해를 줄 수 있는 무기사용이 금지된다.'[65] 이러한 파편은 X-레이로 탐지될 수 없기 때문에 의학적 치료도 거의 불가능하며 그 결과 불필요한 고통을 야기한다.[66] 금속파편(통상 수류탄으로 만들어짐)은 의정서의 효력을 받지 않는바, 이는 플라스틱이나 유리와 같이 X-레이에 탐지가 되지 않는 물질에만 관련 되어 있기 때문이다. 이 내용의 초점은 무기의 '주요한 효과' 로서, 결과적으로 대전차지뢰의 플라스틱용기 사용이 금지되지 않는다는 것이다.[67]

62) Hague Declaration (Ⅳ,3) Concerning Expanding Bullets, 1899, Laws of Armed Conflicts 109, id.
63) Rome Statute, *Supra* note 40, p.1007.
64) A. P. V. Rogers and P. Malherbe, *Model Manual on the Law of Armed Conflict for Armed Forces* 213 (ICRC, 1999) 참조.
65) Protocol on Non-Detectable Fragments (Protocol I), Annexed to Convention on Certain Conventional Weapons, *Supra* note 24, p.185.
66) Rogers and Malherbe, *Supra* note 64, p.45 참조.
67) *Ibid* 참조.

4.3.1.4 위장폭탄

1980년 협약 제2의정서 제6조는 모든 상황에서의 위장폭탄 사용을 금지한다.

1) '폭발물을 넣어서 접근 시에 폭발 하도록 특별히 고안하며 만든 외관상으로는 무해한 소형 물체' 의 형태.
2) 국제적으로 인정되는 보호 표시를 부착하는 방식으로, 병자, 부상자 또는 사망자, 묘지나 화장터, 의료시설, 공급 또는 수송, 어린이 장난감과 기타 급식, 건강, 위생, 의복 또는 어린이 교육용으로 만든 소형물건, 음식이나 음료, 군사지역 이외에 있는 주방용품이나 기구, 종교적 성격의 물건, 역사 기념물, 예술작품 또는 신앙지, 동물 또는 이들의 시체.
3) 과도한 피해나 불필요한 고통을 주려고 고안된 것.[68]

제6조에서 정의한 금지되는 위장폭탄의 첫 번째 범주는 외관상으로는 무해한 소형물체의 형태로 특별히 폭발물을 안에 넣어 만든 장치에 적용되며 이는 '매력적인 제품' 인 위장폭탄에게는 적용되지 않는다.[69] 즉 '교전자는 카메라를 위장폭탄에 걸리게 할 수 있으나, 카메라에 잡히는 위장폭탄을 만들 수는 없다.'[70] 이러한 금지가 '종이폭탄' 에도 적용된다는 것은 주목할 만하다.[71]

동 의정서 제3조는 민간인에 대한 직접적·무차별적 위장폭탄의 사용을 허용하지 않는다.[72] 이러한 금지는 전쟁법의 일반적 원칙을 반복하는 것으로서 특정한

68) Protocol on prohibitions or Restrictions on the Use of Mines, Booby Traps and Other Devices (ProtocolII), annexed to Convention on Certain Conventional Weapons, *Supra* note 24, p.185, 187.
69) A. P. V. Rogers, 'A Commentary on the Protocol on Prohibitions or Restrictions on the Use of Mines, Booby-Traps and Other Devices', 26 *RDMDG* 185, p.199 (1987) 참조.
70) H. Levie, 'Prohibitions and Restrictions on the Use of Conventional Weapons', 68 *SFLR* 643, 658 n. 69 (1994).
71) B. M. Carnahan, 'The Law of Land Mine Warfare: Protocol IIto the United Nations Convention on Certain Conventional Weapons', 105 *Mil.LR* 73, p.89 (1984).
72) ProtocolII, *Supra* note 8, pp.185-6.

내용의 위장폭탄을 엄격히 요구하지는 않는다.[73] 보다 중요한 것은 제4조에서 도시, 마을 또는 기타 소규모 인구 지역에서의 위장폭탄 사용을 제한하는바, 이러한 곳에서의 지상군 전투는 이들이 군사목표물 인근에 있지 않거나 위장폭탄 사용으로 민간인 보호조치가 취해지지 않는 한(초병을 세우거나 경고 표시, 방호벽 설치 등) 발생되지 않거나 절박하지도 않다.[74]

본래 위장폭탄으로부터의 보호는 민간인 보호를 위한 것이나 일부는 전투원 보호에도 인정되며[75], 위장폭탄으로부터의 전투원 보호정도는 상황에 따라 다양하다. 따라서 제6조상 군사지역에서 주방용품(냉장고 등) 위장폭탄은 허용되나, 음식이나 음료는 안 된다.[76] 전투원이 위장폭탄으로부터 완전히 보호되지 않는다는 사실은 위장폭탄 그 자체가 불필요한 고통 원칙에 반하는 것이 아님을 말한다.[77] 과도한 피해나 불필요한 고통을 야기하기 위해 고안된 특정 위장폭탄의 금지는 논란의 여지가 있으나, 이러한 의도를 갖고 있지 않는 기타 관련 위장폭탄은 합법적이다. 그러나 충돌당사국은 예리한 죽창으로 땅속에 구멍을 파고 묻은 위장된 원형 폭탄의 사용을 아마도 즐기게 될 것인바, 이는 트랩을 밟은 사람이 '서서히 그리고 고통스럽게 사망할' 것이기 때문이다.[78]

4.3.1.5 지뢰

1980년 협약 제2의정서는 제3-4조의 금지 및 제한이 관계되는 한, 위장폭탄과

---

73) M. Nash (Leich), 'Contemporary Practice of the United States Relating to International Law', 91 *AJIL* 325, pp.335-6 (1997) 참조.
74) Protocol II, *Supra* note 68, p.186.
75) Kalshoven, *Supra* note 58, p.255 참조.
76) Rogers, *Supra* note 69, p.199 참조.
77) Nash, *Supra* note 73, pp.334-5 참조.
78) F. Kalshoven and L. Zegveld, *Constraints on the Waging of War* 161 (ICRC, 3rd edn, 2001).

동등하게 지뢰를 취급한다.[79] 제5조는 원격지뢰의 설치제한을 추가한다(특히 군사목적상 더 이상 유용하지 않는 지뢰의 경우 자동 중립장치의 사용을 요구함).[80] 이러한 지뢰는 통상 장거리 항공기에 의해 살포되는 것으로 전선 밖의 군사 목표물 타격을 목표로 한다.[81] 그러나 이들이 지뢰밭에 묻히지 않는 한, 이들의 위치는 기록을 한다하더라도 추정이 될 뿐이며, 이로서 민간인에 대한 위험은 더욱 증대된다.[82]

1966년 제2의정서가 제정되어 (1) 통상 가용한 지뢰탐지기 작동에 반응하여 폭파도록 되어있는 장치, (2) 지뢰가 작동을 멈춘 뒤에도 기능할 수 있는 이른바 비수동 장치가 장착된 특정한 형태의 지뢰사용이 금지된다.[83] 궁극적으로 제거를 용이하게 하기 위하여 개정안에는 탐지가 안 되는 대인지뢰의 사용을 금지하고 이에 대한 추가 제한을 한다. 즉 대인지뢰는 자체 무효화 장치가 있어야 하며 표시지역, 방호벽 및 군인 감시지역 등에 매설되어야 한다(그러므로 원격지뢰는 자체 무효화 장치를 갖고 있어야 한다).[84] 이들이 적절히 표시되고 통제되어 스스로 무력화되지 않는 한 대인지뢰는 땅속에서 작동되는 상태로 방치해서는 안 된다.

사전 계획된 지뢰밭 위치는(대규모 위장폭탄이 묻혀있는 지역과 마찬가지로) 제2의정서 제7조에 따라 이들을 매설한 교전지가 기록하여야 한다.[85] 1966년 개정의정서는 지뢰밭에 관한 모든 정보기록을 요구하는바[86], 즉 이는 사전 계획여부와 관계없다.[87] 기록을 함으로서 사실상의 적대행위 중지 이후 지뢰밭 제거작업

79) Protocol II, *Supra* note 68, pp.185-6.
80) *Ibid.*, p.186.
81) E. Rauch, 'The Protection of the Civilian Population in International Armed Conflicts and the Use of Landmines', 24 *GYIL* 262, pp.282-4 (1981) 참조.
82) W. J. Fenrick, 'The Conventional Weapons Convention: A Modest but Useful Treaty', 30 *IRRC* 498, p.504 (1990) 참조.
83) Amended Protocol on Prohibitions or Restrictions on the Use of Mines, Booby-Traps and Other Devices (Protocol II), 1996, 35 *ILM* 1209, p.1210 (1996) (제3(5)-(6)).
84) *Ibid.*, p.1211 (제4-6조).
85) Protocol II, *Supra* note 68, p.187.
86) Amended Protocol II, *Supra* note 83, p.1212 (제9(1)).
87) M. A. Ferrer, 'Affirming Our Common Humanity: Regulating Landmines to Protect Civilians and Children in the Developing World', 20 H*ICLR* 135, p.153 (1996-7) 참조.

수행 시, 쉽게 이를 알 수 있기 때문이다.[88]

개정된 제2의정서는 대인지뢰문제에 발전을 가져왔으나 통상적인 기대에는 부응하지 못하였다.[89] 국제적십자위원회는 새로운 내용을 '대단히 부적합한' 것으로 여겼는바, 이는 주로 (1) 대인지뢰가 오래지속 될 수 있고, (2) 일정한 표시, 방호막 및 감시장치와 같은 보호 장치가 비현실적이며, (3) 자체 무효화장치가 상당한 시간이 지난 후 기능을 하기 시작하기 때문이다.[90] 본래(땅에 묻혀 있을 때) 대인지뢰는 적 전투원을 직접 목표로 하지만 문제는 이들이 실제 폭발 시, 민간인이 살상되기 쉽다는 것이다.[91] 또한 지연된 작동장치로 대인지뢰는 군사목표물이 제거된 이후에도 오랫동안 땅속에 묻혀 있을 수 있는바, 이 경우 민간인과 전투원의 발걸음을 식별할 능력이 부족하여 무차별적으로 터지게 된다.[92] 만일 이것이 안 될 경우 무수한 대인지뢰가 무력충돌 종료에 따라 수년간 살아 있게 되어 평시에 '심각한 민간인 생명의 손실'을 초래할 수 있게 된다.[93]

여론의 자극을 받아 전반적으로 대인지뢰 포기노력이 계속되어 1977년에 대인지뢰의 사용, 저장, 생산과 이전의 금지 및 파괴에 관한 협약이 나오게 되었다.[94] 동 협약 제1조에 의하면, 당사국은 '어떠한 상황에서도' 대인지뢰를 사용, 개발, 생산, 획득, 저장, 보유 또는 이전해서는 아니 되며 모든 현존 대인지뢰의 파괴의무가 있다.[95] 제5조는 파괴의무가 당사국의 통제 하에 있는 기존지역에도 적용됨을 분명히 한다(일시적으로는 10년 동안 행해질 수 있으며 그 종료일은 연장될 수

88) Article 9 of ProtocolⅡ, *Supra* note 68, p.188 참조.
89) S. Maslen and P. Herby, 'An International Ban on Anti-Personnel Mines: History and Negotiations of the "Ottawa Treaty"', 38 *IRRC* 693, id. (1998) 참조.
90) *The Banning of Anti-Personnel Landmines: The Legal Contribution of the International Committee of the Red Cross* 448, pp.458-9 (L. Maresca and S. Maslen eds., 2000).
91) *Landmines:: A Deadly Legacy* 274-5 (Human Rights Watch and Physicians for Human Rights, 1993).
92) Ferrer, *Supra* note 87, pp.157-8 참조.
93) A. Parlow, 'Banning Land Mines', 16 *HRQ* 715, p.718 (1994).
94) Convention on the Prohibition of the Use, Stockpiling, Production and Transfer of Anti-Personnel Mines and on Their Destruction, 1997, 36 *ILM* 1507 (1997).
95) *Ibid.*, p.1510.

있다).[96]

동 협약 제2조 (1)항은 대인지뢰를 정의하기를 "사람의 출현, 접근 또는 접촉으로 폭발되도록 고안된 지뢰이며 한사람 또는 그 이상의 사람을 무력화 및 살상하게 한다"라고 한다.[97] 본 정의에는 두 가지 중요한 측면이 있는바, 첫째, 부사인 '주로'가 삭제되었는데, 이는 본래 초기에 채택되었던 내용과 동일하게 제2의정서에도 나온 '고안된'이란 단어로 발전되었다.[98] 이리하여 현 부사는 삭제되었는데, 이는 금지에 관한 위험한 법적 흠결이 있었다고 미리 사람들이 생각하였기 때문인 것이다.[99] 둘째, 이 정의는 "사람과 달리 장비의 출현, 접근 또는 접촉으로 터지게 되어있는 지뢰로서 수동장치가 아니므로 이렇게 장치가 될 경우는 대인지뢰라고 볼 수 없다"라고 언급한다.[100] 대조종장치는 '지뢰보호용장치'이며 지뢰밭이나 지뢰에 연결 또는 붙어있는 것으로 만지거나 의도적으로 지뢰를 방해하려고 할 때 터지게 되는 장치이다.[101] 그러나 이러한 대조종장치에도 불구하고 대차량지뢰가 고의적으로 만지지 않아도 터진다면 이는 대인지뢰로서 금지되어야 할 것이다.[102]

어쨌든 대차량지뢰는 이들이 적대행위 종료 이후 민간 트랙터나 트럭에 영향을 줄 수 있다는 사실에도 불구하고 금지되지는 않는다.[103]

한국에 있는 상당한 지뢰밭에 대하여 예외적용이 되지 않자 미국은 대인지뢰협약 서명을 거부하였다. 그러나 이외에도 광범위한 기뢰제거 노력을 수행하였다.[104] 여기에 대인지뢰금지가 점차 관습국제법에 의해 보장될 것이라고 믿는 이

96) *Ibid.*, p.1511.
97) *Ibid.*, p.1510.
98) Amended Protocol II, *Supra* note 83, p.1209 (제2(3)).
99) S. D. Goose, 'The Ottawa Process and the 1997 Mine Ban treaty', *YIHL* 269, p.281 (1998).
100) Anti-Personnel Mines Convention, *Supra* note 94, p.1510.
101) *Ibid.* 제2(3).
102) Goose, *Supra* note 99, pp.281-2 참조.
103) On Recent developments with respect to anti-vehicle mines, D. Kaye and S. A. Solomon, 'The Second Review Conference of the 1980 Convention on Certain Conventional Weapons', 96 *AJIL* 922, pp.931-3 (2002) 참조.
104) J. P. Mustoe, 'The 1997 Treaty to Ban the Use of Landmines: Was President Clinton's Refusal to Become a Signatory Warranted?', 27 *GFICL* 541, pp.555-7 (1989-9) 참조.

유가 있는 것이다.

4.3.1.6 기뢰

현대기뢰는 그 종류가 다양한바, 일부 기술적으로 발전된 기뢰는 “이들이 작동명령에 의해 효과적으로 작동될 때까지는 어떠한 파괴력도 가지지 않는다”라는 의미에서 통제가 된다.[105] 이처럼 이들 기뢰는 감시될 수 있기 때문에 구별원칙의 적용과 관련이 없게 된다. 기타 정교한 기뢰는 특별히 잠수함을 찾아 파괴하도록 고안되었기 때문에 수상함에 대한 위험을 노출시키지 않는다.[106] 특수 수상전투함에 의해 작동되는 센서를 장착한 기뢰도 있으나, 불행히 현재 사용 중인 모든 기뢰가 최신식은 아니다.

첨단목표 선정장치가 없는 통제되지 않은 기뢰는 무차별적으로 모든 상선, 여객선 및 병원선을 위험하게 할 수 있다. 중립국 영해나 내수는 표류기뢰가 조류, 파도 및 바람으로 떠다닐 때 영향을 받을 수 있다. 교전국의 기뢰구역이 공해상 중립선박의 항해자유를 침해해서는 아니 되며 중립국 항구로 또는 항구로부터의 항해를 차단해서도 아니 됨은 의문의 여지가 없다.[107]

1980년 제2의정서 제1조는 ‘이는 대함기뢰의 사용에는 적용되지 않는다’ 라고 하여 그 효과에 대한 단서조항을 두고 있으며[108], 후자에 적합한 통제 내용이 1907년 자동촉발기뢰의 부설에 관한 헤이그협약이다.[109] 분명히 이는 1907년 이래 아주 빈번히 발생하였는바, 종종 헤이그협약 (Ⅷ)이 기술발전을 따라갈 수 없는 것으로 주장되었다.[110] 그러나 국제사법재판소는 1986년 니카라과 사건에서 동 협약을

105) *Annotated Supplement* 42.
106) H. S. Levie, *Mine Warfare at Sea* 114 (1992) 참조..
107) R. Wolfrum, 'Military Activities on the High Seas: What are the Impacts of the UN Convention on the Law of the Sea?, The Law of Armed Conflict, *Supra* note 35, 501, p.508 참조.
108) Protocol II, *Supra* note 68, p.185.
109) Hague Convention (Ⅷ) Relative to the Laying of Automatic Submarine Contact Mines, 1907, *Laws of Armed Conflicts* 803.
110) J. J. Busuttil, *Naval Weapons Systems and the Contemporary Law of War* 66 (1998) 참조.

원용하였으며[111], 보다 최근에는 이러한 규범들이 무력충돌 시, 적용되는 국제법에 관한 산레모 매뉴얼에서 다시 언급되었다.[112]

헤이그협약 (VIII)은 자동촉발기뢰 즉 일정한 장소에 이들을 위치시키는 하중에 의해서도 안전이 확보되지 않는 부유기뢰를 다루고 있는바, 동 협약은 다음과 같이 헤이그규칙을 열거하고 있다.

(1) 제1조는 비고정 자동촉발기뢰 설치를 금지한다. 단 이들이 통제차단장치 이후 1시간 내에 무해한 것으로 추정될 경우는 제외한다.[113]
(2) 제1조 (2)항은 기뢰가 묘박지에서 떨어져 나가자마자 폭파하게 되는 고정 자동촉발기뢰의 설치를 금지한다.[114] 그러므로 고정 자동촉발기뢰로는 충분하지 않고 이들 기뢰가 분리될 경우 스스로 적동해제가 되어야 한다.
(3) 제3조는 ① 자동촉발기뢰 설치 시, 선박안전에 필요한 모든 주의를 해야 하며 ② 교전국은 제한된 시간 내에 무해한 기뢰가 되도록 해야 하고 ③ 기뢰통제가 중단될 경우 교전국은 군사긴급사태가 허용하는 한 모든 관련 자에게 위험수역의 통고를 해야 한다고 규정한다.[115]

이러한 규칙은 자동촉발기뢰, 닻 및 계류의 경우에만 엄격히 적용되어야 한다는 주장도 있어 왔다.[116] 그러나 헤이그규정을 음향이나 자기장치로 작동되는(지나가는 선박에 의해 발생되는 수압에 의한 경우조차) 해저에 부설된 현대기뢰에 적용해서는 안 될 이유가 없다. 헤이그 개념의 핵심은 기뢰가 떠다니며 이들이 통제

111) Case Concerning Military and Paramilitary Activities in and against Nicaragua (Merits), [1986] *ICJ* Rep. 14, p.112.
112) *San Remo Manual on International Law Applicable to Armed Conflicts at Sea*, pp.170–2 (L. Doswald-Beck ed., 1995).
113) Hague Convention (VIII), *Supra* note 109, p.804.
114) *Ibid.*
115) *Ibid.*
116) On this question, Levie, *Supra* note 106, pp.105–6 참조.

상실 이후 1시간 이내에 무해한 것이 될 경우에만 타당하다.[117] 항행에 위험한 기뢰 구역의 중립국 통보가 요구되는데, 단 이 기뢰가 목표선정장치가 있고 따라서 선단에 위험을 주지 않을 경우에 한한다.[118]

4.3.1.7 어뢰

헤이그협약 (Ⅷ) 제1조 (3)항은 표적을 맞추지 못했을 경우 피해를 주는 어뢰의 사용을 금지한다.[119] 기뢰를 다루는 내용에서 어뢰를 언급함은 이들이 정상적으로 움직일 때, 어뢰가 부유기뢰처럼 수중에 있을 수 있다는 사실에 기인한다.[120] 이 양자는 사용하는 탄약도 유사한바, 현대기뢰가 상당한 깊이의 수중에 장착될 경우 오늘날 그 정확도는 더하다. 일단 지나가는 선박에 의해 작동되면, 표적이 동일맥락에서 확인되어 '기뢰가 어뢰로 변경' 된다.[121]

통상 표적을 맞추지 못한 어뢰는 침몰하나, 이후에는 무해하게 되는데, 이러한 규칙은 관습국제법을 반영한 것이다.[122]

4.3.1.8 소이탄

1980년 협약 제3의정서 제2조 (1)항은 '어떠한 상황에서도 민간인이 소이탄의 공격 목표가 되어서는 안 된다' 라고 하여 그 사용을 금지한다.[123] 소이탄이든 아니든 어떠한 무기로든지 민간인을 공격하는 것이 불법이기 때문에 이러한 탄환은 그 자체로서 충분하다.[124] 그러나 제2조 (2)항은 '어떠한 상황에서도 공격 목표로 함

117) San Remo Manual, *Supra* note 112, pp.170-1 참조.
118) *Ibid.*, p.172.
119) Hague Convention (Ⅷ), *Supra* note 109, p.804.
120) San Remo Manual, *Supra* note 112, p.168 참조.
121) O. Bing, 'International Law and Arms Restraint at Sea', *Naval Arms Control* 187, 195 (S. Lodgaard ed., 1990).
122) San Remo Manual, *Supra* note 112, p.168 참조.
123) Protocol on Prohibitions or Restrictions on the Use of Incendiary Weapons (ProtocolⅢ), Annexed to Convention on Certain Conventional Weapons, *Supra* note 24, p.190.
124) Nash, *Supra* note 73, p.346 참조.

을 금지' 한다고 하며, 제2조 (3)항은 이러한 공격(군사목표가 민간인 밀집지역에서 명백히 분리된 경우는 제외)은 소이탄이 공중에서 발사되지 않는 한 가능하다고 규정한다.[125)]

인구밀집지역이 인근에 없을 경우 전투원은 제3의정서 상, 소이탄 즉 화염방사기나 네이팜탄으로부터 보호받지 못한다.[126)] 네이팜탄은 동 의정서에서 언급하고 있지 않는다. 이것이 동 의정서상의 소이탄 무기정의에 해당되는가는 논란의 여지가 없다.[127)] 화염방사기는 제1조 (1)항에 언급되어 있다.[128)] 전투원에 대하여 합법적 무기로 화염방사기 사용을 명백히 허가함은 제1차 대전을 종결하는 5개 평화조약 중 4개 조약의 규정과 양립되지 않는다. 이러한 조약의 예로서 1919-20년 파리 외곽에서 체결된(오스트리아와의 세인트저메인 평화조약(St Germain Treaty of Peace)[129)], 불가리아와의 뉴이리 평화조약(Neuilly Treaty of Peace)[130)], 헝가리와의 트리아논 평화조약(Trianon Treaty of Peace)[131)] 및 (미 비준된) 터키와의 시브레 평화조약(Sevres Treaty of Peace)[132)] 및 가장 중요한 독일과의 베르사이유 평화조약(Versailles Treaty of Peace) 등에서 화염방사기 사용이 금지된다는 선언적 형태의 내용을 담고 있다. 또한 이후 야전에서의 군사행동에서 이러한 금지가 관행상 무시되어 왔음을 보여준다.

제3의정서 제1조 (1)(b)항에서 밝혀진 것처럼 소이탄 무기의 정의에는 부차적인 소이효과가 있는, 이를테면 조명탄, 투사기, 연막 또는 신호체계 등과 같은 탄약은 포함하지 않는다.[133)] 이러한 탄약은 따라서 민간인이 밀집된 곳에 있는 전투원에

---

125) ProtocolⅢ, *Supra* note 123, pp.190-1.
126) de Preux, *Supra* note 18, p.406 참조.
127) Nash, *Supra* note 73, p.345 참조.
128) ProtocolⅢ, *Supra* note 123, p.190.
129) St Germain Treaty of Peace with Austria, 1919, 3 *Major Peace Treaties of Modern History* 1648-1967 1535, 1582 (F. L. Israel ed., 1967) (제135조22).
130) Neuilly Treaty of Peace with Bulgaria, 1919 *ibid.*, 1727, p.1754 (제82조).
131) Trianon Treaty of Peace with Hungary, 1920, *ibid.*, 1863, p.1906 (제119조).
132) Sevres Treaty of Peace with Hungary, 1920, *ibid.*, 2055, p.2113 (제176조).
133) ProtocolⅢ, *Supra* note 123, p.190.

대하여 사용될 수 없다. 이것은 추적탄과 관련된 곳에서는 주목할 만한데, 그 이유는 이들이 자연적으로 연소되는 소량의 폭약을 함유하고 있으나 널리 사용되어 야전에서 상당한 피해를 주기 때문이다.[134)]

4.3.1.9 무형 레이저 무기

1996년 무형 레이저 무기에 관한 의정서(제4의정서)가 1980년 협약에 추가[135)]되었는바 동 의정서 제1조는 유일한 전투 기능으로서 또는 전투기능 중의 하나로 "나안이나 교정시력을 가진 자에게 저시력으로 영원히 눈을 멀게 하도록 특별히 고안된 레이저 무기의 사용 또는 이전을 금지한다"라고 규정한다.[136)] '특별히 고안된' 이란 표현은 사용자의 주관적 의도와 관계없이 무기의 객관적 성질이나 능력과 관계된다.[137)] '저시력으로' 란 문구는 안경이나 콘택트렌즈를 포함한다. 그러나 망원경, 야간투시안경 또는 망원용 사격조준기 등은 해당되지 않는다.[138)]

'레이저 광선' 의 효과는 무차별적이 아니라 오히려 그 반대인바, 이들은 특정 목표를 향하여 직접 투사될 수 있다.[139)] 이러한 특수무기의 부인 이유는 항구적인 시력 상실로 사람들을 장시간 심각한 무기력상태에 빠지게 하며 또한 회복할 수 없을 정도로 영향을 주기 때문이다.[140)] 이것은 '과도한 피해 또는 불필요한 고통' 으로 인정되는데, 그 이유는 적군에게 일시적으로 섬광에 의해 눈을 멀게 하는 것으로 군사 목적상 충분한 것이기 때문이다.[141)] 이러한 금지는 눈을 멀게 하는 효과가 연속되지 않는 경우에는 적용될 수 없다.

---

134) W. H. Parks, 'The Protocol on Incendiary Weapons', 30 *IRRC* 535, p.545 (1990).
135) Protocol on Blinding Laser Weapons (ProtocolⅣ), 35 *ILM* 1218, id. (1996).
136) *Ibid.*
137) M. C. Z?ckler, 'Commentary on Protocol Ⅳ on Blinding Laser Weapons', 1 *YIHL* 333, p.336 (1998) 참조.
138) B. J. H. McCall, 'Blinded by the Light: International Law and the Legality of Anti-Optic Laser Weapons', 30 *CILJ* 1, p.37 (1997) 참조.
139) B. Anderberg and O. Bring, 'Battlefield Laser Weapons and Inernational Law', 57 *NJIL* 457, p.459 (1988).
140) A. Peters, 'Binding Laser Weapons:: New Limits on the Technology of Warfare', 18 *LLAICLJ* 733, pp.752-3 (1995-6) 참조.
141) B. M. Carnahan and M. Robertson, 'The Protocol on "Blinding Weapons":A New Direction for International Humanitarian Law', 90 *AJIL* 484, p.486 (1996) 참조.

레이저 시스템의 군사적 활용에 따른 '부차적 효과'로 눈을 멀게 하는 것은 동 의정서 제3조의 금지 범주 내에 해당하지 않는다.[142] 이러한 예외의 주요 목적은 대다수 원거리 식별과 목표물 지정을 이유로 야전에서의 계속적인 레이저 사용을 허용하기 위한 것이다.[143]

4.3.2 대량 살상 무기

4.3.2.1 화학무기

1899년 질식가스에 관한 헤이그선언(Ⅳ, 2)은 유일한 목적이 질식 또는 악성가스 확산투사물의 사용을 금지한다.[144] 제3차대전시 독가스가 대규모로 사용되었으나, 1919년 독일과의 베르사이유 평화조약 제171조는 독일에서의 이들 가스의 제조 및 수입금지 근거로서 '질식성, 독성 또는 기타 가스 및 모든 유사 액체, 물건 또는 장치의 사용금지'를 언급하였기 때문이다.[145] 이와 유사 조항이 기타 세인트 저메인[146], 누이리[147], 트리아논[148], 및 시브레[149] 등과의 평화조약에 삽입되었다. 이후 곧 바로 1922년 잠수함 및 독가스 사용규제에 관한 워싱턴조약 제5조가 등장하였는바, 동 조약은 '질식성, 독성 또는 기타 가스 및 모든 유사 액체, 물질 또는 장치'의 금지를 규정하고 있으며, 이미 대다수 국가가 동 조약 당사국이 되었으며

142) Protocol Ⅳ, *Supra* note 135, p.1218.
143) L. Doswald-Beck, 'New Protocol on Blinding Laser Weapons', 36 *IRC* 272, p.290, 293 (1996) 참조.
144) Hague Declaration (Ⅳ, 2) Concerning Asphyxiating Gases, 1899, *Laws of Armed Conflicts* 106.
145) Versailles Treaty of Peace with Germany, 1919, 2 Major Peace Treaties of Modern History 1648-1967, *Supra* note 129, 1265, p.1367.
146) St Germain Treaty of Peace with Austria, *Supra* note 129, p.1582 (제135조).
147) Neuilly Treaty of peace with Bulgaria, *Supra* note 130, p.1754 (제82조).
148) Trianon Treaty of Peace with Turkey, *Supra* note 132, p.2113 (제176조).
149) Sévres Treaty of Peace with Turkey, *Supra* note 132, p.2113 (제176조).

모든 체약국이 상호간에 이를 보편적으로 수용하여 그 금지에 의한 규제합의조약에 수용되었다.[150)]

1925년 화학전 및 세균전 금지에 관한 제네바 의정서는 화학전에 관한 분수령이 된 조약이다.[151)] 제네바 의정서는 워싱턴 조약의 내용을 모방하여 '질식성, 독성 또는 기타 가스 및 모든 유사 액체 물질이나 장치의 사용' 이 이미 대다수 국가가 당사국인 조약에서 금지되어 있으며 동의정서 체약당사국도 이를 보편적으로 국제법의 일부로 수용할 목적으로 이들 간에 구속력 있는 금지로서 수용한다는 것을 추가적으로 언급하였다.[152)]

당사국간의 관계에서 제네바 의정서 금지수락에 대한 내용이 동 내용 채택 당시 관습국제법의 일부로 일반적으로 수용되지 못하였다는 점을 제시하고 있다. 미국은 동 제네바 의정서 비준에 반세기가 걸렸으나(1975년), 미국이 비준하기 이전에도 '동 의정서가 관습국제법을 반영하였다는 견해에 우호적이며 무게 있는 의견' 이 있었다.[153)] 1975년경의 법적 지위가 어떠하든, 오늘날 제네바 의정서가 완전히 관습국제법으로 고착화되었음에는 의문의 여지가 없다. 화학전의 사용이 관행상 사라졌다고 말하는 것은 아니나, 사실상 겨자탄 및 신경가스 등이 1980년대 이란-이라크 전쟁 시, 이라크에 의해 사용되었다.[154)] 그러나 이것은 즉 '질식성, 독성 및 기타 가스 및 모든 유사 액체, 물질 또는 장치의 사용' 은 로마규정 제8조(2)(나)(18)에 따라 전범이 되는 전쟁법규정의 위반이었다.[155)]

전체적으로 화학무기 문제는 1993년 화학무기의 개발, 생산, 저장 및 사용금지

150) Washington Treaty Relating to the Use of Submarines, and Noxious Gases in Warfare, 1922, *Laws of Armed Conflicts* 877, p.878.

151) Geneva Protocol for the Prohibition of the Use in War of Asphyxiating, Poisonous or Other Gases, and of Bacteriological Methods of Warfare, 1925, *Laws of Armed Conflicts* 115.

152) *Ibid.,* p.116.

153) R. R. Baxter and T. Buergenthal, 'Legal Aspects of the Geneva Protocol of 1925', 64 *AJIL* 853, id (1970) 참조.

154) T. L. H. McCormack, 'International Law and the Use of Chemical Weapons in the Gulf War', 21 *CWILJ* 1, pp.12-17 (1990-1) 참조.

155) Rome Statute, *Supra* note 40, p.1007.

그리고 그 파괴에 관한 파리협약에서 제기되었는바[156], 동 협약 제1조에서 당사국은 '어떠한 상황에서도' 화학무기 사용 및 사용을 위한 군사작전개입, 이들의 개발, 생산, 획득, 저장, 보유 또는 이전을 해서는 아니 되며 당사국이 소유하고 있는 화학무기 파괴에 착수해야 한다고 규정한다.[157] 그러나 이의 최상의 법적 개입은 화학무기를 사용하지 않는 것이다.[158]

'화학무기' 란 용어는 제2조에 정의되어 있으며 동 정의의 핵심은 화학무기가 독성이 있다는 것인바, 즉 '이것이 일생동안 화학적으로 작용하여 사망케 하거나 일시적으로 무력화 또는 인체나 동물에 항구적인 피해' 를 줄 수 있다는 것이다.[159] 인체 및 동물에 대한 언급에서 식물에 대한 것은 생략 되었는데, 이는 '일괄타협' 에서 야기된 것으로[160] 서문에 삽입된 이행조항의 정의에서 다음과 같은 조항의 제초제 문구를 삭제하였기 때문이다.

> "전쟁 방식으로의 제초제 사용에 관한 관련 합의 및 관련 국제법 원칙에 구현된 금지를 인정하면서"[161]

비치명적 화학물질(주로 눈물가스)은 일시적 무력화를 언급하는 화학 무기의 정의에 포함되어 있다. 제1조 (5)항은 당사국은 전쟁방식의 하나로 이를 폭도 진압용으로 사용해서는 안 되며, 제2조 (9)(a)는 국내 폭도 진압을 포함한 법률 집행 목적으로의 화학 물질 사용을 명백히 허용하지 않는다고 규정한다.[162] 그러나 눈물

156) Convention on the Prohibition of the Development, Production, Stockpiling and Use of Chemical Weapons and on Their Destruction, 1993, 32 *ILM* 800 (1993).
157) *Ibid.*, p.804
158) W. Krutzsch and R. Trapp, *A Commentary on the Chemical Weapons Convention* 14 (1994).
159) Chemical Weapons Convention, *Supra* note 156, p.805.
160) Krutzsch and Trapp, *Supra* note 158, p.8,30 참조.
161) Chemical Weapons Convention, *Supra* note 156, p.804.
162) *Ibid.*, p.804, p.806.

가스나 기타 폭도진압용 화학물질이 전시 비전투상황 즉, '포로수용소나 군 형무소' 등에서는 허용된다.[163]

4.3.2.2 생물학 무기

1925년 제네바 의정서는 화학전 금지에 부가하여 당사국간 생물학전을 금지한다고 언급한다.[164] 여러 해 동안 생물학 무기가 화학전과 분리되어야 할 필요성을 느끼고 있었고, 마침내 이것이 1971년 유엔총회가 입안한 생물학 및 유독성 무기의 개발, 생산 및 저장 금지에 관한 협약으로 완성되어 1972년 서명을 위해 개방되었다.[165] 여기에서 당사국들은 '어떠한 상황에서도 적대적 목적이나 무력충돌 시, 사용하려고 고안한 생물학 무기의 개발, 생산, 저장 또는 기타 획득이나 보유'를 해서는 아니 되며(편파적 목적으로 전환하거나) 기존 무기로 전환해서도 아니 된다.[166]

동 협약에서 합의된 내용이 이후의 두개 협약 모델로 활용되었다. 그러나 한 가지 주요 차이점이 있는바, 해군 관련 조약상 금지의 핵심은 그 사용에 있다(전쟁법 관점에서 보면 가장 중요한 문제임). 1971년 최초의 협약에서는 사용을 언급하지 않았는바, 이는 생물학 무기의 사용금지가 이미 1925년 제네바 의정서에 규정되었기 때문인 것으로 이해된다.[167] 어쨌든 국가가 특정 상황에서 특정 무기를 생산, 획득 또는 보유하지 않으려는 즉 이를 소유하지 않으려 한다면 이는 어떠한 사용가능성도 효과적으로 배제하게 된다.[168] 결국 '소유하지 않는 것은 사용될 수 없기' 때문이다.[169]

---

163) Krutzsch and Trapp, *Supra* note 158, p.42 참조.
164) Geneva Protocol, *Supra* note 151, p.116.
165) Convention on the Prohibition of the Development, Production and Stockpiling of Bacteriological (Biological) and Toxin Weapons and on Their Destruction, 1971, *Laws of Armed Conflicts* 137.
166) *Ibid.*, pp.138–9.
167) J. Goldblat, 'The Biological Weapons Convention: An Overview', 37 *IRRC* 251, p.257 (1997) 참조.
168) Myjer, *Supra* note 50, p.374 참조.
169) A. V. Lowe, '1972 Convention on the Prohibition of the Development, Production and Stockpiling of Bacteriological (Biological) and Toxin Weapons and Their Destruction', *The Law of Naval Warfare: A Collection of Agreements and Documents with Commentaries* 623, 643 (N. Ronzitti ed., 1988).

4.4 핵무기의 지위

생화학무기와는 달리 핵무기는 이들의 사용을 금지하는 특정조약에 따르지는 않는바, 이를 언급하지 않는 것은 핵무기가 전쟁법 범주 밖에 있기 때문이다. 핵무기에 관한 국제사법재판소의 권고적 의견에서는 다음과 같이 언급한다.

> "대다수 국가의 견해로는 핵무기에 인도법을 적용하는 것에 관하여는 의문의 여지가 있을 수 없으며 재판소는 이 견해에 동조한다."[170)]

이러한 주요한 개념이 서두에 있기 때문에, 여러 평론가들은 독성 및 질식성 가스의 일반적 금지가 핵무기와 같은 특별한 경우, 특히 제네바 협약에서 언급한 '모

170) Advisory Opinion on Nuclear Weapons, *Supra* note 1 p.259.

든 유사 액체, 물질 또는 장치' 에서 포함된다고 주장하였다.[171] 재판소는 기타 대량살상무기(생물학 및 화학적)가 '협상되어 채택' 되는 특별한 협약에 의해 그 내용 및 그 사유가 불법이라고 선언했다는 이유로는 설득력이 없다는 것을 알았다.[172] 재판소는 또한 핵무기에 관한 여러 협상이 있었으나 생화학 무기 협약과 유사한 종합적인 금지를 내용으로 하는 것은 없다고 한다.[173] 특정지역에서의 핵무기 전개를 금지하는 조약, 즉(가령 남극, 외기 및 심해저) 특정 국가에 의한 이의 시험 및 소유, 핵자유지역 설정 및 비확산의무 창출 등에 관한 조약들이 있다.[174] 재판소는 이에 대하여 결론 내리기를, 모든 이러한 조약들은 향후 핵무기의 일반적 금지 조짐이 되나, '이들이 스스로 이러한 금지를 하지는 않는다' 고 하였다.[175]

재판소는 또한 관습국제법상의 핵무기 사용금지 주장을 배척하고[176] 11:3의 다수결로 다음과 같이 선언하였다.

> "핵무기의 위협에 관한 종합적이고 보편적인 금지가 관습국제법이나 재래식 국제법상 어디에도 없다."[177]

재판소는 계속하여 주장하기를, 그 속성상 핵무기는 무차별적인바, 이는 이의 효력이 시간 및 공간에 있어 합법적 군사목표에만 주로 통제되거나 제한될 수 없기 때문이다.[178] 재판소는 또한 언급하기를, '핵무기의 유일한 특성면에서 보면' 이들의 '사용은(전투원과 비전투원간의) 식별을 요구하고 전투원에게 불필요한 고통을 주지 않도록 하는 점에 있어서 거의 조정가망이 없는 것으로 보인다.'[179] '그

171) *Ibid.*, p.248.
172) *Ibid.*
173) *Ibid.*, pp.248-9.
174) *Ibid.*, pp.249-51.
175) *Ibid.*, p.253.
176) *Ibid.*, p.253-5.
177) *Ibid.*, p.266.
178) *Ibid.*, p.262.
179) *Ibid.*

럼에도 불구하고 재판소는 핵무기 사용이 반드시 특정 상황에서 무력 충돌이 적용되는 원칙 및 규칙과 일치하지 않게 될 것이라는 확신을 가지고 체결할 수 있을 정도로 충분한 요소를 갖고 있지는 않다고 한다.'[180] 재판소는 또한 '간명하고', 소형이며, 생산량이 적은 전술무기의 합법성 문제를 결정하기 위한 충분한 근거를 갖고 있지 않음을 분명히 하였다.[181]

재판소는 핵무기 효과가 교전국 영토까지 포함될 수는 없으며 따라서 중립원칙에 역행해서는 안 된다는 주장을 언급하였다.[182] 그러나 재판소는 양자 중 어느 것을 인정하거나 또는 인정하지도 않았다.[183]

재판소는 핵무기 사용으로 '모든 국가의 근본적인 생존권이 상실될 수 있으므로 따라서 헌장 제51조에 따라 생존이 위기에 처할시 자위권을 행사하도록 이를 선언하였으나[184] 표결결과 7:7이 되어 의장이 표결권을 다음과 같이 행사하게 되었다.

> "핵무기의 위협이나 사용은 일반적으로 무력충돌 시, 적용되는 국제법 규칙 그리고 특히 인도법 원칙에 반하게 될 것이다. 그러나 국제법의 현상태 및 그 재량성 요소의 관점에서 재판소는 국가 그 자체의 생존이 위험에 처한 경우 자위라는 극단적 상황에서는 핵무기의 위협이나 사용이 합법적 또는 비합법적이 될 수 있을 것임을 분명히 결론내릴 수 없다."[185]

마지막 문장이 가장 문제가 되는바, 생존위험에 처하였을 경우 핵무기 사용과

180) *Ibid.*, pp.262-3.
181) *Ibid.*, p.262.
182) *Ibid.*
183) D. Akande, 'Nuclear Weapons, Unclear Law? Deciphering the Nuclear Weapons Advisory Opinion of the International Court', 68 *BYBIL* 165, pp.202-3 (1997) 참조.
184) Advisory Opinion on Nuclear Weapons, *Supra* note 1, p.263.
185) *Ibid.*, p.266.

자위의 극단적인 상황을 연결하기가 어려운데, 이는 전쟁법이 교전국의 전쟁법 준수 이해관계에 관계없이 모든 교전국에게 동등하게 적용되기 때문이다.[186] 재판소의 언급은 분쟁의 합법성 또는 불법성을 명백히 결론내릴 수 없기 때문에 불법성을 암시한다.[187] 재판소가 핵무기 사용금지에 관한 종합적인 재래식 또는 관습법이 없다고 결정하였음은(11:3으로) 상당히 놀라운 일이다. 이는 통상 국제법에서 특정행위를 금지하지 않으면 그러한 행위는 합법적인 것으로 이해된다.[188]

이러한 관측은 국제무력충돌 시, 핵무기 사용이 전쟁법(국제인도법)에 따라서 이루어져야 한다는 재판소의 기본개념과는 충돌되지 않는다. 이는 전쟁법의 범주를 초월한 핵무기가 전혀 지지를 받지 못한다는 아주 평범한 내용을 의미하는 것이다.[189] 그러나 이러한 주장을 거부하게 되면 구체적 사건에서의 핵무기 사용(전쟁법에 따라)의 적법성 문제가 제기 될 수 있다. 핵무기 사용이 일반적으로 전쟁법에 반하여 항구적이거나 선천적이 아니라는 것을 언급하였기 때문에, 재판소는 예외적인 상황에서 핵무기에 의존하는 것이 합법적이라는 견해를 가지게 되었다.[190]

재판소가 핵무기 사용이 전쟁법과 양립하게 되리라는 점을 나타내지 못하여 이 문제는 다시 논의와 논쟁의 여지를 남기게 되었다. 우선적인 고려사항은 민간인에게 예상되는 부차적 손해의 합법적 범위에 관한 것이다.[191] '무풍인 고립 사막지역에서 저공비행으로 군대를 기습' 시 핵무기를 사용함은 비난할 이유가 없는 것으로 보인다.[192] 기타 명백한 합법적인 상황은 대양에서 적함대에 대해 '간결하게' 핵무기를 폭발시키는 것이 될 것이다. 이러한 두 가지 예시적인 상황 중 어느 것도 핵

186) Y. Dinstein, War, *Aggression and Self-Defence* 145-6 (3rd ed., 2001) 참조.
187) The Dissenting Opinion of Vice-President Schwel, Advisory Opinion on Nuclear Weapons, *Supra* note 1, pp.322-3 참조.
188) The Dissenting Opinion of Judge Shahabuddeen, *ibid.*, 389-90 참조.
189) C. Greenwood, 'Fus ad Bellum and Fus in Bello in the Nuclear Weapons Advisory Opinion', *International Law, the International Court of Justice and Nuclear Weapons* 247, 259 (L. Boisson de Chazournes and P. Sands eds., 1999) 참조.
190) The Dissenting Opinion of Judge Higgins, Advisory Opinion on Nuclear Weapons, *Supra* note 1, p.589 참조.
191) *Ibid.*, pp.587-8.
192) M. N. Schmitt, 'The international Court of Justice and the Use of Nuclear Weapons', 362 *NWCR* 91, 108 (1998).

무기 사용으로 민간인에게 중요한 부차적인 피해를 야기하지는 않는다.

모든 핵클럽 구성국들은 이들 무시무시한 무기방출 결정의 어마어마한 결과를 알고 있는바, 핵병기 발전에 대한 상당한 투자 및 기술접근으로 여러 국가에서의 핵무기확산에도 불구하고, 핵무기는 1945년 이래 잠자고 있다는 것은 우연이 아니다. 이와 마찬가지로 이들의 사용이 조약상 명백히 금지될 경우 예기치 못한 무시무시한 연쇄반응을 가져오게 될 기회가 항상 있다는 것이다.

4.5 핵무기 개발

핵무기개발이 전쟁법에 대한 도전을 의미하는 것은 아니나, 신무기는 표적에 대한 정확도를 높여 민간인 피해를 최소화 시킬 수 있다.[193] 그러나 이것은 항상 동일한 것은 아니다. 일부 신무기들은 전투원에 대한 불필요한 고통을 주게 되어 기본원칙과 충돌하게 되는바, 제1의정서 제36조는 이에 대해 다음과 같이 규정한다.

"신무기의 개발, 획득 또는 채택 및 전쟁의 수단이나 방법의 연구에 있어 체약국은 이러한 것들이 일부 또는 모든 상황에서 본 의정서나 체약국에 적용되는 기타 국제법 규칙에 의해 금지되는가를 결정할 의무가 있다."[194]

상기 내용이 혁신적이라 하더라도, 이 규정은 헤이그규정 제23조 (9)와 제1의정

193) L. Doswald-Beck, 'Implementation of International Humanitarian Law in Future Wars', *The Law of Armed Conflict, Supra* note 35, 39, p.44 참조.
194) Protocol I, *Supra* note 11, p.645.

서 제35조 (2)항의 '명백한 그리고 불가피한 결과'로 나타나게 된다.[195] 투사무기의 합법성 평가 시, 이의 향후 사용이 전쟁법위반이 된다는 결론에 이르게 될 경우 이를 포기해야 하는 결정이 실제 개발에 앞서 초기단계에(더 좋은 것은 개발시 또는 구매이전 단계에) 취해져야 한다.[196] 제36조의 '일부 또는 모든 상황'이라는 문구는 어느 정도 문제가 있는바, 이는 남용의 가능성이나 잠재성까지도 포함하는 것으로 보이기 때문이다. 그러나 이 문구의 정확한 해석은 이 조항이 신무기의 '정상적 또는 예기된 사용' 시에만 적용된다는 것이다.[197]

문제의 핵심은 군사연구 및 개발이 불가피하게 비밀로 진행되는바, 이는 국가가 새로운 무기개발 노력을 공적으로 노출시킬 의무가 없기 때문에 타국도 제36조 규정의 이행을 확인할 수 없다.[198] 전쟁법상의 측면에서 신무기의 예측 가능한 효과에 대한 일방적인 평가는 '주관적 해석의 여지를 많이 남긴다.'[199] 국제감독기관에 의한 객관적이고 공정한 감독 필요가 있으나, 이러한 절차는 오늘날에도 존재하지 않는다.

195) W. A. Solf, 'Article 36', *New Rules* 198, p.199.
196) I. Daoust, R. Coupland and R. Ishoey, 'New Wars, New Weapons? The Obligation of States to Assess the Legality of Means and Methods of Warfare', 84 *IRRC* 345, p.348 (2002) 참조.
197) Solf, *Supra* note 195, pp.200–1.
198) A. Cassese, 'Means of Warfare: The Traditional and the New Law', *The New Humanitarian Law of Armed Conflict* 161, p.178 (A. Cassese ed., 1979) 참조.
199) F. Kalshoven, 'The Conventional Weapons Convention: Underlying Legal Principles', 30 IRRC 510, p.518 (1990).

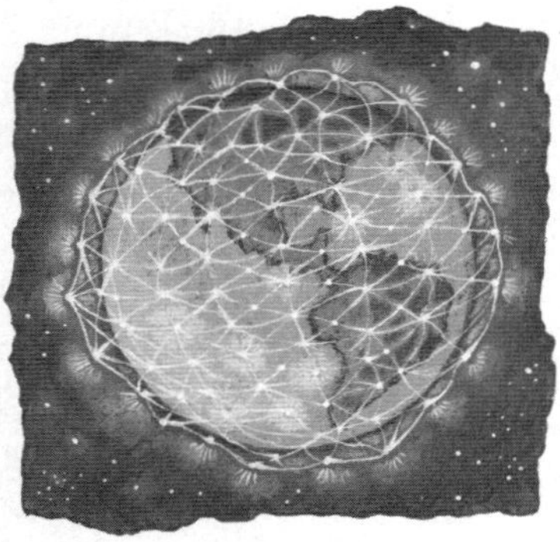

The Conduct of Hostilities under the Law of International Armed Conflict

제5장

합법적 군사목표

5.1 군사목표와 식별원칙

1966년 핵무기 사용 또는 위협의 적법성에 관한 국제사법재판소 판결의 권고적 의견에서 전투원과 비전투원의 '식별원칙'을 근본원칙으로 그리고 관습국제법상의 '침해할 수 없는' 원칙으로 인정하였다.[1] 전투원과 비전투원의 식별요구는 전쟁법의 기초이며, 이는 1977년 제1추가의정서 제48조에 '기본원칙'으로 표현되었다.

> "충돌당사국은 항시 민간인과 전투원 그리고 민간목표와 군사목표를 식별해야하며 따라서 군사목표에 대해서만 작전을 수행해야 한다."[2]

---

1) Advisory Opinion on *Legality of the Threat or Use of Nuclear Weapons, [1996] ICJ Rep.* 26, p.257.
2) Protocol Additional to the Geneva Convention of 12 August 1949, and Relating to the Protection of Victims of International Armed Conflicts (Protocol I), 1977, *Laws of Armed Conflicts* 621, p.650.
3) H. B. Robertson, 'The Principle of the Military Objective in the Law of Armed Conflict', 72 ILS 197, p.207 (*The Law of Military Operations, Liber Amicorum Professor Jack Grunawalt, M. N. Schmitt ed.,* 1998) 참조.
4) Hague Rules of Air Warfare, 1923, *Laws of Armed Conflicts* 207, p.210 (Article 24(1)).
5) Geneva Convention (I) for the Amelioration of the Condition of the Wounded and Sick in Armed Forces in the Field, 1949, *Laws of Armed Conflicts* 373, 379 (Article 19, Second Paragraph); Geneva Convention(IV) Relative to the Protection of Civilian Persons in Time of War, 1949, ibid., 495, p.507 (제18조 5항). 양 협약은 의료시설이 군사목표물 근처에 있을 경우 위험에 노출될 수 있다고 한다.

제1의정서의 기타 규정에 대한 반대와는 관계없이 '군사목표원칙이 육상, 해상 또는 공중에서의 무력충돌 시, 관습국제법의 일부가 되었다'는 것은 의문의 여지가 없다.[3]

'군사목표'는 1923년 공전(空戰)에 관한 헤이그규칙에서 최초로 언급되었는바[4], 이것을 1949년 제네바협약[5] (정의는 하지 못함)[6], 1954년 헤이그 문화재협약[7] 및 1998년 국제형사재판소규정[8]에서 답습하였다.[9]

군사목표의 구속력 있는 정의가 1977년 제1의정서 제52(2)항에서 다음과 같이 구체화되었다.

> "공격은 엄격히 군사목표에만 제한되어야 한다. 군사목표란 그 속성, 위치, 목적 또는 사용으로 군사행동에 효과적인 기여를 하거나 당시의 지배적인 상황에서 목표의 전부 또는 일부의 파괴, 나포 또는 중립 등으로 명확한 군사적 이익을 제공하는 목표만을 말한다."[10]

제52조 (2)항에 나타난 군사목표의 정의는 이후의 여러 협약에서도 등장하였는바, 즉 제2 · 3의정서, 1980년 재래식무기협약 부속서[11] 및 1999년 헤이그 문화재협약 제2의정서[12] 등이다. 이러한 내용은 1995년 해상무력충돌 시에 적용되는 국제법에 관한 산레모 매뉴얼에서도 나타나게 되었다.[13] 많은 학자들이 이 정의를 관

---

6) E. Kwakwa, *The International Law of Armed Conflict: Personal and Material Fields of Application* 141 (1992) 참조.
7) Hague Convention for the Protection of Cultural Property in the Event of Armed Conflict, 1954, *Laws of Armed Conflicts* 745, p.750 (Article 8 (1)(a)).
8) Second Protocol to the Hague Convention of 1954 for the Protection of Cultural Property in the Event of Armed Conflict, 1999, 38 *ILM* 769, pp.770-1, 773 (1999) (Articles 6(a), 8, 13 (1)(b)).
9) Rome Statute of the International Criminal Court, 1998, 37 *ILM* 999, pp.1006-7 (1998) (Article 8 (2)(b)(ⅱ), (ⅴ), (ⅸ)).
10) Protocol Ⅰ, *Supra* note 2, p.652.
11) Convention on Prohibitions or Restrictions on the Use of Certain Conventional Weapons Which May Be Deemed to Be Excessively Injurious or to Have Indiscriminate Effects, 1980, *Laws of Armed Conflicts* 179, p.185 (Protocol II on Prohibitions or Restrictions on the Use of Mines, Booby Traps and Other Devices, Article 2(4); 190 (Protocol III on Prohibitions or Restrictions on the Use of Incendiary Weapons, Article Ⅰ(3)).
12) Second Protocol, *Supra* note 8, p.769 (Article 1(f)).
13) *San Remo Manual on International Law Applicable to Armed Conflicts at Sea* 114 (L. Doswald-Beck ed., 1995).

습국제법이 구체화된 것으로 간주하였다.[14] 여기서 검토되어 할 중요한 내용으로는, 제1의정서를 기타 이유로 반대한 미국도 동일한 정의를 하고 있다는 것이다.[15]

이러한 권위적인 지위에도 불구하고 제52조 (2)항의 정의는 많은 기대치를 남기게 되어, '이 정의가 상당히 효과적이어서 실질적으로 모든 것에 다 적용될 수 있다' 고 하는 주장은 과장된 것이다.[16] 여전히 그 표현은 추상적이며 일반적이고 구체적인 군사목표목록이 제공되지 않았음은 유감이다. 동 의정서 제57조 (2)(a)(i)상, 공격을 계획 및 결정하는 사람들은 '피공격목표가 제52조 제2항 의미에 해당되는 군사목표 인지를 확인하는데 모든 노력을 다해야한다' 고 한다.[17] 이러한 추상적 성격 때문에 제52조 (2)항의 정의는 입증에 있어 적용가능한 상당한 기준을 제시하지 못한다. 따라서 이의 적용 시, 다양한 해석이 가능하여 그 결과 '애매한 용어가 오히려 남용을 부추긴다' 는 것은 말할 필요도 없다.[18]

군사목표의 일반적 정의와 나열 또는 양자의 결합에 의한 상대적 이점은 산레모 매뉴얼 준비 시, 철저히 논의되어 왔다.[19] 그러나 구체적인 예를 망라하지 않은 추상적 언급을 결합시켜 종합적으로 정의를 하는 것이 한편으로는 효과적으로 그 애매한 점을 피할 수 있고, 다른 한편으로는 향후 예상되는 시나리오에 내재되어 있는 문제점을 극복할 수 있다고 믿는다.[20] 어떠한 추상적인 정의도 전장에서 급박하게 나타나는 실질적인 문제에 구체적 해결책을 제시할 수 없다.

'공격' 이란 용어는 동 의정서 제49(1)항에서 '공격 또는 방어 시, 적에 대한 폭

14) T. Meron, *Human Rights and Humanitarian Norms as Customary Law*, pp.64-5 (1989) 참조.
15) *Annotated Supplement* 402 n. 9 참조.
16) A. Cassese, *International Law* 339 (2001).
17) Protocol I, *Supra* note 2, pp.654-5.
18) E. Rosenblad, *International Humanitarian Law of Armed Conflict* 71 (1979).
19) *San Remo Manual, Supra note 13, pp.114-16. also W. J Fenrick, 'Military Objectives in the Law of Naval Warfare', The Military Objective and the Principle of Distinction in the Law of Naval Warfare: Report, Commentaries and Proceedings of the Round-Table of Experts on International Humanitarian Law Applicable to Armed Conflicts at Sea* 1, pp.4-5 (W. Heintschel von Heinegg ed., 1991).
20) This legal technique is exhibited in Articles 2-3 of the 1974 UN General Assembly Consensus definition of Aggression, GA Resolution 3314 (XXIX), 15 *United Nations Resolutions: Series I, Resolutions Adopted by the General Assembly* 392, 393 (D. J. Djonovich ed., 1984).

력행위' 라고 정의되어 있다.[21] 따라서 어떠한 형태의 폭력도 이 범주에 해당되는데, 즉 대규모 항공공습이니 포사격뿐만 아니라 소규모 공격도(저격수의 단발총탄 발사) 해당된다. 폭력은 행위 그 자체보다는 행위 결과로 이해되어야 하는바, 폭격행위는 상해나 파괴를 야기하는 사이버(컴퓨터 네트워크) 공격도 포함할 수 있다.[22]

제52조 (2)항은 '모든 공격은 엄격히 군사목표에만 한정되어야 한다' 고 분명히 밝히고 있으며, 본 정의상의 '목표' 라는 명사는 본질적으로 물질적 및 유형적인 것과 관계된다.[23] 이와 마찬가지로 '군사목표' 라는 문구는 무생물 목표에만 한정되지는 않으며[24], 따라서 저자는 동 의정서상의 용어가 적 군인에게 적용되지 않는다는 견해에는 공감하지 않는다.[25] 이를 보다 확실하게 하기 위해 제52조 (2)항은 '목표가 관련 되는 한' 이란 문구를 추가하여 무생물 목표만이 군사목표가 되는 것이 아님을 강조한다. 인간은 군사목표의 범주 내에 속할 수 있다.[26] 사실상 전투원은 표적이 될 수 있고 또한 인간만이 합법적 목표가 될 수 있는 유일한 생물체가 아니라 특정한 동물유형 즉 기병마(騎兵馬)와 나귀도 군사목표가 된다.

중요한 문제는 군사목표를 식별하는 요소와 그 범위가 무엇인가에 있다. 이에 대해 제52조 (2)항은 어떤 목표가 군사목표가 되기 위해서는 두 가지 기준을 충족시켜야 한다고 하는바, 즉 (1) 그 속성, 위치, 목적 또는 사용상 군사행동에 효과적으로 기여를 해야 하며, (2) 당시의 지배적인 상황에서 그 파괴, 나포 또는 중립이

21) Protocol I, *Supra* note 2, p.650.
22) M. N. SchmiJt, 'Wired Warfare: Computer Network Attack and Jus in Bello', 84 *IRRC* 365, p.377 (2002) 참조..
23) C. Pilloud and J. Pictet, 'Article 52', Commentary on the Additional Protocols 629, pp.63-4.
24) A. P. V. Rogers, *Law on the Battlefield* 33 (1996).
25) 이러한 견해는 H. DeSaussure, 'Comment', 31 *AULR* 883, p.885 (1981-2) 참조.
26) E. Rauch, 'Attack Restraints, Target Limitations and Prohibitions or Restrictions of Use of Certain Conventional Weapons', 18 *RDMDG* 51, p.55 (1979) 참조.

명확한 군사적 이익을 제공해야한다는 것이다.[27] 그러나 관행상 우리는 한쪽의 군사행동에 기여하는 목표의 파괴, 나포 또는 무력화가 적에게 군사적 이익이 되어서는 아니 될 것이라고 생각할 수는 없으며, 이는 목표의 파괴, 나포 또는 무력화가 적의 군사행동에 기여하지 않았을 경우 동일한 목표가 한쪽에게 얼마만큼의 군사적 이익이 될 수 있는지를 생각하는 것은 어렵다.[28]

제52조 (2)항은 '명확한 군사적 이익' 이 목표의 파괴, 나포 또는 무력화로부터 얻어져야함을 언급한다.[29] '명확한 군사적 이익' 이란 표현은 헤이그 공전규칙에서 유래되었는바, 여기에서는 '분명한 군사적 이익' 으로 표현되었다.[30] 형용사인 '명확한' 그리고 '분명한' 이란 의미의 내용상의 명확한 차이는 없으므로 이 문제에 관하여 제52(2)항 입안자들은 그 대안을 심사숙고하였다.[31] 동 형용사의 의미가 무엇이든지, 전달되는 의미는 '이론적이고 추상적인 것' 이 아니라 '구체적이고 인식 가능한 이익' 이라는 것이다.[32] 여기에서 얻는 이익은 군사적 이익이지 정치적 이익은 아니다[33] (반대국가의 '협상태도를 강요하는 것은'[34] 적절한 군사적 이익이라고 생각할 수 없다). 그러나 연합전투시의 군사적 이익은 공격당사국 이익보다는 연합국 즉 일반적으로 동맹국 이익의 결과가 될 수 있다.[35]

군사적 이익을 평가하는 과정은 당시 우세한 상황배경이 검토되어야 하는바, 이는 동일한 목표에 대한 상대국의 평가가 서로 상이하여 일시적으로 합법하다고

---

27) M. Sasòli and A. A. Bouvier, *How Does Law Protect in War? Cases, Documents, and Teaching Materials on Contemporary Practice in International Humanitarian Law* 161 (ICRC, 1999) 참조.
28) *Ibid.*, n. 140.
29) 본장에서 중립화란 용어는 파괴를 하지 않고 적의 사용을 거부하는 것을 의미. W. A. Solf, 'Article 52', *New Rules* 318, p.325 참조.
30) Hague Rules of Air Warfare, *Supra* note 4, p.210 (Article 24(1)).
31) F. Kalshoven, 'Reaffirmation and Development of International Humanitarian Law Applicable in Armed Conflicts: The Diplomatic Conference, Geneva, 1974-1977, Part II', 9 *NYIL* 107, p.111(1978).
32) Solf, *Supra* note 29. p326.
33) H. DeSaussure, 'Remarks', 2 *AUJILP* 511, pp.513-14 (1987) 참조.
34) 이러한 변화를 강요하는 것은 합법적 군사이익으로서 잘못된 견해임. B.M. Carnahan, '"Linebacker II" and protocol I: The Convergence of Law and Profession-alism', 31 *AULR* 861, p.867 (1981-2).
35) H. Meyrowitz, 'Le Bombardement Strategique d'après le Protocole Additionnel I aux Conventions de Genève', 41 *ZaöRV* 1, p.41 (1981).

판단하여 공격할 수 있기 때문이다.[36] 종교장소인 교회는 군사목표가 아니며 이것이 병원으로 변경되어도 군사목표는 아니다. 단 교회 첨탑이 저격수에 의해 사용되는 경우는 제외한다.[37] 이 경우 군사목표의 정의는 '상대적' 이라는 것이며[38], '민간목표와 군사목표 간에 고정된 구분선은 없다.' [39]

따라서 문제는 '군사적 이익' 이란 개념 그 자체만으로는 도움이 되지 않는바, 그 결과 군사적 이익은 전술적 이익에만 한정되지 않는다는 것이다.[40] 이의 범주는 다양하며 공격부대의 안보로까지 확장된다.[41] 중요한 문제는 공격국이 심사숙고하여 전망한 어떤 행동에 대한 장기적 군사이익의 평가가 피공격국의 이익과 일치할 것 같지가 않다는 것이다.[42] 또한 지배적인 견해는 군사이익의 평가가 '전체적인 공격' 측면에서 될 수 있는 것이지 '고립된 또는 특정한 부분만의 공격' 은 평가되지 않는다는 것이다.[43] 따라서 공격국은 미 인식 군사적 이익에 관한 항공공습을 다른 지역에 한 결과로 전략적 측면에서의 적의 이동을 잘못 판단하였기 때문에 이러한 공격이 정당화 된다고 주장할 수 있다.[44] 그럼에도 불구하고 이는 한정된 사건으로 '전체적인 공격' 인 전면전과는 충돌되지 않는다.[45]

---

36) DeSaussure, *Supra* note 33, p.513 참조.
37) B. A. Wortley, 'Observations on the Revision of the 1949 Geneva "Red Cross" Conventions', 54 *BYBIL* 143, p.154 (1983).
38) G. Best, *War and Law Since* 1945, p.272 (1994).
39) A. Randelzhofer, 'Civilian Objects', 1 *EPIL* 603, p.604.
40) J. A. Burger, 'International Humanitarian Law and the Kosovo Crisis: Lessons Learned or to Be Learned', 82 *IRRC* 129, p.132 (2000) 참조.
41) *Annotated Supplement* 402 참조.
42) D. Fleck, 'Strategic Bombing and the Definition of Military Objectives', 27 *IYHR* 41, 48 (1997) 참조.
43) S. Oeter, 'Methods and Means of Combat', *Handbook* 105, p.162 참조.
44) Solf, *Supra* note 29, p.325 참조.
45) F. J. Hampson, 'Means and Methods of Warfare in the Conflict in the Gulf, *The Gulf War 1990–91 in International and English Law* 89, 94 (P. Rowe ed, 1993) 참조.

5.2 성격, 위치, 목적 및 사용에 의한 군사목표 정의

제52조 (2)항의 내용은 군사목표의 성격, 위치, 목적 및 사용을 '군사행동에 효과적으로 기여하는 것' 이라고 언급함으로서 그 정의에 있어 하나의 기준을 제공한다. 효과적 기여요구는 일반적으로 군사행동과 관련된 것이며 특정 전투작전과는 '직접적 관련' 이 있을 필요는 없다.[46] 그러나 이러한 표현은 완전하지 못하여, 미국은 (해군작전법에 관한 미지휘관 지침서[47]) '군사행동' 이란 단어를 '전투' 또는 '전쟁지속능력' 으로 대체하려고 한다.[48] 전투란 군사행동과 동등한 것으로 간주될 수 있으므로 상기 정의가 통용될 수 있다.[49] 이와는 달리 '전쟁지속' 이란 부분은 매우 애매하여, 미국의 입장은 ' 적의 전투능력을 간접적으로 그러나 효과적으로 지지 및 지속가능하게 하는 적의 경제적 목표가 공격될 수 있으며, 그 예로는 거의 모든 연방군대에 목화를 팔아 자금을 제공했다는 이유로 내전 중 연합군대가

46) Solf, *Supra* note 29, p.324 참조.
47) *Annotated Supplement* 402.
48) J. J. Busuttil, *Naval Weapons Systems and the Contemporary Law of War* 148 (1998) 참조.
49) Robertson, *Supra* note 3, p.209

연방영토 내에 있는 목화밭을 공격했던 사건을 들 수 있다.[50]

다양한 경제적 목표란 직접 군사행동을 지원하는 것은 물론이고 군사목표가 되는 모든 것이 포함된다. 목화 모델은(이는 오늘날 거의 전적으로 커피 열매나 바나나에 의존하는 국가의 경우와 동일)[51] '전쟁지속능력' 이라는 애매한 개념을 도입하여 위험한 결과를 초래하게 되었다. 군사행동과 전쟁의 재정적 지원에 요구되는 수출과의 관계는 거의 없다.[52] 목화가 타당한 군사목표로 인정될 경우 거의 모든 민간 활동이 적군에 의해 간접적으로 전쟁을 지원하는 것으로 생각될 수 있다(특히 적대행위가 오래 지속될 때). 군사목표로서의 자격이 있는 목표에 관하여 산레모 매뉴얼이 '전쟁지속노력' 이라는 단어를 수용할 시도를 거절하였다는 것은 놀라운 일이 아니다.[53]

5.2.1 목표물의 성격

목표물의 성격은 군사목표의 본질적인 특성을 의미하는바, 이러한 기준을 충족시키기 위해서는 목표가 군사행동에 효과적인 기여를 하는 선천적인 속성이 있어야 한다. 예를 들면 물체나 사람 등은 전시 합법적 공격목표가 된다.

성격상 군사목표가 구속력 있는 방식으로 열거되지 않았다하더라도 다음의 대상들이 오늘날의 법률적 사고를 반영한 내용으로 보인다.[54]

---

50) *Annotated Supplement* 403.
51) Rogers, *Supra note* 24, p.41 참조.
52) San Remo Manual, *Supra* note 13, p.161 참조.
53) *Ibid.*, p.150 참조.
54) 다양한 합법적 군사목표 목록의 비교에 관하여는, Annotated Supplement 402; A. P. V. Rogers and P. Malherbe, Model Manual on the Law of Armed Conflict 72 (*ICRC*, 1999); L. C. Green, The Contemporary Law of Armed Conflict 191 (2nd edn., 2000) 참조.

(1) 고정군사요새, 기지, 막사[55], 훈련 및 워게임 시설을 포함한 시설물

(2) 임시군용캠프, 참호, 관측지역, 전개소 및 출발지

(3) 고정 또는 이동중인 군부대나 군대의 구성원

(4) 무기체계, 군사장비 및 병기, 기갑부대 및 포병, 군용차량

(5) 군용항공기 및 미사일

(6) 군용비행장 및 미사일 발사대

(7) 군함(수상함과 잠수함 포함)

(8) 군용부두 및 도크

(9) 군용창고, 탄약고, 무기, 병기, 군사장비 및 보급품 저장고(군사목적용으로 사용되는 석유와 같은 원자재포함)

(10) 무기, 탄약 제조에 쓰이는 공장, 군보급품, 군용차량 및 항공기 필요부품

(11) 신무기 및 군사장치 연구개발 실험실 또는 기타 시설

(12) 군용수리시설

(13) 군에게 공급되는 발전소(전기, 수력 등)

(14) 전략적 중요성이 있는 수송로, 철도 및 철도조차장, 주요 고속도로(미국의 주 연결도로[56], 독일 및 이탈리아 고속도로 등), 항해 가능한 강 및 운하(철도 및 간선도로의 터널과 교량 포함)

(15) 국방부 및 국가, 지역 또는 지방의 작전 또는 협력 지휘, 통제 및 통신소(컴퓨터 센터, 군사목적의 전화 및 전보교환소 등 포함)

---

55) 방치된 군막사에 대하여 제기되는 문제에 관하여는, K. Obradovic, 'International Humanitarian Law and the Kosovo Crisis', 82 IRRC 699, p.720 (2000)) 참조. 그러나 군막사에 관한 전체적인 문제는 이의 사용유무와 관계없이 군대가 주둔하고 있는 경우 군사목표가 된다는 것이다. 한편 방치된 막사가 민간피난처로 사용될 경우 그 성격이 변경된다.

56) 아이젠하워 대통령이 시작한 미국의 대형 각주간의 통신망(전체 길이가 45,000 마일 이상)은 국가의 주간 및 방어용 고속도로라고 알려져 있다. 26 *The New Encyclopaedia Britannica* 324 (15th edn, 1997) 참조.

(16) 전쟁과 관련된 정보수집소(군용시설로 운용되지 않은 경우도 포함)

5.2.2 목표물의 목적

군사목표의 '목적' 은 그 성격과 용도에 의해 일반적으로 결정되나, 제52조 (2)항 상의 '목적' 으로는 충분하지 않으며 따라서 그 성격과 용도에 의해 구별되어야 한다. 즉, 목표의 목적은 군사목표를 구분하는 근거와는 달리 본래의 성격을 구체화한 이후 결정된다는 견해를 갖고 있다. 다시 말하면, 군사목적은 처음부터 대상이 정해진 것이 아니라(그렇지 않으면 표적이 성격상 군사적으로 될 것이다), 교전국의 향후 확립된 사용의도에 따라 결정된다. 이를 국제적십자위원과는 다음과 같이 논평한다.

> "목적의 기준은 목표에 대한 의도적인 사용과 관련된 것으로 이의 사용은 현재의 기능과 관련되어 있다."[57]

적의 의도는 하시라도 분명하기 때문에 군사표적으로서의 목표식별이 오히려 쉽다. 그 좋은 예가 민간호화여객선인바, 이는 교전국이 일반 동원 시, 군용선박으로 전환시킬 분명한 계획을 갖고 있다. 민간목표라는 성격상 그리고 군용선박으로

57) Pilloud and Pictet, *Supra* note 23, p.636.

전용되지 않는다하더라도 적대행위 발발 시, 군사목표로 공격을 받을 수 있다(더 이상 승객수송용으로 기능하지 않음을 전제로). 그러나 이에 관한 적의 의도를 파악하기가 쉽지 않은바, 이는 잘못된 정보의 수집 및 분석에 의존할 수 있기 때문이다. 의심스러울 경우 주의가 요망되며, 따라서 특정학교를 적군이 탄약저장소로 이용하려한다는 야전정보가 누설되었으나, 실제로는 이 탄약저장고가 이용되지 않았을 경우, 이 학교에 대한 공격은 정당화되지 않는다.[58] 1944년 몬테 카지노(Monte Cassino) 사원에 대한 연합군 폭격은 분명하지 않은 정보보고서(어떠한 군대도 사원사용을 자제하지 않았다는 관측을 통하여)에 근거하여 내린 완전히 잘못된 결정이었다.[59] 사원이 단지 적국의 잠재적 사용 장소로 중요하기 때문에 군사목표였다고 결론 내릴 수는 없다.[60]

5.2.3 목표물의 이용

목표의 실제적 '이용'은 반드시 그 본래의 성격이나 의도한 목적에 의존하는 것은 아니다. 주요 예로서 프랑스 개인택시들이 1914년 9월 독일군대로부터 파리를 구하기 위하여 전선으로 프랑스 예비군을 수송하라는 명령을 받았다.[61] 이에 개인택시들이 자신의 이익을 목적으로 정상적으로 운행하였다면 이들은 군사장비가 아니다. 이들이 프랑스 군대의 수송에 필요하였다면, 그 기능이 변화된 것인바[62],

58) Rogers, *Supra* note 24, p.36 참조.
59) *Ibid.*, pp.54-5.
60) *Ibid.*, p.55 참조.
61) *G. Schwarzenberger, 2 International Law as Applied by International courts and Tribunals: The Law of Armed Conflict* 112(1968).
62) *Ibid.*, p.113.

즉 이용을 통하여 이들이 군사목표가 된다는 것이다. 동 의정서 제52(3)항은 다음과 같이 규정한다.

> "정상적으로 민간인 목적에 기여하는 대상, 즉 종교장소, 집 또는 기타 주거지나 학교가 군사행동에 효과적인 기여를 하고 있는가에 의문이 있을 경우 이들 대상들을 군사목표로 보아서는 아니 된다."[63]

이에는 3가지 요소가 있는바,

(1) 특정 목표물은 통상 이들이 본래의 기능을 충실히 하는 한 민간 목적에 기여하는 것이며 따라서 군사표적으로 취급해서는 아니 된다. 예를 들면 종교장소, 민간거주지 및 학교 등이다.

(2) 동일한 목표물이라도 군사행동에 효과적인 기여를 하는데 사실상 이용될 수 있다. 이들이 이렇게 사용될 경우 본래 기능과 무관하게 군사목표로 취급될 수 있다. 그러나 주요한 고려사항은 '당시의 지배적인 상황' 이 무엇인가에 있다.

(3) 제52조 (3)항은 단서에서 민간목적에 통상 기여하는 목표물이 군사행동에 사실상의 효과적인 기여를 하였다는 의심이 있을 경우에는 '그렇게 사용되지 않은 것으로 추정' 해야 한다고 한다. 그러나 이는 본 조항 입안 당시 논란이 있었던 접촉지역 내에[64] 있는 목표물은 예외로 하자라는 표결에서 채택

63) Protocol I, *Supra* note 2, p.652.
64) 접촉지역은 양측 최전방 군대가 서로 접촉하고 있는 지역을 말한다. C. Pilloud and J. Pictet, 'Article 59', *Commentary on the additional protocols* 699, 701 n. 2.

되지 않았다.[65] 표결 결과가 어떤 상황에서 '전투현실 인정거부' 를 그대로 반영할 수 있다면,[66] 이러한 가정은 의심 있는 경우에만 역할을 한다는 것을 고려해야 한다. 일단 전투원이 민간목표물에서 직접적인 공격에 노출될 경우에는 의심의 여지가 없다.[67] 교회첨탑이나 회교사원탑이 저격수의 은신처로 사용될 경우 의심의 여지가 없으며 적은 이를 군사목표로 취급한다.[68] 가정이 나오기 이전의 의심 정도가 분명하지는 않으나, 공격자의 마음속에서 생기는 의심은 '당시의 지배적인 상황' 에 근거해야 한다.

군사적으로 이용된다는 점 때문에 사실상 모든 민간인 목표물은 전쟁법상 보호가치가 있다하더라도 군사목표가 될 수 있음을 알 수 있다.[69]

5.2.4 목표물의 위치

목표물의 '위치' 는 그 성격, 목적 및 이용에 관계없이 분석되어야 하는바, 그 이유는 군사목표 내에 있는 민간목표물의 위치(군기지내 민간고용인 복지를 위한 어린이 보호소 등)는 군사목표물로 원거리에서 공격위험에 노출될 수 있다. 동일한 내용이 군용항구에 진입하는 상선에게도 적용된다.

위치에 관한 주요 문제가 이러한 초보적 관측범위를 초월하는바, 위치언급을

65) Solf, *Supra* note 29, pp.326-7 참조.
66) W. H. Parks, 'Ai War and the Law of War', 32 *AFLR* 1, p.137 (1990) 참조.
67) Solf, *Supra* note 29, p.327 참조.
68) 수많은 사례를 가정할 수 있다. Rogers는 사령부로 사용되는 성당을 언급한다. Rogers, *Supra* note 24, p.35.
69) Sassòli and Bouvier, *Supra* note 27, p.161 참조.

강조하는 이유는 특별한 육지지역이 군사목표물로 간주될 수 있다는 것이기 때문이다.[70] 또한 그러한 위치의 범위는 지나치게 확장될 수 없는바, 지역의 일부가 군사목표물로 전환되는 분명한 특징이 있어야 한다(중요한 산의 통과, 숲속 또는 늪지대 흔적, 교량 상부 또는 항구 입구를 통제하는 지역의 끝단 등).[71]

5.2.5 교량

성격, 목적, 이용 및 위치에 따른 군사목표의 분리는 그렇게 간단하지가 않다. 특정 목표가 하나로 분리될 수도 있는바, 교량은 이의 주요한 예가 될 수 있다. 따라서 주요도로나 철도용으로 건설된 교량은 도로나 철도가 기여하는 것과 같은 전체적인 군사적 목표가 된다. 또한 교량이 비간선 수송로를 연결하는 곳에서 조차 이들이 군대 및 보급품 수송에 상당한 역할을 할 수 있기 때문에 이들의 파괴는 적 군수품 약탈과 같게 된다. '전선으로 향하는 보급품이 교량을 통과할 경우에만' 이들 교량이 공격받을 수 있다고 생각하는 것은 잘못이다.[72] 왜냐하면 교량의 파괴는 최전선만이 아니라 군대의 이동 및 군 보급품 이송 방해에 영향을 줄 수 있기 때문이다.

교량의 성격이 이렇지 않다면 대다수 교량은 그 목적, 이용 또는 위치 등에 의해 군사목표가 될 수 있다.[73] 모든 주요 수로나 유사 교통방해시설은 군사장애물

70) 주요 이유에 관하여는, *Supra* note 24, pp.38-9 참조.
71) E. Rauch, 'The Protection of the Civilian Population in International Armed Conflicts and the Use of Landmines', 24 *GYIL* 262, pp.273-7 (1981) 참조.
72) M. Bothe, 'The Protection of the Civilian Population and NATO Bombing on Yugoslavia: Comments on a Report to the Prosecutor of the ICTY', 12 *EJIL* 531, p.534 (2001).
73) 위치에 의한 군사목표로서의 교량에 관하여는, Pilloud and Pictet, *Supra* note 23, p.636 참조.

로 인식되어야하며, 이로써 교전자의 전략이 이들 장애물 밖에 있는 모든 교량을 폭파 또는 무력화시켜야 한다고 명령을 내릴 수 있다. 모든 교량의 파괴로 적 지상 군대를 격멸하려는 군사정책에는 잘못된 점이 없다. 따라서 1991년 걸프전시 유프라테스 강(江) 교량파괴로 이라크군과 이들의 보급품(통신케이블) 전개를 차단하였다.[74)]

'교량은 군사목표가 아니고 학교와 같다' 는 주장이 제기되어 왔는바[75)], 문제는 군사목표가 전적으로 '실질적 상황' 에 따라 그 성격이 좌우된다는 것이다.[76)] 그러나 교량과 학교는 상호 비교될 수가 없는바, 이것은 가상의 문제로서 즉 학교가 관련되는 한, 그 가정은 이것이 민간목표라는 것이고 교량은 그 반대라는 사실이다. 학교가 군사목표로 인정되는 것은 예외적 상황에서만 즉 타방에 의한 주요 군사적 이용물로 될 경우에 한한다. 교량은 대체적으로(그 성격, 위치, 목적 또는 이용 상) 군사목표가 되나, 이것이 실질적 또는 잠재적으로 적에게 군사적 이익을 주지 않을 경우는 군사목표가 되지 않는다(이 교량이 접촉지역에서 멀리 떨어진 거주 지역에 있을 경우).

5.2.6 공격에서 제외되는 군사목표

목표의 군사적 성격이 이에 대한 공격의 합법화에 결정적인 것은 아니다. 따라서 군의료부대(군병원이나 군병원선)와 개인은 특별한 보호를 받게 된다. 일부 군

74) Rogers, *Supra* note 24, p.42 참조.
75) F. J. Hampson, 'Proportionality and Necessity in the Gulf Conflict', 86 *PASIL* 45, p.49 (1992).
76) F. Kashoven and L. Zegveld, Constrains on the Waging of Waging of War 101 (*ICRC*, 3rd edn, 2001).

사목표는 예의적 상황에서 공격으로부터 제외가 되는바, 이는 동 의정서 제56조 (1)항에 규정되어 있다.

> "댐이나 핵발전소와 같은 위험한 시설이나 작업은 이들이 군사목표물이라 하더라도 그 공격으로 위험성이 초래되거나 그 결과 민간인의 심각한 손실 초래시는 공격목표가 되어서는 아니 된다. 기타 이러한 작업이나 시설물에 있는 군사목표는 이들에 대한 공격이 그 작업이나 시설로 인하여 위험을 초래하거나 결과적으로 민간인에게 심각한 손실을 가져올 경우 공격목표가 되어서는 아니 된다."[77]

그러나 제56조의 규정은 체약당사국만을 구속한다. 그 유형이 어떠하든 군사목표에 대한 공격도 비례성원칙이 적용되는바, 즉 '부차적 손해' 나 민간인 피해가 과도하여서는 아니 된다는 것이다.

---

77) Protocol I, *Supra* note 2, p.653.

5.3 군사목표의 범위에 관한 일반적 문제점

군사목표의 정의는 상기에서 기술된 것처럼 여러 문제점을 제기한다.

(1) 퇴각하는 군대

군대가 무질서하게 퇴각하고 있을 경우, 즉 1991년 이라크군이 쿠웨이트에서 철수하는 것과 같이, 이들을 더 이상 공격해서는 안 된다고 주장된다.[78] 그러나 이것은 잘못된 것으로서 군대구성원이 추가공격에서 제외되기 위한 유일한 방법은 항복하여 전투력을 상실하는 것이다.[79] 그렇지 않으면 걸프전에서 보여준 것처럼 오늘의 탈주병이 내일의 군대구성원으로 재집결할 수 있기 때문이다.

---

78) E. David, principes de droit des Conlits Arme's 246 (2nd edn, 1999) 참조.

79) P. Barber, 'Scuds, Shelter and Retreating Soldiers: The Laws of Aerial Bombardment in the Gulf War', 31 ALR 662, p.690 (1993) 참조.

(2) 개별표적

군대구성원인 특정 개인을 표적으로 하는 것이 허용되는가? 상기에서 보았듯이 모든 전투원은 합법적인 표적이 될 수 있는바, 이에는 사실상 군대구성원이 전투에 가담하고 있는지 여부와 관계없다.[80] 개인이 무기를 휴대하고 군대구성원처럼 군복을 입고 있을 경우, 그는 자동적으로 공격에 노출된다. 전쟁법은 적 개개인의 위험한 살상을 금지하지만, 공격이 변절되지 않고 수행될 경우 개별적 전투원을 표적으로 하는 것을 배제하지는 않는다.[81] 달리 보면, 위험한 살해 금지가 합법적 군사목표인 특정개인에 대한 정규군의 공격까지 금지하는 것은 아니다.[82] 따라서 2001~2003년 테러혐의가 있는 팔레스타인 전투원에 대하여 이스라엘이 헬리콥터, 탱크 및 정규보병을 사용한 것은 전쟁법 위반이 아니었다.[83] 이와 반대로, 동일 개별 표적에 대하여 저격수를 이용하는 것은 불법한 전투형태이다.

이의 법적 지위를 보다 분명히 하기위해, 2차 대전 시, 적 개개인을 표적으로 한 두 가지 유명한 사례를 인용하는 것이 유용할 수 있다. 1943년 미국은 일본 함대사령관 야마모토를 표적으로 삼아(일본통신부호의 성공적인 차단으로) 매복하고 있다가 그의 비행기인 부게인빌(Bougainville)을 격추시켰다.[84] 이것은 교전당사국의 권리에 속하는 완전히 합법한 행위였다. 이와는 대조적으로, 1942년 헤이드리히(Heydrich) 장군의 매복차량이 불법전투차량이 되었는데, 이는 헤이드리히 장군이 장교로서 합법적 표적이 되었기 때문이다. 그러나 헤이드리히가 군복을 입지 않은 체코 자유군에 의해 살해된 이래 이 행위는 불법한 것이 되었다.[85]

---

80) M. N. Schmitt, 'State-Sponsored Assassination in International and Domestic Law', 17 *YJIL* 609, p.674 (1992) 참조.
81) Rogers and Malherbe, *Supra* note 54, p.62 참조.
82) B. M. Carnahan, 'Correspondent's Report', 2 *YIHL* 423, p.424 (1999).
83) J. N. Kendall, 'Israeli Counter -Terrorism: "Targeted Killings" under International Law', 80 *NCLR* 1069, pp.1076-7 (2001-2) 참조.
84) J. B. Kelly, 'Assassination in War Time', 30 *Mil. LR* 101, pp.102-3 (1965) 참조.
85) P. Zengel, 'Assassination and the Law of Armed Conflict', 43 *Mil., LR* 615, p.628 (1991-2) 참조.

(3) 경찰

경찰 및 기타 법집행 관료들이 군대구성원(합법적으로 공격대상이 되는)의 지휘에 포함될 수 있는가? 이 문제에 관한 답은 경찰이 공식적으로 군대에 통합되었는지[86] 또는(공식적인 통합 부재에도 불구하고) 적대행위에 참여했는지 여부에 달려있다.[87] 모든 전투원처럼 군대에 통합된 경찰은 '이들이 특별한 지위를 갖고 있기 때문에 하시라고 공격을 받을 수 있다.'[88]

(4) 산업시설

군용 및 민간산업에 대한 뚜렷한 구별을 하기는 어려운바, 하나의 방직공장에서 군용제복이나 민간의복을 생산하는 경우 이 공장이 어디에 속하는 가를 말하기는 어려울 것이다. 전시 민간인 소비는 군사용에 우선순위가 밀리게 된다. 철강업이나 석유화학공장이 평시 이들의 생산품이 민간시장에 유통되어 왔다는 이유만으로는 군사목표로 분류되어서는 안 된다고 주장할 수 있는가? 무력충돌 이전에 장기적으로 민간 지향적 성격이 있는 생산라인은 적대행위 중 전쟁물자 생산으로 바뀌지 않는다는 보장이 없다. 예를 들면, 농업용 트랙터는 빠르게 탱크 생산라인으로 바뀔 수 있다. 오늘날의 어린이 장난감 공장이 내일의 주요 전자정밀 유도탄약 공장이 될 수 있다. 이외에도 오늘날과 같은 첨단기술시대에 컴퓨터 하드웨어 제조나 소프트웨어 프로그램의 제작은 전쟁노력의 중심으로 재조정될 수 있다.[89] 문제는 군사기능수행이 가능한 컴퓨터기술이 민간공동체에서 사용된 것과는 거의

86) 이러한 통합에 관하여는, Article 43(3) of Protocol I, *Supra* note 2, p.647.
87) P. Rowe, 'Kosovo 1999: The Air Campaign', 82 *IRRC* 147, pp.150–1 (2000).
88) *Ibid.*, p.151.
89) 컴퓨터에 대한 점증하는 군사적 의존도에 관하여는,, M. N. Schmitt, 'Computer Network Attacks and the Use of Force in International Law: Thoughts on a Normative Framework',37 *CJTL* 885, p.887 (1998–9).

다르지 않다는 것이다.[90] 이것이 여의치 않을 시, 현대무기 제조를 하청할 경우 생산이 분산되어 추적이 거의 불가능하게 된다.[91] 전체적으로는 성격상 일부 산업공장만이 엄격히 민간인용으로 간주되어 공격에서 제외된다.

(5) 석유, 석탄 및 기타 광물자원

외관상 군용 생산공장 같지 않은 유전, 정유소, 탄광 및 기타 광물 추출공장의 지위는 어떠한가? 비군사적 성향에도 불구하고 이들 모두는 군수산업으로 보일 수 있다. '모든 종류의 석유시설은 사실상 교전국의 파괴에 개방된 합법적 군사목표' 라고 주장될 수 있다.[92] 정유소에 관하여 중요도로에서 떨어진 민간 거주 지역에 있는 이들은 기능면에서만보면 공격에서 제외될 수 있다.

(6) 변전소

군용 및 민간인에게 사용되는 발전소는 어떠한가? 걸프전시 1991년 연합군의 공중전투에서 전기를 생산 및 공급하는 통합 이라크 국가변전소를 군사표적으로 취급하였다(군대 및 민간 양자가 사용).[93] 변전소는 의심의 여지없이 현대의 군사행동에 효과적인 기여를 하는바[94], 군용부족 시 민간인 수요를 희생시키고 이를 보상할 수 있다. 사실상 이라크 발전소 및 변전소에 대한 연합군 공격은 이라크 방공망, 비재래식 무기연구, 개발시설 및 통신체제에 커다란 영향을 주었다.[95] 대규모 공습이 원하지 않은 비군사적 결과를 초래하는바, 예를 들면 수도공급원 파괴

90) M. N. Schmitt, 'Future War and the Principle of Discrimination', 28 *IYHR* 51, p.68 (1998).
91) Parks, *Supra* note 66, p.140 참조.
92) L. C. Green, 'The Environment and the Law of Conventional Warfare', 29 *CYIL* 222, p.233 (1991).
93) C. Greenwood, 'Customary International Law and the First Geneva Protocol of 1977 in the Gulf Conflict', *The Gulf War 1990–91 in International and English Law, Supra* note 45, 63, p.73 참조.
94) *Ibid.*, p.74 참조.
95) D. T. Kuehl, 'Airpower vs. Electricity: Electric Power as a Target for Strategic Air Operations', 18 *FSS* 237, pp.251–2 (1995) 참조.

(전기 펌프손실로 인함) 및 동일라인에서 병원으로 들어가는 전력을 분리하지 못하는 경우 등이다.[96] 그러나 이러한 불행한 결과는 이라크 전기 시스템의 지위를 군사목표로서 손상시키지는 못하였다.[97]

(7) 민간공항 및 항구

민간공항과 항구가 계속되는 민간인 활동과 함께 군사작전의 중심이 될 수 있다는 가능성을 무시하는 것은 경솔한 것인바, 1954년 헤이그 문화재협약은 '공항' 이나 '항구' 를 일반적인 형태의 군사목표로 언급한다.[98]

(8) 기차, 트럭 및 바지선

전략적인 수송도로가 군사목표의 범주에 해당될 경우, 그 정의에는 모든 철도, 도로교통의 중추인 트럭 및 강과 운하를 연결하는 바지선 등이 포함되어야 하지 않는가? 민간교통의 결과는 확연하나, 선박수송이나 항공노선과는 달리 객차는 군대수송용 기차와는 분리되지는 않는다. 도시 연결기차를 공중에서 보면 기차를 타고 있는자의 민간인 신분을 나타내는 표시가 없으므로 그 기차는 합법적 군사목표가 될 것이다. 코소보에서의 1999년 항공공습 시, 객차가 철도교량 통과 시 파괴되었다.[99] 이 사건의 분석에서 론지티(Ronzitti)는 이 교량이 합법적 군사목표임에는 의문의 여지가 없다하더라도 객차는 공격을 받아서는 안 된다는 입장을 취한 것으로 보인다.[100] 그러나 저자의 견해로는 항공기 조종사의 민간인 식별능력에 따라 모든 것이 좌우될 것이라고 본다.

---

96) *Ibid.,* p.254 참조.
97) C. Greenwood, 'Current Issues in the Law o Armed Conflict: Weapons, 'Targets and International Criminal Liability', 1 *SFICL* 441, p.461 (1997) 참조.
98) Hague Cultural Property Convention, *Supra* note 7, p.750 (Article 8 (1)(a)).
99) 구유고국제범죄재판소: 유고연방에 대한 나토폭격 검토위원회 검사 최종보고서 참조. 39 *ILM* 1257, p.1273 (2000).
100) N. Ronzitti, 'Is the Non Liquet of the Final Report by the Committee Established to Review the NATO Bombing Campaign against the Federal Republic of Yugoslavia Acceptable?', 82 *IRRC* 1017, p.1025 (2000).

(9) 민간 텔레비전 및 라디오 방송국

전시 민간 방송국의 통제는 이들이 통신수단, 심리전 및 기타 목적으로 하시라도 군사장비로 사용될 수 있다는 것에 있다. 2003년 3월 적대행위 시, 바그다드 이라크 국영 텔레비전방송국을 1999년 4월 의도적으로 미국이 폭격하였고, 나토는 벨그라드에 있는 국영 세르비아 텔레비전 및 라디오 방송국을 폭격하였다. 그러면 이러한 폭격은 법적으로 보장되는가? 유고 연방공화국에 대한 나토 폭격 재검토 설립위원회는 벨그라드에서의 공격이 세르비아 용병의 선전용으로 역할을 하였기 때문에 이 지방 방송국에 대한 공격을 하였다고 하나 동 행위의 적법성은 문제가 될 수 있다.[101] 위원회 견해로는 만일 텔레비전과 라디오 송신이 군 지휘통신망으로 통합되었다면 이 경우의 공격은 정당화 될 수 있다.[102] 그러나 1954년 헤이그 문화재협약이 '방송국' 을 군사목표로[103] 언급한 것은 주목할 만하며, 여기서의 문구에는 민간 텔레비전과 라디오 방송국 모두를 지칭한다.[104]

(10) 정부 사무실

'정부건물이 어떠한 법규상으로도 적의 공격으로부터 제외되는가' 에 관하여는 의문이 제기된다.[105] 이러한 일률적인 정부건물에 대한 언급은 잘못된 것인바, 정부사무실은 군사용으로 지원 또는 이를 추구하기 위해 사용될 경우 합법적 공격 표적이 될 수 있다. 따라서 이에는 육군성, 해군성, 공군성 등이 포함되며 워싱턴에 있는 백악관도 합법적 군사목표가 되나(미국대통령이 군 통수권자이므로) 런던 버팅엄궁(여당은 미국대통령과 상응한 역할을 하지 아니함)은 그렇지 아니하다.

---

101) Final Report to the Prosecutor by the Committee, *Supra* note 99, p.1278.
102) *Ibid.*, p.1279.
103) Hague Cultural Property Convention *Supra* note 7, p.750 (Article 8 (1) (a)).
104) 바티칸 라디오 방송국에 관하여는, *The UNESCO Commentary on the Convention: The Protection of Cultural Property in the Event of Armed Conflict: Commentary* 106 (J. Toman ed., 1996) 참조.
105) I. Detter, *The Law of War* 294 (2nd edn, 2000).

(11) 정치적 리더쉽

순수히 그리고 단순히 정치인인 정치적 지도자와 군대에 근무하는 정치지도자는 구별할 필요가 있는바, 후자는 개별적 표적이 될 수 있다.[106] 이는 헌법상 군 최고사령관인 국가원수의 경우에 특히 그러하다. 적의 국가원수에게는 관대한 전통이 있다고 때로 주장하기도하나 이러한 전통이 발전될 경우 이는 확실히 최고사령관 지위에 있는 독재자에 대한 공격의 성공을 하지 못하게 하는 어려움을 초래하였다.[107]

분명히 민간지도자가 합법적 군사목표가 되는 군사시설이나 정부건물에 있거나 이들이 후방에 있는 탄약 공장이나 전선을 방문할 경우, 이들이 군용항공기나 군지휘관 차량에 탑승하고 있을 경우 위험에 노출된다. 그러나 군사목표에 있다는 개인적 위험을 감수한다면, 민간정치지도자는(군과 관련 없는) 합법적 공격목표가 되지 않으며 군사목표로서 표적이 될 수 없다.

106) Rogers and Malherbe, *Supra* note 54, p.62 참조.
107) A. R. Coll, 'Kosovo and the Moral Burdens of Power', *War over Kosovo: Politics and strategy in a Global age* 124, pp.145-6 (A.J. Bacevich and E. A. Cohen eds., 2001) 참조.

5.4 육전 시, 방비 및 무방비 지역

육전 시의 실질적인 문제는 민간인 거주지역이 사실상 군인에 의해 방비되는가에 있는바, 이 경우 민간 목표물이 그 사용에 따라 군사목표가 된다. 민간목표물 방비의 기준은 헤이그규정 제25조에 다음과 같이 규정되어 있다.

> "방비되지 않는 도시, 마을, 주거지나 건물에 대하여는 어떠한 수단의 공격이나 폭격도 금지된다."[108]

이와 유사한 내용이 (舊)유고국제범죄재판소규정 제3조 (다)항에 나와 있으며[109], 로마규정 제8조 (2)(나)(5)항은 이를 전쟁범죄로 분류하고 있다.

---

108) Hague Regulations Respecting the Laws and Customs of War on Land, Annexed to 1899 Hague Convention (II) and 1907 Hague Convention (IV) Respecting the Laws and Customs of War on Land, *Laws of Armed Conflicts* 63, pp.83-4. '무슨 수단이가'라는 단어가 1907년 협약내용에 추기되었다.

109) Statute of the International Tribunal for the Prosecution of Persons Responsible for Serious Violations of International Humanitarian Law Committed in the Territory of the Former Yugoslavia Since 1991 (ICTY), Report of the Secretary-General Pursuant to Paragraph2 of Security Council Resolution 808(1993), 32 *ILM* 1159, p.1193 (1993).

"무방비 그리고 군사목표가 아닌 도시, 마을, 주거지 또는 건물에 대한 어떠한 수단의 공격이나 폭격"[110]

마지막 문구는 최초의 헤이그 내용에 추가된 것으로, 이것은 어떠한 무방비 민간 거주지도 군사목표가 되지 않음을 분명히 한다. 제1의정서 제59조 (1)항은 다음과 같이 규정한다.

"어떠한 수단으로도 충돌당사국이 무방비 지역을 공격하는 것이 금지된다."[111]

방비지역에 관한 헤이그 기준은, 즉 어느 장소가 방비될 경우 이는 공격을 받을 수 있다는 것이나 동 의정서 상, 중요 변화는 단일 건물보다는 규모가 크나 도시나 마을보다는 작은 '지역' 이란 용어를 사용하여 표현하였다는 것이다. 이것은 육전(陸戰)이 건물 대 건물을 기초로만 분석될 수 없기 때문에 염두에 두어야 하는 중요한 사항이다. 흔히 대규모전투는 광범위한 건물지역 특히 대도시에서 수행되므로, '전투원을 숨겨주는 어떠한 건물이라도 군사목표가 된다' 라는 것은 말할 필요가 없다.[112] 극단적인 경우 격렬한 전투가 주택에서 주택으로 수행될 경우 도시 전체가 단일 군사목표로 간주 될 수 있는바, 이는 부분적으로는 사용과 목적에 의해 그렇게 된다. 한편 차단된 일정구역 내에 있는 건물이 적군부대에 의해 점령되지 않았다는 사실은 중요하지 않은바, 전투가 근접해 오게 되면 이러한 건물들이 군사요새로 변경될 것이라는 합리적인 기대가 가능하다. 그러므로 이러한 건물은 폭격

110) Rome Statute, *Supra* note 9, p.1006.
111) Protocol I, supra note 2, p.656.
112) Pilloud and Pictet, *Supra* note 64, p.701.

을 받을 수 있는바, 여전히 구 헤이그규정의 대략적 도시에 관한 언급은 진부한 것으로 간주되어야 한다.[113]

피해를 당하지 않을 목적으로 교전자가 도시를 무방비하고자 함은 적에게 효과적인 메시지를 전달할 수 있는바, 동 의정서 제59(2)항은 다음과 같이 규정한다.

> "충돌당사국의 적당한 기관은 인근 거주지역이나 타방당사국의 점령에 개방된 군대접근지역을 무방비지역으로 선언할 수 있다. 이러한 지역은 다음 조건을 충족해야한다.
>
> (1) 이동무기나 이동군사장비는 물론 모든 전투원은 철수해야한다.
>
> (2) 고정군사시설이나 설치물을 적대적용도로 사용해서는 아니 된다.
>
> (3) 어떠한 적대행위도 당구이나 시민이 해서는 아니 된다.
>
> (4) 군사작전을 지원하는 어떠한 활동도 해서는 아니 된다."[114]

상기 내용에서 열거되지 않는 일부 함축적인 조건이 있는 것으로 보이는바, 즉 지역을 통과하는 도로 및 철도는 군사목적으로 사용되어서 아니 되며 그곳에 있는 공장도 군수품 제조를 해서는 아니 된다.[115] 그러나 법과 질서유지 목적의 경찰병력으로만 무방비된 지역은 제59조 (3)항에 따라 허용된다.[116]

명백하고 함축적인 조건과는 별도로 (1) 선언된 무방비지역 접촉지역 인근 또는 그 안에 위치할 것이며, (2) 이는 점령에 노출될 것이다.[117] 선언된 무방비지역은 접촉지역에서 멀리 떨어진 배후에 위치할 수 없는바, 이는 '공격 지상군의 효과적

113) Oeter, *Supra* note 43, p.171.
114) Protocol I, *Supra* note 2, p.656.
115) Pilloud and Pictet, *Supra* note 64, p.702 참조.
116) Protocol I, *Supra* note 2, p.656.
117) 제1의정서 이전에 흔히 사용된 표현은 무방비지역이 아닌 개방도시였다. 용어의 변형에 관하여는, J. G. Strake, 'The Concept of Open Cities in International Humanitarian Law', 56 *ALJ*, pp.593-7 (1982) 참조.

장악' 범위 내에 있지 않다는 단순한 이유 때문이다.[118] 향후 일을 예상하여 무방비지역을 설정할 수는 없으나 전투 종료가 가까워 오는 시기에는 가능하다.[119]

제59조 (4)항은 무방비지역의 정확한 한계를 정의하는 제2항에 언급된 선언 즉 전제조건이 충족되지 않으면 이 지역을 무방비 지역으로 취급해야 한다는 것을 상대국에게 언급해야 한다고 하고 있다.[120] 그 결과 모든 조건의 준수에 따라 그 지역을 무방비지역으로 일방적으로 선언함으로서 동 의정서에 의해 상대국을 구속한다.[121]

제59조 (5)항은 충돌당사국이 조건이 충족되지 않을 경우에도 무방비 지역설정에 합의할 수 있다고 한다.[122] 물론 이 경우 양자합의가 결정적인 것이 되나, 제네바협약 (Ⅳ) 제15조는[123] 교전국이 전투지역에서 군사업무를 수행하지 않는 민간인은 물론 병자 및 부상자에게 피난처를 제공하는 중립지역을 설정할 수 있다고 한다. 이러한 지역의 설정과 구분은 당사국 합의에 의한다.

---

118) J. Stone, *Legal Controls of International Conflict:: A Treatise on the Dynamics of Dispute-and War - Law* 622 (2nd edn, 1959). 이에 관한 논평은 제1의정서 초안 이전에 이미 제기되었으나, 여전히 타당하다.
119) C. Pilloud and J. Pictet, 'Localities and Zones under Special Protection', *Commentary on the Additional Protocols* 697, id.; M. Torrelli, 'Les Zones de Securit?', 99 *RGDIP* 787, p.795 (1995) 참조.
120) Protocol I, *Supra* note 2, p.656.
121) W. A. Solf, 'Article 59', *New Rules* 379, pp.383-4.
122) Protocol I, *Supra* note 2, p.656.
123) Geneva Convention (Ⅳ), *Supra* note 5, p.506.

5.5 해전에 관한 특별한 문제

5.5.1 해전구역

해군의 적대행위는 교전국의 내수, 영해, 대륙붕, 배타적 경제수역 및 군도수역 그리고 공해 및 중립국의 대륙붕과 배타적 경제수역에서 행해질 수 있다.[124] 해상에서의 군사목표는 선박만이 아니라 해전구역내의 어느 곳이나 심해저 등에도 설치될 수 있는 고정시설물(특히 무기나 탐지 또는 통신장치 등) 등이 포함된다.[125] 해저에 설치되어 교전국에게 이용되는 전선 및 관선도 합법적 군사목표물이 된다.[126]

124) San Remo Manual, *Supra* note 13, p.80 참조.
125) T. Treves, 'Military Installations, Structures, and Devices on the Seabed', 74 *AJIL.*, 808, p.809, 819 (1980) 참조.
126) *San Remo Manual, Supra* note 13, p.111 참조.

5.5.2 적 군함

모든 적 군함은 군사 목표물이다. '군함' 이란 표현은 모든 군용부유물 즉 경선박(어뢰정), 수상함 또는 잠수함 모두를 포함한다. 군함에는 적군에게 적접적 지원임무를 수행하는 보조선도 포함된다(예를 들면 어뢰나 군수품 수송 등).[127] 그러나 병원선은 적군함으로 취급될 수 없다.

적군함은 공격 및 격침(해전구역 내에서)될 수 있으며, '이러한 공격은 무경고로 그리고 적 승무원의 안전에 관계없이 이루어질 수 있다.'[128]

5.5.3 적 상선

적 상선은 일반적으로 민간 목표로 여겨지며 따라서 공격에서 제외된다(이들이 나포 및 노획물이 된다 하더라도).[129] 산레모 매뉴얼은 7가지 예외만을 들고 있는 바[130], 이 7가지 사례에 해당되는 상선은 군사목표물로서 공격 및 격침될 수 있다.

(1) 적상선이 직접교전행위에 개입하는 경우(기뢰부설 및 소해 등)

(2) 적상선이 적군대에 보조함으로 행동하는 경우(군수송 또는 군함보급 등)

---

127) W. J. Fenrick, 'Legal Aspects of Targeting in the Law of Naval Warfare', 29 *CYIL* 238, p.279 (1991) 참조.
128) *Ibid.*, p.269.
129) N. Ronzitti, 'Le Droit Humanitaire Applicable aux Conflits Armes en Mer', 242 *RCADI* 9, pp.69-71 (1993) 참조.
130) San Remo Manual, *Supra* note 13, pp.146-51.

(3) 적상선이 정찰임무수행 시, 또는 적군을 위한 정보수집을 도와주는 경우

(4) 적상선이 정선거부 또는 적극적으로 나포저항 시

(5) 적상선이 군함에 손상을 줄 정도의 무장을 한 경우(특히 잠수함)

(6) 적상선이 군함의 호송으로 운항되는 경우

(7) 적상선이 군사행동에 효과적인 기여를 하는 경우(군수품 이송 등)[131]

무엇보다도 일부 선박 즉 민간인 수송에만 종사하는 여객선은 일반적으로 공격에서 제외된다.[132] 여객선이 민간 업무에만 종사해야 한다는 요구사항을 위반하여 군수품을 적재하고 있어도 이에 대한 공격은 예상되는 군사적 이익과 비례하지 않기 때문에 불법적일 수 있다.[133]

5.5.4 중립상선

대체적으로 중립상선은 교전국 군함의 임검 및 수색에 따르며 적절한 상황에서 노획물로 나포될 수 있으나 적의 공격으로부터는 제외된다.[134] 이와 마찬가지로 산레모 매뉴얼에 따라 중립상선은 이들이 다음의 6가지 사항에 해당될 경우 적의 군사목표물처럼 공격을 받게 된다.[135]

131) 동 규정상의 물질은 수출될 수 없다. 정선명령거부, 나포저항, 봉쇄침파의 경우는 예외로 하고, 수출에서 생기는 세금이 전쟁노력 지원에 필수적이라 하더라도, 일반 유조선이 교전산유국에서 수출되는 석유를 수송할 경우에는 군사목포로서 공격될 수 없다. M. Bothe, 'Neturality in Naval Warfare: What Is Left of Traditional International Law?', *Humanitarian Law of Armed Conflict: Challenges Ahead: Essays in Honour of Frits Kalshoven* 387, p.401 (A. J. M. Delissen and G. J. Tanja eds., 1991) 참조; 미내전 목화에 관하여는, the Comments supra, II 참조.

132) On passenger liners, San Remo Manual, *Supra* note 13, p.132.

133) *Ibid*, 참조.

134) *Ibid.*, pp.154, 212–13.

135) *Ibid.*, pp.154–61.

(1) 중립상선이 적국을 위하여 교전행위에 가담하는 경우

(2) 중립상선이 적군대를 보조하는 행위를 하는 경우

(3) 중립상선이 적의 정보체계를 원조하는 경우

(4) 중립상선이 봉쇄를 위반하고 금제품 수송혐의가 있거나 정선명령거부, 임검, 수색 또는 나포에 명백히 저항하는 경우

(5) 중립상선이 적군함의 호송으로 운항하는 경우

(6) 중립상선이 적 군사행동에 효과적인 기여를 하는 경우(군수품 이송 등)[136]

따라서 '중립상선이 무장을 했다는 사실만으로는 이에 대한 공격 근거가 되지는 않는다.'[137] 호송운항은 중립상선이 적군함에 의해 호송될 경우에만 공격된다. 중립국 군함이 호송하는 중립상선은 중립항구 통과 중 공격을 받을 수 없다(이들은 임검 및 수색에 따르지도 않는다).[138] 중립호송은 기국 이외의 국가에 의해 행해질 수 있다.[139] 이란-이라크 전쟁 시, 타국 군함(미국)이 호송하는 일개 중립국(쿠웨이트) 상선이 자국기를 다시 게양하는 관행이 발전되었다.[140] 그러나 기를 재 게양하는 것이(상선과 기국 간에 '진정한 관련' 이 없는 경우)[141] 반드시 필요한 것은 아니다. 양 중립국이 합의하여 호송군함의 기국이 문제의 상선이 전시금제품을 적재하고 있지 않거나 중립지위에 반하는 행위를 하지 않는다는 것을 확인 및 보장하도록 하는 것으로 충분하다.[142]

물론 중립여객선은 특별한 보호를 통하여 혜택을 받게 된다.[143]

---

136) *Supra* note 131 참조.
137) *San Remo Manual, Supra* note 13, p.161.
138) G. P. Politakis, *Modern Aspects of the Laws of Naval Warfare and Maritime Neutrality* pp.560-1 (1998) 참조.
139) *Ibid.*., pp.571-5 참조.
140) *Ibid.*, pp.560-71 참조.
141) M. H. Nordquist and M. G. Wachenfeld, 'Legal Aspects of Reflagging Kuwaiti Tankers and Lying of Mines in the Persian Gulf', 31 *GYIL* 138, pp.140-51 (1998) 참조.
142) *San Remo Manual, Supra* note 13, pp.197-9 참조.
143) G. K. Walker, 'Information Warfare and Neutrality', 33 *VJTL* 1079, p.1164 (2000) 참조.

5.5.5 나포 이후 적 상선의 파괴

적 상선이 공격으로부터 보호된다하더라도 이들이 파괴될 수 없다는 것을 의미하지는 않는다. 군함이 적 상선을 항구로 예인하여 전리품으로 할 목적으로 나포할 권리를 가지고 있다는 것은 하나의 규칙이다.[144] 그러나 이의 예외적인 조치로서, 항구로 예인하지 못할 시는 나포된 선박은 파괴될 수 있다.[145] 나포된 선박의 파괴에 관한 적법성은 포획재판의 판결에 의한다.[146]

나포에 따른 적 상선의 파괴와 동 상선이 군사목표라는 이유로 공격을 개시한 것과는 중요한 차이가 있다. 군사목표로서 공격을 당하기 쉬운 적 상선은 목격시 격침될 수 있다. 이와 달리 나포에 따른 예외적 상황에서의 적 상선의 파괴는 이중조건에 따라서만 발생할 수 있는바, (1) 승객과 승무원의 안전보장, (2) 포획절차에 관한 서류와 문서의 안전 등이다.[147] 1936년의 특별보고서에서 잠수함전시 이러한 일반적 규칙을 적용하였는바[148], 동 보고서에 의하면, 선박의 보트는 현재기상 및 해상조건, 근처 육지의 존재나 승선이 가능한 타선박의 존재 등에 의해 안전이 보장되지 않는 한 승객과 승무원의 안전장소로 간주되지 않는다고 한다.[149] 산레모 매뉴얼은 동 보고서에 따라 중요한 단서를 추가하였는바, 즉 파괴되어야하는 선박이 여객선이 되어서는 아니 된다는 것이다.[150]

---

144) *San Remo Manual, Supra* note 13, 205, p.208.
145) *Ibid.,* p.209 참조.
146) W. Heintschel von Heinegg, 'Visit, Search, Diversion, and Capture in Naval War-fare: Part I, The Traditional Law', 29 *CYIL* 283, p.309 (1991) 참조.
147) *San Remo Manual, Supra* note 13, p.209 참조.
148) *Procés-Verbal* Relating to the Rules of Submarine Warfare Set Forth in Part Ⅳ of the Treaty of London of 22 April 1930, 1936, *Laws of Armed Conflicts* 883, p.884.
149) *Ibid.*
150) *San Remo Manual, Supra* note 13, p.210.

5.5.6 봉쇄

'봉쇄는 모든 국가의 선박이나 항공기 진출입을 통제할 목적으로 적 해안이나 그 일부로의 접근을 차단하는 것이다.'[151] 따라서 봉쇄는 금제품과 같은 특정화물을 목표로 하는 것이 아니고 '지정된 구역이나 위치로의 진출입 통항을 배제하는' 것임이 강조되어야 한다.[152]

'봉쇄' 란 용어는 유엔헌장 (제42조)에서 사용되는바[153], 현대(유엔헌장 이후) 봉쇄의 관행은 베트남전쟁[154]과 걸프전[155] 등 여러 사례가 있다. 봉쇄의 시행은 관습국제법상의 여러 조건에 의한다(주로 선언이나 통고, 실효성, 적용의 공평성 등이다).[156] 정당하게 설정되면 적 또는 중립국 상선을 불문하고 이들이 봉쇄침파를 시도하거나 나포 또는 정선명령을 거부할시 공격 및 격침될 수 있다.[157] 동일한 맥락에서 봉쇄침파 항공기도 격추될 수 있다.[158]

5.5.7 배타 수역

산레모 매뉴얼은 교전국이 해양 '배타수역' 을 설정하여 동 수역에 진입하는 적

151) *Ibid.,* p.176.
152) M. N. Schmitt, *Blockade Law: Research Design and Sources* 3 (1991).
153) Charter of the United Nations, 1945, 9 *Int,Leg.* 327, pp.343-4.
154) *Annotated Supplement* 394.
155) Y. Dinstein, *War, Aggression and Self-Defence* 259 (3rd edn, 2001) 참조.
156) *San Remo Manual, Supra* note 13, pp.177-8 참조.
157) *Ibid.,* p.178 참조.
158) M. N. Schmitt, 'Aerial Blockades in Historical, Legal, and Practical Perspective', 2 *USAFAFLS* 21, p.48 (1991) 참조.

상선과 중립선박을 공격하게 함으로써 전쟁법상의 의무를 면해보려는 의도를 거부한다.[159] 제1차 및 2차 대전시 발전된 배타수역 설정관행은 이란-이라크 전쟁 및 포클랜드 전쟁 시, 상당한 개념의 차이를 보였다.[160] 1946년 뉴렘베르그 국제군사재판소 판결을 보면, 일방적으로 선언한 배타수역에 진입하는 중립선박을 경고 없이 격침시키는 것은 불법하다고 한다.[161] 그러나 동 수역에 있는 적 상선과는 관련이 없다.[162]

대다수 평론가들은 현재의 관행을 볼 때 배타수역의 적법성이 어느 정도 인정된다고 한다.[163] 산레모 매뉴얼도 교전국은 새로운 권리창출이나 기존 의무의 면제 없이 예외적인 조치로서 배타수역을 설정할 수 있음을 인정한다.[164] 산레모 매뉴얼은 조건을 다소 완화하여 교전국이 배타수역을 설정한 경우 '허가 없이 동 수역 내에 진입한 선박이나 항공기는 적대적 목적으로 거기에 있다고 생각될 수 있다' 라고 한다.[165] 이는 '중간수역'[166]을 허용하는 것인바, 배타수역이 '사격자유수역' 이 되서는 아니 되며, 따라서 병원선, 중립선단 등이 안전통항을 보장하는 특정 해로를 이용하여야 함은 이론의 여지가 없다.[167] 그러나 배타수역에 관한 새로운 법률의 구체화 작업은 정형화되지 않았으며[168], 상세한 신법에 나올 때까지 동 매뉴얼이 유효하다. 따라서 '교전국이 해상에 설정한 가상선을 통과한다하여도 피보호대상은 자신의 보호를 상실하지는 않는다.'[169]

동전의 양면과도 같이 목격 시, 공격당하게 되는 군사목표인 적 군함은 배타수

159) *San Remo Manual, Supra* note 13, p.181.
160) W. J. Fenrick, 'The Exclusion Zone Device in the Law of Naval Warfare', 24 *CYIL* pp.91-126 (1986) 참조.
161) International Military Tribunal (Nuremberg), Judgment and Sentences, 1946, 41 *AJIL* 172, p.304 (1947).
162) E. I. Nwogugu, '1936 London Proc?s-Verbal Relating to the Rules of Submarine Warfare Set Forth in Part Ⅳ of the Treaty of London of 22 April 1930', *The Law of Naval Warfare: A Collection of Agreements and Documents with Commentaries* 349, pp.358-9 (N. Ronzitti ed., 1998).
163) Politakis, *Supra* note 138, p.145 참조.
164) *San Remo Manual, Supra* note 13, pp.181-2.
165) *Ibid.,* p.181.
166) F. Pocar, 'Missile Warfare and Exclusion Zones in Naval Warfare', 27 *IYHR* 215, p.223 (1997).
167) W. Heintschel von Heinegg, 'The Law of Armed Conflicts Sea', *Handbook* 405, p.468 참조.
168) L. F. E. Goldie, 'Maritime War Zones and Exclusion Zones', 64 ILS 156, pp.193-4 (*The Law of Naval Operations,* H. B. Robertson ed., 1991) 참조.
169) *Annotated Supplement* pp.395-6.

역에서 멀리 떨어져 있어도 아무런 보호도 받지 못한다. 결국(1982년 포클랜드 전쟁 시) 배타수역밖에 있던 아르헨티나 순양함인 제너럴 벨그라노(General Belgrano)를 영국이 격침한 것에는 아무런 법적 하자도 없었는바, 이는 적 군함이 배타수역 범위 밖에 있다하여도 공격에서 면제될 권리를 갖고 있지 않기 때문이다.[170]

5.5.8 연안지역 폭격

해양에서 적 연안지역으로의 폭격에는 특별한 문제가 관계되는바, 이 문제는 1907년 헤이그협약 (IX) 제1조에서 다음과 같이 규정한다.

> "무방비 항구, 도시, 마을, 주거지 또는 건물에 대한 해군의 폭격은 금지된다."[171]

이에 대하여 동 협약 제2조는 적국함대나 적군 그리고 항구에 있는 군함에 이용될 수 있는 군사작업, 군 또는 해군 시설물, 무기나 전쟁물자 창고 및 공장 등은 이러한 금지에서 제외된다고 분명히 언급한다.[172][173] 제3조는 지역당국이(그렇게 하도록 요구되어 왔던) 사전에 해군에게 군수품을 공급하지 못할 경우 항구나 도시

170) H. S. Levie, 'The Falklands Crisis and the Laws of War', *The Falklands War: Lessons for Strategy, Diplomacy and International Law* 64, 66 (A. R. Coll and A. C. Arend eds., 1985) 참조.
171) Hague Convention (IX) Concerning Bombardment by Naval Forces in Time of War, 1907, *Laws of Armed Conflicts* 811, p.812.
172) *Ibid.*
173) H. B. Robertson, '1907 Hague Convention IX Concerning Bombardment by Naval Forces in Time of War', *Law of Naval Warfare* 149, p.166.

등의 폭격을 허용한다.[174]

헤이그협약 (IX) 제1조는 연안폭격에 대하여 동 협약 제25조에 규정된 육전법규를 적용한다. 언급한 바와 같이 헤이그협약을 방비 또는 무방비 도시(따라서 공격을 당하거나 면제되는) 모두에 적용함은 시대착오적인 것이며, 따라서 제1의정서 상의 '지역' 이란 용어가 보다 정확한 것이 된다. 이에 부가하여, 연안폭격은 일반적으로 육전과는 상이한바, 육상포격은 통상 점령을 목적으로 수행되나 해군포격은 흔히 적 배후에 대한 파괴를 주로 한다(예외적으로 육상병력 공격의도를 가짐).[175] 시가지전투 고조시 도서의 모든 지역을 단일 군사목표로 취급하는데 있어 어느 정도의 융통성이 있다면 이와 유사한 어떠한 자극에 의해서도 연안폭격에 영향을 미치지는 못한다. 따라서 육전법규를 연안폭격에 접목한다는 것은 적절하지 않다.[176]

연안폭격에 있어서의 특별한 문제로 등대가 있는바, 이들이 군사목표로 취급될 수 있는가에 있다. 어쨌든 이들 등대는 일반적으로 항해안전보장을 위해 설치된 시설물로서 보호될 가치가 있다.[177] 한편 1948년 프랑스 캐세이션(Cassation) 재판소는 등대가 군사목표가 된다고 하면서, 단 이것이 적 함대의 필요에 의해 사용될 수 있는 경우에 한한다고 언급한다.[178] 그러나 이에 관한 현 국가의 관행은 여전히 결정적이지 못하다.

174) Hague Convention (IX), *Supra* note 171, p.813.
175) R. W. Tucker, *The Law of War and Neutrality at Sea,* 50 ILS 143 (1955) 참조.
176) Robertson, *Supra* note 173, pp.163-4 참조.
177) M. Hartwig, 'Lighthouses and Lightships', 3 *EPIL* 220, id. 참조.
178) *In re Gross-Brauckmann*(France, Court of Cassation (Criminal Division), 1948), [1948] AD 687, p.688.

5.6 空戰에 관한 특별한 문제

5.6.1 군용항공기

적 군용항공기 및 글라이더, 무인비행기, 소형비행선, 비행선을 포함한 기타 군용항체는 합법적인 공격목표가 된다. 사실상 두 가지 점에서 항공전투는 본질적으로 육전이나 해전과는 상이한바, (1) 비행중인 군용항공기가 항복의사를 전달하기란 대단히 어려우며(예를 들면, 육전이나 해전에서 백색기를 게양하는 것, 잠수함의 경우 부상하는 것과 같은 효과적인 표시를 공중에서 할 수 있는 효과적인 수단이 없다), (2) 일반적으로 군용항공기가 무력해질 때까지 공격을 계속하는 것이 허용된다.[179] 제1의정서상의 유일한 인도적 양보로써 조난항공기에서 낙하산을 타고 내려오는 사람을 공격해서는 안 되며 적지에 도달 시, 항복할 기회를 주어야 한다는 것이다.[180]

179) *Annotated Supplement*, pp.407-8 참조.
180) Protocol I, *Supra* note 2, p.646.

5.6.2 민간항공기

적 민간항공기는 군사목표가 아닌바, 그럼에도 불구하고 민간항공기에는 구속력이 없는 헤이그 공전법규상 이들 항공기가 비행 시, 다음과 같은 경우 군사목표로서 공격을 받게 된다.

(1) 자국 관할권내에서 비행 중 적 군용항공기가 접근하여 가장 가까운 곳에 착륙하지 않는 경우[181]
(2) 적국 관할권내에서 비행중이거나 자국 관할권 인근이나 밖에서 비행 중 또는 육지나 해상에서의 적의 군사적전 인근지역에 있을 경우[182]

헤이그법규에 따라 중립 민간항공기도 이들이 교전국 관할권내에서 비행중이며 즉시 착륙하지 않을시 공격을 받을 위험이 있으며 적대 군용항공기의 경고를 받게 된다.[183] 따라서 적 공역 내에 있는 교전국 민간항공기에 대하여 중립국 민간항공기가 향유하는 유일한 이점은 중립 민간항공기가 먼저 경고를 받게 된다는 것이다(이 상황에서 교전국 민간항공기는 적 군용항공기가 접근 시, 자신의 위험을 감수해야 한다).

그러나 이러한 규정은 실질적이지 못한 것으로 비난을 받아왔으며, 그 결과 적용범위에 대한 새롭고도 어려운 문제가 도출되었다(즉 적 관할권의 근거가 무엇을 말하는가?).[184] 관습국제법 발전에 대한[185] 헤이그법규의 실질적 영향 및 제1의정서 입안자가 채택한 용어의 영향에도 불구하고 민간항공 초기 및 항공기 승객수송

181) Hague Rules of Air Warfare, *Supra* note 4, p.212 (Article 33).
182) *Ibid.* (Article 34).
183) *Ibid.*, p.312 (Article 35).
184) J. M. Spaight, *Air Power and War Rights* 402 (3rd edn, 1947) 참조.
185) R. R. Baxter, 'The Duties of Combatants and the Conduct of Hostilities (Law of the Hague)', *International Dimensions of Humanitarian Law* 93, p.115 (UNESCO, 1988) 참조.

의 성장 이전인 1923년에 이미 문제가 제기되었다는 것은 기억할만하다. 전시 정상적인 배타수역 선언절차상 민감한 지역에서의 바람직하지 않은 비행을 제외하는 것이다.[186] '비행금지구역' 에서 조차 비행중인 민간항공기 공격에 대하여 당연히 경고를 해야 한다는 것은 논쟁의 여지가 있다.[187] '비행금지구역' 밖에서 현대 전쟁법은 비행중인 민간항공기 공격을 금지하는데, 단 이들이 군사목적에 이용되거나 요격신호에 거부하며 민간항공기가 특별한 보호기로 선정된 경우는 예외로 한다.[188] 유감스럽게도 1988년 미국 순양함 빈센스(Vincennes) 호가 이란 여객기를 격추시킨 사건(290명 탑승)에서 보여주듯이 현대 전자장비로도 종종 신원확인을 잘못하는 극복할 수 없는 문제를 야기한다.[189]

민간항공기의 지위는 이들이 비행중이지 않고 착륙했을 때는 다르다. 이들이 착륙한 공항은 군사목표가 되므로 어떠한 민간항공기도 그 존재 자체로 인하여 위험에 노출될 수 있다.[190] 또한 민간항공기의 위치에 관계없이 이들은 적의 전투기 능력을 지원하는 중요한 일부로 여겨지는바, 이는 이들이 후에 군대 이송이나 군수품수송에 사용될 수 있기 때문이다.[191] 결과적으로 지상에 있는 점령되지 않은 민간항공기는 합법적 군사목표가 되는 것으로 보인다.

186) J. G. Gömez, 'The Law of Air Warfare', 38 *IRRC* 347, p.356 (1998) 참조.
187) T. Stein, 'No-Fly-Zones', 27 *IYHR* 193, p.196 (1997) 참조.
188) H. B. Robertson, 'The Status of Civil Aircraft in Armed Conflict', 27 *IYHR* 113, pp.125-6 (1997) 참조.
189) On this incident, J. A. Reilly and R. A. Moreno, 'Commentary', *The Military Objective and the Principle of Distinction in the Law of Naval Warfare, Supra* note 19, 111, pp.114-15.
190) Cf, L. C. Green, 'Aerial Considerations in the Law of Armed Conflict', 5 *AASL* 89, p.109 (1980).
191) Robertson, *Supra* note 188, p.127.

5.6.3 전략적 및 '표적구역' 폭격

공전에 있어 가장 중요한 문제는 전선(戰線) 밖에 있는 내부 표적의 폭격, 즉 전략적 폭격을 인지하는 것인바, 물론 동 규정상 '어떠한 수단에 의한' 이라는 내용으로 이를 항공공격에 적용시키고자 삽입되었으나[192], 공전의 조건은 1907년 헤이그 규정 제25조의 전통적 법규에 나와 있는 방비 및 무방비 지역의 구분 논리와 항상 직면하여 왔다. 결국 전선이 멀리 떨어져 있는 한 방어부재의 실질적 의미는 없는바, 첫째, 후방지역은 전선에서 적과 맞대고 있는 육군에 의해 사실상 방비된다. 둘째, 전선이 멀리 있는 한 내부의 일정한 장소가 지상군에 의해 무방비 된다는 사실은 향후 아무런 사건이 없다는 징조인바, 이는 일단 전선이 가까워지면 이 지역은 난공불락의 요새로 바뀔 수 있기 때문이다. 셋째, 공전에 있어 가장 중요한 것은 대공포의 설치와 전선에서 후방까지의 전투기 초계로서 이는 이 지역에 배치된 어떠한 방공체계보다도 침입하는 폭격기에 대하여 보다 효과적인 방패막으로서 기능을 할 수 있다.[193]

이러한 이유 및 기타 이유로, 헤이그 공전법규는 군사목표의 개념을 도입하여 제1의정서상의 새로운 정의로 이를 확실시하여 더욱 가다듬게 되었다. 전략적 폭격은 단일 '표적지역' 을 상대적으로 가까운 곳에 있는 군사목표로 취급하는 것이 허용가능한가에 대하여 문제가 된다. 이 문제는 흔히 장거리 포격에 있어서도 야기되는바, 특히 공전과 관련이 있다. 이 문제의 중심은 표적식별이 험악한 기후로 인한 저시정, 전자장비의 문제, 정교한 위장 등으로 치명적인 영향을 받을 수 있다

192) T. E. Holland, *The Laws of War on Land (Written and Unwritten)* 46 (1908).
193) R. Y. Jennings, 'Open Towns', 22 *BYBIL* 258, p.261 (1945) 참조.

는 것이다.

표적이 방공망에 포착되면 공격부대는 가능한 최고도에서 공습을 하는데, 이 경우 정확한 폭격이 안 될 수도 있다(특히 스마트폭탄 이용불가시).[194] 제2차 대전 중 발전된 관행은 '집중포격' 이 주로 군사목표(민간목표와 마찬가지로)가 밀집된 '표적구역' 을 목표로 하였다는 것이다.[195] 이러한 항공공격은 특정 표적탐색이 아닌 군사목표가 있는 전(全) 지역을 초토화시키기 위해 고안되었다.[196] 만일 하나의 군사목표를 놓칠 경우 이를 대체할 다른 목표를 공격한다는 작전상의 가정이 있는 바, 이러한 관행은 전후에 강하게 비판되었다(부차적인 손상으로 상당한 민간인 피해가 수반되었기 때문에).[197]

제2차 대전의 경험으로 볼 때, '표적구역' 폭격은 전체로서 이들 주변에서 압도적인 군사 일급 군사목표인 독일 루르(Ruhr) 계곡과 같은 일정한 크기의 육상 표적과 관계된다.[198] 문제는 단일 표적으로서 여러 군사목표가 상대적으로 서로 멀리 떨어져 있지 않은 경우 평범한 표적에 의해 영향을 받을 수 있다는 것이다. 이는 제1의정서 제51조 (5)(a)항에서 언급하고 있으며 다음과 같은 행위를 금지하고 있다.

> "민간인 또는 민간목표 집중지역이나 도시, 마을에 있는 분명히 분리되어 있는 여러 명확한 군사목표를 단일 군사목표로 취급하는 여하한 방식과 방법에 의한 포격"[199]

---

194) 스마트탄은 만병통치약이 아니고 이용가능시도 대다수 잘못될 수 있다고 평가되어야 한다. A. P. V. Rogers, 'Zero-Casualty Warfare', 82 *IRRC* 165, pp.170-2 (2000).
195) Stone, *Supra* note 118 pp.626-7 참조.
196) E. Rosenblad, 'Area Bombing and International Law', 15 *RDMDG* 53, p.63 (1976) 참조.
197) e. g. H. Blix, 'Area Bombardment: Rules and Reasons', 49 *BYBIL* 31, pp.58-61 (1978) 참조.
198) M. Greenspan, *The Modern Law of Land Warfare,* pp.335-6 (1959).
199) Protocol I, *Supra* note 2, p.651.

제51조 (5)(a)항은 '표적구역' 폭격개념에 대한 합리적 제한을 두는 반면, 이를 완전히 금지하지는 않는다. '표적구역' 폭격은 군사목표가 분명히 분리되지 않은 경우 합법적이 되나, '분명히 분리된' 이라는 단어의 해석은 어느 정도의 공격가능성을 남기게 된다.[200] 특히 '분명히' 란 부사는 그 의미가 애매한바, 이의 전제조건이 객관적 결정이나 주관적 평가문제에 달려있기 때문이다.[201] 또 다른 문제는 관행상 '표적구역' 내에 민간목표물이 집중되어 있는 경우를 언급하는데, 이 경우 '유사한 집중' 이 무엇인가가 문제된다. '표적구역' 폭격은 군사목표와 민간목표 구별원칙의 한계에까지 미친다라는 애매한 표현이 있다. 그러나 이러한 애매함에도 불구하고 합법적 '표적구역' 폭격은 민간인에 대한 직접공격과 혼동해서는 안 된다.

---

200) C. Pilloud and J. Pictet, 'Article 51', *Commentary on the Additional Protocols* 613, p.624 참조.
201) H. Desaussure, 'Belligerent Air Operations and the 1977 Geneva Protocol Ⅰ', 4 *AASL* 459, pp.471-2 (1979) 참조.

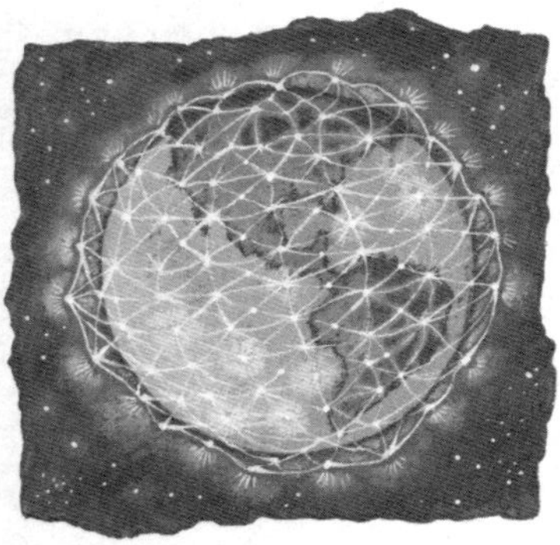

The Conduct of Hostilities under the Law of International Armed Conflict

제6장

공격으로부터의 민간인 및 민간목표의 보호

6.1 정의

민간인은 비전투원으로 1977년 제1추가의정서 제50조 (1)항에서는, 동 의정서 제43조 및 제네바협약 (Ⅲ) 제4(A)(1),(2),(3) 및 (6)항에 언급된 자에 속하는 사람을 민간인으로 정의한다.[1] 상기의 제네바협약 (Ⅲ) 제4조 (A)항은 정규군(미승인 정부에 충성을 맹세한 경우 포함), 저항운동원 및 동원주민 등을 언급하며[2], 동 의정서 제43조는 군대에 관한 정의를 하고 있다.[3] 따라서 민간인은 군대구성원도 아니며 적극적으로 적대행위에 가담하지 않는 자를 말한다.

민간인은(전적으로 또는 계약적으로) 군대에 고용될 수 있으며 기타 이유로 군대와 동행할 수 있다. 이들이 군대구성원이 되나 적극적으로 적대행위에 가담하지 않는 한 이들이 곤경에 처하여도 이로 인하여 민간인 지위가 박탈되지는 않는다 (예를 들면 자신들이 고용된 군기지를 적군이 공격하는 경우).[4] 이들이 근무 중 군

1) Protocol Additional to the Geneva Conventions of 12 August 1949, and Relating to the Protection of Victims of International Armed Conflicts (Protocol I), 1977, *Laws of Armed Conflicts* 621, p.650.
2) Geneva Convention (Ⅲ) Relative to the Treatment of Prisoners of War, 1949, *Laws of Armed Conflicts* 423, pp.430–1.
3) Protocol I, *supra* note 1, p.647.
4) L. L. Turner and L. G. Norton, 'Civilians at the Tip of the Spear', 51 *AFLR* 1, p.26 (2001) 참조.

복을 입을 경우 특히 공격을 받기 쉽다(군복착용 때문에 전투원 신분으로 오해받을 수 있음).

1949년 제네바협약 (Ⅲ) 제4조 (A)(4)항은 '노무원' 및 '군납업자'를 포함하여 실질적으로는 군대구성원이 아니나 '군대와 동행하는 자'가 나포될시 포로가 된다.[5] 이러한 자격은 당해 민간인의 행위에 달려 있는바, 만일 이들이 합법적 전투조건을 이행하지 않고 적극적으로 적대행위에 가담하면 이들은 포로의 지위를 상실한다.

민간주민은 모든 민간인을 포함한다고 제1의정서 제50조 (2)항에서 정의하고 있다.[6] 제50조 (3)항은 이에 부가하여 민간주민 사이에 비민간인이 있다고 하더라도 이들이 민간인으로서의 성격이 배제되는 것은 아니라고 한다.[7] '민간주민'이란 문구는 원칙적으로 일국의 모든 민간인을 포함하는 것이기 때문에 특정보호지역의 경우는 거주하는 민간인만이 이에 해당된다.[8]

민간인 목표는 군사목표가 아니라고 제5조 (1)항에서 규정하고 있다.[9] 동 의정서상의 정의는 '부정적인 접근'을 하고 있다는 특징이 있는바[10], 여기에서는 보호되는 사람과 대상이 무엇인지를 답하고 있지 않고, 단지 보호되지 않는 사람과 대상만을 언급한다. 이러한 정의의 부정적 성격에서 민간주민과 군대의 개념이 서로 반대되는 것임을 알 수 있다.[11] 이러한 접근을 통하여 보면 민간인이 전투원(또는 군사목표)과 비전투원(또는 민간목표) 범주의 중간에 있다는 것을 알 수 있다.

민간목표가 관계되는 한, 부정적 측면에서 보면 일부목표가 사전적 의미의 민간인이 아니라는 것이다. 따라서 당시 지배적인 상황에서 전부 또는 일부의 파괴,

5) Geneva Convention (Ⅲ), *supra* note 2, p.431.
6) Protocol I, *supra* note 1, p.650.
7) *Ibid.,* p.651.
8) 예를 들면, W. A Solf, 'Article 54', *New Rules* 334, p.341 참조.
9) Protocol I, *supra* note 1, p.652.
10) W. A. Solf, 'Article 50', *New Rules* 292, p.293.
11) C. Pilloud and J. Pictet, 'Article50', *Commentary on the Additional Protocols* 609, p.610.

나포 또는 무력화 등의 명백한 군사적 이익을 제공하지 않는다는 사실 때문에 이들에 대한 공격이 금지될 경우는[12] 엄격히 민간인이 될 필요가 없다. 어떤 대상이 '민간목표' 로서의 자격이 있다는 것은 이들이 '군사목표' 가 아닌 특정목표로서 이해되어야 한다.[13]

12) Protocol I, *Supra* note 1, p.652 (Article 52 (2)).
13) H. S. Levie, 1 *The Code of International Armed Conflict*, pp.35-6 (1986) 참조.

6.2 민간인에 대한 직접공격

제1의정서 제48조는 국제무력충돌당사국의 의무로 민간목표와 군사목표의 구분 및 민간인과 전투원의 구별 그리고 작전은 직접 군사목표에 대해서만 수행되어야함을 전쟁법의 기본법규로 규정하고 있다.[14] 따라서 이 내용은 오늘날 전쟁법의 핵심이며 '전투원과 비전투원 구별이 거의 사라졌다' 는 주장[15](제2차 대전 중에 주로 제기됨)은 오늘날의 전쟁법과 일치하지 아니한다.

기본법규를 추론해보면, 민간인에 대한 직접 및 고의적 공격이 금지된다는 것이다. 1996년 핵무기 사용 또는 위협의 적법성에 관한 국제사법재판소의 권고적 의견에서 "국가는 민간인을 공격목표로 해서는 안 된다"고 하였다.[16] 또한 제1의정서는 제5조 (2)항에서 이를 다음과 같이 표현한다.

> "개인과 마찬가지로 민간주민은 공격목표가 되어서는 아니 된다. 민간주민간에 테러를 확산시키는 것이 주목적인 폭력행위나 위협은 금지된다."[17]

14) Protocol I, *Supra* note 1, p.650.
15) K. V. R. Townsend, 'Aerial Warfare and International Law', 28 VLR 516, p.526 (1941-2).
16) Advisory Opinion on Legality of the Threat or Use of Nuclear Weapons, [1996] ICJ Rep. 226, p.257.
17) Protocol I, *Supra* note 1, p.651.

동의정서 제52조 (1)항은 또한 "민간목표는 공격목표가 되어서는 아니 된다"라고 규정한다.[18]

로마국제형사재판소규정 제8조 (2)(나)(1)-(2)항은 개인 또는 민간목표와 같은 민간주민에 대하여 의도적으로 직접적인 공격을 하는 자를 전쟁범죄라고 한다.[19] '고의'란 표현은 중요한바, 이는 제51조 (2) 및 제8조 (2)(나)(1)에서 언급하고 있는 것처럼 전투원 및 기타 군사목표에 대한 공격이 이러한 군사목표 주변에 있는 민간인에게 피해를 주지 않는다는 확신이 있을 수 없기 때문이다.[20] 이것이 바로 부수적 피해현상으로 이는 민간인에 대한 공격이 고의적이 아님을 전제로 한 것이다. 민간인 피해는 사람의 실수나 기계오작동 등으로 발생할 수 있으며 직접공격을 하지 않는 경우에도 발생할 수 있다. 고의성이 없다는 것은 공격으로 인한 예기치 않은 결과로 공격자의 신뢰를 실추시키지 않는 것이며, 고의성이 있다는 것은 그 반대의 경우에 해당된다. 민간인에 대하여 사전에 계획된 공격이 있었으나 공격자의 목적을 충족시키지 못한 경우 이러한 행위는 로마규정상의 전쟁범죄자에 해당한다.[21]

적민간주민의 사기를 와해시키고 전쟁수행을 계속하려는 목적으로 항공폭격 형태의 군사작전을 수행할 수 있다는 주장에 대하여는 현대국제법상 근거가 없다.[22] 역사의 교훈을 보면 민간인의 사기만을 목적으로 하는 군사작전은 비효과적이며 그 의미가 없음을 알 수 있다.[23] 중요한 점은 민간인에 대한 의도적 공격이 사실상 '적의 의지를 꺾을 수 있다'고[24] 하더라도 이는 금지된다.[25] 즉 민간인에 대

---

18) *Ibid.*, p.652.
19) 로마국제형사재판소규정, 1998, 37 *ILM* 999, p.1006 (1998).
20) W. A. Solf, 'Article 51', *New Rules* 296, 300.
21) K. Dörmann, 'Preparatory Commission for the International Criminal Court: The Elements of War Crimes – Part II', 83 *IRRC* 461, p.467 (2001) 참조.
22) S. Oeter, 'Methods and Means of Combat', *Handbook* 105, p.157 참조..
23) H. Parks, 'The Protection of Civilians from Air Warfare', 27 *IYHR* 65, pp.77-84 (1997) 참조.
24) J. M. Meyer, 'Tearing down the Facade: A Critical Look at the Current Law on Targeting the Will of the Enemy and Air Force Doctrine', 51 *AFLR* 143, p.182 (2001) 참조.
25) W. J. Fenrick, Attacking the Enemy Civilian as a Punishable Offense', 7 *DFCIL* 539, pp.547-8 (1996-7) 참조.

한 직접공격금지는 실리적인 고려와 무관하게 적용된다. 위협의 주목적이 주민을 위협하거나 공포에 떨게 하려는 경우는 금지되며[26], 따라서 중요한 것은 고의성에 있는 것이지 공격의 사실상의 결과가 아닌 것이다.

상기에서 언급한 바와 같이 주민 간에 확산되는 테러는 그러한 공격으로 '동일한 효과' 를 나타내는 '특수 목적' 을 가지고 수행될 경우에만 금지된다는 것을 알아야 한다.[27] 군사목표를 공격하고 적군의 배후를 타파하려는(2003년 이라크에 대한 적대행위 시에 수행된) '충격과 공포' 라는 이름의 항공공습은 법적 문제가 없다. 군부대와 군사목표에 막대한 피해를 주는 대규모 항공폭격은 민간인을 공포에 떨게 할 수 있으며 이들의 사기를 저하시킬 수는 있으나 불법한 공격은 아니다.[28]

---

26) C. Pilloud and J. Pictet, 'Article 51', *Commentary on the Additional Protocols* 613, p.618.
27) Solf, *Supra* note 20, pp.300-1.
28) C. Greenwood, 'The Applicability of International Humanitarian Law and the Law of Neutrality to the Kosovo Campaign', 31 *IYHR* 111, p.124(2001) 참조.

6.3 무차별 공격

민간인 또는 민간목표에 대한 공격은 직접적 및 의도적인 경우는 물론 무차별적인 경우에도 금지된다. '주민에 대한 무차별 폭격' 금지는 1923년 헤이그 공전법규에서 기원하며[29] 동 법규 제1의정서 제51조 (4)항은 이를 다음과 같이 열거한다.

"무차별 공격은 금지되며, 이는 다음과 같다.

(1) 특정군사목표를 직접 겨냥하지 않는 공격.

(2) 특정군사목표에 직접 겨냥할 수 없는 전투수단이나 방법에 의한 공격.

(3) 동 의정서 요구에 따라 제한이 불가능한 전투수단이나 방법에 의한 공격, 그리고 결과적으로 각각의 경우 무차별 공격은 군사목표와 민간인 또는

29) Hague Rules of Air Warfare, 1923, *Laws of Armed Conflicts* 207, p.210 (Article 24(3)).
30) Protocol I, *Supra* note 1, p.651.

민간목표를 구분하지 않는 공격 특성이 있다."[30]

무차별 공격은 '공격자가 주민을 사실상 해하려 하지 않는' 민간인에 대한 직접 공격과는 다른바, 민간인 피해는 '공격자의 관심사항'이 아니다.[31] 전쟁법의 관점에서 보면 민간인에 대한 계획된 공격과 구별원칙을 무시한 무모한 공격 간에는 진정한 차이가 없으므로 이들은 모두 금지된다.

무차별 공격의 특징은 '시체 계'(민간인 피해수 확인)의 부산물이 아닌바, 공격이 무차별적이라는 것은 공격자의 마음의 상태가 그러하다는 것이다. 그러한 마음 상태의 형성은 평소 '안개전쟁'(실제로 공격자가 이용할 수 있는 정보가 잘못되었거나 불완전한 것으로 보이는)을 통하여 분석되어야 하는바, 이의 좋은 예가 1991년 걸프전쟁 시 발생했던 유명한 사건에서 나타나는데, 이는 일반적으로 이라크에 대한 1991년의 적대행위가 전례 없는 대규모 민간인 피해를 막기 위한 성격이었다고 인식된다. 실제로 평론가들도 "역사상 가장 효과적인 항공폭격전투가 가장 무차별적이었다"[32]라고 한다. 그럼에도 불구하고 동일 전투에서 연합(미국)공군은 항공공습 피난처인 벙커를 폭격하여 수백 명의 민간인을 살해하였다. 미국은 이 벙커가 지휘통제소로 사용된다는 정보에 의하였으며 따라서 동 벙커가 민간인의 항공공습 피난처로 사용된다는 것을 부인하였다.[33] 이러한 정보에 근거하여 볼 때, 벙커가 '군사목표가 되며 그 결과 합법적 표적'으로 될 수 있다는 데는 의문의 여지가 없다.[34]

무차별 공격차단원칙은 다음의 특별한 금지를 제기한다.

---

31) H. M. Hanke, 'The 1923 Hague Rules of Air Warfare', 33 *IRRC* 12, p.26 (1993).
32) T. D. Biddle, 'Air Power', *The Laws of War: Constraints on Warfare in the Western World* 140, p.158 (M. Howard et al, eds., 1994).
33) United States: Department of Defense Report to Congress on the Conduct of the Persian Gulf War–Appendix on the Role of the Law of War, 31 *ILM* 612, pp.626–7 (1992) 참조.
34) F. Hampson, 'Means and Methods of Warfare in the Conflict in the Gulf, *The Gulf War 1990–91 International and English Law* 89, pp.96–7 (P. Rowe ed., 1993).

(1) 표적의 성격에 대한 분명한 생각 없이 적 통제지역으로 맹목적으로 공격하는 것(이는 군 전쟁지역이나 교두보와 같은 적 군사목표로 식별된 것에 대한 '차단공격' 이나 합법적인 공격과 혼동해서는 아니 된다).[35]

(2) 최초표적을 상실한 이후 적 영토에 항공기로부터 무작위로 폭탄을 투하하는 것(민간인이나 민간목표가 없는 곳에 설정된 것이 아닐 경우).[36]

(3) 표적식별을 위한 적당한 장비 없이 시계가 좋지 않을 때 상당히 높은 고도에서 야간에 기습폭격을 행하는 것.[37]

(4) 민간목표 근처나 이와 함께 섞여 있는 군사목표에 대한 부정확한 미사일 공격. 전시 현대적 미사일을 최초로 이용한 것은 제2차대전시 독일의 V1S와 V2S[38]인바, 이들이 무차별 공격의 전형이었다. 이러한 미사일이 기술적으로 특정군사목표만을 겨냥할 수 없기 때문에 주로 대도시지역을 목표로 하였고 그 결과 구별원칙을 위반하게 되었다.[39] 이는 1991년 이스라엘에 대하여 이라크가 발사한 부정확한 스커드미사일이 해당되는바, 대다수 미사일은 전쟁법을 위반하여 텔아비브 대도시 지역을 겨냥하였다.[40] 스커드가 민간인 또는 민간목표가 아닌 군사목표만을 공격할 것을 보장하는 방법은 없다.[41]

1999년 코소보 항공전투에서 승무원 피해를 최소화 하기위해 상대적으로 높은 고도에서 폭격을 감행하는 문제가 제기되었다. 시계가 괜찮고 최첨단 표적장비가 사용 중이었으나 고속으로 기동하며 그리고 높은 고도에서 조종사가 군용차량을

35) Oeter, *Supra* note 22, p.174 참조.
36) *Ibid.* 참조.
37) *Ibid.*, p.175 참조.
38) subsonic V1와 supersonic V2 missiles의 차이에 관하여는, G. von Glahn, *Law among Nations* 633 (7th edn, 1996) 참조.
39) M. J. Matheson, 'The Opinions of the International Court of Justice on the Threat or Use of Nuclear Weapons', 91 *AJIL* 417, p.428 (1997) 참조.
40) P. Barber, 'Scuds, Shelters and Retuning Soldiers: The Laws of Aerial Bombardment in the Gulf War', 31 *ALR* 662, p.686 (1993) 참조.
41) M. N. Schmitt, 'Future War and the Principle of Discrimination', 28 *IYHR* 51, p.55 (1998) 참조.

민간인 차량으로 혼동하기 쉽다는 것이 판명되었다.[42] 물론 높은 고도에서의 폭격이 잘못된 것은 아니나, 문제는 식별능력 및 잠재적 군사목표를 어떻게 확보하는가에 있다.[43]

42) T. Voon, 'Pointing the Finger: Civilian Casualties of NATO Bombing in the Kosovo Conflict', 16 *AUILR* 1083, p.1103 (2000-1) 참조.
43) A. Roberts, 'The Laws of War after Kosovo', 31 *IYHR* 79, p.93 (2001) 참조.

6.4 비례성 원칙

군사목표가 적절히 식별되고 이것이 전적인 공격목표가 되었다고 해서 민간인 또는 민간목표가 공격받게 될 가능성이 배제되는 것은 아니다. 첫째, 민간인은 표적 안에 있을 수 있다(예를 들면, 군기지내 고용원이나 부속인원 등). 둘째, 민간인은 군사표적 근처에 거주하거나, 인근상가에서 일하거나 차량이나 도보로 통과할 수 있기 때문에 공격의 부수적 피해자로 노출될 수 있다. 셋째, 기술적 오류, 기상악화, 거짓정보, 항행상의 착오 등으로 폭탄이 군사목표에 미치지 못하거나 미사일이 이동 중에 폭발하여 민간인 손상을 초래할 수 있다. 2001년 아프가니스탄에서 미국이 항공전투기간 중 최신장비를 사용하였으나 군사목표에 대한 항공공습으로 부차적인 민간인 피해가 발생하여 거의 모든 전투에서 오폭이 보도되었다(두 번이나 카불에 있는 적십자센터에 폭격을 잘못함).[44]

44) S. D. Murphy, 'Contemporary Practice of the United States Relating to International Law', 96 *AJIL* 237, p.247 (2002).

군사목표에 대한 공격에서 생기는 민간인에 대한 해로운 결과를 동시에 피하는 방법은 없는바, 이러한 사고는 인간의 통제 범위 밖에 있으며 또한 무기체계의 기능오류에 의하기 때문이다.[45] 특정 군사목표의 파괴가 민간인 피해나 민간목표 손상을 가져올 수 있다고 사전에 교전국은 충분히 인식할 수 있기 때문에 과연 이러한 상황에서 공격 중단지시가 내려지겠는가?

과거에는 일단 공격이 군사목표에 가해지면 민간인 또는 민간목표에 대해서 발생된 피할 수 없는 피해나 손상은 '부수적 손상' 으로 수용되었다.[46] 그러나 이는 현대 전쟁법상 더 이상 존재하지 않으며 오늘날의 관습국제법은 비례성 원칙을 인정하기 때문이다.[47] 핵무기사건의 반대의견에서 히긴스(Higgins) 판사는 다음과 같이 언급한다.

> "특별한 언급이 없어도 비례성 원칙은 1949년 제네바협약 제1추가의정서상의 여러 규정에 반영되어 있다. 따라서 부수적인 민간피해가 공격의 특별한 군사적 이익과 비례하지 않을 경우 합법적 표적이라도 공격될 수 없다."[48]

즉 군사목표는 부차적인 민간피해와의 불균형으로 인하여 군사목표가 되지 않는다고 평가되어야 한다는 것이다. 비례성 원칙은 민간인 또는 민간목표에 대해 예상되는 불균형적인 피해나 손상으로 인하여 완벽한 군사목표라 하더라도 그 공격이 허용되지 않는 '추가제한' 이 된다.[49]

---

45) 무기의 오작동으로 실질적 민간인 피해가 발생한다면, 어떠한 결정이 내려져야 한다. W. J. Fenrick, 'The Law Applicable to Targeting and Proportionality after Operation Allied Force: A View from the Outside', 3 *YIHL* 53, p.77 (2000).
46) Oeter, *Supra* note 22, p.173 참조.
47) C. Greenwood, 'Customary International Law and the First Geneva Protocol of 1977 in the Gulf Conflict', *The Gulf War 1990-91 in International and English Law, Supra* note *34, 63, pp.76-9; C. Greenwood. 'Customary Law Status of the 1977 Geneva Protocols', Humanitarian Law of Armed Conflict: Challenges Ahead (Essays in Honour of Frits Kalshoven)*93, 109 (A. J. M. Delissen and G. J. Tanja eds., 1991) 참조.
48) Advisory Opinion on *Nuclear Weapons, Supra* note 16, p.587.
49) E. Rauch, 'Conduct of Combat and Risks Run by the Civilian Population', 21 *RDMDG* 66, p.67 (1982).

제1의정서는 '불균형적인' 이라는 단어를 사용하지 않고 '과도한' 이라는 용어를 선호하는바, 동 의정서 제51조 (5)(나)항은 다음과 같은 무차별 공격을 금지한다.

> "민간인에 대한 부차적 손실, 민간인 피해, 민간목표에 대한 손상 또는 이와 동반피해를 야기할 수 있는 공격은 예상되는 구체적·직접적 군사이익과 관련하여 과도한 것이다."[50]

민간인에 대한 '과도한' 손상 야기가 예상되는 공격을 금지하라는 의무는(구체적、직접적 예상되는 군사이익과 관련하여) 동 의정서 제57조 (1)(다)항에서 다시 언급되며[51], 로마국제형사재판소규정 제8조 (2)(나)4)에서도 이러한 공격을 전범으로 규정한다.[52]

'과도한' 이란 의미가 적절하지 못하다는 것은 표적이 확실하게 식별될 것을 의미하는 것으로, 이 결과 '분명히' 란 부사가 로마규정에 명백히 삽입되었다. 그러나 '과도한' 이란 것이 불균형이 상당히 클 경우에만 적용된다는 견해에 대해 이를 과장할 이유는 없다.[53] 한편 일부 평론가들은 '과도한' 과 '광범위한' 이란 두 용어를 혼동[54]하는바, 이는 그 내용의 해석을 잘못한 것이다.[55] 예상되는 구체적·직접적 군사이익 측면에서 과도하지만 않다면 광범위한 민간인 피해도 수용될 수 있다. 수천 명의 민간고용인이 있는 중요 육군 또는 해군시설에 대한 폭격이 이들 민간인 피해위험 때문에 포기할 필요는 없다.[56] 종종 군기지에서 일하는 민간인은 과

---

50) Protocol I, *Supra* note, p.651.
51) *Ibid.,* p.655.
52) Rome Statute, *Supra* note 19, p.1006.
53) A. Randelzhofer, 'Civilian Objects', 1 *EPIL* 603, p.606.
54) Pilloud and Pictet, *Supra* note 26, p.626 참조.
55) C. Greenwood, 'A Critique of the Additional Protocols to the Geneva Conventions of 1949', *The Changing Face of Conflict and the Efficacy of International Humanitarian Law* 3, 11n. 29 (H. Durham and T. L. H. McCormack eds., 1999).
56) Parks, *Supra* note 23, p.110 참조.

도한 부수적 피해 산정에서 제외되어야 한다는 주장이 있기도 하나[57], 사실상 군사목표 인근에서 민간목표나 개개인을 최대한 멀리 떨어져 있게 하는 것이 충돌당사국의 의무이다.

공격수행의 주 이유는 주로 목표의 실제적 위치 및 환경에 의하는바, 일부 군사기지는 거대하기 때문에 민간고용인이나 부속원의 거주지가 포함될 수 있다. 만일 탁아소와 같은 시설이 군기지에 있을 경우 기상양호 시, 저고도 항공공습이나 시계가 양호할시 구체적인 표적을 조종사가 식별할 수 있다고 하여 이를 공격하는 것은 불법하다. 그러나 군기지는 통상 높은 고도에서 폭격되는바, 탁아소가 이들 근처에 있다하더라도 조종사가 폭탄투하를 중지할 필요가 없음을 알 경우에 이 탁아소는 군사목표 내에 있는 것으로 결정될 수 있다.

동 의정서가 무차별 공격에서 생기는 과도한 공격을 금지하고 있는바, 따라서 형평에 맞는 공격은 결코 무차별 공격으로 간주 될 수는 없다.[58] 동 의정서는 예상되는 민간인 피해와 군사이익을 언급하는바, 이로부터 추론할 수 있는 것은 궁극적으로 부수적인 인명손실이나 민간목표 손상을 위태롭게 하는 공격을 평가함에 있어 중요한 것은 공격의 실질적 결과가 아니라 초기의 기대와 예상에 있다는 것이다.[59] 예를 들면, 군사목표인 철도에 객차가 통과하는 경우 이에 대한 항공공격을 하는 것이다. 물론 기차승객이 민간인임을 알았다면, 공격의 적법성은 예상되는 군사이익과 예상되는 민간인 피해에 대한 비례에 따라 결정된다.[60]

동 의정서에 비추어 비례성 원칙의 정형화를 일부 평론가들이 비판해 왔는바

57) W. H. Parks, 'Air War and the Law of War', 32 *AFLR* 1, p.174 (1990) 참조.
58) F. Krüger-Sprengel, 'Le Concept de Proportionnalit? dans le Droit de la Guerre', 19 *RDMDG* 177, p.192 (1980) 참조.
59) F. Kalshoven, 'Reaffirmation and Development of International Humanitarian Law Applicable in Armed Conflicts: The Diplomatic Conference, Genevce, 1974-1977, Part II', 9 *NYIL* 107, pp.117-18(1978) 참조.
60) N. Ronzitti, 'Is the Non Liquet of the Final Report by the Committee Established to Review the NATO Bombing Campaign against the Federal Republic of Yugoslavia Acceptable?", 82 *IRRC* 1017, p.1025 (2000) 참조.

(동 원칙의 타당성을 부인함이 없이)61), 따라서 단순 가능성을 나타내는 '기대될 수 있는' 이란 표현이 지나치게 어려운 기준으로 종종 여겨진다.62) '과도한' 에 대한 모든 평가에는 과학적인 것이 아닌 민간인 손실이나 군사이익과는 다른 심리적 고려를 수반하게 된다.63) '형평성 요인을 결정하는' 객관적 가능성은 없으며64) '그 과정은 반드시 주로 주관적 요소를 포함한다.' 65) 비례성의 '주관적 평가' 에 관하여는 일부 학자들이 편견을 가지고 있으나66), 이에 대한 더 이상의 대안은 없다. 따라서 공격자는 성실히 행위 하여야 하며67) '상황 그 자체에만 맹목적으로 눈을 돌려서는 아니 되고, 모든 가능성 있는 정보를 평가할 의무가 있다.' 68) 그럼에도 불구하고 반대 당사국의 입장에서 보면, '군 지휘관이 민간인 피해나 민간목표 손실을 제한하기 위하여 자국군대를 어느 정도까지 위험에 노출시켜야 되는가' 에 대한 문제에 있어서는 일치할 수가 없게 된다.69)

일개 적 저격수를 제거하기 위하여 모든 마을을 파괴하여 수백 명의 민간피해를 가져오는 행위는 명백한 비례성원칙 위반이다.70) 이와는 대조적으로, 일개 적 저격수가 아닌 포병대대가 마을에서 작전할 경우 이러한 마을의 파괴는 가능하다.71) 해전에 관한 대표적인 사례가 적 승객 수송선에 관한 것인데, 이러한 선박은

61) Parks, *Supra* note 57, pp171-4 참조.
62) A. D. McClintock, 'The Law of War: Coalition Attacks on Iraqi Chemical and Biological Weapon Storage and Production Facilities', 7 *EILR* 633, p.658 (1993) 참조.
63) W. J. Fenrick, 'The Rule of Proportionality and Protocol I in Conventional Warfare', 98 *Mil.LR* 91, p.102(1982) 참조.
64) Solf, *Supra* note 20, p.310.
65) H. Blix, 'Means and Methods of Combat', *International Dimensions of Humanitarian Law* 135, p.148 (UNESCO, 1988).
66) A. Cassese, 'The Prohibition of Indiscriminate Means of Warfare', *Declarations on Principles: A Quest for Universal Peace 171, 184(R. Akkerman et al, eds, 1977); A Cassese,* 'Means of Warfare: *The Traditional and the New Law, 1 The New Humanitarian Law of Armed Conflict* 161, pp.175-6 (A. Cassese ed., 1979).
67) 적용기준은 주관적이 아닌 성실하게 되어야 한다라고 제시되어 왔다. L. C. Green, 'Aerial Considerations in the Law of Armed Conflict', 5 AASL 89, p.104 (1980). 그러나 이러한 요소는 상호 배타적이지 않으며, 공격자는 성실하게 행동해야 하며 주관은 불가피하게 판결에 영향을 주게 된다.
68) F. Kalshoven, 'Implementing Limitations on the Use of Force: The Doctrine of Proportionality and Necessity', 86 *PASIL* 39, p.44 (1992).
69) International Criminal Tribunal for the Former Yugoslavia (ICTY): Final Report to the Prosecutor by the Committee Established to Review the NATO Bombing Campaign against the Federal Republic of Yugoslavia, 200, 39 *ILM* 1257, p.1271 (2000).
70) Parks, *Supra* note 57, p.168 참조.
71) W. M. Reisman, 'The Lessons of Qana', 22 *YFIL* 381, pp.395-6 (1997) 참조.

동 선박이 민간승객 수송에만 종사할 경우에는 민간목표가 된다.[72] 또한 이러한 선박이 단순히 군용화물을 수송할 경우 비록 군사목표가 된다하더라도 모든 승객과 함께 선박을 격침시키는 것은 불법한데, 그 이유는 동 행위가 예상되는 군사이익과 비교하여 과도한 민간인 인명손실을 초래하기 때문이다.[73] 그러나 이러한 입장은 군용화물이 핵시설을 적재하였다면 다를 수 있다.

비례성은 주어진 공격과 관련하여 판단되어야하나[74], 그렇다고 공격이 개별 병사, 탱크 또는 항공기에만 제한될 필요는 없다. 광범위한 항공전투가 수행된 경우 단일 출격 결과만을 가지고 판단하는 것은 잘못이다.[75] 로마규정 제8조 (2)(나)(4)에 따라 '과도한' 에 대한 평가는 '전반적으로' 예상되는 군사이익에 근거하여야 한다.[76] '전반적인' 이란 단어를 도입함으로서 동 규정은 고려되어야 할 군사이익의 범주를 어느 정도 확대하였는바, 이는 보다 큰 작전적 특징의 고려를 허용하며 단순히 공격중인 특정한 점만을 고려하지는 않는다.[77]

---

72) *San Remo Manual on International Law Applicable to Armed Conflicts at Sea* 132 (L.Doswald-Beck ed., 1995) 참조.
73) L. Doswald-Beck 'Vessels, Aircraft and Persons Entitled to Protection during Armed Conflicts at Sea', 65 *BYBIL* 211, p.249 (1994) 참조.
74) J. G. Gardam, 'Proportionality and Force in International Law', 87 *AJIL* 391, p.407 (1993).
75) Fenrick, *Supra* note 63, 107, pp.111-12 참조.
76) R. Wedgwood, 'Proportionality, Cyberwar, and the Law of War', 76 ILS 219, p.225 (*Computer Network Attack and International Law,* M. N. Schmitt and B. T. O'Donnell eds., 2002) 참조.
77) M. Bothe, 'War Crimes', 1 *The Rome Statute of the International Criminal Court: A Commentary* 379, p.399 (A. Cassese, P. Gaeta and J. R. W) D. Jones eds., 2002).

6.5 합법적인 부수적 피해

현대전쟁법상 비례성원칙이 보장된다하더라도 군사목표에 대한 공격에서 생기는 부수적 피해로서의 민간인 피해위험을 가볍게 넘길 수는 없다. 민간인이 군기지에서 고용원으로 일하거나 군대와 동반할 경우 이들이 예기치 않게 피해를 당할 수 있다는 명백한 위험과는 달리 다음 상황에서도 민간인은 곤경에 처하게 된다.

(1) 군사목표가 되는 산업시설에 대한 공격

무기나 탄약 제조공장은 일반적으로 민간노동자를 고용하는데, 이들 민간인들은 고용 중 어떠한 면제도 받지 못한다. 만일 산업시설이 매우 중요한 경우 민간피해는 통상 수용가능한 부수적 피해를 가져오게 된다. 그러나 위험한 작업장 존재 그 자체가 민간인 지위의 상실을 가져오는 것은 아니다. 탄약공장에서 일하는 민간인은 소위 '준 전투원'의 지위가 있다고 여겨진다. 이들이 공장에 있을 때 합법적으로 폭격을 받을 수 있기 때문에 이들은 공장 도착 전, 또는 공장을 떠난 후 공격을 받을 수 있다.[78] 그러나 '준 전투원' 이란 개념은 완전히 허위인 것이다.[79] 민간노동자가 탄약공장에 대한 공습으로 살해 또는 부상을 당한 경우 이러한 인명손실은 이들 피해자가 '준 전투원' 이기 때문이 아니라 이들이 군사목표 내에 있기 때문인 것이다. 그 존재 자체만으로 노동자들이 항구적으로 사실상의 '준 전투원' 으로 변화되지는 않는다. 공장을 떠나면 민간노동자들은 공격위험에서 벗어나기 때문에 공격자가 작업장인 가정까지 추적하여 민간인을 공격하는 것은 금지된다.[80]

(2) 폭격 '표적구역' 은 주변지역에 사는 민간인에서 매우 위험하다. 이것은 노동자의 편의상 대규모 탄약공장이 산업도시 근처나 그 안에 있을 경우 상당한 곤경에 빠질 수 있다.[81] 노동자가 '표적구역' 내에 거주하고 있다면, 민간노동자들은 자신의 집에서 조차 보호되지 않는다. 물론 적은 이들 민간인이 고용된 군사목표의 범주 밖에서는 이들을 공격하지 않는다. 마찬가지로 민간노동자들이 '표적구역' 내에 살고 있다면 이들은 공격을 당하기 쉬우며 집으로 돌아간다고 해도 이들은 위험지역에서 벗어나지 못한다.

(3) 민간인이 전시 주요 도로를 여행하거나 주요 철도를 따라가거나 공항으로 이동시 이들은 항공기습의 위험을 맞게 된다. 적이 공격을 하려는 중대한 순간에 민간인이 다리를 건너거나 그 근처에 있거나하면 이들은 가장 큰 위험에 놓이게 된다. 인근 민간거주지에 대한 위험을 줄이기 위하여 공격자는 '교량의 중심을 표적으로 하여야 한다' 라고 하였는바, 이는 이렇게 함으로

---

78) J. Stone, *Legal Controls of International Conflict: A Treatise on the Dynamics of Dispute–and War– Law* 629 (2nd edn, 1959) 참조.

79) M. Sassöli and A. A. Bouvier, *How Does Law Protect in War? Cases, Documents, and Teaching Materials on Contemporary Practice in International Humanitarian Law* 163 (ICRC,1999) 참조.

80) D. Bindschedler–Robert, 'Problems of the Law of Armed Conflict', 1 *A Treatise on International Criminal Law* 295, p.318(C. M. Bassiouni and V. P. Nanda eds., 1973) 참조.

81) H. McCoubrey and N. D. White, *International Law and Armed Conflict* 232 (1992).

써 차후 보수도 손쉽게 할 수 있다는 것이다.[82] 본인의 견해로는 이것은 맞지 않다고 본다.[83] 전략적인 위치에 있는 교량의 파괴로 얻을 수 있는 중요한 군사적 이익이 있다면 상대적으로 큰 민간인 피해는 통상 합리적인 부수적 손상이 된다고 보기 때문이다.[84] 물론 교량을 폭파하기 위하여 모든 도시지역을 똑같이 공격하는 것은 허용되지 않는다.[85]

---

82) F. Hampson, 'Proportionality and Necessity in the Gulf Conflict', 86 *PASIL* 45, p.48 (1992).
83) *Ibid.*, p.55 참조.
84) 예를 들면, 교량파괴가 특정 전투의 성공에 중요할 경우, 민간인 피해는 수용될 것이다. 또한 탄약공장 파괴가 이차적 중요성이 있을 경우도 동일하다. L. Doswald-Beck, 'The Value of the 1977 Geneva Protocols for the Protection of Civilians', Armed Conflict and the New Law: *Aspects of the 1977 Geneva Protocols and the 1981 Weapons Convention* 137, p.156 (M. A. Meyer ed., 1989).
85) C. Pilloud and J. Pictet, 'Article 57', *Commentary on the Additional Protocols* 677, p.684 참조.

6.6 공격 예방책

민간인 및 민간목표가 피해를 당하지 않도록 제1의정서 제57조 (2)(가)항은 공격을 계획하거나 결정하는 자들에게 일정한 적극적인 예방책을 강구할 의무를[86] 아래와 같이 부과한다.

(1) 공격대상 목표가 군사목표라는 것을 확인할 수 있는 가능한 모든 조치이행.
(2) 민간인 및 민간목표에 대한 부수적인 피해를 막거나 최소화할 수 있는 공격수단 및 방법선택.
(3) 비례성원칙 위반이 예상되는 공격수행 삼가.

선정된 공격목표의 군사적 성격을 확인하는 과정에서 이에 대한 절대적인 보장

86) Protocol I, *Supra* note 1, pp.654-5.

은 있을 수 없으나, 주의를 다하여 성실히 행할 의무는 있다.[87] 제57조 (2)(나)항은 목표물이 군사목표가 아니거나 비례성원칙이 준수될 수 없는 것이 분명할 경우 이러한 경우의 공격은 취소 또는 중단되어야 한다고 규정한다.[88]

공격대상목표가 군사목표인지를 확인하는 주요 의무는 상대적으로 상위계급자에게 부과되는바, 하급장교는 통상 '군사상황전반' 을 숙지할 필요가 없기 때문이다.[89] 그러나 고위급 지휘관은 직관적으로 행동해서는 아니 되는바, 이들은 하위계급에서 수집해온 군사정보나 첩보에 의존하게 되므로[90], 그 결과 첨단기술의 도입에도 불구하고 가능한 정보가 부정확하거나 잘못 해석될 수 있기 때문이다.

민간인 및 민간목표에 대한 부수적 손상을 막거나 최소화하는 문제는 군사목표 목적상 적절한 표적을 선정하는 이른바 '표적화' 문제의 근거가 되며 이는 무기나 병기 선정 시에도 동일하게 적용된다.[91] 인구가 많은 민간지역으로 둘러싸인 소규모 군사목표를 공격할 계획이 있는 경우 유일한 합법적 군사작전은 정밀 유도미사일로 특정지역을 기습하는 것이 될 수 있다. 그러나 이것이 일부 평론가들이 주장한 것처럼 (1) 도시에서의 정밀 유도미사일 사용의무[92] (2) 스마트폭탄 보유국가의 도처에서의 사용의무[93] 주장을 보장하는 것은 아니다. 이러한 주장은 현대기술로 인하여 값비싼 병기를 갖고 있는 다수의 선진 교전국들에게 유리하거나 불리한 어느 것으로도 수용되기 어렵기 때문이다.[94] 법적으로 말하면 이에 관한 입장은 단

---

87) M. Bothe 'Legal Restraints on Targeting: Protection of Civilian Population and the Changing Faces of Modern Conflicts', 31 *IYHR* 35, p.45 (2001) 참조.

88) Protocol I, *Supra* note 1, p.655.

89) Oeter, *Supra* note 22, pp.181-2 참조.

90) B. L. Brown, 'The Proportionality Principle in the Humanitarian Law of Warfare: Recent Efforts at Codification', 10 *CILF* 134, pp.145-6 (1976-7) 참조.

91) Oeter, *Supra* note 22, p.183. 참조.

92) S. W. Belt, 'Missiles over Kosovo: Emergence, *Lex Lata,* of a Customary Norm Requiring the Use of Precision Munitions in Urban Areas', 47 *NLR* 115, p.174 (2000) 참조.

93) D. L. Infeld, 'Precision-Guided Munitions Demonstrated Their Pinpoint Accuracy in Desert Storm; But Is a Country Obligated to Use Precision Technology to Minimize Collateral Civilian Injury and Damage?', 26 G*WJILE* 109, pp.110-11(1992-3) 참조.

94) J. F. Murphy, 'Some Legal (and a Few, Ethical) Dimensions of the Collateral Damage Resulting from NATO's Kosovo Campaign', 31 *IYHR* 51, p.63 (2001) 참조.

순한바, 전쟁법은 공격계획자들이 민간인에 대한 부수적 피해를 최소화 또는 차단하기에 필요한 모든 조치를 할 것을 요구한다. 특정 군사목표에 대한 공격이 이러한 범주 내에서 수행될 수 있다면 이는 완전히 합법한 것이나, 그렇지 않을 경우 이는 중단되어야 한다. 정밀유도탄약이 이용가능하다고해서 대체적인 예방책 선정이 제외되는 것은 아니다. 표적선정에 관한 재량이 있고 공격자가 실제로 정밀유도탄약을 사용할 경우 공격은 더욱 정밀해지기 쉽다는 것을 명심해야 한다.

민간인에 대한 부수적 피해를 최소화해야 하는 의무는 공격계획 시 미묘한 의사결정과정을 요구할 수 있는바, 공격시점이 매우 중요할 수 있다. 따라서 가능하다면 합법적 군사목표가 되는 공장에 대한 공격은 이들이 가동되지 않는 주말이나 야간에 수행될 수 있는데, 이는 이렇게 함으로서 민간노동자에 대한 피해를 최소화할 수 있기 때문이다.[95] 그러나 이들 공장이 출근 시간대에 가동되고 있을 경우 심각한 민간인에 대한 피해 없이 어떤 일시적인 지점에서 파괴가 완료될 수는 없다.

이는 산업공장에만 해당되는 것이 아닌바, 일부 비평가들은 코소보가 주민이 거의 없을 것으로 예상되는 시간대에 텔레비전 방송국 폭파를 감행한 것이 그 예라고 주장하였다.[96] 그러나 전시 텔레비전이나 라디오 방송국내에 민간인이 거의 없을 것이라는 생각은 잘못된 것이다. 사실상 코소보 항공전투 중 벨그레이드

95) Pilloud and Picter, *Supra* note 85, p.682 참조.
96) H. McCoubrey, 'Kosovo, NATO and International Law', 14 (5) *Int. Rel.* 29, p.40 (1999).

(Belgrade) 텔레비전 및 라디오 방송국 폭격은 새벽 2시에 있었다. 그러므로 다른 비평가들은 새벽 방송시간대 폭격으로 10여명의 인명피해 정도는 정당화하는 것처럼 언급하나 이는 잘못된 것이라고 한다.[97] 이를 종합하면 두 부류의 비평가 견해가 서로 일치하지 않는바, 즉 한편으로는 계획된 목표에 대한 공격이 아침시간에 수행되어야 한다고 하며, 다른 한편으로는 그러한 시간대에 수행될 경우 전체적인 작전에는 특정성이 없게 된다고 한다.

제1의정서 제57조 (2)(다)항은 규정하기를, 특별한 경우가 아닌 한, 주민에 영향을 미치는 공격은 사전에 경고를 해야 한다고 한다.[98] 이는 확립된 법규로서 1907년 헤이그협약에 두 가지 다른 규정으로 요약되어 있는바, 즉 헤이그협약 (IV) 부속규정 제26조는 공격지휘관은 기습공격을 제외한 폭격시작 전 자신의 권한으로 당국에게 경고를 발해야 한다고 규정하며[99], 동 협약 제6조는 군사상황이 허용할 경우 공격하는 해군의 지휘관은 폭격 시작 전에 연안당국에 경고를 해야 한다고 한다.[100] 경고는 공격을 받게 되는 지역에서 가능한 멀리 민간인들이 피할 수 있도록 해야 한다.[101] 이 결과 경고는 오해나 기만이 되어서는 아니 되는바, 이에 관한 어떠한 계략도 본 내용에서는 수용될 수 없다.[102]

헤이그규정 제26조상 폭격과 기습의 차이는 기습이 공습을 요한다는 점 때문에 명백히 차이가 있다.[103] 그러나 공습은 전쟁의 주요한 유형으로서 기습이 논의되는 경우에만 활용되는 것은 아니다. 국가의 관행을 보면, 공습을 하려고 한다는 것

97) A. Schwabach, 'NATO's War in Kosovo and the Final Report to the Prosecutor of the International Criminal Tribunal for the Former Yugoslavia', 9 *TJICL* 167, p.181 (2001).
98) Protocol I, *Supra* note 1, p.655.
99) Hague Regulations Respecting the Laws and Customs of War on Land, Annexed to Hague Convention (IV)Respecting the Laws and Customs of War on Land, 1907, Laws of Armed Conflicts 63, 75, 84.
100) Hague Convention (IX)Concerning Bombardment by Naval Forces in Time of War, 1907, *Laws of Armed Conflicts* 811, p.813.
101) A. Cassese, 'The Geneva Protocols of 1977 on the Humanitarian Law of Armed Conflict and Customary International Law', 3 *UCLAPBLJ* 55, p.84 (1984).
102) Pilloud and Pictet, *Supra* note 85, p.687 참조.
103) T. E. Holland, *The Laws of War on Land (Written and Unwritten)* 46 (1908) 참조.

을 흔히 비 기습상황에서 경고를 하지 않을 수 있거나 절박한 위협에 대하여 주민들에게 애매한 경고를 하도록 선동하는 것을 알 수 있다.[104] 어떤 종류의 사전통고가 효과적인 경고가 되는 것인지 아니면 얼마나 구체적이고 직접적인 경고가 분명히 되어야 하는지를 결정하기란 쉽지 않다. 상기에서 언급한 벨그레이드 텔레비전 및 라디오 방송국 폭격사건은 공격국의 충분한 경고가 무엇인가에 대한 논쟁의 좋은 사례가 된다.[105]

동 의정서 제57조 (3)항은 다음과 같이 규정한다.

> "유사 군사목표 달성에 여러 군사목표의 선택이 가능할 경우, 선택되어야 하는 목표는 그 공격으로 최소한의 민간인 인명 및 민간 목표에 대한 손실이 기대될 수 있는 것이어야 한다."[106]

물론 동 규정의 이행에는 주관적 판단이 요구되는바, 즉 둘 이상의 잠재적 공격표적이 사실상 유사 군사이익을 제공하는 경우이다.[107]

---

104) W. A. Solf, 'Article 57', *New Rules* 357, p.367 참조.
105) M. Cottier, 'Did NATO Forces Commit War Crimes during the Kosovo Conflict? Reflections on the Prosecutor's Report of 13 June 2000', *International and National Prosecution of Crimes under International Law: Current Developments* 505, 524(H. Fischer, C. Kress and S. R. L?der eds., 2001) 참조.
106) Protocol I, *Supra* note 1, p.655.
107) Solf, *Supra* note 104, p.368 참조.

6.7 보호 및 인간방패의 중지

제1의정서 제51조 (3)항은 규정하기를, 민간인은 '자신들이 직접 적대행위에 가담하지 않는 한' 자신들에게 부여된 보호를 향유한다.[108] 로마규정 제8조 (2)(나)(1)항은 민간인에 대한 공격지시를 전범으로 정의함에 있어 특별히 '적대행위에 직접 가담하지 않는' 민간인만을 언급한다.[109] 사실상 적대행위에 직접(또는 적극적으로) 가담하는 자는 더 이상 민간인이 아니다.

상기에서 본 바와 같이, 민간인은 이들이 군대와 동행하거나 군사목표내로 들어가게 되면(군 기지나 탄약공장 등에서 일하는 경우) 더 이상 보호를 받을 수 없는 바, 민간인이 군사목표 근처에 거주하거나 그 옆을 통과할 경우 공격으로부터 생기는 합법적인 부수적 피해위험에 처할 수 있기 때문에 이들에 대한 보호는 감소되게 된다.

108) Protocol I, *Supra* note 1, p.651.
109) Rome Statute, *Supra* note 19, p.1006.

구별원칙의 이행에 있어 전쟁법상 민간인 및 민간목표에 대한 의무는 모든 교전국에게 해당된다.[110] 이와 동시에 직접 또는 무차별적인 적 민간인 공격금지에 관하여, 제1의정서는 타방에 의한 공격결과에 대한 예방책을 강구할 의무를 요구한다(때로는 소위 수동적 예방책임).[111] 충돌당사국은 제58조에 따라 '가능한 최대한 범주에서' (1) 군사목표 근처에 있는 민간인 및 민간목표를 피하려는 노력, (2) 인구 밀집지역이나 그 근처에 군사목표를 두는 것을 회피, (3) 군사작전에서 생기는 위험에 대하여 민간인 및 민간목표를 보호할 것 등이 요구된다.[112] 그러나 모든 교전국이 '가능한 최대한 범주'에서 이러한 의무를 지고 있다는 것을 고려해 볼 때 일부 평론가들은 이러한 의무가 엄격한 의무라기보다는 권고적 성격을 갖는다고 한다.[113]

그러나 전투원과 민간인이 섞여 있을 시는 식별이 어려운바, 예를 들면 대도시 지역은 거의 군사목표에서 제외될 수가 없다. 그럼에도 불구하고 전투원에 대한 공격이 과도한 민간인 피해를 반드시 수반하게 되는 상황을 만들기 위하여 고의적으로 민간인과 전투원을 섞어 놓은 것은 전쟁법 위반으로, 제1의정서 제51(7)항은 이에 대해 다음과 같이 규정한다.

> "주민이나 개별 민간인의 존재 또는 이동을 군사작전에서 면제되는 특정지점이나 지역으로 활용하는 것은 금지된다. 특히 군사작전을 공격으로부터 방어하거나 군사작전에 유리하게 하거나 방해할 의도로의 활용은 금지된다."[114]

---

110) W. A. Solf, 'Article 58', *New Rules* 370, p.371 참조.
111) C. Pilloud and J. Pictet, 'Article 58', *Commentary on the Additional Protocols* 691, 692.
112) Protocol I, *Supra* note 1, p.655.
113) P. Bretton, 'Le Probléthodes et Moyens de Guerre ou de Combat" dans les Protocoles Additionnels aux Conventions de Gen?ve du 12 Août 1949', 82 *RGDIP* 32, p.69 (1978) 참조.
114) Protocol I, Supra note 1, p.651.

동 금지의 기저에 있는 개념은 제네바협약 (IV) 제28조에 이미 나와 있다.

"보호를 받게 되는 사람의 존재를 군사작전에서 면제되는 특정지점이나 지역이 되도록 활용할 수 없다."[115)]

동 규범은 관습국제법을 반영한 것인바[116)], 민간인 또는 기타 보호되는 자를 특정 지점, 지역 또는 군대에 있게 함으로써 군사작전으로부터 면제를 받고자 이를 이용하는 것은 로마규정 제8(2)(나)(23)호에 따라 전범으로 분류된다.[117)] 기타 보호되는 자는 민간인 이외에 포로, 군 의료원 등이 이에 해당된다.[118)] 민간인이 군사목표를 보호하여 효과를 볼 수 있는 경우는 세 가지가 있다.

(1) 첫째, 민간인이 전투원이나 군사목표에 대한 적의 공격을 저지할 목적으로 자발적으로 인간방패가 되고자 하는 경우이다. 이러한 행위는 적대행위에 적극적으로 가담하는 것으로서 결과적으로는 비합법적 전투원이 된다.

(2) 둘째, 전투원이 민간인을 강제로 군사작전에 합류시키는 경우이다. 이에 해당되는 민간인은 전투원과 동행하며 이동 중에 군용차량에 탑승할 의무가 있을 수 있으나, 강제로 이러한 행위를 한 경우는 전투원이 되지 않는다. 민간인이 이러한 행위를 하도록 강제하는 자는 동 행위에 대한 범죄 책임이 따른다.

(3) 셋째, 둘째 경우를 변형한 것으로서, 전투원으로 강제적으로 합류된 민간인

115) Geneva Convention (IV) Relative to the Protection of Civilian Persons in Time of War, 1949, *Laws of Armed Conflicts* 495, p.511.
116) J. G. Gardam, *Non-Combatant Immunity as a Norm of International Humanitarian Law* 153 (1993) 참조.
117) Rome Statue, *Supra* note 19, p.1008.
118) W. J. Fenrick, 'Article 8(2)(b)(xxiii)', *Commentary on the Rome Statue of the Inter-national Criminal Court* 253, id. (O Trifferer ed., 1999) 참조.

대신 전투원이 민간인에게 합류한 경우로서 이는 서로 차이가 있다는 것이다. 즉 전투원이 학교나 밀집된 주거지역에서 탱크나 포대 등에 있는 경우이다. 이 경우 군대는 군사작전을 숨기기 위하여 민간 피난민 대열에 침투할 수 있다.[119] 또한 민간인은 취한 군사행동의 결과로 전투원이 되는 것은 아니다. 상기의 인간방패로 전투원 또는 군사목표를 보호하려는 세 가지 유형은 공히 불법하다.

중요한 문제는 군사목표를 인간방패로 하려는 빈번한 행위가 공격을 저지하여 적의 손을 효과적으로 묶어 놓을 수 있다는 것이다. 제1의정서 제51조 (8)항은 언급하기를, 군사목표를 인간방패로 하는 것을 금지하고 있는바, 이를 위반할 경우 교전국은 민간인에 대한 법적 의무에서 벗어나지 못한다.[120] 이것이 의미하는 것은 비례성 원칙이 중요하다는 것이다. 그러나 민간인에 대한 과도한 피해의 사실상 척도는 판단되어야 한다. 즉 민간인 피해가 예상되는 군사적 이익과 관련하여 과도한가의 평가는 민간인 피해가 통상적인 것보다 더 크게 될 경우를 보고 판단해야 하는바, 이는 군사목표를 민간인 방패로 할 경우에 해당된다.

도스왈드벡 (Doswald-Beck)의 말을 인용하면, 1892년 7월과 6월 베이루트에 대한 이스라엘의 폭격은 상당히 많은 민간인 희생을 가져왔으나 군사목표가 주민 사이에 있었기 때문에 그러한 사실로 인하여 동 폭격이 반드시 과도한 것은 아니었다고 한다.[121]

관습국제법은 이 점에 관하여 동 의정서 보다는 더욱 엄격한바, 민간인 피해가

119) C. D. Booth, 'Prosecuting the "Fog of War?": Examining the Legal Implications of an Alleged Massacre of South Korean Civilians by US Forces during the Opening Days of the Korean War in the Village of No Gun Ri', 33 *VJTL* 933, p.972 n. 301 (2000) 참조.
120) Protocol I, *Supra* note 1, p.652.
121) L. Doswald-Beck, 'The Civilian in the Crossfire', 24 *JPR* 251, p.257 (1987) 참조.

전투원이나 군사목표를 방패로 하려는 불법한 시도에서 발생된다면 이에 대한 궁극적 책임은 무해한 민간인을 위험에 처하게 한 교전국에게 있다는 것이다.[122] 전쟁법상 교전국은 고의적으로 유해한 방식으로 민간인을 처하게 함으로써 전투원(군사목표)으로부터 합법적 공격을 차단할 권한이 있지는 않다.[123]

---

122) Parks, *Supra* note 57, pp.162-3 참조.
123) McClintock, *Supra* note 62, pp.663-4 참조.

6.8 민간인의 기아문제

6.8.1 개요

제1의정서 제54조는 다음과 같이 단언한다.

"(1) 전쟁방법으로의 민간인 기아는 금지된다.

(2) 주민의 생존에 불가결한 물질, 식료품, 식료품 생산농지, 수확물, 가축, 식수시설 및 자재, 관개시설의 공격, 파괴, 제거 또는 양도가 금지된다. 이는 자국 주민이나 타방 당사국 주민의 생존을 부인하는 특정한 목적이 있기 때문에 동기가 무엇이든 즉 민간인을 굶주리게 하기 위한 것이든 간에 이들을 자극하게 하는 어떠한 동기도 금지된다.

(3) 제(2)항의 금지는 타방 당사국이 다음에 사용하는 목적물에 대해서는 적용되지 않는다.

가. 군대구성원의 유일한 생존

나. 생존은 아니나, 직접적 군사행동으로 주민의 기아를 야기하거나 그렇게 되도록 강제하기 위하여 부적절한 식량이나 물로 주민을 떠나게 할 수 있는 어떠한 행동도 취하여서는 아니 된다."[124)]

동 규정은 관습국제법이 아닌 실질적으로 새로운 원칙을 설정하는바[125)], 그 진의는 분명하다. 즉 주민 생존에 불가피한 식품, 식수 및 기타 대상은 공격을 받아서는 안 된다는 것이다. 제54조에 열거된 보호대상 목록은 '단순히 열거적' 이며 여기에는 생존에 불가피한 피난처나 의복이 포함될 수 있다.[126)] 구체화된 대상에 대한 공격은 '주민의 생존가치를 부인하는 특별한 목적' 때문에 이는 금지된다.[127)] 동일 대상에 대한 공격은 이들이 군대 구성원의 생존이나 군사 행동의 직접적 지원에만 배타적으로 이용될 경우 합법적이다. 그러므로 다음과 같은 경우는 파괴될 수 있다:

(1) 적 군사기지에 있는 식수시설은 파괴될 수 있다.[128)]

(2) 방어선의 일부로 사용되는 관개운하나 관측소로 기능하는 수로탑은 파괴될 수 있다.[129)]

(3) 식량생산지역은 폭격될 수 있다. 단 그 목적이 민간소비용으로 재배하는 농산물이 적에게 들어가지 못하게 하는 것보다는 적 군대의 출현을 예상하는 경우.[130)]

---

124) Protocol I, *Supra* note 1, pp.652-3.
125) W. A. Solf, 'Protection of Civilians against the Effects of Hostilities under Customary International Law and under Protocol I', 1 *AUFILP* 117, p.133 (1986).
126) C. Pilloud and J. Pictet, 'Article 54', *Commentary on the Additional Protocols* 651, p.655 참조.
127) On the Meaning of the additional words 'or to the adverse Party', *ibid.*, p.656 참조.
128) Kalshoven, *supra* note 59, p.127 참조.
129) Solf, *Supra* note 8. p.341 참조.
130) Kalshoven, *Supra* note 59, p.127 참조.

(4) 군사목표인 철도는 이것이 도시민에게 필요한 식량을 수송하는데 기여할 경우 파괴될 수 있다.[131]

제54조 (5)항은 불가피한 군사적 필요성에 의해 침략에 대한 자국 영토방어 상, 충돌당사국에 의해서만 제(2)항에 포함된 규정의 적용배제가 허용된다.[132] 여기서 생기는 문제는 '초토화 정책'의 합법성인바, 이러한 정책은 2차 대전 중, 대규모로 특정 지역을 초토화시키는 것이 하나의 전술로 활용되었다.[133] 동 의정서는 해당 지역이 교전당사국 수중에 들어가거나 이들의 통제 하에 있을 경우 주민에 대한 영향에 관계없이 초토화 조치가 용인된다(적통제하에 있는 자국영토 일부나 적 영토와는 대조됨).[134] 또한 '초토화 정책'은 퇴각하는 교전국에게만 원용될 수 있는 것으로 이 지역이 적으로부터 해방된 경우는 그러하지 아니하다.[135]

제54조의 중요성은 포위전 측면에서 검토되어야 하며, 이는 민간인에 대한 보급품 부족이 외부로부터의 인도적 지원을 받을 권리를 야기하는가를 문제 삼을 필요가 있다.

6.8.2 포위전쟁

포위전쟁은 적 군사중심부, 전략요새 또는 기타 적의 방어선 등을 포위함으로

131) Solf, *Supra* note 8, p.339.
132) Protocol I, *Supra* note 1, p.653.
133) Stone, *Supra* note 78, pp.558-9 n. 71 참조.
134) Pilloud and Pictet, *Supra* note 126, pp.658-9 참조.
135) L. C. Green, *The Contemporary Law of Armed Conflict* 144 (2nd edn, 2000) 참조.

서 지원 및 보급품 노선을 차단하여 이루어진다. 포위전쟁의 핵심은 기아를 통하여 적을 포위하려는 의도에 있는바, 이는 포위전쟁이 적 요새에 대하여 수행되는 경우 적 전투원은 이로부터 고통을 당하게 되기 때문이다. 이러한 경우 포위지역 내에 주민이 실제적으로 있을 수 있는데, 이는 특히 포위가 방비도시에서 이루어진 경우가 그러하다. 요새를 구축하고 있는 군수비대 등이 진입군에 대하여 저항을 할 수 있는 반면, 인접국가로부터 온 피난민과 합류한 도시주민들은 지속되는 포위로 인하여 궁핍에 시달리게 된다. 따라서 사실상 이들은 기아로 인한 최초의 피해자가 될 것으로 보인다.[136)]

포위전쟁의 합법성은 관습국제법상 문제가 되지 않았다.[137)] 따라서 포위된 자에게 식수 공급로를 공유하는 것이 허용되곤 하였다.[138)] 적절한 보급품 부족으로 대다수 기아피해자가 전투원이 아닌 민간인이었다 하더라도 포위는 합법적 전쟁수단의 방식으로 여겨져 왔다.[139)]

포위된 지역에서 식량과 물의 부족하여 참을 수 없게 되고 아무런 구제도 없을 경우 민간인은 통상 탈출을 시도하게 된다. 일반적으로 말하면 포위지역의 군 당국은 '불필요한 기간 동안 음식을 제공하지 않도록 하는 것이 민간인 탈출에 우호적일 것이다' 라고 한다.[140)] 동일한 이유로 포위군은 이 지역에서의 제한된 자원의 고갈이 쉽게 되지 않도록 민간인 탈출 허용을 하지 않을 수도 있다. 관습법은 극단적 조치로 이들이 항복을 강제하는 것이 합법하다고 한다.[141)]

136) 과거 전쟁과 기아의 예를 보면, 우선 식량부족이 어린이, 노약자 및 임산부들에게 가장 치명적이며 다음으로 어른 및 군인들이 곤경에 처하게 된다. J. Mayer, 'Starvation as a Weapon', *Chemical and Biological Warfare 76, p.83 (S. Rose ed.,* 1968).

137) C. C. Hyde, 3 *International Law Chiefly as Interpreted and Applied by the United States* 1803 (2nd edn, 1945). also L. Nurick, 'The Distinction between Combatant and Noncombatant in the Law of War', 39 *AJIL* 680, p.686 (1945) 참조.

138) L Oppenheim, 2 *International Law* 419 (H. Lauterpachr ed., 7th edn, 1952) 참조.

139) M. C. Waxman, 'Siegecraft and Surrender: The Law and Strategy off Cities as Targets', 39 *VJIL* 353, pp.408-9 (1997-9) 참조.

140) E. Rosenblad, *International Humanitarian Law of Armed Conflict* 109 (1979).

141) Hyde, *Supra* note 137, p.1803. also Nurick, *Supra* note 137, p.686 참조.

뉴렘베르그 고위지휘관 사건에서 미국 군사재판소는 고전적인 엄격한 법규를 확인하였는바, 동 재판의 주 피고인 리브(Leeb)는 레닌그라드 포위 중 독일 포병으로 하여금 탈출을 시도하는 러시아 주민에게 발포명령을 발하였다.[142] 1948년의 판결에서 재판소는 리브의 명령이 불법하지 않다고 하면서 다음과 같이 언급하였다.

> "우리는 법이 그렇지 않기를 바라나 우리는 우리가 발견한대로 집행해야 한다."[143]

제네바협약 (IV)은 제17조에서 포위전쟁을 다음과 같이 다루고 있다.

> "충돌당사국은 포위된 지역에서 부상자, 병자 및 노약자, 어린이 및 임산부 등의 이송 그리고 모든 종교 성직자, 의료인 및 의료장비가 이 지역으로 통과하도록 하는 협의를 지역 당국과 체결하도록 노력을 해야 한다."[144]

단지 제한된 부류의 민간인만이 동 규정으로부터 혜택을 받으며, 또한 "충돌당사국은 노력하여야한다"라는 문구는 제네바협약 상, 철수가 강제적이 아님을 나타낸다. 제17조는 다만 이 범주에 속하는 민간인의 철수를 위한 합의를 체결할 것을

142) *High Command case (USA v. von Leeb et al.)* (American Military Tribunal, Nuremberg, 1948), 11 NMT 462, p.563.
143) *Ibid.*
144) Geneva Convention (IV), *Supra* note *115, p.507.*

교전국에게 강하게 권고하라는 것이다.[145)]

협약당사국과 관련된 법적 지위는 제1의정서 제54조에서 급격히 변화되었는바, 새로운 법률제도가 시행되어 즉 민간인 거주 방비도시의 포위는 군 요새의 포위와는 구별되어야 한다는 것이다. 후자의 경우 전투원이 생존위험에 처한 경우와 같이, 기아는 합법적 전쟁방식이며 포위된 사람들이 이용할 수 있는 모든 식료품과 식수를 체계적으로 파괴하도록 허용한다. 이와는 달리 전자의 경우는 주민, 기아 및 식료품 파괴가 이들에게 직접적 영향을 주기 때문에 이는 금지된다. 동 의정서는 이에 대해 다음과 같이 언급한다.

> "주민이 필요로 하는 식량공급은 보호되어야 하는데, 이는 이것이 군대가 사용할 수 있거나 기술적으로 군사목표가 될 수 있어도 관계없다. 다만 전적으로 군에 의해서만 사용될 경우는 보호면제가 되지 않는다."[146)]

종전의 분석으로는 결론에 도달하기 어려운바, 포위도시에서 주민생존에 필요한 식료품(식수시설 포함) 파괴가 제외된다면 과연 포위가 제대로 될 수 있는가? 이의 완전한 효과를 위하여 포위전쟁은 포위된 자의 영양실조를 가정해야 한다. 만일 이러한 영양실조가 법률상 보장되지 않을 경우 포위는 무효하게 된다. 동 의정서 입안자들의 실질적인 의도는 민간인이 영향을 받게 되며 '더 이상 실질적인 포위가 가능할 수 없다' 는 것이다.[147)] 즉 '동 용어의 과거 의미 및 그 기능' 의 적용이 금지된다.[148)]

---

145) *Commentary, IV Geneva Convention* 138-9 (ICRC, O. M. Uhler and H. Coursier eds., 1958) 참조.
146) Blix, *Supra* note 65, p.143.
147) G. B. Roberts, 'The New Rules for Waging War: The Case Against Ratification of Additional Protocol I', 26 *VJIL* 109, p.153 (1985-6).
148) I. Detter, *The Law of War* 298 (2nd edn, 2000).

민간인을 포함한 포위에 대한 광범위한 금지가 비현실적인바, 이는 집요한 수비대 및 난공불락의 요새인 방비도시의 포위를 유발하는 어떠한 전쟁 수단도 있을 수 없다는 사실에 기인한다. 그러나 이것이 관습국제법상 포위군에게 허용된 자유행동이 전적으로 정당화된다고 말하는 것은 아니다. 도주하려는 민간인을 포위도시에 잔존하도록 강제하는 포위군의 권리를 부인하는 것은 '관습법에 반하는' 것이다.[149)]

어느 정도로 제54조의 개념은 전쟁법의 향후 발전에 흔적을 남기지 않을 수 없게 된다.[150)] 여전히 포위된 도시에 있는 민간인은 포위지역에서 안전하게 나오도록 통로가 제공되어야 하나 기아의 고통으로부터 특별한 보호를 받을 합법적 주장을 하면 그대로 머무를 것을 선택할 수 있는가? 이와 유사하게 민간인이 포위도시 수비대 군사령관 명령으로 그곳에 잔존하도록 강제된 경우, 이들의 생존에 필요한 식료품과 식수를 적이 파괴하는 것이 왜 금지되어야 하는가? 수비대 사령관의 민간인 철수 허용을 거부한다는 것은 이들을 '인간방패'로 하려고 하는 것에 대한 책임이 있게 된다. 민간인에게 위험지역에서 탈출하도록 제시한 경우, 어떠한 포위군도 포위를 문제 삼거나 포위회피를 기대할 수는 없다. 우리는 포위전쟁의 목적이 배고픔과 갈증에 시달리는 민간인을 살해하고자 하는 것이 아니라 포위된 도시의 항복을 권유하고자 하는 것임을 인식해야 한다.[151)] 제54조의 내용은 '포위당한 수비대 요원이 저항을 계속하는 한, 포위지역 내에서의 기아는 계속 된다'는 포위의 기본적 특성을 고려하지 못한 것이다. 일단 도시가 항복하면 식료품과 식수는 모든 사람이 이용할 수 있어야 한다.

149) G. H. Aldrich, 'The Laws of War on Land', 94 *AJIL* 42, p.53 (2000).
150) Solf, *Supra* note 8, p.338 참조.
151) G. A. Mudge, 'Starvation as a Means of Warfare', 4 *Int. Law.* 228, p.246 (1969-70) 참조.

동 의정서는 민간인의 철수 강제수단으로 기아를 활용하는 것을 직접적으로 금지하는 제54조 (2)항으로 이 문제의 타협점을 찾고 있다. 동 조항이 없었다면, 포위전쟁이 합법적이라고 주장할 수 있으나, 단 포위군은 민간인들이 포위도시에서 철수하도록 허용한다는 것을 조건으로 한다. 그러나 이것은 포위군이 해당 거주지에서 민간인을 철수시키는 수단으로 기아를 원용할 수 있기 때문에 이는 제54조에 의해 분명히 금지된다.

로저(Rogers)는 제54조에서 민간인 기아를 금지하고 있음에도 불구하고 포위전쟁의 수행이유에 대한 여러 주장을 제기한다.[152] 그는 주장하기를, 포위지역으로 향하는 보급품을 돌려보내는 것과 이들이 공격 및 파괴되도록 하는 것과는 다르다고 한다.[153] 그는 또 지적하기를, 민간인 기아는 동 의정서의 중대한 위반이 아니라고 한다.[154] 한편 1998년 로마규정 제8조 (2)(나)(25)호는 전쟁방식으로서 민간인 기아를 고의적으로 활용하는 것을 전쟁범죄로 하였다(제네바협약에 규정된 구호품의 악의적인 방해를 포함 생존에 불가결한 물건들을 이들로부터 빼앗는 것).[155]

국가관행이 민간인에게 영향을 미치는 포위전쟁의 전반적인 폐지를 확인하려 하지 않는 데는 그 이유가 있다. 아마도 제54조의 문구는 민간인의 궁핍에도 불구하고 포위전쟁이 계속 인정된다는 결론에 도달하게 될 것이고, 이는 최소한 포위군이 민간인 철수통로를 보장하려고 하는 상황 하에서는 인정될 것이다.

---

152) A. P. V. Rogers, *Law on the Battlefield,* pp.62-3 (1996).
153) *Ibid.,* p.63.
154) *Ibid.,* p.62.
155) Rome Statute, *Supra* note 19, p.1008.

6.8.3 인도적 지원

국제무력충돌 시에 식료품, 의료품 및 이와 유사한 물품의 부족 때문에 민간인은(포위전쟁과 관계없이) 식료품 확보 및 질병퇴치에 상당히 어려울 수 있다. 민간 피난민들은 의복, 침구 및 주거수단 등을 필요로 할 수 있다. 특히 민간인 고통은 이들이 살고 있는 지역이나 국가가 봉쇄될 경우 더욱 심화되는데, 이는 적 연안이나 그 일부로 선박이나 항공기 진입이 차단되기 때문이다. 상당한 기간 동안 효과적인 봉쇄는 기아를 촉진하는 포위와 유사할 수 있다.[156] 실제로 포위가 작은 요새의 군 수비대에만 제한될 경우 봉쇄가 보다 큰 지역으로 확대된다면 불가피하게 주민이 피해를 당할 수 있다. 민간인은 장기간 봉쇄 결과에 가장 민감할 수밖에 없는데, 이는 '이들이 식료품 배급에서 우선순위가 제일 낮기 때문이다.'[157] 1차 대전 중 지속되는 독일의 봉쇄로 전국이 '급속히 가속되는 통제할 수 없는 기근을 경험하게 되는' 결과를 가져왔다.[158] 이는 소위 '기아 봉쇄' 라 불린다.[159]

전쟁방식으로 민간인 기아를 금지하는 제1의정서 제54조는 전쟁방식으로서의 봉쇄를 불법한 것으로 보지 않는바, 동 의정서 제49조 (3)항에서 이를 알 수 있다.

> "본 장 (제48-67)의 규정은 주민, 개개 민간인 또는 육상에 있는 민간 소유물 등에 영향을 줄 수 있는 육전, 해전 또는 공전에 적용한다. 동 규정은 또한 해상 또는 공중으로부터 육상 목표물에 대한 모든 공격에 적용되나 해전 및 공전에서 적용되는 국제법규에 영향을 주지는 않는다."[160]

156) W. Heintshcel von Heinegg, 'Naval Blockade', 75 *ILS 203, p.216 (International Law across the Spectrum of Conflict, Essays in Honour of Professor L. C. Green,* M. N. Schmitt ed., 2000) 참조.
157) P. Macalister-Smith 'Protection of the Civilian Population and the Prohibition of Starvation as a Method of Warfare', 31 *IRRC* 440, p.445 (1991).
158) C. P. Vincent, *The Politics of Hunger: The Allied Blockade of Germany,* 1915-1919, p.124 (1985) 참조.
159) Heintshel von Heinegg, *Supra* note 156, p.216 참조.
160) Protocol I, *Supra* note 1, p.650.

국제적십자위원회는 동 의정서에 대한 논평에서 동 조항을 다음과 같이 설명한다.

> "일반적으로 외교회의 대표들은 해전 또는 공전에서 적용 가능한 법규의 개정을 하지 않도록 유도된다. 이는 '육상'이란 단어가 유지되며 동 의정서가 이러한 상황에 적용할 수 있는 국제법을 변경하지 않았다는 것을 분명히 두 번째 문장에서 나타내고 있기 때문이다."[161]

민간인의 기아를 야기하는 봉쇄의 불법성을 옹호하는 학자들조차 이 주제가 봉쇄법에 아무런 영향도 미치지 않도록 하는 외교회의의 본래 의도와도 일치하지 않는다는 것을 인정하도록 강요되었다.[162] 현행법에 근거하여 말할 수 있는 것은 비례성의 일반원칙에 따라 봉쇄로 인한 민간인 예상피해는 예상되는 군사이익과 관련하여 과도해서는 안 된다(결과적으로 봉쇄는 민간인 기아를 유일한 목적으로 해서는 안 된다는 것이다).[163]

문제는 주민이 봉쇄나 기타수단에 의해 필수품을 빼앗긴 경우 이로 인한 고통을 경감시키기 위하여 외부로부터 인도적 지원이 가능한가이다. 이에 대한 유일한 규정이 점령지를 내용으로 하고 있는 제네바협약 (Ⅳ) 제59조에 있다.

> "점령지역 주민의 전부 또는 일부에 대한 물자의 공급이 불충분한 경우에는 점령국은 동 주민들을 위한 구호계획에 동의하여야하며, 또한 사용가능한 모든 수단을 다하여 동 계획이 실시될 수 있도록 편의를 제공하여야 한다. 국

161) C. Pilloud and J. Pictet, 'Article 49', *Commentary on the Additional Protocols* 601, p.606.
162) W. Heintschel von Heinegg, 'The Law of Armed Conflict at Sea', *Handbook* 405, p.471 참조.
163) *San Remo Manual, Supra* note 72, p.179 참조.

> 가 또는 국제적십자 위원회와 같은 공정한 인도적 기구에 의하여 실시되는 동 계획은 특히 식량, 의료품 및 의류의 송부를 내용으로 하는 것이어야 한다. 모든 체약국은 이러한 송품들의 자유통과를 허가하고, 또한 이들의 보호를 보장하여야 한다. 그러나 적국에 의하여 점령되고 있는 지역으로 가는 송품의 자유통과를 허가하는 국가는 송품들을 검사하고 지정된 시각 및 경로에 의한 통과를 규율하며, 그 송품들이 궁핍한 주민들의 구호를 위하여 사용될 것이 아니라는 것을 보호국을 통하여 충분히 확인할 권리를 가진다."[164]

이러한 구호품이 주민에게 도달되도록 하는 점령국의 의무는 무조건적이다.[165] 3번째 항은 국제적십자위원회의 논평에서 나왔듯이 '모든 체계의 요지' 에 해당되는 것으로서 점령지역으로의 구호품이 봉쇄선을 통과하도록 허용되어야 한다(확인 및 감독에 따라).[166]

그러나 불행히도 점령지역 밖에서는 이와 유사한 의무가 존재하지 않는바, 제네바협약(Ⅳ) 제23(1)항은 이를 다음과 같이 설명한다.

> "각체약국은 타방체약국, 비록 적국일지라도 민간인에게만 향하는 의료품 및 병원용품, 그리고 종교상의 의식을 위하여 필요로 하는 물품 등 모든 탁송품의 자유통과를 허용하여야 한다. 각 체약국은 15세 미만의 아동, 임산부에게 전달되는 불가결한 식료품, 피복 및 영양제 등 모든 탁송품의 자유통과를 허가하여야 한다."[167]

164) Geneva Convention (Ⅳ), *Supra* note 115, p.519.
165) *Commentary, Supra* note 145, p.320.
166) *Ibid.*, pp.321-2.
167) Geneva Convention (Ⅳ), *Supra* note 115, pp.508-9.

봉쇄지역에도 적용되는 동 규정은[168] 그 범주가 철저히 제한되어 있다. 제123조의 기타 항에서 열거된 여러 조건과는 달리[169], 모든 민간용 탁송품의 자유통과는 의료품에 국한된다. 따라서 기타 물품은(음식 및 피복) 특정 주민의 거주 지역으로만 제한된다. 그러나 일반적으로 주민에게 식품과 피복 공급을 허용하게 하는 명백한 요구는 없다.[170]

제1추가의정서 제70조 (1)항은 언급하기를, 충돌당사국 통제 하에 있는 영토의 주민에게(점령지 이외의) 기본 보급품이 적절히 제공되지 않을 경우, 외부로부터의 인도적 및 공평한 구조행위가 '취해져야 하나', 이것은 '구조활동 관련 당사국의 합의에 따른다.'[171] 제네바협약 (Ⅳ) 제23조와는 달리, 동 의정서 제70조 (1)항은 '구조대상을 모든 주민으로 확대하며 필요로 하는 지역에만 국한하지 않는다.'[172] 또한 제70조 (1)항은 '취해져야 한다' 라는 문구가 동 조항에서 언급된 요구조건에 부합하는 구조요청을 수용할 의무가 있음을 분명히 암시한다고 한다.[173] 그러나 암시된 의무이행이 명백히 관련 당사국간 합의에 따라야 한다는 사실은 무시할 수 없다. '주권의 표현인 동의는 따라서 무력충돌 시, 인도적 지원권 행사의 기본원칙이다.'[174]

구조활동이 모든 당사국의 합의에 의해서 예상되는 한, 민간인에 대한 인도적 지원의 자유통과를 가능하게 할 순수한 의무가 이들 당사국에게 있다고 말할 수는 없다. 제70조 (1)항은 임의적 또는 일시적 이유로 구조합의를 거절하는 것으로 해

168) *Commentary, Supra* note 145, pp.178-9. 참조.
169) Geneva Convention (Ⅳ), *Supra* note 115, p.509.
170) E. Rosenblad, 'Starvation as a Method of Warfare-Conditions for Regulation by Convention', 7 *Int. Law.* 252, pp.261-2 (1973).
171) Protocol I, *Supra* note 1, p.663.
172) R. Provost, 'Starvation as a Weapon: Legal Implications of the United Nations Food Blockade against Iraq and Kuwait', 30 *CJTL* 577, p.612 (1992).
173) M. Bothe, 'Relief Actions', 4 *EPIL* 168, p.1771.
174) M. Torrelli, 'From Humanitarian Assistance to "Intervention on Humanitarian Grounds"', 32 *IRRC* 228, p.232 (1992).

석될 수 없다고 한다.[175] 이 경우 교전당사국이 민간인에 대한 구호품 전달 동의를 거부할 경우 무력충돌 시 교전당사국이 원용할 수 있는 것은 여러 가지 의무적 및 실질적 이유가 있다고 할 수 있다. 그 결과 제70조 (1)항 입안자는 '엄격한 의무란 표현' 을 사용하여 동시에 동 규칙의 문제점을 제거하려고 하였다.[176]

175) *Ibid.;* and C. A. Allen, 'Civilian Starvation and Relief during Armed Conflict: The Modern Humanitarian Law', 19 GJICL 1, p.72 (1989) 참조.

175) E. Rauch, *The Protocol Additional to the Geneva Conventions for the Protection of Victims of International Armed Conflicts and the United Nations Convention on the Sea: Repercussions on the Law of Naval Warfare*, pp.91-2 (1984).

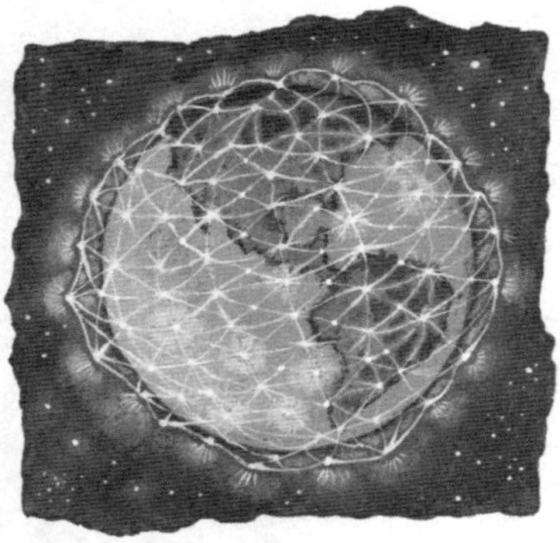

The Conduct of Hostilities under the Law of International Armed Conflict

제7장
특별보호조치

7.1 특별보호자격대상자

앞장에서는 적의 공격에 노출된 민간인의 일반적 보호를 검토하였는바, 본 장에서는 전쟁법상 특별한 보호가 부여되는 자, 즉 민간인과 전투원 양자를 다루게 된다. 일부 민간인(부녀자, 어린이 또는 부상자 및 병자)에게 특별한 보호가 부여된다 하더라도 모든 민간인이 일반적 보호대상에서 제외되는 것은 아니다. 즉 이들이 장년기의 남성이며 건장하다 하더라도 이들 민간인을 공격하는 것은 불법하다.

7.1.1 수혜자의 상이한 범주

(1) 부인과 어린이

부녀자와[1] 어린이[2] 권리보호를 목적으로 하는 많은 규정들이 1949년 제네바협

1) J. Gardam and H. Charlesworth, 'Protection of Women in Armed Conflict', 22 *HRQ* 148, p.159 (2000). 참조.
2) Geneva Convention(Ⅳ)은 어린이에 관한 특별조항인 17개 항을 수용한다. 이의 목록에 관하여는, G. Van Bueren, 'The International Legal Protection of Children in Armed Conflicts', 43 *ICLQ* 809, p.811 (1994) 참조.

약 및 1977년 제1추가의정서 상에 포함되어 있다. 따라서 제네바협약 제27조(두 번째 항)는 부녀자들이 그들의 명예에 대한 침해, 특히 강간, 강제매음 또는 기타 모든 형태의 외설행위로부터 특별히 보호되어야 한다고 한다.[3] 동 규정은 동 의정서 제76조 (1)항에서도 반복된다.[4] 그러나 전자의 조항이 제네바협약 (Ⅳ) 의미상 당사국 자신의 국민을 배제한 '피보호자'인 민간부녀자들에게 적용되나, 후자의 내용은 예외 없이 모든 부녀자에게 적용된다.[5] 어린이는 제1추가의정서 제77조 (1)항에 따라 추악한 형태의 폭행으로부터 보호되며[6], 동 폭행금지에는 어린이에 대한 강간 및 기타 성폭행이 포함된다.[7] 강간, 성노예, 강제매음 및 이와 관련된 행위는 로마국제형사재판소규정 제8조 (2)(나)항에 정의된 전쟁범죄가 된다.[8]

물론 부녀자도 군대구성원 즉 전투원이 될 수 있으며 그 수가 점차 증가하고 있다. 어린이에 관하여는 상대적으로 이른 나이에 전시 여러 임무에 활용될 수 있다.[9] 그러므로 중요한 문제는 군대모집의 최소 연령에 관한 것이다. 제1의정서 제77조 (2)항은 충돌당사국에게 15세미만의 어린이 징집을 금지하며 직접 적대행위에 가담시키지 않을 모든 가능한 조치를 다해야하는 의무를 부과하고 있다.[10] 이러한 책무는 어린이 권리(유엔총회에서 채택됨)에 관한 1989년 협약 제38(2)[11]항에서 재확인되며[12], 이는 관습국제법의 반영이라고 볼 수 있다.[13] 로마규정 제8조

---

3) Geneva Convention(Ⅳ) Relative to the Protection of Civilian Persons in Time of War, 1949, *Laws of Armed Conflicts* 495, p.510.
4) Protocol Additional to the Geneva Conventions of 12 August 1949, and Relating to the Protection of Victims of International Armed Conflicts(Protocol Ⅰ), 1977, *Laws of Armed Conflicts* 621, p.667.
5) W. A. Solf, 'Article 76', *New Rules,* pp.467-70. 참조.
6) Protocol Ⅰ, *Supra* note 4, p. 667.
7) J. Kuper, *International Law Concerning Child Civilians in Armed Conflict* 79 (1997). 참조.
8) Rome Statute of the International Criminal Court, 1998, 37 *ILM* 999, p.1008 (1998).
9) H. Mann, 'International Law and the Child Soldier', 36 *ICLQ* 32,35 (1987). 참조.
10) Protocol Ⅰ, *Supra* note 4, p.667.
11) 양자의 상호관계에 관하여는, A. J. M. Delissen, 'Legal Protection of Child-Combatants after the Protocols: Reaffirmation, Development or a Step Backwards?', *Humanitarian Law of Armed Conflict: Challenges Ahead(Essays in Honour of Frits Kalshoven)* 153-64(A. J. M. Delissen and G. J. Tanja eds., 1991). 참조.
12) Convention on the Rights on the Child, 1989, 28 *ILM* 1448, p.1470 (1989).
13) M. Happoid, 'Child Soldiers in International Law: The Legal Regulation of Children's Participation in Hostilities', 47 *NILR* 27, p.47 (2000). 참조.

(2)(나)(26)호에 따라 '15세미만 어린이를 군대에 징집시키거나 전시 적대행위에 적극 가담시키는 것은'[14] 전쟁범죄가 된다.

2000년 유엔총회가 제정한 어린이 권리에 관한 협약 선택의정에 따르면, 당사국은 18세 미만의 어린이들이 '군대에 강제 징집되지 않도록' 이를 보장할 책무가 있다고 한다.[15] 따라서 18세 미만의 자발적인 징집이 허용된다하더라도(특정보호에 따라) 강제징집금지 대상은 18세 미만 어린이에 해당된다.[16] 또한 당사국은 18세 미만의 어린이가 '직접 적대행위에 가담하지 않도록' 군대구성원에게 이를 보장할 가능한 모든 조치를 취할 의무가 있다.[17]

(2) 부상자 및 병자

제네바협약 (I) 제12조는 육전에서 군대의 구성원과 기타의 자로서 부상자 또는 병자인 자는 모든 경우에 차별 없이 보호되어야하며, 고문 또는 몰살되어서는 안 되며, 의료보호를 하지 않은 채 방치해서도 안 된다고 하였다.[18] 해전에 있어서의 동등한 보호는 제네바협약 (Ⅱ) 제12조에서 보장하고 있다.[19] 제네바협약 (Ⅳ)은 부상자, 병자, 노약자 및 임산부에게 특별한 보호를 부여하며(제16조~18조)[20], 제1의정서 제10조는 '군인이든 민간인이든' 모든 부상자 및 병자의 보호를 보장한다.[21] 동 의정서 제8조 (가)항은 '부상자 및 병자'를 넓은 의미로 정의하는바, 동 정의는 군인이든 민간인이든 불문하고 외상, 질병, 기타 신체적·정신적인 질환 또는 불구

14) Rome Statute, *Supra* note 8, p. 1008.
15) Optional Protocol to the Convention on the Rights of the Child on the Involvement of Children in Armed Conflict, 2000, 39 *ILM* 1286, p.1287 (2000) (Article 2).
16) *Ibid.,* pp.1287-8 (Article 3).
17) *Ibid.,* p.1287 (Article 1).
18) Geneva Convention (Ⅰ) for the Amelioration of the Condition of the Wounded and Sick in Armed Forces in the Field, 1949, *Laws of Armed Conflicts* 373, p.379.
19) Geneva Convention (Ⅱ) for the Amelioration of the Condition of the Wounded, Sick and Shipwrecked Members of Armed Forces at Sea, 1949, *Laws of Armed Conflicts* 401, pp.407-8.
20) Geneva Convention (Ⅳ), *Supra* note 3, pp.506-7.
21) Protocol Ⅰ, *Supra* note 4, p.633.

로 인하여 의료지원 또는 간호가 필요한 자를 포함한다.[22] '부상 및 병자'의 지위를 향유하는 자 중 일부가 이에 해당되지 않음을 상기내용에서 분명히 알 수 있다(신생아 등).[23] 제네바협약 (Ⅰ)상 충돌당사국이 항시 모든 가능한 조치를 하는 것이 의무이나, 특히 교전 이후 부상자 및 병자를 수색 및 수용하여야하며 필요시 이러한 목적상 사격중지 합의를 해야 한다.[24] 제네바협약 (Ⅱ)은 또한 충돌당사국이 교전 이후 부상자 및 병자 수색 및 수용에 필요한 모든 조치를 다할 의무를 부과한다.[25] 그러나 이러한 해상에서의 인도적 노력이 선박 특히 잠수함의 경우 과도한 위험이 따르게 되면 그 의무가 면제될 수 있음을 이해하여야 한다(기타 보다 좋은 원조가 가능한 자에게 정보를 전달).[26]

(3) 조난

제네바협약 (Ⅱ)과 제1의정서 제10조에서 인정되는 보호에는 부상자 및 병자에게만 국한된 것이 아니라 '조난' 자에게도 확대 된다(동 협약상의 군대구성원 및 의정서상의 민간인). 제네바협약 (Ⅱ) 제12조 첫째 항은 '조난' 이라 함은 원인여하를 불문하며 항공기에 의한 또는 항공기로부터의 해상에의 불시착을 포함하는 것임을 분명히 한다.[27] 조난자는 물위에 떠 있을 필요는 없으나 구명보트나 소형정에 있을 수 있으며 기동이 불가한 선박에 있을 수도 있다.[28] 부상자나 병자에 관계없이 조난자가 꼭 맞는 조건에 해당된다는 것은 관련이 없다.[29] 제1의정서 제8조 (나)

---

22) *Ibid.*, p.631.
23) Y. Sandoz, 'Article 8', *Commentary on the Additional Protocols* 113, p.118 참조.
24) Geneva Convention(Ⅰ), *Supra* note 18, pp.380-1.
25) Geneva Convention(Ⅱ), *Supra* note 19, p.409.
26) J. A. Roach, 'Legal Aspects of Modern Submarine Warfare', 6 *MPYUNL* 367, pp.368-9 (2002). 참조.
27) Geneva Convention(Ⅱ), *Supra* note 19, p.407.
28) Commentary, *II Geneva Convention* 89 (ICRC, J. S. Pictet ed., 1960). 참조.
29) *San Remo Manual on International Law Applicable to Armed Conflicts at Sea* 136 (L. Dosward-Beck ed., 1995).

항은 정의하기를, 군인 또는 민간인을 불문하고 본인 또는 그를 수송하는 선박 또는 항공기에 영향이 미치는 재난의 결과로 해상 또는 기타 수역에서 조난을 당한 자를 말한다.30) 조난자가 되는 것은 선박의 조난이나 항공기의 기동불가 뿐만 아니라 항해하는 선박에서 물속에 빠지게 될 수 있다는 것이다.31)

(4) 조난당한 항공기 낙하산

제1의정서 제42조는 언급하기를, '조난당한 항공기로부터 낙하산으로 하강하는 자는 그의 하강 중 공격의 목표가 되어서는 아니 된다' (그리고 적대당사국에 의하여 통제되고 있는 영토내의 육지에 도달하면 그가 적대행위를 취하고 있음이 명백하지 않는 한 공격대상이 되기에 앞서 항복할 기회가 주어져야 한다).32) 보호는 (1923년 헤이그 공전법규 제20조에서 확인됨)33) 항공기를 포기하고 동 항공기에서 자신을 구하기 위한 승무원 및 승객에게만 적용된다. 동 보호 범주에서 제외되는 자는 1) 강제착륙을 기대하는 자, 2) 조난 이외의 이유로 낙하산으로 하강하는 자(공수부대나 스파이는 아님) 등이다.34) 상기에서 나타난 것처럼 조난중인 항공기 낙하산이 물위에 떨어지면 이들은 '조난' 에 해당된다.35)

(5) 항복하는 군대구성원

헤이그규정 제23(다), 1899년 헤이그협약 (Ⅱ) 부속서 및 1907년 헤이그협약 (Ⅳ)에 따라 무기를 버리거나 더 이상 방어수단이 없거나 항복하는 적 전투원을 살

30) Protocol Ⅰ, *Supra* note 4, p.631.
31) M. Bothe, 'Article 8', *New Rules* 92, p.96 참조.
32) Protocol Ⅰ, *Supra* note 4, p.646.
33) Hague Rules of Air Warfare, 1923, *Laws of Armed Conflicts* 207, p.210.
34) W. A. Solf, 'Article 42', *New Rules* 224, p.226 참조.
35) E. Roucounas, 'Some Issues Relating to War Crimes in Air and Sea Warfare', 24 *IYHR* 223, p.232(1994) 참조.

해 또는 상해하는 것이 허용되지 않는다.[36] 무기를 버리거나 방어수단이 없거나 스스로 항복한 전투원의 살해 또는 상해는 로마규정 제8(2)(나)(6)에 나와 있는 전쟁범죄이다.[37] 제1의정서 제41(2)항은 다음의 경우에 처한 자는 적대행위를 하지 않고 도피하려 하지 않는다면 전의(戰意) 상실자라고 한다.[38]

"① 적대당사국의 권력내에 있는 자
② 항복할 의사를 분명히 표시한 자
③ 의식을 잃었거나 상처나 병으로 무력하게 되었거나 해서 자신을 방어할 수 없는 자"[39]

항복은 개별 전투원이나(통상 손을 들거나 백기를 게양하여) 부대단위로 유효할 수 있으나 때로는 대규모로도 가능하다. 관습국제법은 '전투원은 무조건적 항복의사를 표명한 적 군인이나 부대에 대하여 적대행위를 중지할 의무가 있음'을 선언한다.[40] 헤이그규정 제23(라)항은 어떠한 숙소도 제공되지 않는다는 내용의 선언을 금지하는 바[41], 이러한 선언은 로마규정 제8(2)(나)12)항의 전쟁범죄이기 때문이다.[42] 제1의정서 제40조는 비생존자 정책에 근거한 적대행위 및 적을 위협하는 것 모두를 분명히 금지한다.[43] 요점은 위협의 이행이나 실질적 결과에 관계없이 숙소를 제공하지 않는 기준은 금지된다는 것이다.[44] 경험에 의하면 무숙소정책의 위험은 군부대, 비정규군 및 이와 유사한 부속민병대 또는 정치단원에게 가장

36) Hague Regulations Respecting the Laws and Customs of War on Land, Annexed to Hague Convention(II) of 1899 and Hague Convention(IV) of 1907, *Laws of Armed Conflicts* 63, p.75, 83.
37) Rome Statute, *Supra* note 8, p.1007.
38) Protocol I, *Supra* note 4, p.646.
39) *Ibid.*
40) H. B. Robertson, 'The Obligation to Accept Surrender', 68 *ILS* 541, p.547 (J. N. Moore and R. F. Turner eds., 1995).
41) Hague Regulations, *Supra* note 36, p.83.
42) Rome Statute, *Supra* note 8, p.1007.
43) Protocol I, *Supra* note 4, p.646.
44) K. Dörmann, 'Preparatory Commission for the International Criminal Court: The Elements of War Crimes – Part II', 83 *IRRC* 461, p.465 (2001) 참조.

심각하다.[45]

(6) 군사자(軍使者)

헤이그규정 제32조는 '사자(使者)' 즉 항복조건 합의를 위해 전쟁중지 및 전장에서의 피해자 수거 등 적 부대 사령관과 협상을 주도하는 특사는 공격으로부터 자유롭다(트럼펫, 나팔, 드럼, 기수 또는 통역관 등).[46]

(7) 의료진

제네바협약(Ⅰ) 제24조는 부상자나 병자의 수색, 수거, 수송 또는 치료 및 질병 예방이나 의료부대관리 등에 종사하는 의료진은 어떠한 상황에서도 보호를 받는다고 규정한다.[47] '의료진'이란 표현은 군대의 의료봉사자를 의미하며 여기에는 내과의사, 외과의사, 치과의사, 약사, 병원노무원, 간호사, 병상 운반자, 앰뷸런스 기사, 요리사 및 청소부 등이 포함된다.[48]

제네바협약(Ⅱ) 제37조는 의료진이 적 수중에 들어간 경우에도 군대구성원의 의료를 맡고 있는 병원의료진은 보호되어야 함을 규정한다.[49] 제네바협약(Ⅰ) 제25조는 이들이 부상자 및 병자의 수용·운송 또는 치료와 간호사 또는 병상 수송병으로 충당하기 위하여 특별히 임무를 수행하려고 한 경우 보호를 받아야 한다고 한다.[50] 제네바협약(Ⅰ) 제26조는 국제적십자사의 직원 및 본국정부가 정당하게

45) J. de Preux, 'Article 40', *Commentary on the Additional Protocols* 473, p.476. 참조.
46) Hague Regulations, *Supra* note 36, pp.85-6.
47) Geneva Convention (Ⅰ), *Supra* note 18, p.384.
48) *Commentary, I Geneva Convention* 218-19(ICRC, J. S. Pictet ed., 1952) 참조.
49) Geneva Convention (Ⅱ), *Supra* note 19, p.414.
50) Geneva Convention (Ⅰ), *Supra* note 18, p.384.

인정한 독지구호단체의 직원으로서 제24조에 열거한 요원과 동일한 임무를 수행하는 자는 동조에 열거한 내용과 동일한 보호를 받는다고 한다.[51]

제네바협약 (Ⅳ) 제20조는 민간인 부상자 및 병자, 허약자 및 임산부의 수색·철수·수송 및 간호에 종사하는 자를 포함하여 민간병원의 문병 및 관리에 정규로 또는 전적으로 종사하는 자에게 유사한 보호를 인정한다.[52] 제1의정서 제15(1)항은 민간의무요원의 보호를 언급하는바[53], 동 의정서 제8(다)항에서는 '의무요원이란 교전국에 의해 의료목적, 의무부대관리 또는 의료수송 작전에만 종사하는 자를 의미하는 것'으로 정의한다.[54] 의료목적은 다양한 활동 즉 조산활동 등을 포함한다.[55]

그 기능이 무엇이든 의무요원은 군인이든 민간인이든 관계없이 충돌당사국에 소속되어 있어야 한다. 동 조항에서의 보호는 모든 의사에게 적용되는 것이 아니라 교전국을 위해 공인된 자세로 활동하는 자에 해당된다. 제네바협약 (Ⅰ)(제40조-41조)[56]과 제네바협약 (Ⅳ)(제20조)[57]는 보호받게 되는 의무요원은 특수표장이 된 적십자 휹장을 왼쪽 팔에 둘러야하며 특별 신분증명서를 휴대하여야 한다고 규정한다. 보다 상세한 내용은 동 의정서에 나와 있다(제18조 및 부속서Ⅰ, 제1-4조).[58] 제1의정서 제43(2)항에서 확인한 것처럼, 군대의 의무요원은 전투원이 아니다.[59] 제네바협약 (Ⅲ) 제33조에 의하면 이들은 전쟁포로가 아닌 전쟁포로를 지원하는 억류국에 의해 구류될 수 있다.[60] 수의요원은 의무요원으로서의 보호를 받지

51) *Ibid.*
52) Geneva Convention (Ⅳ), *Supra* note 3, pp.507-8.
53) Protocol Ⅰ, *Supra* note 4, p.635.
54) *Ibid.*, p.631.
55) Bothe, *Supra* note 31, p.99. 참조.
56) Geneva Convention (Ⅰ), *Supra* note 18, p.389.
57) Geneva Convention (Ⅳ), *Supra* note 3, pp.507-8.
58) Protocol Ⅰ, *Supra* note 4, pp. 636-7, pp.679-81.
59) *Ibid.*, p.647.
60) Geneva Convention (Ⅲ) Relative to the Treatment of Prisoners of War, 1949, *Laws of Armed Conflicts*, pp.442-3.

않으나, 그렇다고 이들이 특별한 보호대상에서 제외되는 것은 아니다.[61] 수의요원이 군에 속할 경우는 전투원으로 취급될 수 있다.[62]

(8) 종교요원

제네바협약 (Ⅰ) 제24조는 (의무요원과 마찬가지로) '군에 예속된 종교요원의' 보호를 규정하며[63], 제네바협약 (Ⅱ) 제37조는 해군의 정신적 직무에 필요한 종교요원을 언급한다.[64] 제1의정서 제15(5)항은 민간 종교요원의 보호범위를 확장하며[65], 동 제8(라)항은 '종교요원' 이라 함은 군목과 같이 전적으로 성직에 종사하는 자를 의미하며 이들은 충돌당사국의 군대, 의무부대 또는 의무수송차량 등에 속한 자이다.[66] 이러한 정의를 볼 때, 종교요원은 ① 전적으로 군목만이 아니며, ② 요원의 종교는 영적인 것이나, ③ 요원은 종교 이외의 기능을 수행할 수 없으며(의료도 동일), ④ 특정부대와 조직에 예속되어야 한다(임무는 일시적 또는 영구적일 수 있다).[67] 의무요원과 같이 종교요원은 적십자 표장을 해야 하며 특별한 신분증명서를 휴대하여야 한다.[68] 의무요원과 같이 군대의 종교요원은 전투원이 아니며(제1의정서 제43(2))[69], 따라서 전쟁포로가 될 수 없으나 전쟁포로를 지원할 목적의 억류는 가능하다(제네바협약(Ⅲ) 제33조).[70]

---

61) Geneva Convention (Ⅰ), *Supra* note 18, p.383 (Article 22(4)).
62) A. P. V. Rogers and P. Malherbe, *Model Manual on the Law of Armed Conflict* 88 (ICRC, 1999) 참조.
63) Geneva Convention (Ⅰ), *Supra* note 18, p.384.
64) Geneva Convention (II), *Supra* note 19, p.414.
65) Protocol Ⅰ, *Supra* note 4, p.635.
66) *Ibid.*, pp.631-2.
67) *Sandoz Supra* note 23, pp.127-8 참조.
68) Especially Protocol Ⅰ, *Supra* note 4, pp. 636-7, 679-81 (Article 18 and Annex Ⅰ, Article 1-4) 참조.
69) Ibid., 647.
70) Geneva Convention(III), *Supra* note 60, pp.442-3.

(9) 민간방위요원

제1의정서 제62조는 민간방위단체 및 그 요원에 대한 공격을 금지한다.[71] 제65조에 의하면 민간방위단체에의 복무가 강제적임을 이유로 이에 부여된 보호를 박탈하여서는 아니 된다.[72] 제67조는 민간방위단체에 배속된 군대구성원은 다음을 조건으로 보호된다. 즉 그러한 요원이 언급된 어떠한 임무수행을 위하여 영구적으로 배속되고 전담되는 경우이다.[73] 민방위는 주민을 보호하는 것으로서 그 임무는 제61(1)(가)항에 열거되어 있는바, 이에는 경고, 대피 및 구조, 대피소 및 등화관제조치의 관리, 소화 작업 등이다.[74] 등화관제조치 및 이와 유사한 것은 군사적 노력을 고양시킬 수 있으나 주민을 대상으로 한 경우 합법적 민방위 임무가 된다.[75] 민방위의 국제적 특징 표시는 동 의정서 상에서 나온 것이다.[76]

(10) 구호요원

제1의정서 제71(2)항에 따라 구호품의 수송 및 분배에 참여하는 요원은 보호되어야 한다.[77] 그러나 제71(1)항은 그러한 요원의 참여는 그들이 자신의 임무를 수행할 영역이 속하는 당사국의 승인에 따를 것을 조건으로 한다고 강조한다.[78] 이것은 지역통제를 실질적으로 행사하는 당사국을 의미하는 것으로 해석되어야 한다.[79]

---

71) Protoco l Ⅰ, *Supra* note 4, p.659.
72) *Ibid.*, pp.660–1.
73) *Ibid.*, pp.661–2.
74) *Ibid.*, p.658.
75) B. Jakovlevic, *New International Status of Civil Defence as an Instrument for Strengthening the Protection of Human Rights* 35–6 (1982) 참조.
76) Protocol Ⅰ, *Supra* note 4, pp. 661, pp.684–6 (Article 166 and Article 14–15 of Annex Ⅰ).
77) *Ibid.*, p.664.
78) *Ibid.*, pp.663–4.
79) Y. Sandoz, 'Article 71', *Commentary on the Additional Protocols* 831, p.833 참조.

(11) 기자

제1의정서 제79조는 무력충돌 지역 내에서 위험한 직업적 임무에 종사하는 기자들이 민간인으로 간주되어 보호되어야 한다고 한다.[80] 이들은 기자로서의 지위를 증명하는 신분증명서를 소지할 수 있다.[81] 종군기자에 관한 언급은 헤이그규정 제13조[82] 및 전쟁포로의 지위에 관한 내용인 제네바협약 (Ⅲ) 제4(가)(4)[83]에서 이미 나와 있다. 공인여부와 관계없이 기자는 민간인이며 따라서 이들이 군대와 동행한다고 하여 그 지위를 상실하는 것은 아니다.[84] 이것은 사진기자, 방송카메라맨, 음향 기술자 등을 포함한 모든 매체요원에게 적용된다.[85]

7.1.2 보호 중지

성폭행에 대한 어린이 및 부녀자의 보호는 전적으로는 아니지만 고문에 대한 전반적인 보호의 경우처럼 절대적이다. 이와 달리 기타 유형의 공격(사망, 피해, 고통을 야기할 수 있는)은 관련자가 자신의 면제 지위를 남용하지 않을 경우를 조건으로 해서만 금지된다. 어린이나 부녀자와 같이 특별한 보호 대상에 속하는 사람이 적대행위에 가담 시, 정상적인 공격으로부터 어떠한 면제도 원용할 수 없다.

보호 중지되는 행위는 한 가지가 아닌 다양한 유형을 갖고 있다는 특징이 있다.

80) Protocol Ⅰ, *Supra* note 4, p.669.
81) *Ibid.,* 669, 687 (Article 79(3) and Annex (Ⅱ).
82) Hague Regulations, *Supra* note 36, p.79.
83) Geneva Convention (Ⅲ), *Supra* note 60, pp.423, p.431.
84) H.-P. Gasser, 'Article 79', Commentary on the Additional Protocols 473, p.476 참조.
85) H.-P. Gasser, 'Protection of the Civilian Population', *Handbook* 209, p.228 참조.

따라서 제1의정서 제51조(3)항에 따라 민간인 보호가 부여되는데, 단 당시 이들이 직접 적대행위에 가담하지 않을 경우이다.[86] 동 의정서 제8(가)항 및 (나)항에 따라 부상자, 병자 및 조난자는 그 정의상 적대행위를 하지 않는 자이다[87](육체적으로 부상을 당했으나 사격을 계속할 경우 동 의정서상의 의미에서는 부상자가 아니다).[88] 제41(2)항은 전투력 상실자의 적대행위 금지를 요구한다.[89] 그리고 제42(2)항은 조난당하여 항공기에서 낙하산으로 적 통제영토에 착륙된 자에게는 이들이 명백한 적대행위에 가담하지 않는 한 항복기회가 주어져야 한다.[90] 이것은 적극적 적대행위 금지문제에 대한 하나의 유형인 것이다.

다른 면으로 보면 사용유형이 상이한바, 구조요원은 임무조건을 초과해서는 안 된다 (제71(4)항).[91] 기자에 관하여 제1의정서 제79(2)항은 민간인으로서 자신의 지위에 불리하게 영향을 미치는 어떠한 행위도 해서는 안 된다고 한다.[92] 적대행위 금지 이외의 가장 공통적인 용어는 '적에게 유해한 행위' 의 배제이다. 따라서 제네바협약 (Ⅰ) 제21조는 의무부대가 인도적 임무로부터 이탈하여 적에게 유해한 행위를 할 경우 보호는 중지된다.[93] 동일한 내용이 동 의정서 제13(1)항 민간의무요원의 보호중지에도 해당된다.[94] 마찬가지로 동 의정서 제65(1)항은 고유의 임무에서 일탈하여 적에게 유해한 행위를 하는 민간민방위단체와 그 요원에 대한 보호는 중지된다.[95] 분명히 '적에게 유해한 행위' 이란 것은 다음과 같이 적대행위 사항보다 그 범위가 넓다.

---

86) Protocol Ⅰ, *Supra* note 4, p.651.
87) *Ibid.,* p.631.
88) Sandoz, *Supra* note 23, p.118. 참조.
89) Protocol Ⅰ, *Supra* note 4, p.646.
90) *Ibid.*
91) *Ibid.,* p.664.
92) *Ibid.,* p.669.
93) Geneva Convention (Ⅰ), *Supra* note 18, p.383.
94) Protocol Ⅰ, *Supra* note 4, p.634.
95) *Ibid.,* p.660.

"유해한 이란 정의는 매우 광범위하며, 이는 적에게 직접적으로 해가되는, 예를 들면 사격뿐만 아니라 고의적으로 군사작전을 방해하는 것도 해당된다."[96]

적에게 유해한 것으로 간주되어서는 안 되는 여러 행위유형을 관련협약에서 언급하고 있는바, 비유해행위 내용은 제네바협약(Ⅰ) 제22조에 열거하고 있고 의무요원에 관하여는 동 의정서 제13(2)항에서 일부 개정되었다.[97] 즉 ① 부대요원이 자신 또는 그들 책임 하에 있는 부상자 및 병자의 방어를 위한 개인용 소화기를 휴대하는 것, ② 동 부대가 초병, 보초 또는 호위병에 의해 방어되는 것, ③ 부상자와 병자로부터 수거되었거나 아직 적절한 기관에 인계되지 못한 소화기, 탄약 등이 부대 내에서 발견되는 것, ④ 군대구성원 또는 기타 전투원이 의료상의 이유로 동 부대 내에 있는 것 등이다.[98]

적에게 유해한 것으로 간주되지 않는 다양한 범주의 행위유형이 동 의정서 제65(2)-(3)항에 나와 있다. 즉, ① 민방위 임무가 군당국의 지시 또는 그 지배 하에서 수행되는 것, ② 민간 민방위요원이 민방위 임무수행에 있어서 군요원과 협동하는 것, ③ 민방위 임무의 수행이 부수적으로 군인 희생자들에게 이익을 주는 것, ④ 질서유지 또는 자위를 위하여 개인용 화기를 휴대하는 것 등이다.[99] 제13(2) 및 제65(3)항에 있는 '개인용 소화기'란 표현은 '일반적으로 개인이 사용하는 무기'를 의미하며 이에는 수중총도 포함된다(자동소총과 같은 중화기는 제외).[100] 흥미로운 것은 무기휴대권리가 민간요원에게도 있다는 것이다.[101]

---

96) Y. Sandoz, 'Article 13', *Commentary on the Additional Protocols* 173, p.175.
97) Geneva Convention (Ⅰ), *Supra* note 18, p.383.
98) Protocol Ⅰ, *Supra* note 4, pp.634-5.
99) *Ibid.,* p.660.
100) Sandoz *Supra* note 96, p.178.
101) *Ibid.,* p.177.

적대행위 가담에 관하여, 허용되지 않는 행위의 정확한 내용은 보호를 통하여 이익을 향유하는 집단의 성격이나 상황에 따라 다르다. 전의를 상실한 자가 여전히 전투에 가담하거나 직접 전투행위를 지원하는 경우는 적대행위가 된다.[102] 또한 제41(2)항에 규정된 것처럼, 이들은 탈출을 시도해서는 안 된다.[103] 민간인과 관련하여서는 다음과 같이 규정한다.

> "적대행위란 단어는 민간인이 실제로 무기사용을 하는 시간뿐 아니라 무기를 사용하지 않고 적대행위를 하는 상황 및 무기를 휴대하고 있는 시간까지 해당된다고 보인다."[104]

적대행위에 직접 가담하는 것과 전쟁준비에 참가하는 것과는 분명한 차이가 있다.[105] 본질적으로 적대행위에 가담하는 것은(민간인의 지위부정) 군사작전에의 참여를 암시한다.[106] 탄약 공장에서 일하는 민간인은 이들이 군사목표가 되는 장소에 있다는 위험에 직면해 있다하더라도 민간인 지위가 중단되거나 일반적 보호대상에서 제외되는 것도 아니다.[107]

민간인 보호를 받을 수 있는 민간인이 사냥 및 기타 여가 목적으로 경화기를 소유할 수 있는가? 이에 대한 답변은 긍정적이나, 단 이들 무기가 의심이 되는 상황에 사용되지 않을 경우이다. 강도나 약탈자에 대한 민간인의 자위는 인정되나, 군사작전지역 인근에 있는 민간인이 아프가니스탄에서의 적대행위 경우처럼 공개적

102) W. A. Solf, 'Article 41', *New Rules* 218, p.223.
103) Protocol Ⅰ, *Supra* note 4, pp.646.
104) C. Pilloud and J. Pictet, 'Article 51', *Commentary on the Additional Protocols* 613, pp.618-19.
105) *Ibid.,* p.619.
106) R. W. Gehring, 'Loss of Civilian Protections under the Forth Geneva Convention and Protocol Ⅰ', 19 *RDMDG* 9, p.19 (1980) 참조.
107) W. A. Solf, 'Article 51', *New Rules* 296, p.303. 참조.

으로 무기를 과시하거나 축제 시, 이를 사용할 경우 이러한 행위는 위험이 따르기는 하나 전투원은 이들이 무슨 일인지를 잘 모르는 경우에는 비난될 수 없다. 사냥 및 여가 목적으로 무기사용을 하는 무고한 민간인 활동을 안정될 때까지 연기되어야 한다.

7.2 문화재 및 예배장소

7.2.1 개요

문화재 및 예배장소는 가장 명백한 민간목표에 속하며 이는 전시 공격표적이 되어서는 안 된다. 제1의정서 제52(3)항은 민간목표로서 학교 및 예배장소를 명백히 언급한다.

> "예배장소, 가옥이나 기타 주거 또는 학교와 같이 통상적으로 민간목표에 전용되는 물건이 군사행동에 효과적인 기여를 하기 위하여 사용되는지의 여부가 의심스러운 경우에는 그렇게 사용되지 아니하는 것으로 추정된다."[108]

분명히 상기조항에서 언급한 추정은 논란이 될 수 있는바, 다시 말하면, 학교

108) Protocol I, *Supra* note 4, pp.652.

및 예배장소는 이들이 군사작전에 효과적인 기여를 하는데 사용될 경우 군사목표가 될 수 있다는 것이다. 전쟁법상 문화재 및 예배장소는 특별한 보호대상이다. 왜냐하면 이들이 민간목표일 뿐만 아니라 신앙인의 숭배지이며 심오한 영감을 불러일으킬 수 있는 곳이기 때문이다. 고의적으로 문화재에 피해를 야기할 경우 이러한 공격으로 향후 고아세대를 초래하게 하거나 존재의 근원 자체를 이해할 수 없게 될 수 있다.[109] 문화재 및 예배장소를 공격으로부터 보호하는 전반적인 원칙은 1899년에 최초로 확인되었으나 구체적인 보호문제는 그 이후로 상당히 발전되었다. 지금부터 이들의 기원을 추적하고 그 주요 차이점을 살펴보고자 한다.

7.2.2 1954년까지의 법적지위

7.2.2.1 일반적 보호

육전, 해전 및 공전시의 폭격 조건상 문화재 및 예배장소 보호를 다루기 이전에, 점령 지역에서 이들이 향유하는 보호의 범위를 검토하는 것이 유용하다. 1899년 및 1907년 헤이그규정은 점령지역에서의 문화재 및 종교건물에 대한 다양한 보호를 부여하는바, 헤이그규정 제56조는 종교, 자선 및 교육, 기예와 과학에 사용되는 건물의 재산을 언급하면서 이러한 속성을 가진 건물이나 역사적 기념물 및 예술과학 작품에 대한 악의적인 파괴나 손상을 금지한다.[110] 이는 그 형태가 다양한바, 인용된 내용과의 비교목적상 동 보호는 ① 고정 재산뿐 아니라 예술과학 작품

109) H. Abtahi, 'The Protection of Culture Property in Times of Armed Conflict: The Practice of the International Criminal Tribunal for the Former Yugoslavia', 14 *HHRJ* 1, p.2 (2001).
110) Hague Regulations, *Supra* note 36, pp.91-2.

도 포함하며, ② 특정 지역에 한정된 것도 아니라는데 관심을 둘만하다.

(1) 육전(陸戰)

폭격조건상 육전 시, 문화재 및 예배장소의 보호는 1899년 헤이그규정 제27조에서 처음 도입되어 1907년에 보다 발전적으로 개정되어 다음과 같이 선언한다.

> "예배, 기예, 과학 또는 자선 목적에 제공되는 건물, 역사적 기념물, 병원 및 병자 및 부상자 수거장소는 이들이 당시 군사목적으로 사용되지 않는 한, 포위 및 폭격 시, 이들을 보호하는데 필요한 모든 조치를 취하여야 한다. 포위가 된 자는 이러한 건물의 존재나 장소를 명확히 식별할 수 있도록 표시하며 적에게 통고해야 하는 것이 그 의무이다."[111]

1899년 및 1907년 규정상의 주요 차이는 개정 규정에 '역사적 기념물'을 추가한 것이다. '예배에 사용되는 건물'이란 표현에는 종파에 관계없이 모든 예배장소가 포함된다(교회, 회교사원, 유대교 등).[112] 점령지역에 적용되는 제도와 비교하여 육전시의 폭격에 문화재 및 종교재산이 제외된다고 해서 이동이 가능하거나 절대적으로 원거리에 있는 재산까지 포함하지는 않는다. 또한 폭격 시, 교전국이 해야 하는 것은 가능한 한 문화재 및 예배장소를 구하기 위하여 필요한 조치를 취하여야 한다는 것이다. 이러한 보호는 문제의 대상이 당시 군사적 목적에 사용되어서는 안 된다는 것을 조건으로 한다.

---

111) *Ibid.*, p.84.

112) W. I. Hull, *The Two Hague Conferences and Their Contributions to International Law*, pp.253-4 (1908) 참조.

(2) 해전(海戰)

해상으로부터의 연안폭격은 1907년 헤이그협약 (IX) 제5조에 의해 다음과 같이 규율된다.

> "해군에 의한 폭격 시, 지휘관은 가능한 한 성전, 기예, 과학 또는 자선목적에 사용되는 건물, 역사적 기념물, 병원 및 부상자와 병자수용 등이 당시 군사목적으로 사용되지 않는 한 이들을 구하기 위하여 필요한 모든 조치를 취해야 한다. 이러한 기념물, 건물 또는 장소를 육안으로 볼 수 있게 표시하는 것은 주민의 의무이다."[113]

'성전' 이라고만 특별히 언급한 영어상의 문구는 잘못된 것이며, 최초 프랑스 원본에서는 육전에서 언급된 내용과 동일하게 표현되고 있다.[114] 성전은 교회나 기타 예배장소 등을 말한다. 육전과 유사하게 이동성 재산은 연안 폭격에서 제외되지 않으며 이와 동시에 보호대상이 군사목적으로 사용되지 않아야 한다는 불가피한 조건에 따라야 한다. 1907년 헤이그협약 제14조는 다음과 같이 언급한다.

> "예배, 과학 및 박애 목적의 선박은 나포를 면한다."[115]

상기 조항에서는 이들 선박이 단지 나포만을 면하기 때문에 이들이 공격으로부

113) Hague Convention(IX) Concerning Bombardment by Naval Forces in Time of War, 1907, *Laws of Armed Conflicts* 811, p.813.
114) 헤이그규정 제27조 및 헤이그협약 (IX) 제5조의 비교에 관하여는, J. B. Brown, 2 *The Hague Peace Conferences of 1899 and 1907(Documents)* 388, p.440 (1909) 참조.
115) Hague Convention(?) Relative to Certain Restrictions with Regard to the Exercise of the Right of Capture in Naval War, 1907, *Laws of Armed Conflicts* 819, p.821.

터도 면하게 된다는 것은 의문이 없다.[116] 동 협약 제3조의 '마찬가지로' 란 부사를 통해서보면 어선 및 연안무역선은 나포에서 면제되나, 이들이 적대행위에 가담하면 그 면제는 중단된다는 것이다.[117] 결과적으로 추가조항이 제4조에서 수용되어야 했다.[118] 헤이그협약 상 과학조사선박에 대한 언급은 관습국제법에 따라 이해되어야 하는바, 이는 비군사적 과학조사선박에 한정되는 것으로 최근의 산레모 매뉴얼에도 동일하게 언급되었다.[119]

(3) 공전(空戰)

1923년 헤이그공전법규 제25조는 다음과 같이 언급한다.

> "항공기에 의한 폭격 시 공공의 예배, 기예, 학술 또는 자선에 사용되는 건물, 역사적 기념물, 병원선, 병원과 병자 및 부상자의 수용소는 상기 건물 또는 장소가 동시에 군사상의 목적에 사용되지 않는 한 피해가 되지 않도록 지휘관은 필요한 모든 수단을 취하여야 한다."[120]

또한 이동성 재산은 보호를 면하며 당시 군사목적에 사용되지 않는다는 것을 조건으로 한다. 중요한 역사적 기념물에 대한 특별한 보호를 제26조에서 부과한다. 단, 관계국은 이러한 기념관 및 주변지역을 군사목적으로 사용해서는 안 되며 평시 타방 당사국에게 이러한 지역 주변에 있는 기념물을 통고 및 감시해야 한다.[121]

---

116) L. Doswald-Beck, 'Vessels, Aircraft and Persons Entitled to Protection during Armed Conflicts at Sea', 65 *BYBIL* 211, pp.251-2 (1994) 참조.
117) Hague Convention (XI), *Supra* note 115, p.820.
118) I. A. Shearer, '1907 Hague Convention XI Relative to Certain Restrictions with Regard to the Exercise of the Right of Capture in Naval War', *The Law of Naval Warfare: A Collection of Agreements and Documents with Commentaries* 173, pp.185-6 (N. Ronzitti ed., 1988).
119) *San Remo Manual, Supra* note 29, pp.132-3.
120) Hague Rules of Air Warfare, *Supra* note 33, p.211.
121) Ibid., pp.211-12.

7.2.2.2 지방 문화재 보호

1935년 범 미주연합은 기예 및 역사적 기념관 보호에 관한 조약을 채택하였으며[122], 동 협약 제1조는 다음과 같이 선언한다.

> "역사기념관, 박물관, 기예 및 교육문화관은 중립으로 간주하여 교전국의 존중과 보호를 받아야 한다. 동일한 존중과 보호는 상기에서 언급한 대상의 요원에게도 적용된다."[123]

동 협약 제3조는 보호되는 기념관 및 시설을 나타내는 식별기 게양을 언급한다.[124] 보호대상 명단은 제4조에 따라 범 미주연합 체약당사국에게 보내야 한다.[125] 제5조는 이러한 기념관 및 시설 등은 '이들이 군사목적으로 사용될 경우' 그 지위를 상실한다고 한다.[126] 동 협약은 미주에서 여전히 유효하며, 1954년 헤이그협약 제36(2)항은 미주협약의 내용을 보충한다.[127] 그러나 범 미주협약은 다음과 같은 결함이 있다.

(1) 예배장소와는 관계가 없다(이들이 역사적 기념관이 아닐 경우).[128]

(2) 이동성 재산에는 적용되지 않는다(동 재산이 보호 박물관 및 시설 내에 있는 경우는 제외).[129]

---

122) Treaty on the Protection of Artistic and Scientific Institutions and Historic Monuments (Roerich Pac), 1935, *Laws of Armed Conflicts* 737.
123) *Ibid.*, p.738.
124) *Ibid.*
125) *Ibid.*
126) *Ibid.*
127) Hague Convention for the Protection of Cultural Property in the Event of Armed Conflict, 1954, *Laws of Armed Conflicts* 745, pp.757-8.
128) K. J. Partsch, 'Protection of Cultural Property', *Handbook* 377, 383 참조.
129) K. Dörmann, 'The Protection of Cultural Property as Laid Down in the Roerich-Pact of 15 April 1935', 6 *Hum.* V. 230, id. (1993) 참조.

(3) 문화재로 존중과 보호를 받아야 하는 범위가 구체화되지 않았다.[130] 특히 공격으로부터의 면제를 특별히 언급하지 않는다.

한편 동 협약은 헤이그 문화재협약보다 상당한 이점을 갖고 있는바, 즉 (1) 반드시 대단히 중요한 기념관 및 시설에만 국한하지 않는다. (2) 군사적 필요로 간주되지 않음을 조건으로 문화재에 대한 보호가 부여된다(기념관 및 시설이 군사목적에 사용될 경우 그 보호는 상실됨). (3) 보호는 문화시설요원에게도 인정된다.

7.2.3 1954년 문화재협약

유네스코에서 채택된 무력충돌 시, 문화재보호에 관한 1954년 헤이그협약 제1(가)항은 문화재를 다음과 같이 정의한다.

(1) 종교적이든 비종교적이든 건축, 예술 또는 역사기념관, 고고학적, 역사적 또는 예술적 가치가 있는 건물, 예술작품, 원고, 서적 및 기타 예술, 역사 또는 고고학적 관심이 되는 기타 대상, 과학자료 및 수집된 중요서적이나 고문서

130) *Ibid.*, p.231.

또는 재생된 것으로 모든 사람에게 대단히 중요한 이동성 또는 비이동성 문화유산.

(2) 박물관, 대형도서관, 고문서보관소, 전시피난민거처 등 주요한 목적이 (1)항에 정의된 이동성문화재를 보존 및 전시하는 건물 및 (1)항에 정의된 이동성 문화재.

(3) (1)항과 (2)항에 정의된 '기념물 센터' 로 알려진 대규모 문화재가 있는 곳.[131]

이 정의는 매우 광범위하여 여러 문화재 즉 이동성 및 비이동성에 관계없이 초기내용에는 언급되지 않았던 사항들까지 적용된다(이들이 종교 기념물에 해당하지 않는 한). 더욱 중요한 것은 동 정의가 모든 문화재 영역까지 적용되지 못하는 바, 이는 상당히 중요한 문화유산 품목에만 국한되어 있기 때문이다. 여기에서의 '상당히 중요한' 이란 개념은 주관적일 수 있는데, 이는 문화재 중요성 측정의 객관적 기준이 없기 때문이다.[132]

동 협약 서문에서는 "특정인에 속하는 문화재의 손상은 바로 모든 인류의 문화유산 손상을 의미하는데, 이는 각자가 세계문화에 기여하기 때문이다"라고 설명한다.[133] 분명히 모든 사람의 문화유산이라는 것은 즉 개별국가가 이를 자국의 문화유산 일부로 간주한다는 것을 말한다.[134] 문제는 협약 범위에 들어가는 어떤 재산에 대하여 어떠한 보호를 해야 하는가이다. 일반적 보호는 제4(1)항에 다음과 같이 규정하고 있다.

---

131) Hague Cultural Property Convention, *Supra* note 127, pp.747-8.

132) J. Toman, *The Protection of Cultural Property in the Event of Armed Conflicts: Commentary on the Convention* 50 (UNESCO, 1996) 참조.

133) Hague Cultural Property Convention, *Supra* note 127, p.747.

134) R. O'Keefe, 'The Meaning of "Cultural Property" under the 1954 Hague Convention', 46 *NILR* 26, p.36 (1999) 참조.

"체약당사국은 전시 파괴나 손상되기 쉬운 문화재 보호에 사용되는 기구나 문화재의 사용금지 및 동 문화재에 대한 직접적 적대행위를 금지하여 타방 체약국 영토 내에 있는 문화재를 자국 영토 내에 있는 문화재와 동일하게 존중해야 한다."[135]

보호의 가장 중요한 부분은 마지막 부분의 적대행위에 대한 보호에서 찾을 수 있다. 그러나 제4(2)항에서 체약당사국의 의무를 가볍게 규정하고 있다는 데에 문제가 있다.

"본 협약 제1항에 언급된 의무는 군사적 필요가 불가피하게 요구될시 포기될 수 있다."[136]

군사적 필요와 불가피한 요구로 문화재 보호를 할 수 없다면 공격군은 거의 모든 것을 군사적 필요상 불가피한 것으로 간주하는 경향이 있기 때문에 '가능한 한' 이라는 권고 내용 이후 실질적인 진전이 이루어진 것은 없었다. 또한 교전당사국이 경미한 군사적 필요로 문화재에 대한 잠재적 손상에 비중을 두면서도 공격을 결정할 수 있다. 따라서 1991년 적대행위 시, 미국은 우르(Ur)의 고대 사원에 인접해 있는 이라크 전투기 공격을 선택하지 않았다. 물론 이 경우 항공기는(장비나 활주로도 제 기능을 하지 못함) 기동이 불가하여 사원에 손상을 줄 위험성도 없었다.[137] 그러나 근처에 작전용 활주로가 있었다면 불가피한 군사적 필요성 요구로

135) Hague Cultural Property Convention, *Supra* note 127, p.748.
136) *Ibid.*
137) V. A. Birov, 'Prize or Plunder: The Pillage of Works of Art and the International Law of War', 30 *NYUJILP* 301, p.234 (1997-8) 참조.

이러한 규제가 무시될 수 있고, 그 결과 군사적 필요의 묵시적 수용으로 회복할 수 없는 피해를 기념물에 줄 수 있다.[138] 동 협약 제8(1)항은 일부 문화재에 대한 특별보호제도를 도입하고 있다.

> "기념물 센터 및 매우 중요한 기타 비이동성 문화재 중 전시 이동성 문화재를 보호하는데 쓰이는 제한된 수의 보관소 등은 다음을 조건으로 특별한 보호를 받을 수 있다.
>
> (1) 공항, 방송국, 국토방위에 관련된 시설, 상대적 중요성이 있는 항구나 철도 또는 통신선 등과 같은 중요 군사목표나 대형 산업 시설에서 적당한 거리에 있는 경우
>
> (2) 이들이 군사목적에 사용되지 않는 경우"[139]

특별한 보호는 매우 중요한 제한된 대상에게만 가능하다. (제1(가)항의 일반적 정의에 있는) 대단히 중요한 것과 (제8(1)항에 있는) 상당히 중요한 이라는 의미를 비교하기는 대단히 어렵다. 그러나 어쨌든 특별한 보호는 제8(6)항에 따라 국제등록국에 등록된 문화재가 해당된다.[140]

당해 문화재가 중요 군사목표근처에 있는 경우 제8(5)항에 따라 특별보호를 받게 된다. 단 관련 당사국이 이를 군사목표로 사용하지 않음을 조건으로 한다(그리

138) J. H. Merryman, 'Two Ways of Thinking about Cultural Property', 80 *AJIL* 831, pp.838-40 (1986) 참조.
139) Hague Cultural Property Convention, *Supra* note 127, pp.749-50.
140) *Ibid.*, p.750.

고 항구, 철도역 또는 공항의 경우 이로부터 모든 교통을 우회시키는 것).[141] 제10조는 문화재 식별표시(제16조에서 지정됨[142]) 및 국제통제에 개방됨을 요구한다.[143] 일단 등록이 되면 적대행위로부터 동 문화재는 특별한 보호를 받게 된다(제9조).[144]

유감스럽게도 특별한 보호는 완벽하지 않은바, 따라서 제11(2)항은 일부상황에서 그 면제가 철회될 수 있다고 규정한다.

> "피할 수 없는 군사적 필요상 예외적인 경우 및 이러한 필요가 계속되는 경우 이들 문화재는 특별한 보호에서 제외될 수 있다. 이러한 필요성은 포획군사령관에 의해 설정될 수 있다. 상황 허용 시, 타방당사국은 면제 철회결정을 합리적인 시간 내에 미리 통고 받아야 한다."[145]

제11(2)항은 제4(2)항보다 더 제한적인바, '예외적' 및 '피할 수 없는' 이란 형용사가 부사 '불가피하게' 를 대신한다. 특별한 보호철회 재량성은 일반적 보호 포기보다 더욱 제한적으로 보인다.[146] 여전히 그 의미차이가 실질적인 결과에 영향을 미치는가에 관하여는 의문의 여지가 있다.[147] 동 협약 입안자들은 특별보호 철회요구 사령관을 상대적으로 상급제대 사령관으로 하는데 중점을 두었다.[148] 그러나 특별보호를 받는 문화재라고 해서 그리고 이들이 상당히 중요하다하여도 공격과 파괴로부

141) *Ibid.*
142) *Ibid.*, p.752.
143) *Ibid.*, p.750.
144) *Ibid.*
145) *Ibid.*, p.751.
146) Toman, *Supra* note 132, pp.145–6 참조.
147) S. E. Nahilk, 'La Protection Internationale des Biens Culturels en Cas de Conflit Arme', 120 *RCADI* 61, p.132 (1967) 참조.
148) Toman, *Supra* note 132, p.146 참조.

터 완전한 면제를 보장받지 못한다는 것은 사실이다.[149] 특별보호는 일반보호에 비교하여 특별한 이점이 없다고 주장되어 왔다.[150] 이와 유사하게 특별보호란 문구가 일반보호보다는 다소 만족스러운 정도로 이해되어야 한다. 따라서 등록국이 사실상의 특별보호 문화재를 여섯 개만 설정했다는 것은 놀라운 일이 아니다.[151]

7.2.4 1977년 제1의정서

1977년 제1의정서가 채택되었을 때, 민간목표와 군사목표를 이분화하려는 새로운 제도로 1954년 협약상의 군사적 필요성 의존도를 배제하려 하였다. 동 의정서 제53조는 다음과 같다.

> "무력충돌의 경우에 있어서 문화재 보호를 위한 1954년 5월 14일자 헤이그 협약의 제규정 및 기타 관련 국제협약의 제 규정을 침해함이 없이 다음 사항은 금지된다.
>
> (1) 국민의 문화적 또는 정신적 유산을 형성하는 역사적 기념물, 예술작품 또는 예배장소를 목표로 모든 적대행위를 범하는 것.
>
> (2) 그러한 대상을 군사적 노력을 지원하기 위하여 사용하는 것."[152]

---

149) S. E. Nahilk, 'Protection of Cultural Property', *International Dimensions of Humanitarian Law* 203, p.209 (UNESCO, 1998) 참조.

150) T. Desch, 'The Convention of the Protection of Cultural Property in the Event of Armed Conflict and Its Revision', 11 *Hum.* V. 103, p.106 (1998).

151) J. Symonides, 'Towards the Amelioration of the Protection of Cultural Property in Times of Armed Conflict: Recent UNESCO Initiatives Concerning the 1954 Hague Convention', 2 *Hector Gros Espiell Amicorum Liber* 1533, p.1534 (1997) 참조.

152) Protocol, *Supra* note 4, p.652.

'침해함이 없이' 란 문구는 헤이그 문화재협약에서 설정된 법률제도가 타당하다는 것을 분명히 한다. 문화재협약을 모든 면 특히 군사적 필요성 철회 등에 계속적으로 적용하는 것은 동 의정서 상, 모든 민간 목표에 대한 보호를 보장할 수 없기 때문에 다소 어려움이 있다. 공격 정당화로서의 군사적 필요성 추론은 동 의정서 상, 모든 체약당사국에게 금지되어야 한다. 그러나 '침해함이 없이' 란 용어의 결과로 군사적 필요성 의존은 협약당사국인 동 의정서 체약당사국에게 개방되어 있다.[153)]

동 의정서 제53조는 보호대상에 대한 적대행위를 금지한다. 그러나 동 보호는 모든 역사적 기념물, 예술작품 및 예배장소가 아닌 '국민의 문화적 또는 정신적 유산을' 형성하는 대상에만 국한된다.[154)] 이러한 표현은 지리적 경계를 초월하는 대상에까지 적용되는 것으로 가치가 있다고 보이며, 따라서 이는 그 성격상 선천적으로 국민의 역사 및 문화와 관련이 된다.[155)] 제53조상의 보호제한은 문화재 보호대상 특히 국민의 문화적 또는 정신적 유산을 형성하는 기준을 충족시키지 못하는 예배장소와 같은 대상에 관하여는 심각한 문제가 제기된다.[156)] 이 문제는 동 의정서 내용을 기초한 외교회의에서도 장기간 논의되었다.[157)] 분명히 모든 예배장소, 역사적 기념물 및 예술작품은 민간목표가 된다. 그렇다면 제53조 범주에서 일부를 제외한 그 배후의 철학은 무엇인가? 국제적십자위원회는 이에 대한 공식적인 논평을 통해 다음과 같이 제시한다.

"제53조에 의하면, 관련 대상이 군사목표가 되지 않으며 따라서 파괴가 금지되

153) H. Fischer, 'The Protection of Cultural Property in Armed Conflicts: After the Hague Meeting of Experts', 6 *Hum.V.* 188, p.190 (1993) 참조.
154) C. F. Wenger, 'Article 53', *Commentary on the Additional Protocols* 639, p.640 참조.
155) *Ibid.*, p.646.
156) G. M. Mose, 'The Destruction of Churches and Mosques in Bosnia-Herzegovina: Seeking a Rights-Based Approach to the Protection of Religious Cultural Property', 3 *BJIL* 180, pp.203-4 (1996-7) 참조.
157) W. A. Solf, 'Article 53', *New Rules* 328, pp.331-2 참조.

는 특별한 보호를 규정한다. 동 보호는 민간목표에 부가된 추가 면제사항으로, 모든 예배장소는 이의 중요성에 관계없이 제52조상의 보호를 향유한다."[158]

국민의 문화적 또는 정신적 유산을 형성하는 예배장소, 역사적 기념물 및 예술작품을 모든 민간목표에 부여되는 일반보호와 비교하여 볼 때 무엇이 수반되어야 하는가? 제53조상의 특별보호가 (2)항을 위반하고 군사노력을 지원하는데 활용되는 보호 장소에까지 적용되는가? 솔프(Solf)는 지적하기를, 제53조는 남용 시, 보호중지가 된다는 것을 분명히 하고 있지 않다고 한다.[159] 그럼에도 불구하고 군사적 노력지원 시, 그 대상을 활용함으로써 보호를 상실하게 된다는 헤이그규정 제27조의 경고에 대한 명백한 보증으로 이를 기타 관련 국제협약의 제 규정에 해당하는 것으로 제53조상의 '침해함이 없이' 란 문구를 해석한다.[160]

본인의 견해로는 제53조 특별보호규정 특성이해의 중점은 보호대상이 군사적 노력 지원 시, 사용되는 경우에만 면제를 상실하게 된다는 것이다. 여기에서 적군의 도하 유일수단인 '문화적 교량' 의 예를 인용하면 그 이해가 더욱 빠르다.[161] 문화재 보호협약 상, 이러한 특성이 있는 교량은 그 문화적 성격에 관계없이 불가피한 군사적 필요성이라는 이유로 파괴될 수 있다.[162] 이와 동일하게, 동 의정서 제52(2)항에 따라 이를 적이 실제로 사용하기 전에라도 이러한 교량은 공격을 받을 수 있는데[163], 이는 통상의 민간목표가 그 위치로 인하여 군사목표가 될 수 있기 때

158) Wenger, *Supra* note 155, p.647.
159) W. A. Solf, 'Cultural Property, Protection in Armed Conflict', 1 *EPIL* 892, p.896.
160) Ibid,; Solf, *Supra* note 158, pp.332-3 참조.
161) A. P. V. Rogers, *Law on the Battlefield* 92 (1996).
162) *Ibid.*
163) Protocol , *Supra* note 4, p.652.

문이다.[164] 이와는 달리 교량이 제53상의 역사적 기념물 또는 국민의 문화유산 일부를 형성하는 예술작품일 경우 특별보호가 부여된다. 따라서 동 교량에 대한 공격을 자동적으로 할 수는 없다.[165] 일정 장소가 과거에 전투원이 이를 사용했다고 해서 공격 받지는 않는다. 단, 동 장소가 현재 더 이상 그러한 목적으로 사용되지 않는다는 것을 조건으로 한다.[166] 또한 향후 적의 행동에 대한 예방조치로 그 보호를 중지할 수는 없다.[167] 일부 군사조치가 적 행동을 예상하여 취해질 수 있으나(폭파는 하지 않고 폭약만 설치) 교량은 적의 군사적 노력지원에 사실상 사용될 경우 파괴될 수 있다.[168]

적의 사용으로 인류의 문화적 또는 정신적 유산을 형성하는 특정장소의 보호 상실 문제는 해결하기 어려운 난제가 될 수 있다. 이러한 어려움은 2002년 이스라엘이 직면하였는바, 즉 팔레스타인 전투 집단이 베들레헴에 있는 유명한 나티비티(Nativity) 교회를 접수한 것이다. 이 교회가 군사적 노력을 지원하는 군 전투원에 의해 사용되어 사실상의 군사목표로 변경되었다하더라도 이스라엘은 이 성지에 대한 세계 기독교인들의 숭배를 무시할 수 없다. 이 결과 이스라엘은 포위전술로서 동 장소의 공격을 삼가 하였다. 간헐적인 상호공방으로 외부건물에 경미한 손상이 있었으나 교회내부는 손상을 입지 않았다. 동 사건은 유명한 문화적·정신적 장소가 통상적인 전쟁법규의 기계적인 적용에 따를 수는 없다는 것을 보여준다.

---

164) On a bridge as a military objective by location, C. Pilloud and J. Pictet, 'Article 52', *Commentary on the Additional Protocols* 629, p.636.
165) M. Sersic, 'Protection of Cultural Property in Time of Armed Conflict', 27 *NYIL* 3, p.22 (1996) 참고.
166) Wenger, *Supra* note 155, p.648 참고.
167) J.-M. Henckaerts, 'New Rules for the Protection of Cultural Property in Armed Conflict: The Significance of the Second Protocol to the 1954 Hague Convention for the Protection of Cultural Property in the Event of Armed Conflict', 81 *IRRC* 593, p.604 (1990) 참조.
168) Rogers, *Supra* note 162, p.103 참조.

7.2.5 전쟁범죄 규정

1993년 (舊)유고국제범죄재판소 규정 제3(라)항은 전쟁법 및 관습위반에 따른 형사관할권을 다음과 같이 설정하였다.

> "(라) 예배, 자선 및 교육, 예술 및 과학, 역사적 기념물, 예술작품 및 과학 등에 제공되는 대상에 대한 악의적인 손상이나 파괴 또는 포위"[169)]

동 내용은 헤이그규정 제27조에 주로 근거하나 일부 차이가 있다. ① 건물은 대상으로 바뀌었고, ② 교육이 예배, 예술, 과학 및 자선 목록에 추가되었고, ③ 병원 등의 언급이 사라졌고, ④ 예술작품 및 과학이 추가되었다.

1998년 로마국제형사재판소 규정 제8(2)(라)(9)호는 전쟁범죄를 다음과 같이 언급한다.

> "군사목표가 아닌 예배, 교육, 예술, 과학 또는 자선 목적, 역사적 기념물, 병원 및 부상자와 병자수용소 등에 제공되는 건물에 대한 의도적인 직접공격"[170)]

상기 내용은 헤이그협약 제27에서 재생되었으나, 교육의 추가 및 군사목표의 현대적 언급으로 '당시 군사목적에 이용되지 않는' 이란 규정으로 대체되었다.[171)]

---

169) 1991년 이래 구유고 영토에서 자행된 국제인도법의 심각한 위반자 소추를 위한 국제재판소 규정, 유엔안보리 결의 808호 제2항에 대한 사무총장 보고서 (1993), 32 *ILM* 1159, p.1193 (1993).
170) Rome Statute, *Supra* note 8, p.1007.
171) M. H. Arsanjani, 'The Rome Statute of the International Criminal Court', 93 *AJIL* 22, pp.33-4(1999) 참조.

7.2.6 1999년 제2차 헤이그협약의정서

1999년 문화재에 대한 공격은 이들 장소가 군사목표로 전환되지 않는 한 감행할 수 없다는 선언을 함으로서 1954년 문화재협약은 1977년 제1의정서, 신 제2의정서 및 관습국제법 등과 조화를 이루게 되었다.[172] 제2의정서 제6(가)항은 '동 협약 제4조 2항에 따른 불가피한 군사적 필요성 근거의 철회'는 다음 두 가지 조건을 충족시켰을 경우 원용될 수 있다고 규정한다.

> "(1) 그 기능상 동 문화재가 군사목표가 된 경우
>
> (2) 동 군사목표에 대한 적대행위를 지시함으로써 제공된 유사한 군사적 이익을 얻을 수 있는 가능한 대안이 없는 경우"[173]

'기능'이란 용어는 '사용'이란 단어로 바뀌었는바, 이는 사용보다는 다소 넓은 의미이다.[174] 철수하는 군인은 자신의 철수를 방해하는 문화재벽을 파괴할 수 있는데 이는 적의 사용여부와 관계없다.[175] 제2의정서 제6(다)-(라)항에 따라 철회 원용결정은 대대지휘관 수준에서 이루어지며 상황이 허락하는 한 효과적인 사전 통고가 있어야 한다.[176] 공격대상이 동 협약 제4조에 의해 보호되는 문화재가 아니며 이러한 문화재에 대한 부수적 손상을 막거나 최소화(부수적인 손상은 예상되는 군사적 이익과 관련하여 과도해서는 안 된다) 하는 것을 확인할 수 있는 가능한 모

172) Henckaerts, *Supra* note 168, p.600; J. Hladik, 'Diplomatic Conference on the Second Protocol to the Hague Convention for the Protection of Cultural Property in the Event of Armed Conflict, The Hague, Netherlands (March 15-26, 1999)', 8 *IJCP* 526, p.528 (1999) 참조.
173) Second Protocol to the Hague Convention of 1954 for the Protection of Cultural Property in the Event of Armed Conflict, 1999, 38 *ILM* 769, p.770 (1999).
174) Henckaerts, *Supra* note 168, p.605 참조.
175) *Ibid.*
176) Second Protocol, *Supra* note *174, p.771.*

든 예방책을 다해야 한다고 제7조는 강조한다.[177] 한 가지 중요한 경과는 '여러 군사목표 중 선택을 해야 할 경우 이들 중 하나가 문화재라면 후자를 공격해서는 안 된다' 라는 것이다.[178] 제2의정서 제10조는 새로운 범주의 강화된 보호내용을 규정한다.

> "문화재는 다음 세 가지 조건 충족 시, 강화된 보호를 받을 수 있다.
> (1) 인류에게 대단히 중요한 문화유산인 경우
> (2) 적절한 국내법 및 행정조치로 특별한 문화적 및 역사적 가치가 인정되며 상당한 수준의 보호를 받게 되는 경우
> (3) 군사목적이나 군사지역 보호용으로 사용되지 않으며 동 문화재에 대한 통제를 하는 당사국의 선언으로 상기 목적에 사용되지 않을 것을 확인한 경우."[179]

첫째 및 셋째 조건의 적합성과는 달리, 둘째(적절한 국내조치)는 예외적인 상황에서 철회될 수 있다.[180] 강화된 보호의 인정은 제11조와 비교하여 의문이 제기되었으나 특별위원회가 이를 인정하였으며[181], 동 위원회는 제14조에 의해 강화된 보호를 중지 또는 취소할 권한을 부여받았다.[182]

강화된 보호를 받는 문화재에 대한 공격이 면제되는 것은 제2의정서 제12조에 의해 보장된다.[183] 그러나 제13(1)(나)항에서는 이러한 면제는 동 보호가 군사적 목

177) *Ibid.*
178) Henckaerts, *Supra* note 168, p.601.
179) Second Protocol, *Supra* note 174, p.772.
180) Article 11(8), ibid. Cf. T. Desch, 'The Second Protocol to the 1954 Hague Convention for the Protection of Cultural Property in the Event of Armed Conflict', 2 *YIHL* 63, p.76 (1999) 참조.
181) Second Protocol, *Supra* note 174, pp.772-3.
182) *Ibid.*, pp.773-4.
183) *Ibid.*, p.773.

적에 이용될 경우 상실된다고 강조한다.[184] 여기에서의 '사용'은 '기능'으로 대치되었으며[185], 군사적으로 사용된 경우, 제13(2)항은 문제의 재산이 다음의 경우에 해당되면 공격대상이 될 수 있다고 규정한다.

> "(1) 공격은 제1(나)항에서 언급한 재산의 사용을 종결하는 유일한 가용수단이다.
> (2) 모든 가용한 예방책은 이러한 사용의 종결 및 회피 또는 일정한 경우 문화재 손상이나 이를 최소화할 목적으로 공격수단과 방법의 선택 시, 취해진다."

그리고 상황이 허용하지 않는 한 동 공격은 최고작전사령관 수준에서 명하여야 하며 효과적인 사전경고를 하고 적 세력이 상황을 시정하는데 필요한 합리적인 시간을 주어야 한다.[186] 제2의정서 제2조는 당사국간의 관계에서 동 협약을 보완하였으며[187], 동 협약은 제2의정서 비당사국에게도 계속 적용된다. 따라서 1954년의 특별보호제도는 제2의정서에서의 고양된 보호제도 도입으로 영향을 받는 것은 아니다. 그러나 제2의정서 제4조에 따라 문화재가 특별보호 및 강화된 보호 모두 인정될 경우 강화된 보호 규정만이 적용되어야 한다.[188]

---

184) *Ibid.*
185) Henckaerts, *Supra* note 168, p.609 참조.
186) Second Protocol, *Supra* note 174, p.773.
187) *Ibid.*, p.770.
188) *Ibid.*

7.3 의무부대

7.3.1 육상 의무부대

제네바협약(Ⅰ) 제19조는 첫 번째 문장에서 다음과 같이 선언한다.

> "충돌당사국은 어떠한 경우를 막론하고 의무기관의 고정시설이나 이동 의무부대를 공격해서는 안 된다."[189]

제38조~42조에 따라 보호 장비 및 의무부대에는 백색바탕의 적십자 식별표장(또는 레드크레센트, 레드라이온 및 선[190])을 해야 한다.[191] 로마규정 제8(2)(나)(24)호는 관습국제법상 제네바협약 식별표장을 사용하는 건물, 물건, 의무부대, 수송

189) Geneva Conventions (Ⅰ), *Supra* note 18, p.382.
190) 제네바협약 유보에 근거하여 이스라엘은 데이비드의 적색보호 식별표식을 사용하고 있다. S.Rosenne, 'The Red Cross, Red Crescent, Red Lion and Sun and the Red Shield of David', 5 *IYHR* 9, pp.41-4 (1975) 참조.
191) Geneva Convention (Ⅰ), *Supra* note 18, pp.388-9.

및 요원 등에 대한 고의적인 직접공격을 전범으로 정의한다.[192] 제네바협약 (Ⅱ) 제23조는 제네바협약 (Ⅰ)상의 보호시설은 해상폭격이나 공격으로부터 보호되어야 한다고 선언한다.[193] 제네바협약 (Ⅳ) 제18조는 부상자 및 병자, 허약자 및 임산부를 간호하는 민간병원에 대한 공격을 금지한다.[194]

제네바협약 (Ⅰ) 제35조는 부상자 및 병자 또는 의료장비를 수송하는 의료수송차량의 보호를 부여한다.[195] 제네바협약 (Ⅳ) 제21조는 부상자 및 병자, 허약자 및 임산부를 수송하는 호송차량인 병원 열차의 보호를 부여한다.[196] 의무부대 보호제도는 제1의정서에서 상당히 확대되어, 동 의정서 제12(1)항은 모든 의무부대가 공격으로부터 보호된다고 한다.[197] 제8(마)항은 의무부대란 용어를 포괄적으로 정의한다.

> "의무부대라 함은 부상자, 병자, 난선자에 대한 일차 진료를 포함한 수색, 수용, 수송, 진찰 및 치료와 같은 의료목적과 질병의 예방을 위하여 구성된 군인 또는 민간시설 및 기타 부대를 의미한다. 이 용어는 예를 들어 병원 및 유사단체, 수혈센터, 예방 의료본부 및 기관, 의료창고와 의무부대의 의료 및 의약품 창고를 포함한다. 의무부대는 고정식 또는 이동식이거나 영구 또는 임시일 수 있다."[198]

이는 종합적인 정의로서, 가장 놀라운 것은 제네바협약 (Ⅰ)이 부여한 보호가 군대의 고정 의료서비스 시설 및 이동 의무부대에 국한되며, 제네바협약 (Ⅳ)이 보

192) Rome Statute, *Supra* note 8, p.1008.
193) Geneva Convention (Ⅱ), *Supra* note 19, p.411.
194) Geneva Convention (Ⅳ), *Supra* note 3, p.507.
195) Geneva Convention (Ⅰ), *Supra* note 18, p.387.
196) Geneva Convention (Ⅳ), *Supra* note 3, p.508.
197) Protocol I, *Supra* note 4, p.634.
198) *Ibid.*, p.632.

장하는 것은 민간병원에만 제한되며 동 의정서의 보호(제12(1))는 군인 또는 민간인이든 관계없이 모든 형태의 의무부대까지 확대된다.[199] 제2(2)항은 민간부대가 충돌당사국에 속하거나 권한 있는 당국에 의해 인정을 받아야한다는 것을 추가한다.[200]

동 의정서 제21조는 의료차량을 보호하는바[201], 이는 제8(사)-(아)항에서 군용 또는 민간용이든 영구적 또는 일시적이든 충돌당사국의 권한 있는 당국의 통치하에 있고 의무수송에 전적으로 할당된 모든 수송수단을 의미한다고 정의한다.[202] 결국 민간 의무수송수단은 자체적으로 활동하고 있을 경우를 포함하여 공격으로부터 보호된다는 것이다.[203]

7.3.2 병원선

병원선은 해상수송선 및 이동병원이라는 이중적 역할을 수행한다.[204] 제네바협약 (Ⅰ) 제20조는 제네바협약 (Ⅱ)의 보호를 받을 권리를 부여받은 병원선은 육상으로부터 공격되어서는 안 된다고 한다.[205] 이에 관한 주요 조항은 제네바협약 (Ⅱ) 제22조인데, 동 조는 군용병원선 또는 치료 및 수송목적으로 국가에 의해 건조되거나 설비된 선박은 보호되어야하며 교전당사국에게 이들의 이름과 특징을

199) Y. Sandoz, 'Article 12', *Commentary on the Additional Protocols* 165, p.166 참조.
200) Protocol I, *Supra* note 4, p.634.
201) *Ibid.*, p.637.
202) *Ibid.*, p.632.
203) Y. Sandoz, 'Article 21', *Commentary on the Additional Protocols* 249, p.250 참조.
204) J. F. Rezek, 'Protection of the Victims of Armed Conflicts: I-Wounded, Sick and Shipwrecked Persons', *International Dimensions of Humanitarian Law*, *Supra* note 150, 153, p.159 참조.
205) Geneva Convention (Ⅰ), *Supra* note 18, p.383.

사용 전에 통고하여야 한다고 규정한다.[206] 제24조는 그 적용범위를 확장하여 국내적십자사가 운영하는 비군용병원선박, 공인된 구호단체나 개개인에(공적 임무부여 및 교전국에의 사전통고가 되어야 함) 대하여도 보호가 되도록 한다.[207] 제25조는 중립국 병원선도 자국정부의 사전 동의 및 충돌당사국의 허가를 받아 보호된다고 한다.[208]

제26조는 병원선의 구명정에게도 보호가 미치나 충돌당사국은 2,000톤 이상의 병원선만을 사용하도록 노력하여야 한다고 강조한다.[209] 제27조의 보호제도에 포함되는 소형 연안주정에는 최소 톤수는 관계없다.[210] 제28조는 군함 내에서 전투발생시 의무실이 피해를 당하지 않아야 한다고 한다.[211] 물론 현대전 조건에서 함상에서의 전투는 흔하지 않다.[212]

제31조는 병원선과 연안구조정의 통제 및 수색을 규정하는바[213], 이들은 제41조 및 제43에 따라 외부를 백색으로 칠하여 하나 또는 그 이상의 검은 적십자를 표시하여야 한다.[214] 제33조는 병원선으로 개조된 상선은 적대행위의 기간을 통하여 다른 어떠한 용도에도 사용되지 못한다.[215]

제38조는 의료수송을 목적으로 용선된 선박에 대하여는 전적으로 군대의 부상자와 병자의 치료 또는 병자의 예방을 위한 정비품 수송이 허용되어야 한다. 단 동 수송의 상세한 내역이 적군에 통고되고 승인됐을 경우에 한한다.[216] 제네바협약(Ⅳ) 제21조는 민간인 부상자 및 병자, 허약자 및 임산부를 수송하는 해상의 특수선박이 보호되어야 한다고 한다. 포로교환 선박도 관습국제법에 의해 동일하게 보

206) Geneva Convention (II), *Supra* note 19, p.411.
207) *Ibid.*
208) *Ibid.*
209) *Ibid.*, pp.411-12.
210) *Ibid.*, p.412.
211) *Ibid.*
212) L. C. Green, *The Contemporary Law of Armed Conflict 224n*, 54 (2nd edn, 2000) 참조.
213) Geneva Convention (II), *Supra* note 19, pp.412-13.
214) *Ibid.*, pp.415-17.
215) *Ibid.*, p.413.
216) *Ibid.*, p.414.

호된다.[217]

제1추가의정서는 두 가지 점에서 병원선과 연안 구조정의 보호범위를 확대하고 있다. ① 민간부상자, 병자 및 조난자 수송선박(제22조)[218], ② 병원선 및 연안 소주정 이외의 명백히 식별된 병원선 및 소주정(제23조).[219] 그 결과 다음의 선박 (의료목적에 필요한 어선 포함)은 공격으로부터 보호된다. 단 ① 의료수송에만 종사하는 경우, ② 충돌당사국 통제 하에 있는 경우에 한한다.[220]

병원선으로서의 항구적 지위를 갖는 선박과 기타 의료선박이나 소주정(일시적으로 의료목적에 종사하나 기타사용에도 이용되는)과의 차이는 적에 의한 나포범위의 차이에 있다. 그러나 이들 모두 공격으로부터 동등한 보호를 받게 된다.[221]

7.3.3 의무 항공기

의무항공기는 제네바협약 (Ⅰ) 제36조[222], 제네바협약 (Ⅱ) 제39조[223] 및 제네바협약 (Ⅳ) 제22조에[224] 따라 공격으로부터 보호를 받는다. 단 이들이 충돌당사국간에 합의된 고도, 시간 및 항로를 비행할 경우에 한한다. 의무항공기는 명확한 적십자표장을 해야 하며, 조사목적의 착륙소환에 응해야 한다.

제1의정서는 헬리콥터에 의한 전투피해자 이송에 있어서의 실질적 중요문제로

217) Doswald -Beck, *Supra* note 116, pp.239-40 참조.
218) Protocol I, *Supra* note 4, pp.637-8.
219) *Ibid.*, pp.638-9.
220) Y. Sandoz, 'Article 23', *Commentary on the Additional Protocols* 261, 263.
221) *Ibid.*
222) Geneva Convention (Ⅰ), *Supra* note 18, pp.387-8.
223) Geneva Convention (Ⅱ), *Supra* note 19, pp.414-15.
224) Geneva Convention (Ⅳ), *Supra* note 3, p.508.

의무항공기 보호에 관한 여러 조항을 두어 새로운 법률체계를 다음과 같이 확립하였다.

(1) 제24조는 의무항공기가 본 편의 규정에 따라 존중되고 보호된다고 한다.[225)]
(2) 제25조는 우호국에 의하여 실질적으로 지배되는 육지 및 그 상공과 적대당사국에 의하여 실질적으로 지배되지 아니하는 해상 및 그 상공에서의 의무항공기 보호는 적대당사국과의 협정에 의하지 않는다(안전상 지대공미사일 사정거리 내에 있을 때 통고가 권고됨).[226)] 제네바협약 상, 전반적인 의무부과는 사전합의를 해야 한다는 것이나, 동 협약의 규정은 단순히 '이 상황에 적절하지 않는' 이라고만 되어 있다.[227)]
(3) 그러나 제27조에 따라 적대당사국에 의해 실질적으로 지배되는 육상 및 해상에서 사전합의를 얻어야 한다.[228)]
(4) 우호국에 의해 실질적으로 지배되는 지역 및 지배가 경합되는 접촉지역 내 및 그 상공에 관하여, 제26조는 그러한 협정 부재 시, 의무항공기는 스스로 위험부담을 갖고 운행되거나, 그럼에도 불구하고 의무항공기로 인지되었을 경우에는 존중되어야 한다고 한다.[229)]
(5) 제30조는 적대당사국에 의해 실질적으로 지배되거나 실질적 지배가 명백히 확립되지 않은 지역의 상공을 비행하는 의무항공기는 조사목적으로 착륙명령을 받게 된다.[230)]

---

225) Protocol I, *Supra* note 4, p.639.
226) *Ibid.*
227) L. Doswald-Beck, 'The Protections of Medical Aircraft in International Law', 27 *IYHR* 151, 168 (1997) 참조.
228) Protocol I, *Supra* note 4, p.639
229) *Ibid.*
230) *Ibid.*, p.641.

(6) 식별표장에 부가하여(적십자 등), 제18조는 의무항공기를 나타내는 특별표시를 규정하는바, 청색 깜빡등, 라디오신호 및 전자코드 및 동 목적에만 유보되는 것 등의 표시가 포함된다.[231] 보조 식별수단의 사용은 관행상 가치가 있는 것은 아니나, 이는 항공전 속도 때문에 항공기에 표시된 식별표장을 육안으로만 식별하기 어렵다는 이유에서이다.[232] 의무항공기의 새로운 식별방법이 이미 1993년에 보완되었다.[233]

7.3.4 보호중지

제네바협약 (I) 제21조는 의무기관의 고정시설 및 이동 의무부대가 향유할 수 있는 보호는 그들 시설 및 부대가 인도적 임무로부터 이탈하여 적에게 유해한 행위를 행하기 위하여 사용된 조치를 제외하고는 동 보호는 소멸되지 아니한다고 한다.[234] 이는 제네바협약 (II) 제34조 병원선에 관하여도 동일한바, 즉 병원선은 무선전신 또는 기타의 통신수단을 위하여 암호를 보유하거나 사용할 수 없다고 한다.[235] 암호금지(병원선에게 암호송신을 강제하거나 통신수신을 강제하는 것)는 실제로 심각한 문제를 초래하여 왔다. 1949년 이래 기술의 발전으로 암호 및 해독이 현대 해군통신체계의 일부가 되어 암호화 또는 평문으로 모든 메시지 송수신을

231) *Ibid.*, pp.636-7, 681-4.
232) H. -P. Gasser, 'Medical Transportation', 3 *EPIL* 335, p.337.
233) Protocol I, Annex I, Regulations Concerning Identification, as Amended on 30 November 1993, 34 *IRRC* 29, pp.35-7 (1994).
234) Geneva Convention (I), *Supra* note 18, p.383.
235) Geneva Convention (II), *Supra* note 19, p.413.
236) J. A. Roach, 'The Law of Naval Warfare at the Turn of Two Centuries', 94 *AJIL* 64, p.75 (2000) 참조.

군함이 하게 된다.[236]

암호기능이 없다는 것은 병원선이 함대이동에 관한 보고나 군사적전에 대한 사전 통보를 받을 수 없다는 것을 의미한다.[237] 그러므로 산레모 매뉴얼은 병원선이 정보자료 송신을 하지 못하는 반면, 암호장비 사용은 허락하자는 방향으로 움직이고 있다.[238]

제네바협약 (Ⅰ) 제22조는 의무부대 및 고정시설 보호조건을 상세히 규정하고 있으며[239], 제네바협약 (Ⅱ) 제35조는 병원선 또는 함(艦) 내 의무실 보호조건을 규정하고 있다(승무원이 질서유지를 위하여 자체의 방어 또는 부상자와 병자의 방어를 위하여 무장하고 있다는 사실).[240] 또한 새로운 어려운 문제가 있는바, 자살폭탄선박에 대한 공격이 병원선에 잠재적 위험이 된다는 것이다. 이 경우 병원선이 적절한 선내 무장이 없이 이와 같은 외부 위협에 대해 안전할 수 있는가? 이 경우 가능한 최선의 해결책은 경무장 해군초계함이 병원선 주변을 초계하도록 허용하는 것이다. 그러나 문제는 이것이 제네바협약 (Ⅱ)이나 기타에도 나와 있지도 않다는 것이다.

제1의정서 제12(4)항은 '어떠한 경우에도 의무부대는 군사목표물을 공격으로부터 엄폐하기 위한 목적으로 사용되어서는 안 된다' 고 규정한다.[241] 이러한 금지는 민간인 존재나 이동공격으로부터 군사목표물을 엄폐할 의도가 금지된다는 것과도 일치한다.[242] 모든 병원시설이 전투원 주둔지로 활용될 경우, 동 병원은 군사목표가 된다. 그러나 탱크가 병원 옆에 주둔해 있다면, 다른 쪽은 직접공격대상이 아니

237) Doswald-Beck, *Supra* note 116, p.218 참조.
238) *San Remo Manual, Supra* note 29, pp.236-7.
239) Geneva Convention (Ⅰ), *Supra* note 18, p.383.
240) Geneva Convention (Ⅱ), *Supra* note 19, p.412.
241) Protocol Ⅰ, *Supra* note 4. p.634.
242) *Ibid,*, pp.651-2 (Article 51(7)).

고, 탱크만 표적이 될 수 있으며 동 병원도 부차적인 손실대상이 될 수 있다.[243] 상황이 어떠하든 중요 문제는 부차적 손실이 과도할 경우이다. 이는 의무요원은 물론 부상자 및 병자와 이로써 얻게 되는 군사적 이익과의(병원에서의 심각한 공격 감행이나 탱크를 위치하게 하여 위협하는 것) 형평성에 달려있다.

동 의정서 제13조는 민간 의무부대의 권리보호는 동 부대가 인도적 기능 이외에 적에게 해로운 행위를 하는데 이용되지 아니하는 한 중지되지 아니한다고 한다.[244] 제13조의 내용은 제네바협약 (Ⅰ) 제21-22조에서 근거하며 본질적으로 이는 군 의무부대 협약에서 확립된 조건이나 이와 유사한 조건이 민간 의무부대에도 적용된다.[245]

동 의정서 제28조는 적대당사국이 군사적 이익을 얻기 위하여 의무항공기를 사용하는 것을 금지한다(그리고 이는 제12조 4항의 일반적 금지와도 일치한다. 즉 의무 항공기의 정보자료수집 또는 송신사용금지, 무기수송금지. 단 적절한 기관에 인도되기 전 부상자 병자 및 조난자로부터 취한 소형무기는 제외).[246]

243) H. Mccoubrey, *International Humanitarian Law: Modern Developments in the Limitation of Warfare* 100 (2nd edn, 1998) 참조.
244) Protocol I, *Supra* note 4. p.634.
245) Sandoz, *Supra* note 96, p.174 참조.
246) Protocol I, *Supra* note 4, p.640.

7.4 위험한 물리력을 포함하고 있는 작업 및 시설

제1의정서 제56(1)-(2)항은 다음과 같이 특별보호를 규정하고 있다.

(1) 위험한 물리력을 포함하고 있는 시설물, 즉 댐·제방·원자력발전소는 비록 군사목표물인 경우라도 그러한 공격이 위험한 물리력을 방출하고 그것으로 인하여 민간주민에 대해 극심한 손상을 야기하게 되는 경우에는 공격의 대상이 되지 아니한다. 이러한 시설물 내에 위치하거나 또는 그에 인접하여 위치한 기타 군사목표물도 그러한 공격이 시설물로부터 위험한 물리력을 방출하고 그것으로 민간주민에 대하여 극심한 손상을 야기하게 되는 경우에는 공격의 대상이 되지 아니한다.

(2) 제(1)항에 규정된 공격에 대한 특별보호는 다음의 경우에 중지한다.

가. 댐 또는 제방에 관하여는, 그것이 통상적인 기능 이외의 다른 목적으로 사용되고 군사작전에 대한 정규적이고 중요한 직접적인 지원으로 사용

되며 또한 그러한 공격이 지원을 종결시키기 위하여 실행 가능한 유일의 방법일 경우

나. 원자력발전소에 관하여는, 그것이 군사작전에 대한 정규적이고 중요한 직접적인 지원으로 전력을 제공하며 그러한 공격이 지원을 종결시키기 위하여 실행 가능한 유일의 방법일 경우

다. 이러한 시설물 내에 또는 그에 인접하여 위치한 기타의 군사목표물에 관하여는, 그것들이 군사작전에 대한 정규적이고 중요한 직접적인 지원으로 사용되며 또한 그러한 공격이 지원을 종결시키기 위하여 실행가능한 유일의 방법일 경우[247)]

이는 혁신적인 내용으로 관습국제법의 일부로 볼 수 없다(부차적인 민간피해가 예상되지 않는 한).[248)] 또한 2차대전시 루르에 대한 유명한 영국공군의 댐 공습에서 보여준 이전의 관행과도 일치하지 않는다.[249)]

제56조 적용범위는 우회적인바, 위험한 물리력을 포함하는 두 가지 종류의 시설물만을 언급한다. 즉 ① 댐과 제방, ② 원자력발전소에 국한되며 기타는 해당되지 않는다(가스분출시 전 지역이 위험하게 되는 유독가스 생산 공장 등).[250)] 제56조의 특이한 점은 위험한 물리력을 포함하는 이들 두 가지 범주가 공격에서 제외된다는 것을 매우 철저히 규정하였다는 것이다. 이러한 제외는 민간목표 뿐만 아니라 군사목표에 부착된 것도 해당된다.[251)]

247) *Ibid.*, pp.653-4.
248) S. Oeter, 'Methods and Means of Combat', *Handbook* 105, p.194 참고.
249) McCoubrey, *Supra* note 244, p.179 참고.
250) C. Pilloud and J. Pictet, 'Article 56', *Commentary on the Additional Protocols* 665, p.668 참고.
251) Oeter, *Supra* note 249, p.195 참고.

제56조는 그러한 공격이 시설물로부터 위험한 물리력을 방출하고 그것으로 민간주민에 대하여 극심한 손상을 야기하게 되는 경우에는 공격대상이 되지 않는다고 한다. 그러나 제56조에 의해 묵인되는 위험한 물리력을 포함하는 시설물에 대한 공격을 생각할 수 있는데, 단 이들이 민간거주지에서 멀리 떨어져 있는 경우이다.[252] 한편 대규모 민간인 손상은 문제가 되며 이러한 시설물에 대한 공격은 제외된다. 그러나 이러한 손상이 예상되는 군사적 이익과 비교하여 과도하지 않다는 객관적 평가가 되는 경우이다.[253]

공격제외는 위험한 물리력을 포함하는 시설물 근처에 있는 군사목표에까지 확장된다. 제56(5)항은 보호대상인 시설물에 대한 공격에 대응하기 위하여 필요한 방어를 제외하고는 보호대상인 시설물에 대한 적대행위 격퇴만을 가능하게 하는 무기에 국한될 것을 조건으로 한다.[254] 동 의정서는 보호대상의 식별을 용이하게 하는데 사용될 수 있는 특별표시를 언급한다.[255]

위험한 물리력을 포함하는 시설물의 특별보호는 그것이 군사작전에 대한 정규적이고 중요한 직접적 지원이 되는 경우에는 중지된다. 이러한 형태의 표현은 효과적인 군사행동 기여란 표현보다(제52(2)항의 군사목표 정의의 일부를 이루는 표현) 더 높은 기준을 설정한 것이다.[256] 따라서 보호대상 즉 인근 군사목표는 적 군사행동에 효과적인 기여를 할 수 있으나, 이들이 발단되지 않는 한 공격될 수는 없다. 이때에도 공격이 군사작전 지원을 종결시키는 유일한 가능성 있는 방식이 되어야 한다. 만일 이것이 여의치 않을 경우 제56(3)항은 위험한 물리력의 방출을 피

252) Green, *Supra* note 213, p.158 참고.
253) 이 결과 저자는 동 규정이 실질적으로 비례성 원칙의 특별한 적용이라는 도스왈드-벡의 주장을 수용할 수 없다. L. Doswald-Beck, 'The Value of the 1977 Geneva Protocols for the Protection of Civilians', *Armed Conflict and the New Law: Aspects of the 1977 Geneva Protocols and the 1981 Weapons Convention* 137, p.158 (M. A. Meyer ed., 1989).
254) Protocol I, *Supra* note 4, p.654.
255) *Ibid.*, 654, p.686 (Article 56(7), Article 16 of Annex I).
256) W. A Solf, 'Article 56', *New Rules* 348, p.355 참고.

하기 위하여 모든 실제적인 예방조치가 취하여져야 함을 요구한다.[257)]

댐과 제방의 공격 및 핵 방사능 폭발공격으로 발생되는 민간주민에 대한 위험성이 상당하다는 것은 자명하다. 그러나 문제는 제56조에 의해 취해진 지시가 민간인 보호에 있어 최적의 결과를 야기하는가에 있다. 이러한 시설물에 책임 있는 교전국에 대한 수동적인 예방조치 요구 특히 핵 방사능 장치나 댐과 수력발전시설 등의 가동을 적대행위 중에 중지시킬 의무를 요구하는 것이 보다 현명할 수 있다. 이는 결국 감행되는 공격에 대한 군사적 합리성을 제거하기 위한 것이다.[258)] 동 의정서 교전당사국이 제56조에 따라 위험한 물리력을 포함하는 군사목표에 대한 공격을 사실상 삼가는 문제는 시간이 해결하게 될 것이다.

---

257) Protocol I, *Supra* note 4, p.654.
258) Cf, Oeter, *Supra* note 249, 195, p.199.

제8장

환경보호

8.1 개 요

환경의 중요성은 보편적으로 인정되어, 1996년 국제사법재판소가 핵무기 사용 또는 위협의 적법성에 관한 권고적 의견에서도 다음과 같이 선언하였다.

> "환경은 추상적 개념이 아니라 미래 세대를 포함한 인간의 생활공간, 삶의 질 및 건강을 대변한다."[1)]

군사목표에 대한 전시공격은 종종 환경에 영향을 미친다. 군사목표로서의 석

1) Advisory Opinion on *Legality of the Threat or Use of Nuclear Weapons,* [1996] ICJ Rep. 226, p.241.

유시설이 주요 사례가 될 수 있는데, 정유소가 공격을 받게 되면 유독성 공기오염을 야기할 수 있다.[2] 석유저장시설이 파괴되면 석유가 지하로 스며들어 수자원을 오염시킨다.[3] 석유수송선이 해상에서 침몰되면 기름유출로 해양생물을 황폐시킬 수 있다.[4] 국제사법재판소는 핵무기 사건의 권고적 의견에서 다음과 같이 언급하였다.

> "국가는 합법적 군사목표의 필요성과 비례성 평가시 환경을 고려해야 한다. 환경존중은 어느 행동이 필요성과 비례성 원칙에 일치하는가를 평가하는 요소 중의 하나이다."[5]

재판소의 부수적 의견에서 보면, 비례성 원칙에 따라 군사목표에 대한 가치보다 환경 효과가 더 클 경우 이러한 군사목표에 대한 공격은 중지되어야 한다고 한다.[6] 따라서 오늘날의 관습 전쟁법과 일치하는 법적 입장은 공격 감행 시, 환경고려가 표적선정 과정에서 역할을 해야 한다는 것이다. 그러나 민간주민이 없거나 거의 없는 지역에서 공격계획 시, 환경피해가 예상되는 군사적 이익보다 과도할 경우는 취소되어야 한다.[7] 이와는 달리 표적이 대단히 중요하다면 상당한 환경위험도 정당화 될 수 있다.[8] 환경에 대한 당연한 고려가 있어야 하며 이것은 시간이

---

2) 199년 벨그레이드 근처 정유소에 대한 나토의 폭격은 유독가스 배출로 인하여 일부 학자들에 의해 비판을 받았다. C. E. Bruch and J. E. Austin, 'The Kosovo Conflict: A Case Study of Unresolved Issues', *The Environmental Consequences of War: Legal, Economic, and Scientific Perspectives* 647, p.649 (C. E. Bruch and J. E. Austin eds., 2000). 참조.

3) *Ibid.* 참조.

4) 이란-이라크 전쟁시 수백척의 원유수송선이 페르시아만에서 양쪽으로부터 공격을 받았다. 그 결과 1984년 2백만톤 이상의 원유가 바다로 흘러들어가게 되었다. P. Antoine, 'International Humanitarian Law and the Protection of the Environment in Time of Armed Conflict', 32 *IRRC* 517, p.530 (1992). 참조.

5) Advisory Opinion on Nuclear Weapons, *Supra* note 1, p.242.

6) L. Doswald-Beck, 'International Humanitarian Law and Advisory Opinion of the International Court of Justice on the Legality of the Threat or Use of Nuclear Weapons', 37 *IRRC* 35, p.52 (1997).

7) *Ibid.* 참조.

8) International Criminal Tribunal for the Former Yugoslavia (ICTY): Final Report to the Prosecutor by the Committee Established to Review the NATO Bombing Campaign against the Federal Republic of Yugoslavia, 2000, 39 *ILM* 1257, p.1263 (2000).

흐름에 따라 중단되는 것이 아니다.[9] 환경에 대한 지식은 지속적으로 증가하여 생태계 파괴 위험에 대한 이해도 넓어지고 있다. 그러나 환경에 대한 당연한 고려 및 비례성이 준수될 경우 군사목표에 대한 공격이 환경에 대한 합법적인 부수적 피해 야기에 책임이 있다는 것을 이해하여야 한다.[10]

이는 관습국제법상의 일반적인 규범이며, 본장에서 논의될 문제는 어떠한 조약법이 자연환경에 특별한 보호를 부여하고 있는가에 있다.

280 / 제8장 환경보호

9) R. Desgagne, 'The Prevention of Environmental Damage in Time of Armed Conflicts: Proportionality and Precautionary Measure', 3 *YIHL* 109, p.116 (2000).
10) Annotated Supplement, p.405 참조.

8.2 국제법 내용

국제무력충돌 시, 환경보호에 직접적으로 관련된 두 가지 주요 조약과 세 가지 보충협약이 있다.

8.2.1 ENMOD 협약

환경변화기술의 군사적 또는 기타 적대적 사용금지에 관한 협약(Convention on the Prohibition of Military or Any Other Hostile Use of Environmental Modification Techniques; ENMOD 협약이라 칭함, 1976년 유엔총회에서 채택되어 1977년 서명에 개방됨) 제1(1)항은 다음과 같이 규정한다.

> "본 협약 각 당사국은 타방 당사국에게 파괴, 손상 또는 피해수단으로 광범위하며 장기간 또는 심각한 영향을 주는 환경변화기술의 군사적 또는 기타 적대적 사용을 하지 않는다."[11]

동 협약 제2조는 또한 다음과 같다.

> "제1조에서 사용된 것처럼, 환경변화기술이란 용어는 지구의 생물계, 지각, 수계 및 대기 또는 외기의 운동, 구성 또는 구조 등의 자연과정을 고의적으로 변경시키려는 어떠한 기술을 의미한다."[12]

제2조에 대한 설명이 ENMOD 협약에 첨부되어 있으며, 환경변화기술로 야기될 수 있는 현상 목록을 다음과 같이 예시한다. 즉 지역 생태계 균형파괴, 기후형태변화(구름, 강수량, 다양한 형태의 선풍 및 폭풍), 해류변화, 오존층변화 및 전리층 상태의 변화 등이다.[13] ENMOD 협약에 따르면, 모든 환경변화기술의 사용이 금지되는 것은 아니다. 제1조와 2조가 결합된 여러 조건이 충족되어야 한다는 것이다.

(1) 환경변화기술의 군사적 또는 기타 적대적 사용만이 금지된다. 환경변화기술의 공격적 또는 방어적 목적의 사용은 관계없다.[14] 그러나 규정에 의한 사용은 군사적 또는 적대적이어야 한다.[15] 동 협약 제3(1)항은 다음처럼 이를 명

11) Convention on the Prohibition of Military or Any Other Hostile Use of Environmental Modification Techniques(ENMOD Convention), 1976, *Laws of Armed Conflicts* 163, p.164.
12) *Ibid.,* p.165.
13) *Ibid.,* p.168.
14) J. Muntz, 'Environmental Modification', 19 *HILJ* 385, p.388 (1978) 참조.
15) 'Military' and 'hostile' do not necessarily overlap. On the difference between the two adjectives, C. R. Wunsch, 'The Environment Modification Treaty', 4 *ASILSILJ* 113, p.126 (1980) 참조.

백히 언급한다.

"본 협약 규정은 평화적 목적의 환경변화 기술사용을 방해하지 않으며 이러한 사용에 관한 일반적으로 승인된 원칙 및 적용 가능한 국제법규에 따라야 한다."[16]

ENMOD 협약 금지에서 제외되는 활동은 다음과 같다.

(가) 가뭄지역 구제나 산성비 예방과 같은 바람직한 환경 조건의 자극[17]

(나) 환경변화기술의 사용이 비적대적 및 비군사적일 경우 타국에 파괴, 손상 또는 피해를 야기하는 조치.[18] 제3(1)항 마지막 부분에서 명기된 것처럼 ENMOD 협약이 반드시 그러한 활동을 합법화하지는 않으나(국제법상 불법적일 수 있음)[19], 이들은 금지범위 내에 해당하지 않는다.

(2) 규정된 활동은 자연적 과정의 변경이 되어야 한다. 이러한 자연과정은 대재앙을 초래하는(무기로서) 고의적인 도구가 된다.

(3) 금지된 행위는 고의적이어야 한다. 달리 말하면 생태계 변경이 고의적이어야 하며 군사목표에 대한 공격에서 초래되는 부수적 피해는 포함되지 않는다.[20] 결과적으로 독성 공기오염을 야기하는 화학공장의 폭격은 ENMOD 협약 상, 중요하지 않다.[21]

(4) 차단활동은 광범위하고 지속적이거나 심각한 영향을 미쳐야 한다. 그러므로

16) ENMOD Convention, *Supra* note 11, p.165.
17) Cf. H. H. Almond, 'The Use of the Environment as an Instrument of War', 2 *YIEL* 455, p.462 (1991).
18) M. J. T. Caggiano, 'The Legitimacy of Environmental Destruction in Modern Warfare: Customary Substance over Conventional Form', 20 *BCEALR* 479, p.489 (1992-3) 참조.
19) L. Juda, 'Negotiating a Treaty on Environmental Modification Warfare: The Convention on Environmental Warfare and Its Impact upon Arms Control Negotiations', 32 *Int. Org.* 975, p.984 (1978) 참조.
20) R. G. Tarasofsky, 'Legal Protection of the Environment during International Armed Conflict', 24 *NYIL* 17, p.47 (1993) 참조.
21) A. P. V. Rogers, *Law on the Battlefield* 116 (1996) 참조.

효과가 발생되지 않으면 환경변화기술의 사용이 금지범위에서 제외될 것이다.[22] 적대적 목적의 낮은 수준에서의 생태계 변경금지를 하지 않음으로써, ENMOD 협약은 이러한 활동에 대한 군사적 준비를 수용하는 것으로 보인다.[23]

(5) 금지된 행위는 파괴, 손상 또는 피해를 야기해야 한다. 이것은 다음과 같은 세 가지 점에서 평가되어야 한다.

(가) 환경변화기술의 군사적 또는 적대적 목적 사용이 반드시 파괴, 손상 또는 피해를 가져오는 것은 아니다. 예를 들면, 중요한 적 지역 상공의 안개제거용으로 환경변화기술을 사용한다면 이는 무해할 수 있다.[24]

(나) 파괴, 손상 또는 피해가 있어야 한다면, 변화기술의 피해가 반드시 환경 그 자체일 필요는 없다(물론 이것이 있을 수 있는 결과라 하더라도).[25] 쓰나미(Tsunami) 또는 지진이 미래에 인간에 의해 연유될 수 있다면, 가능한 표적은 주요 산업시설이나 유사 비환경목표가 될 것이다.

(다) 물론 파괴, 손상 또는 피해는 고의적인 생태계 변경으로 발생될 수 있다. 그러나 이것은 활동국가의 예상이나 의도를 훨씬 빗나갈 수도 있다.[26] 고의적인 행위와 그 결과 간에 우연한 관련이 있는 한 이것은 중요하지 않다.[27]

---

22) L. I. Sanchez Rodriguez, '1977 United Nations Convention on the Prohibition of Military or Any Other Hostile Use of Environmental Modification Techniques', *The Law of Naval Warfare: A Collection of Agreements and Documents with Commentaries* 651, p.664 (N. Ronzitti ed., 1988) 참조.

23) A. H. Westing, 'Environmental Warfare', 15 *Env. L* 645, pp.663-4 (1984-5) 참조.

24) J. Goldblat, 'The Environmental Modification Convention of 1977: An Analysis', *Environmental Warfare: A Technical, Legal and Policy Appraisal* 53,54 (A. H. Westing ed., 1984) 참조.

25) W. D. Verwey, 'Protection of the Environment in Times of Armed Conflict: In Search of a New Legal Perspective', 8 *LJIL* 7, p.17 (1995) 참조.

26) F. J. Yuzon, 'Deliberate Environmental Modification through the Use of Chemical and Biological Weapons: "Greening" the International Laws of Armed Conflict to Establish and Environmentally Protective Regime', 11 *AUJILP* 793, p.807 (1995-6) 참조.

27) A. Leibler, 'Deliberate Wartime Environmental Damage: New Challenges for International Law', 23 *CWILJ* 67, p.83 (1992-3) 참조.

(6) 파괴, 손상 또는 피해가 ENMOD 협약 기타 당사국에게 영향을 주어야 한다. 이는 그 국가가 교전국이든 중립국이든 중요하지 않다. 단 본 협약의 당사국이어야 한다. 파괴, 손상 또는 피해가 다음의 경우처럼 영향을 미칠 경우 ENMOD 협약 범주 내에 해당되지 않는다.

(가) 행위국의 영토(즉 피해자가 해당국가 자국민일 경우).[28]

(나) ENMOD 협약 비당사국 영토. 이 내용은 입안 당시의 제안에서는 받아들여지지 않았으나[29], 유사한 제안이 1984년에 개최된 개정회의에서도 없었다.[30]

(다) 공해상의 파괴활동이 ENMOD 협약 당사국의 항행에 영향을 주지 않는 한, 공해와[31] 같은 모든 국가의 관할권 밖의 지역.[32]

예외적으로 환경변화가 재래식 전쟁방식과 수단에 의해 발생될 수 있다. 가정적인 예를 들면, 아마존 강 유역 산림방화로 생태계가 파괴될 수 있으며 그 결과 지구기후변화가 초래될 수 있다.[33] 그러나 주로 제2조에서 분명히 예시한 내용(인간이 야기한 지진, 쓰나미 및 이와 유사한 조치)은 비재래식 무기로도 이루어질 수 있다. 대다수는 이러한 기술이 현존 능력에 반영 조치되지 않았으며[34], 따라서 이는 미래지향적이 된다. 인공구름을 이용한 기후변화는 이미 시도되어 왔으나 특별

28) S. N. Simonds, 'Conventional Warfare and Environmental Protection: A Proposal for International Legal Reform', 29 *SJIL* 165, p.187 (1992-3) 참조.
29) G. Fischer, 'Le Convention sur l'Interdiction d'Utiliser des Techniques de Modifi-cation de l'Environnement ? des Fins Hostiles', 23 *AFDI* 820, pp.830-1 (1977) 참조.
30) K. Korhonen, 'The ENMOD Review Conference: The First Review Conference of the ENMOD Convention', 8 *Disarmament* 133, p.137 (1985) 참조.
31) W. Heintschel von Heinegg and M. Donner, 'New Developments in the Protection of the Natural Environment in Naval Armed Conflicts', 37 *GYIL* 281, pp.294-5, 308 (1994) 참조.
32) G. K. Walker, *The Tanker War,* 1980-88: Law and Policy, 74 ILS, p.514 (2000) 참조.
33) Rogers, *Supra* note 21, p.110 참조.
34) W. Heintshel von Heineg, 'The Law of Armed conflicts at Sea', *Handbook* 405, p.423 참조.

한 결과를 초래하지도 않았다.[35]

ENMOD 협약 입안자들이 이의 적용이 당사국간에서만 제한되어야 한다고 결정한 이래 이들이 이 내용을 혁신적인 것으로 생각한 것은 분명하다(관습국제법의 선언이라기보다는). 동 협약 채택 이후 이에 관한 법적 입장이 변화된 것은 전혀 없었다.

8.2.2 1977년 제1의정서

1977년 제1추가의정서는 환경문제를 두번 다루고 있다. 제35(3)항은 기본원칙으로 다음과 같이 선언한다.

> "자연환경에 광범위하고 장기간의 심각한 손해를 야기할 의도를 가지거나 또는 그러할 것으로 예상되는 전투수단이나 방법을 사용하는 것은 금지된다."[36]

동 의정서 제55(1)항은 또한 언급한다.

> "광범위하고 장기적인 심각한 손상으로부터 자연환경을 보호하기 위하여 전

35) H. McCoubrey, International Humanitarian Law: Modern Developments in the Limitation of Warfare 229 (2nd edn, 1998) 참조.

36) Protocol Additional to the Geneva Conventions of 12 August 1949, and Relating to the Protection of Victims of International Armed Conflicts (Protocol Ⅰ), 1977, Laws of Armed Conflicts 645.

투 중에 주의조치가 취하여져야 한다. 이러한 보호는 자연환경에 대하여 그러한 손상을 끼치고 그로 인하여 주민의 건강 또는 생존을 침해할 의도를 갖고 있거나 또는 침해할 것으로 예상되는 전투방법 또는 수단의 사용금지를 포함한다."[37]

제55(1)항 첫째 문장은 전시 자연환경보호 필요성 개념을 강조하며 여기에서 전쟁이란 용어가 사용된 것은 통상 동 의정서 입안자들이 동 용어의 사용을 기피해 왔음을 볼 때 흥미로운 일이다(왜냐하면 이들은 국제무력충돌이란 용어를 선호하였기 때문).[38] 둘째 문장은 제35(3)항과 본질적으로 동일하다. 그러나 문구의 경미한 변화와는 달리 둘째 문장은 동사 '포함한다'를 추가하며 첨부내용에도 주민의 건강 또는 생존을 해하지 않음을 나타내고 있다. 이 두 가지 첨부내용이 문제가 되는바, 첫째, 제55(1)항에 있는 금지는 단지 적용 범주의 예에 불과하며 이전 문장의 해석이나 정의가 아님을 암시한다.[39]

그러나 제55(1)항의 자연환경보호가 제35(3)항과 비교하여 새로운 근거를 타파한다는 것에 대하여는 심각하게 주장되지 않았다.[40] 이와는 대조적으로 제55(1)항 둘째 문장의 두 번째 추가내용은 인간의 건강과 생존을 해하는 환경피해에만 그 범주를 국한한다. 분명히 동 의정서 입안자의 희망은 두 가지 충돌되는 문제를 반영하는 것이라고 볼 수 있는바, 그 하나는 전시 환경보호가 스스로 종결된다는 개념을 옹호하는 것이고, 다른 하나는 동 보호가 인간의 생존이나 건강을 보장하기

37) Ibid., p.653.
38) P. Bretton, 'Le Problèms eds "Méthodes et Moyens de Guerre ou de Combat" dans les Protocoles Additionnels aux Conventions de Genéve du 12 Aoủt 1949', 82 RDIP 32, p.68 (1978) 참조.
39) E. Rauch, The Protocol Additional to the Geneva Conventions for the Protection of Victims of International Armed Conflicts and the United Nations Convention on the Law of the Sea: Repercussions on the Law of Naval Warfare 140 (1984).
40) Verwey, *Supra* note 25, p.13 참조.

위해 입안되었다는 견해에 동조하는 것이다.[41)]

본인은 동 의정서 해석의 최선책은 제55(1)항 둘째 문장의 두 번째 추가내용이 이들을 상호 연결시키는 것이라고 본다. 자연환경이 인간의 건강이나 생존에 피해를 주지 않는다는 것을 도입함으로써 제55(1)항의 금지는 이들에게 제한되지는 않는다. 인간피해는 환경피해 야기에 대한 금지 적용조건으로 간주되어서는 아니 되며 더 많은 금지 범주 내에 속하는 주요 유형으로 간주되어야 한다.[42)]

제55(1)항은 주민의 건강과 생존을 언급한다. 이는 단순한 주민의 생존만으로는 충분하지 않다는 것이다. 즉 주민의 건강이 위협 받을 경우 금지가 적용된다.[43)] 동 의정서 기타 여러 조항과는 달리, 제55(1)항은 형용사인 민간인이란 용어를 동반하지 않고 단지 주민이란 표현만을 쓰고 있다. 이는 전투원 지위에 관계없이 모든 주민이 언급된다는 것을 강조하는 고의적인 생략이었다.[44)] 여하튼 제35(3)항과 동일한 금지, 즉 전쟁수단과 방식에 관련된 동 의정서 부분의 일부가 되는바, 이는 민간인만이 자연환경 보호의 유일한 수혜자가 아니라는 것이다. 또한 환경피해가 장기간 지속된다는 것을 보면 이의 효과는 전쟁 이후에도 지속될 것 같고, 따라서 이후 민간인과 전투원 간의 차이가 별 의미가 없게 된다.[45)]

일부 평론가들은 제55(1)항의 내용이 국가의 모든 주민에게 적용되는지 아니면 일부에만 적용되는가에 대해 분명치 않다고 비판한다.[46)] 그러나 이것은 설득력이

---

41) G. Herczegh, 'La Protection de 'Environnement Naturel et le Droit Humanitaire', *Studies and Essays on International Humanitarian Law and Red Cross Principes in Honour of Jean Plctet* 725, p.729 (ICRC, C. Swinarski ed., 1984) 참조.

42) H. Blicx, 'Arms Control Treaties Aimed at Reducing the Military Impact on the Environment', *Essays in International Law in Honour of Judge Manfred Lachs* 703, p.712 (J. Makaczyk ed., 1984).

43) R. Carruthers, 'International Controls on the Impact on the Environment of Wartime Operations', 10 *EPLJ* 38, p.47 (1993) 참조.

44) F. Kalshoven, 'Reaffirmation and Development of International Humanitarian Law Applicable in Armed Conflicts: The Diplomatic Conference, Geneva, 1974-1977, Part II', 9 *NYIL* 107, pp.130-1 (1978).

45) A. Kiss, 'Les Protocoles Additionnels aux Conventions de Genève et la Protection de Biens de l' Environement', *Studies and Essays on International Humanitarian Law, Supra* note 41, 181, p.190 참조.

46) G. B. Roberts, 'The New Rules for Waging War: The Case against Ratification of Additional Protocol I', 26 *VJIL* 109, 148 n. 213 (1985-6) 참조.

없다. 동 의정서상의 금지는 의도된 것이나 또는 발생이 예상될 수 있는 것이 무엇인지를 나타내는 방식으로 되어 있다. 예상될 수 있다는 표현 역시 비난되어 왔으나[47], 여전히 그 내용이 무엇인가의 문제는 결과보다는 오히려 향후 예상을 강조하는 것이다.

(1) 한편, 공격으로 인한 단순한 부수적 환경효과는 금지의 범주에 해당하지 않는다.[48] 자연환경피해가 의도적이거나 예상되지 않은 경우는 동 의정서 위반이 되지 않는다.
(2) 다른 한편, 이러한 의도나 예상이 있을 경우 사실상 일부 주민만이 영향을 받게 되어 크게 문제가 되지 않는다. 실제로 의도나 예상이 확정될 수 있음에도 피해자가 없는 경우는 문제가 되지 않는다.[49] 결국 본 내용은 실질적인 피해가 아닌 주민의 건강이나 생존에 해가 된다는 것을 가정한 것이다.

제55(1)항이 민간목표로서의 자연환경을 명백히 지정하지 않는다하더라도[50], 동 조항이 민간목표라고 제목이 붙은 동 의정서 장에 있다는 것은 주목할 만하다.[51] 일반적으로 민간목표와 비교하면, 자연환경은 특별보호가 인정된다(문화재나 예배장소, 주민생존에 불가피한 것들 및 위험한 물리력을 포함하는 시설물과

47) W. A. Wilcox, 'Environmental Protection in Combat', 17 SIULJ 299, 308, p.313 (1992-3) 참조.
48) M. Bothe, 'War and Environment', 4 EPIL 1342, p.1344.
49) Rogers, *Supra* note 21, p.113 참조.
50) B. Baker, 'Legal Protections for the Environment in Times of Armed Conflict', 33 VJIL 351, p.364(1992?3)참조.
51) Protocol I, *Supra* note 36, p.652 (Chapter III of Part IV Section I).

함께). 그러나 중요한 점은 일단 민간 목표로 분류되면 자연환경이 공격대상이 되어서는 안 된다는 것이다.[52]

자연환경은 공격목표가 되어서는 안 된다고 말하는 것이 정확하기 때문에 특별 환경 요소의 법적 지위는 변화되는 환경에 좌우된다. 예를 들면 숲은 적이 사용하기 때문에(특히 잠복 목적용) 또는 전략적 위치(산의 통과지)로서 군사목표가 될 수 있다.[53] 이 경우 공격에 노출되게 된다.

제55(1)항은 육상(해상이나 공중 공격 시에도) 민간주민, 개별주민 및 민간목표에 영향을 주는 동 의정서 부분에 나와 있는바[54], 동 조항에서 해전 및 공전을 배제한 것은 일부 학자의 강조에 의한 것이다.[55] 그러나 제35(3)항이 이와 유사하게 한계를 긋지 않았음을 고려해 볼 때 동 의정서의 자연환경보호는 모든 형태의 전쟁에 적용됨이 분명하다. 동 의정서는 자연환경이란 용어를 정의하지 않는다. 국제적십자위원회 논평에 의하면, 이는 주민이 살고 있는 생물학적 환경, 즉 기후요소는 물론이고 식물 및 동물 환경 등 모든 것에 적용되는 가장 넓은 의미로 이해되어야 한다고 한다.[56]

제35(3)항과 제55(1)항이 채택 당시에는 전쟁법상 하나의 혁신이 되었음은 재론의 여지가 없다.[57] 이들 규정들은 관습국제법의 일부로서 수용되었다고 주장되곤 하였다.[58] 그러나 이것은 잘못된 것인바, 1996년 말 국제사법재판소는 핵무기사건의 권고적 의견에서, 동 의정서 규정이 추가적인 환경보호를 제공하며 이는 동 규

52) Article 52(1) of Protocol I, ibid. 민간목표로서 환경을 취급하는 것은 너무 인간중심적이라고 비판을 받아왔다. K. Hulme, 'Armed Conflict, Wanton Ecological Devastation and Scorched Earth Policies: How the 1990-91 Gulf Conflict Revealed the Inadequacies of the Current Laws to Ensure Effective Protection and Preservation of the Natural Environment', 2 *JACL* 45, p.59 (1997). 그러나 동 비평은 다음을 간과한다: 즉 민간목표는 원칙적으로 공격에서 면제된다는 것이다.
53) Cf. M. Bothe, 'The Protection of the Environment in Times of Armed Conflict', 34 *GYIL* 54, p.55 (1991).
54) Protocol I, *Supra* note 36, p.650 (Article 49(3)).
55) Walker, *Supra* note 32, pp.517-18 참조.
56) C. Pilloud and J. Pictet, 'Article 55', *Commentary on the Additional Protocols* 661, p.662.
57) C. Greenwood, 'Customary International Law and the First Geneva Protocol of 1977 in the Gulf Conflict', *The Gulf War 1990-91 in International and English Law* 63, p.86 (P. Rowe ed., 1993) 참조.
58) 예를 들면, S. Gupta, 'Iraq's Environmental Warfare in the Persian Gulf, 6 *GIELR* 251, p.260 (1993-4) 참조.

정에 서명한 모든 당사국을 강력히 구속한다고 하였다.[59] 물론 동 규정에 서명하지 않은 국가는 구속되지 않는다.[60] 즉 관련 의정서 조항이 아직은 관습국제법으로서 정형화되지 않았다는 것이다. 2000년 유고에 대한 나토 폭격검증위원회 의견에 의하면, 제55조는 현행 관습법을 반영할 수 있으나, 국제사법재판소는 그렇지 않다고 언급하였다고 한다.[61]

8.2.3 보충 내용

8.2.3.1 로마 규정

1998년 국제형사재판소 로마규정 제8(2)(나)(4)항은 전쟁범죄를 다음과 같이 규정한다.

> "예상되는 구체적이고 직접적인 군사적 이익과의 관계에서 명백히 과도하게 민간인에 대하여 부수적으로 인명 살상이나 상해를, 민간대상물에 대하여 손해를, 또는 자연환경에 대하여 광범위하고 장기간의 중대한 피해를 야기한다는 것을 인식하고의도적으로 공격을 개시하는 것."[62]

---

59) Advisory Opinion on *Nuclear Weapons*, *Supra* note 1, p.242.
60) 재판소 판결에 의존하는 일부 학자들은 동 의정서 규정이 일반적 의무를 구현한다고 한다고 하며 이는 관습국제법의 묵시적 승인이라고 결론을 내렸다. T. Marauhn, 'Environmental Damage in Times of Armed Conflict – Not "Really" a Matter of Criminal Responsibility', 82 *IRRC* 1029, p.1031 (2000). 그러나 이러한 결론은 동 규정에 있는 국가에 대한 중요 언급을 하지 않았다.
61) Final Report to the Prosecutor by the Committee, *Supra* note 8, p.1262.
62) Rome Statute of the International Criminal Court, 1998, 37 *ILM* 999, p.1006 (1998).

이것은 의정서에 근거하나 환경보호에 관하여는 두 가지 차이점이 있다. ① 동 규정은 의정서에 나와 있는 것처럼 의도나 예상이 아닌 결과에 대한 의도나 인식을 요구한다. ② 전범을 정형화하기 위하여, 자연환경 피해가 예상되는 군사이익과 관련하여 분명히 과도하여야 한다. 첫째의 차이는 전범으로 분류함으로써 보장되는바, 즉 개인 형사책임 및 형벌책임의 확립이다. 의도적으로 행동하는 개인만이 형사책임을 지게 될 것이다.[63] 두 번째 차이는 민간인 보호와 자연환경 보호를 하나로 통합하지 않는데 있다. 비례성원칙은 이미 상기에서 언급되었는바, 예상되는 군사적 이익(군사목표에 대한 공격으로부터)과 민간인 또는 민간 대상물에 대한 부수적 피해 간에 균형이 있어야 한다는 것이다. 이것은 민간 대상물로써 자연환경에 대해서도 사실이다(숲과 같은 환경요소가 당시 우세한 상황에서 군사목표가 되지 않는 한).[64]

동 의정서 제35(3)항과 제55(1)항에서 설정한 자연환경보호에 관한 특별제도를 보면 세 가지 조건 즉 '광범위한, 장기간 및 심각한 피해'를 비례성 대신 제기한다. 동 의정서 상, 전시 기타 고려와 관계없이 자연환경에 광범위한, 장기간 및 심각한 피해를 주는 어떠한 행위도 허용되지 않는다.[65] 세 가지 기준이 충족되면 이러한 행위는 동 의정서 위반이 될 것이며 그 형평성 문제와도 관련이 없다.[66] 그러나 환경 피해가(광범위하고, 장기간 및 심각한 경우) 비례성 요소로서 분명히 첨부된 로마규정에서는 경우가 다르다.[67]

---

63) M. A. Drumbl, 'Waging War against the World: The Need to Move from War Crimes to Environmental Crimes', 22 *FILJ* 122, 126, pp.130–1 (1998–9) 참조.

64) D. Fleck, 'Legal and Policy Perspectives', *Effecting Compliance* 143, p.146 (H. Fox and M. A. Meyer eds., 1993) 참조.

65) P. J. Richards and M. N. Schmitt, 'Mars Meets Mother Nature: Protecting the Environment during Armed Conflict', 28 *Ste. LR* 1047, pp.1061–2 (1998–9) 참조.

66) M. N. Schmitt, 'The Environmental Law of War: An Invitation to Critical Reexamination', 36 *RDMDG* 11, p.35 (1997) 참조.

67) W. J. Fenrick, 'Article 8(2)(b)(iv)', *Commentary on the Rome Statute of the International Court* 197, id.. (O. Trifferer ed., 1999).

8.2.3.2 제3의정서 무기협약 부속서

1980년 재래식무기협약 서문에서는 제1의정서 제35(3)항의 내용을 반복한다.[68] 제3의정서 제2(4)항은 동 협약 부속서로서 다음과 같이 규정한다.

> "자연적인 요건이 전투원 또는 기타 군사목표를 은폐, 엄폐 또는 위장하는데 사용되거나 그 자체가 군사 목표물인 경우를 제외하고는 숲이나 기타 식물을 적화기로 공격하는 것이 금지된다."[69]

물론 이 규정은 그 범위가 제한되어 있는바, 즉 자연환경의 일부분인 숲이나 기타 종류의 식물에만 해당된다. 또한 동 규정은 일반적인 공격에 대한 보호를 인정하는 것이 아니라 특별화기에 의한 공격만을 금지한다. 그리고 이러한 보호는 적이 숲을 은폐, 엄폐 또는 위장에 사용하거나 숲 그 자체가 군사목표가 될 경우는 중지된다. 사실상 식물로 덮여있는 지역은 은폐나 위장에 사용될 경우 정확한 공격대상이 될 수 있다.[70] 그러므로 동 규정은 실질적인 중요성이 없거나 거의 없다고 주장되어 왔다.[71] 그러나 일반적으로 민간인 또는 민간 대상물의 보호는 비남용을 전제로 하며 적이 은폐용으로 군사작전을 감행할 경우는 공격으로부터 숲을 보호할 이유가 없다. 군사목표로서 숲을 본 장에서 언급한 것은 이들이 적이나 적의 전략적 위치로 사실상 이용되기 때문이다. 제3의정서는 관습국제법으로 수용되지

---

68) Convention on Prohibitions or Restrictions on the Use of Certain Conventional Weapons Which May Be Deemed to Be Excessively Injurious or to Have Indiscriminate Effects, 1980, *Laws of Armed Conflicts* 179, id..
69) Protocol on Prohibitions or Restrictions on the Use of Incendiary Weapons (Protocol III), 1980, *ibid.*, 190, p.191.
70) J. Goldblat, 'Legal Protection of the Environment against the Effects of Military Activities', 22 *BPP* 399, p.403 (1991).
71) F. Kalshoven and L. Zegveld, *Constraints on the Waging of War* 164 (ICRC, 3rd edn, 2001) 참조.

않는다.[72]

8.2.3.3 화학무기협약

숲 속에서의 이동자유와 적 은신처를 거부하기 위한 군사목적용 고엽제 사용이 월남전에서 다양한 주목을 받았는데, 그 이유는 미국이 대량의 고엽제 작전을 수행하였으며 동시에 장시간 동안 이루어졌다는 사실 때문이었다.[73] 미국은 고엽제 사용이 ENMOD 협약 금지 범주 내에 해당할 수 있다고 인정하나 다만 이로써 이 지역의 생태계가 균형을 깨진 경우에 한한다고 한다.[74] 이러한 입장은 환경요인의 파괴에도 불구하고 자연과정의 변화에 미치지는 않는다고 반박되었다.[75] 그러나 고엽제 사용이 일정조건하에서 협약 제2조 상의 환경변화기술과 일치한다는 해석은 1992년 개정회의에서 재확인되었다.[76]

분명히 ENMOD 협약 제1(1)항에 나온 조건은 무시되어서는 아니 된다. 특히 광범위한, 장기간 또는 심각한 환경피해는 전제조건이 된다. 간헐적인 고엽제 사용은 광범위한, 장기간 또는 심각한 환경피해를 야기하지 않을 수 있으며 그 결과 ENMOD 협약 위반이 되지 않을 수 있다. 그러므로 1993년 화학무기협약 제7차 서문 내용을 언급하는 것이 바람직하다.

"전쟁 방법으로서 고엽제 사용에 관한 적절한 합의 및 관련 국제법 원칙에

---

72) B. A. Harlow and M. E. McGregor, 'International Environmental Law Considerations during Military Operations Other than War', 69 *ILS* 315, p.318 (*Protection of the Environment during Armed Conflict, R. J. Grunawalt et al. eds.,* 1996).

73) A. H. Westing, 'Herbicides in War: Past and Present', *Herbicides in War: The Long-Tern Ecological and Human Consequences* 3, p.5 (A. H. Westing ed., 1984) 참조.

74) J. Goldblat, 'The Environmental Modification Convention: A Critical Review', 6 *Hum. V.* 81, p.82 (1993) 참조.

75) J. G. Dalton, "The Environmental Modification Convention: An Unassuming but Focused and Useful Convention', 6 *Hum. V.* 140. p.142 (1993) 참조.

76) A. Bouvier, 'Recent Studies on the Protection of the Environment in Time of Armed Conflict', 32 *IRRC* 554, p.563 (1992).

구현된 금지를 인식하고."[77]

고엽제가 일괄타결안으로서[78] 동 협약의 이행조항에 금지되는 화학무기의 정의에는 생략되었다 하더라도 미국은 대상지역이 미국 시설 또는 자국 방위 범주주변에 있는 경우를 제외하고는 무력충돌 시, 고엽제의 우선 사용을 공식적으로 포기한다고 하였다.[79]

화학무기협약 서문에서 '적절한 합의'를 언급한 것은 다소 애매한 표현인바, 이는 입안자들이 ENMOD 협약과 제1의정서 모두를 고려한 것으로 보인다.[80] 보다 중요한 것은 '관련 국제법 원칙'의 언급 및 '인정하고'라는 표현의 사용이다. 불가피하게 이처럼 인용을 한 것은 동 금지가 오늘날 관습국제법으로 예견된다는 것이다.

77) Convention on the Prohibition of the Development, Production, Stockpiling and Use of Chemical Weapons and on Their Destruction, 1993, 32 *ILM* 800, p.804 (1993).
78) W. Kruzsch and R. Trapp, *A Commentary on the Chemical Weapons Convention* 8, p.30 (1994).
79) *Annotated Supplement* 477.
80) A. Gioia, "The Chemical Weapons Convention and Its Application in Time of Armed Conflict', *The New Chemical Weapons Convention–Implementation and Prospects* 379, p.387 (M. Bothe, N. Ronzitti and A. Rosas eds., 1998) 참조.

8.3 ENMOD 협약과 제1의정서 간의 차이

ENMOD 협약과 제1의정서는 별도로 협상이 되었으나(전자는 유엔에서 그리고 후자는 제네바협약 체결과정에서) 1977년에 모두 서명되었다. 즉 각각의 입안자들은 두 가지 내용 모두를 잘 알고 있었으며, 이들 내용들은 상이한 목적 달성을 위해 만들어졌고 따라서 실제로는 거의 중복이 되지 않는다.

적용의 일시적 범위를 보면, 제1의정서가 ENMOD 협약보다 다소 좁은 편이다. 제1의정서가 피해를 야기한 적 영토와 교전국 영토와의 차이를 두지 않지만,[81] 동 의정서는 국제무력충돌에만 적용된다.[82] 비국제적 무력충돌을 다루는 제2의정서는[83] 제35(3)항 및 제55(1)항과 유사한 규정을 갖고 있지 않다.[84] 이에 대하여 ENMOD 협약은 환경변화기술이 고의적으로 군사적 또는 적대적 목적에 활용되거나 타방 당사국에 상당한 피해를 주게 되는 그러한 상황과의 관련성이 낮다. 이

81) C. Stannard, 'Legal Protection of the Environment in Wartime', 14 *Syd..LR* 373, p.375 (1992) 참조.
82) Article 1(3) of Protocol I, *Supra* note 36, p.628. But also, Article 1(4), *ibid* 참조.
83) Protocol Additional to the Geneva Conventions of 12 August 1949, and Relating to the Protection of Victims of Non-International Armed Conflicts (Protocol II), 1977, *Laws of Armed Conflicts* 689.
84) M. Sassòli and A. A. Bouvier, *How Does Law Protect in War? Cases, Documents, and Teaching Materials on Contemporary Practice in International Humanitarian Law* 437 (ICRC, 1999) 참조.

경우 무기가 국내세력에 대해 의도적으로 영향을 미치거나 타방 당사국에게 국경을 넘어 환경피해를 야기하는 비국제적 무력충돌 시, 환경변화기술이 적대적으로 사용되는 것을 포함하지는 않는다.[85]

무기가 관련되는 한, 동 의정서는 ENMOD 협약보다 적용범위가 더 넓다. ENMOD 협약은 한 가지 종류의 무기, 즉 환경변화기술에만 국한되나, 동 의정서는 무기에 관계없이 야기되는 피해로부터 환경과 주민을 보호한다.[86] 이 점에서 보면 동 의정서는 환경을 보호하나(환경자체를 피해자로 봄) ENMOD 협약은 환경의 변화를 보호한다(환경을 무기로 봄).[87]

동 의정서는 자연환경보호에 있어 즉 전시 고의적인 피해 야기뿐 아니라 예상될 수 있는 비의도적 및 부수적 피해에 대한 보호에 있어서도 ENMOD 협약보다 더 충실하다.[88] 동 의정서는 따라서 자연환경 결과의 예측을 조건으로 비의도적 생태전쟁에 대한 보호도 부여한다.[89]

동 의정서나 ENMOD 협약 어느 것도 모든 경우의 파괴나 피해에 적용되는 것은 아니다. 양자는 모두 동일한 형용사인 '광범위한' '장기간' 및 '심각한' 이란 용어를 사용하고 있다. 이러한 양자의 외관상 유사점으로 인하여 다음의 경우에는 오히려 잘못 인식될 수 있다.

(1) ENMOD 협약 상, 세 가지 조건이 열거되었으나(광범위한, 장기간 또는 심각한 효과) 의정서 상에는 이들이 복합적으로 열거되어 있다(광범위한, 장기간 및 심각한). 따라서 ENMOD 협약상 세 가지 요건 중 한 가지만 충족되면 되

85) Fischer, *Supra* note 29, p.830 참조.
86) J. de Preux, 'Article 35', *Commentary on the Additional Protocols* 389, pp.414-15.
87) Bothe, *Supra* note 53, p.57.
88) S. Oeter, 'Methods and Means of Combat', *Handbook* 105, p.117 참조.
89) De Preux, *Supra* note 86, p.419.

나, 의정서 상에서는 세 가지 조건이 모두 충족이 되어야 한다.[90] 환경피해가 한 가지나 두 가지 조건을 만족시키나 세 번째 조건이 해당되지 않는 경우 의정서는 고도의 입증을 요하게 된다.[91]

(2) 세 가지 조건은 그 관련 유무에 관계없이 적용지역 범위, 피해기간 및 정도 등을 규제하게 된다.[92] 그러나 ENMOD 협약과 의정서는 동일한 용어로 다른 의미를 부여한다.[93] ENMOD 협약에 첨부된 제1조에 관한 양해 사항에 따라, '광범위한' 이란 용어는 수백평방 킬로미터의 적용지역을 포함하며, '장기간' 이란 것은 몇 개월 또는 여러 계절을 포함하며, '심각한' 이란 용어는 인간생활, 자연 및 경제자원 또는 기타 자산에 대한 극심한 그리고 중대한 파괴를 포함한다.[94] 양적인 용어로 정의된 처음의 두 기준은 애매한 세 번째 기준보다 분명하다.[95] 여하튼, 양해를 보면 그 정의가 ENMOD 협약에만 전적으로 적용되도록 한 것이며 다른 합의에서 사용될 경우 동일한 또는 유사한 용어의 해석에 영향을 주지는 않는다.[96] 양해상의 정의는 그러므로 그 입장이 급진적인 것으로, 다양한 의정서에는 적용되지 않는다.[97] 의정서 상의 '심각한' 이란 형용사의 의미는 분명하지 않으나[98], '광범위한' 이란 내용은 수백평방 킬로미터보다는 협소한 것으로 받아들여진다.[99] 그러나 시간

90) *Ibid.*, p.418 참조.
91) 슈미트는 제한된 지역을 점령하는 여러 유형의 파괴시례를 들면서 이것이 장기적이며 심각하나 광범위하지는 않는다라고 한다. M. N. Schmitt, 'War and the Environment: Fault Lines in the Prescriptive Landscape', 37 *Ar, V.* 25, pp.43-4 (1999).
92) W. A. Solf, 'Article 55', *New Rules* 343, p.346 참조.
93) A. Bouvier, 'Protection of the Natural Environment in Time of Armed Conflict', 31 *IRRC* 567, pp.575-6 (1991).
94) ENMOD Convention, *Supra* note 11, p.168.
95) A. S. Krass, 'The Environmental Modification Convention of 1977 : The Question of Verification', *Environmental Warfare, Supra* note 24, 65, p.67 참조.
96) ENMOD Convention, *Supra* note 11, p.168.
97) 일부 평론가들은 ENMOD 협약에 부가된 양해상의 정의가 동 의정서에도 적용가능하다고 한다. 그러나 이 주장은 받아들여질 수 없다.B. K. Schafer, 'The Relationship between the International Laws of Armed Conflict and Environmental Protection: The Need to Reevaluate What Types of Conduct are Permissible during Hostilities', 19 *CWILJ* 287, 309 n, 110 (1988-9) 참조.
98) 동 의정서상 '심각한' 이란 것은 현재 또는 미래에 수천명의 사망, 건강악화 또는 인명손실을 야기하는 것으로 제시되어 왔다. Leibler, *Supra* note 27, p.111.
99) Antoine, *Supra* note 4, p.526 참조.

범위는 서로 동일하지 않은데, ENMOD 협약의 '지속적인' 이란 효과는 몇 개월도 될 수 있으나, 의정서 상의 '장기간' 은 수십 년의 문제로 해석된다.[100] 주민 건강피해와 관련하여서는 단기간 효과가 동 금지 범위 밖에 있다 하더라도, 중요한 것은 야기되는 현상 즉 부작용, 퇴화 또는 변형 등을 식별하는 것이다.[101] 문제는 환경피해의 이중성을 사전에 계산하기가 불가능하다는 것이다.[102]

100) De Preux, *Supra* note 86, pp.416-17.
101) Pilloud and Pictet, *Supra* note 56, pp.663-4.
102) G. Plant, 'Environmental Damage and the Laws of War: Points Addressed to Military Lawyers', *Effecting Compliance, Supra* note 64, 159, p.169 참조.

8.4 사례연구: 걸프전시 油田 방화

걸프전시 이라크는 고의적으로 상당한 양의 석유를 페르시아 만(灣)으로 방출하여 최대의 석유 유출을 야기하였다.[103] 특히 1991년 2월 600개의 쿠웨이트 유전을 방화하여 방대한 지역에서 거대한 공기오염을 야기하였다.[104] 매연은 국경을 넘어 타국에게도 영향을 주었으며 쿠웨이트에서의 심각한 대기오염은 오랫동안 부작용을 낳기도 하였다.[105] 유전은 수개월동안 방치되었으며 1991년 11월이 되어서야 진화되었다.

일반적으로 유전은 군사목표로 간주될 수 있으므로 이의 사용이 합법적으로 적에게는 거부될 수 있다.[106] 이라크가 방화한 유전이 쿠웨이트 내의 점령지에 있다

103) A. Roberts, 'Environmental Issues in International Armed Conflict: The Experience of the 1991 Gulf War', 69 ILS, *Supra* note 72, p.222, 247. For a legal analysis of the Iraqi action, C. C. Joyner and J. T. Kirkhope, 'The Persian Gulf War Oil Spill: Reassessing the Law of Environmental Protection and the Law of Armed Conflict', 24 *CWRJL* 29-62 (1992) 참조.

104) Roberts, *Supra* note 103, p.248 참조.

105) *Ibid.*, p.250 참조.

106) L. C. Green, 'The Environment and the Law of Conventional Warfare', 29 *CYIL* 222, p.233 (1991) 참조.

는 것을 고려해 볼 때, 전쟁수행에 영향을 줄 수 있는 체계적인 파괴가 당시 상황에서 명백한 군사적 이익을 주지는 못하였다. 이라크에 대한 가능한 군사적 이익은 매연으로 인하여 자국 지상군이 연합국 조종사들에게 발견되지 않는 곳이었으나 이러한 조치도 군사작전에 거의 영향을 주지 못하였다.[107]

당시 유전이 군사목표가 되었다 하더라도 그리고 시계(視界)를 저해하는 연기도 제한적으로 군사적 이익이 되었다 하더라도 이라크의 행위는 비례성 원칙의 적용에 따라야 했다.[108] 쿠웨이트 상공의 극심한 대기오염은 금지원칙 위반으로 환경 및 주민에 심각한 피해가 되었다. 결국 이라크는 군사적 고려에 의한 것이 아니라 단순한 보복이 그 동기였다는 것을 알 수 있다.[109]

군사적 합리성이 부재한 이라크 행위는 여러 전쟁법 적용규정에 위배되었다. 적 재산의 파괴는 이들이 불가피하게 전쟁 필요성에 의해 요구되지 않을 경우 금지된다.[110] 1949년 제네바협약 (IV) 제53조는 점령군에 의한 재산의 파괴는 그것이 군사행동에 의하여 절대 필요하게 될 경우를 제외하고는 일체 금지된다고 한다.[111]

동 협약 제47조는 군사상의 필요에 따라 정당화되지 아니하는 불법 및 자의적인 재산의 광범위한 파괴 또는 징발은 중대한 위반이 된다고 한다.[112] 중대한 위반이 자행된 경우 이는 로마규정 제8(2)(가)(4)항의 전범이 된다.[113] 초토화 정책은 해당지역이 적이 아닌 교전 당사국에게 속할 경우 퇴각하는 군대에게만 허용됨을 상기해야 할 것이다.

---

107) J. P. Edwards, "The Iraqi Oil "Weapon" in the 1991 Gulf War: A Law of Armed Conflict Analysis', 40 *NLR* 105, p.121 (1992) 참조.

108) J. H. McNeill, 'Protection of the Environment in Time of Armed Conflict: Environmental Protection in Military Practice', 69 ILS, *Supra* note 72, 536, p.541 참조.

109) *Ibid* 참조.

110) Hague Regulations Respecting the Laws and Customs of War on Land, Annexed to Hague Convention (II) of 1899 and Hague Convention (IV) of 1907, *Laws of Armed Conflicts* 63, p.83.

111) Geneva Convention (IV) Relative to the Protection of Civilian Persons in Time of War, 1949, *Laws of Armed Conflicts* 495, 517. 전쟁필요성 및 군사작전의 언어적 차이에 관하여는(제네바 협약상), R. J. Zedalis, 'Burning of the Kuwaitl Oilfields and the Laws of War', 24 *VJTL* 711, pp.749-50 (1991) 참조.

112) Geneva Convention (IV), *Supra* note 111, p.547.

113) Rome Statute, *Supra* note 62, p.1006.

1992년 유엔총회는 '무력충돌시 환경보호'에 관한 결의 제47/37을 표결 없이 채택하였다. 동 결의는 다음과 같이 강조한다.

> "군사적 필요성에 의해 정당화되지 않으며 자의적으로 수행된 환경파괴는 명백히 현행 국제법에 반한다."[114]

핵무기사건의 권고적 의견에서, 국제사법재판소는 상기 문장을 인용하여[115], 총회 결의가 구속력이 있는 것은 아니나 법적 확신의 실재 또는 규정의 실재를 확립하는 중요 증거를 제공할 수 있다고 하였다.[116] 군사적 필요성에 의해 정당화되지 않으며 자의적으로 수행된 자연환경의 피해나 파괴금지는 1995년 산레모 매뉴얼에도 동일하게 나온다.[117] 이것은 결국 관습국제법의 정확한 반영을 의미하는 것이다.[118]

가장 복잡한 문제는 쿠웨이트 유전을 방화한 이라크 행위가 제1의정서 및 ENMOD 협약 위반이 되는가이다. 물론 그 답은 부정적인데, 이는 이라크가 양 협약의 체약당사국이 아니며 그 내용 역시 관습국제법을 반영한 것이 아니기 때문인 것이다. 그럼에도 불구하고 취한 행동이 양 협약에서 부과하는 규제에 반하게 된다는 원칙 문제를 제기하는 것은 가치가 있다.

---

114) UN General Assembly Resolution 47/37, 46 *YUN* 991, id. (1992).
115) Advisory Opinion on Nuclear Weapons, *Supra* note 1, p.242.
116) *Ibid.*, pp.254-5.
117) *San Remo Manual on International Law Applicable to Armed Conflicts Sea* 119 (L. Doswald-Beck ed., 1995).
118) D. Momtaz, 'Le Recours ? l'Arme Nucl?aire et la Protection de l'Environnement: L'Apport de la Cour Internationale de Justice', *International Law, the International Court of Justice and Nuclear Weapons* 355, pp.364-5 (L. Boisson de Chazournes and P. Sands eds., 1999) 참조.

의정서에 관한 한, 중요문제는 자연환경에 대한 세 가지 중첩되는 요건 즉, 광범위한, 장기간 및 심각한 피해의 이행조건에 관한 것이다. 이라크 행위가 있은 후 즉시 모든 세 가지 조건이 사실상 이 전쟁에 충족되었음이 인정되었다.119) 그러나 여러 학자들이 이라크가 야기한 피해는 광범위하고 심각하며 장기간이라는 조건을 충족시키지 못하였다는 견해에 집착하였다.120) 이는 1991년 걸프전 국면 검토 시, 미 국방성에서 공식적으로 나온 결론이었다.121)

이러한 입장은 ENMOD 협약에 관해서는 다를 수 있다. 상기의 세 가지 모든 조건이 복합적으로 충족될 필요는 없다하더라도 '오래 지속되는' 이란 것은 몇 개월만을 의미한다는 것을 염두에 두어야 한다.122) 제2조에 부가된 양해에 관하여보면, 이것이 쿠웨이트에서 분명히 나타난 기후형태의 변화에도 적용된다는 것을 알 수 있다.123) 이라크가 사용한 수단이 상대적으로 원시적이었다 하더라도 이 때문에 ENMOD 협약의 적용이 배제되어서는 아니 된다. 결국 방화는 제2조의 어떤 기술이란 개념에 해당되며124), 열대 밀림에 방화하는 것은 그러한 기술에 해당할 것이다. 이라크가 인공시설들을 폭파했기 때문에 생태계의 고의적인 변화가 없었다고 주장되어 왔다.125)

환경파괴의 직접적 원인이 수원지에 대한 폭발이었으며, 수원지 폭발로 동 수원지 아래에 있는 지층에 압력을 가하게 되어 항시 가연성 석유에 방화될 수 있다

119) P. Fauteux, 'L 'Utilisation de l'Environnement comme Instrument de Guerre au Koweit Occup?',, *Les Aspects Juridiques de la Crise et de la Guerre du Golfe* 227, 260-2 (B. Stern ed., 1991); D. Momtaz, 'Les Régles relatives à la Protection de l'Environnement au cours des Conflits Armés à l'Epreuve du Conflit entre l'Irak et le Koweit', 37 AFDI 203, pp.209-11 (1991).

120) Rogers, *Supra* note 21, p.124 참고.

121) 페르시아만 전쟁행위에 관한 미국방부 의회보고서에 첨부된 전쟁법의 역할 참조. 31 *ILM* 612, pp.636-7 (1992).

122) M. A. Ross, 'Environmental Warfare and the Persian Gulf War: Possible Remedies to Combat Intentional Destruction of the Environment', 10 *DJIL* 515, p.531 (1991-2). 참조.

123) M. T. Okorodudu-Fubara, 'Oil in the Persian Gulf War: Legal Appraisal of an Environmental Warfare', 23 *SMLJ* 123, p.176 (1991-2)

124) L. Lijnzaad and G. J. Tanja, 'Protection of the Environment in Times of Armed Conflict: The Iraq-Kuwait War', 40 *NILR* 169, p.196 (1993).

125) L. Edgerton, 'Eco-Terrorist Acts during the Persian Gulf War: Is International Law Sufficient to Hold Iraq Liable?', 22 *GJICL* 151, p.172 (1992) 참조.

는 사실이 주요 이유이다.[126] 즉 이것은 환경피해의 하나의 사례이었다. 그러나 반드시 환경의 물리력에 의한 피해가 아니라는 것이다.[127] 그러나 여전히 의문은 남는다. 자연력의 변화는 인위적 도구 사용으로 흔히 초래되어 왔다. 유전방화가 ENMOD 협약에 의해 적용된다는 것을 부인하는 평가측면에서 보면 고엽제를 인정하기 쉽다.[128] 물론 이라크는 지하원유의 자연적 압력을 변화시켰다.[129] 이라크는 석유가 수원지로 들어가는 것을 막을 수 있는 밸브를 사실상 날려버린 것이다.[130] 어둠의 재난이 이라크에 의해 의도될 수 있었다는 사실에서 인공시설의 파괴가 영향을 받지는 않는다.

ENMOD 협약 용어의 불명확성으로 1991년 걸프전시 이라크 행위의 배경에 대한 여러 비판이 나오게 되었다. 주요한 문제는 ENMOD 협약이 비재래식 미래 기술만을 중점으로 하였으며 그 결과 재래식 전쟁방식에 의해 피해를 무시하였다는 것이다.[131] 그러나 동 내용에 대한 개정안이 1992년 개정회의 시에서도 채택되지 않았다.[132]

걸프전 중지조건을 설정한 1991년 안보리 결의 제687호에서는 이라크의 불법침공 및 쿠웨이트 점령으로 환경피해 및 천연자원 고갈 또는 외국 정부, 국민 및 기업에 대한 피해를 포함한 여하한 직접적 손실에 대해 이라크는 국제법상 책임이 있음을 재확인하였다.[133] 보상기금 및 보상위원회가 안보리결의 제692(1991)호로 설립되었다.[134] 보상위원회는 이후 쿠웨이트 당국에 수원지 방화 진화 비용으로

126) G. Plant, 'Introduction', *Environmental Protection and the Law of War: The "Fifth Geneva" Convention on the Protection of the Environment in Time of Armed Conflict* 3, 24 n, 69 (G. Plant ed., 1992).
127) Roberts, *Supra* note 103, p.250.
128) N. A. F. Popovic, 'Humanitarian Law, Protection of the Environment, and Human Rights', 8 *GIELR* 67, p.81 (1995-6) 참조.
129) N. A. Robinson, 'International Law and the Destruction of Nature in the ulf War', 21 *EPL* 216, p.220 (1991) 참조.
130) J. E. Seacor, 'Environmental Terrorism: Lessons from the Oil Fires of Kuwait', 10 *AUJILP* 481, p.489 (1994-5).
131) Bouvier, *Supra* note 76, p.561 참조.
132) *Ibid.*, pp.562-3 참조.
133) Security Council Resolution 687 (1991), 30 *ILM* 847, p.852 (1991).
134) Security Council Resolution 692 (1991), 30 *ILM* 864, p.865 (1991).

수백만 불을 지불하였다.[135)]

결의 제687호의 법적 타당성은 ① 이라크가 제1의정서 및 ENMOD 협약 당사국이 아니고, ② ENMOD 협약은 관습 국제법이나 의정서의 환경보통 조항을 반영하는 것이 아니며, ③ 양 내용이 이라크에 적용되었다 하더라도 이들의 법적 결과에 대한 동의가 없다는 세 가지 고려에도 불구하고 반박이 될 수 없다. 유엔 결의 제687호는 이라크에 대해 구속력을 가지는바, 이는 유엔헌장 제7장에 의해 채택되었기 때문이다.[136)] 실질적으로 결의 제687호는 전쟁법이 아닌 유엔헌장 및 관습국제법을 위반하여 쿠웨이트에 불법으로 침공하여 환경피해를 야기한데 대한 국제법상의 이라크 국가책임이 이러한 잘못된 행위에 적용된다는 것을 예상한 것이다.[137)] 즉 환경피해에 대한 이라크의 보상의무는 전쟁법의 악의적인 위반에서 나온 것이지 전쟁법의 가능한 위반에서 나온 것이 아니다.[138)]

135) R. P. Alford, 'Well Blowout Control Claim', 92 AJIL 287, 288 (1998). The Decision is reproduced in 36 *ILM* 1343 (1997) 참조.
136) Security Council Resolution 687, *Supra* note 133, p.849.
137) C. Greenwood, 'State Responsibility and Civil Liability for Environmental Damage Caused by Military Operations', 69 *ILS*, *Supra* note 72, 397, p.406.
138) L. Low and D. Hodgkinson, 'Compensation for Wartime Environmental Damage: Challenges to International Law after the Gulf War', 35 *VJIL* 405, p.456 (1994-5) 참조.

8.5 소결론

전시에도 적절한 보호가 있어야 한다는 것이 아직까지 관습국제법으로 발달되지 못한 것은 유감이다. 조약법은 보다 발전되었으나(걸프전 사례에서 본 바와 같이), 제1의정서에서 설정된 단계는 특히 환경피해의 이중성이 관련되는 한 여전히 벽이 높고 ENMOD 협약은 그 해석에 있어 제한적이다. 일부 의도적이고 직접적인 환경피해가 ENMOD 협약이나 동 의정서에 의해 적용되지 않음은 의심의 여지가 없으며 결과적으로 여전히 허용가능하다.[139)]

여러 학자들은 이 문제에만 집중적으로 적용되며 체계적으로 이를 언급하는 완전히 새로운 협약을 요구하였다.[140)] 그러나 이러한 극적인 변화는 현 단계에서는 어려울 것이다. 이러한 조약의 제정이 시기적절하다고 믿는 경향에 관하여 일부 평론가는[141)] '정부가 이 분야에서 중요한 새로운 의무를 수락할 준비가 현재 되어

---

139) M. D. Diederich, '"Law of War" and Ecology – A Proposal for a Workable Ap-proach to Protecting the Environment through the Law of War', 136 *Mil. LR* 137, p.152 (1992) 참조.
140) G. Plant, 'Elements of a "Fifth Geneva" Convention on the Protection of the Environment in Time of Armed Conflict', *Environmental Protection and the Law of War, Supra* note 126, pp.37–61 참조.
141) P. C. Szasz, 'Environmental Destruction as a Method of Warfare: International Law Applicable to the Gulf War', 15 *Disarmament* 128, pp.151–3 (1992) 참조.

있지 않다' 는 경향을 인정해야 한다고 했다.[142] 종합적이며 혁신적인 조약 채택 권고와는 관계없이, 분명히 필요한 것은 국제법 위반에 해당되는 환경 피해의 발단을 확인하려는 여하한 논쟁도 종결해야 한다는 것이다.[143]

---

142) P. C. Szasz, 'Comment: The Existing Legal Framework, Protecting the Environment during International Armed Conflict', 69 *ILS, Supra* note 72, 278, p.280.

143) R. J. Parsons, 'The fight to Save the Planet: US Armed Forces, "Greenkeeping", and Enforcement of the Law Pertaining to Environmental Protection during Armed Conflict', 10 *GIELR* 441, p.460 (1997-8) 참조.

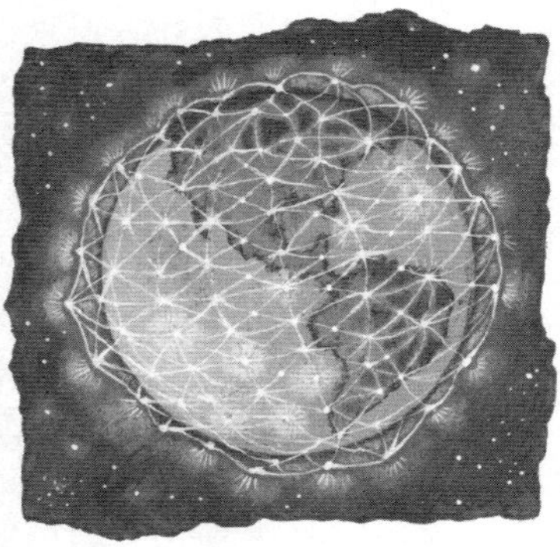

The Conduct of Hostilities under the Law of International Armed Conflict

제9장

전쟁의 기타 수단 및 방법

1899/1907년 헤이그규정 제22조는 다음과 같이 선언한다.

> "적에게 피해를 주는 수단을 채택하는 교전국의 권리는 무제한이 아니다."[1)]

1977년 제1추가의정서 제35(1)항은 '기본원칙' 이란 제목으로 동일한 개념을 나타내고 있다.

> "무력 충돌시 전쟁수단이나 방법을 선택하는 충돌당사국의 권리는 무제한이 아니다."[2)]

동 기본원칙은 모든 전쟁법에서도 그대로 나타난다. 본 장에서는 ① 기계와 배신행위, ② 간첩행위, ③ 적 재산 몰수 및 파괴, ④ 교전국 배상 등 구체적인 문제를 다룬다.

1) Hague Regulations Respecting the Laws and Customs of War on Land, Annexed to Hague Convention (II) of 1899 and Hague Convention (IV) of 1907, *Laws of Armed Conflicts* 63, p.75, 82.
2) Protocol Additional to the Geneva Conventions of 12 August 1949, and Relating to the Protection of Victims of International Armed Conflicts (Protocol I), 1977, *Laws of Armed Conflicts* 621, p.644.

9.1 기계(奇計)와 배신행위

기계와 배신행위는 공통 근거를 갖고 있는바, 즉 양자는 기만과 책략에서 나왔다는 것이다. 그러나 배신은 주로 전쟁법 위반이 되나, 기계는 완전히 합법적이다. 문제는 이들을 어떻게 구분하는가이며 이에 대한 답은 전쟁법의 완전한 준수를 전제로 적국간에 존재해야 하는 어느 정도의 상호신뢰에 달려있다.

9.1.1 1899/1907 헤이그규정

헤이그규정(1907) 제23조는 다음을 금지한다.

"(나) 적국이나 군대에 속하는 자를 무자비하게 살해 또는 상해하는 것

(바) 제네바협약의 식별표장은 물론 적의 제복 및 군기 또는 자국기나 휴전기의 부적절한 사용"[3]

또한 제24조는 다음과 같이 선언한다.

"기계 및 적에 대한 정보수집에 필요한 조치는 허가된다."[4]

상기 내용이 기계와 무자비한 또는 부적절한 행위간의 차이를 나타내는 어떤 기준을 제공하지는 못하였다 하더라도 이러한 규범은 관습국제법을 반영한 것이다.[5] 적 개인에 대한 무자비한 살해금지는 암살에 대한 상금 (보상금) 제공도 포함된다.[6] 그러나 전투원의 치명적 공격목표로 적의 개별 전투원을 선정하는 것은 무자비한 것이 아니다.[7] 이 경우의 공격은 저격수, 매복, 전선 배후기습[8] 또는 항공공습 등으로 수행될 수 있다.

보전기(休戰旗)는 단기간의 정전이나 항복조건 교섭을 목적으로 타방 교전국 지역사령관 간에 사용되는 백색기이다.[9] 휴전기는 프랑스 용어인 軍使(parlementaire)[10]가 헤이그규정에서 영어로 軍使(envoy) 使節로 번역되었으며 이들이 동 기를 휴대하게 되며, 이들은 적과 통신을 할 수 있고 제32조에 따라 불가

3) Hague Regulations, *Supra* note 1, pp.82–3.
4) *Ibid.*, p.83.
5) D. Fleck, 'Ruses of War and Prohibition of Perfidy', 13 *RDMDG* 269, 277 (1974) 참조.
6) M. N. Schmitt, 'State-Sponsored Assassination in International and Domestic Law', 17 *YJIL* 609, p.635 (1992) 참조.
7) A. P. V. Rogers and P. Malherbe, *Model Manual on the Law of Armed Conflict* 62 (ICRC, 1999).
8) On the legality of a commando raid (in uniform) behind the lines, with a view to killing an enemy commander, P. Rowe, 'The Use of Special Forces and the Laws of War', 33 *RDMDG* 207, pp.222–3 (1994).
9) Y. Dinstein, 'Flag of Truce', 2 *EPIL* 401, id 참조.
10) J. B. Scott, 2 *The Hague Peace Conferences of 1899 and 1907 (Documents)* 110, 16, 130; 368, 376, 392 (1909).

침권을 향유한다.[11] 그러나 제34조에 의하면 군사절이 반역행위를 하거나 선동을 하는 입장을 취할 경우 불가침권은 상실하게 된다.[12] 프랑스 원본에는 제23(나)항에서 반역이란 용어를 사용하며(영어로는 반역으로) 제34조에서는 반역행위(영어의 반역행위와 동일)를 언급한다.[13] 영어상의 반역이란 표현이 보다 정확한 용어일 것이다.

제23(바)항의 주제는 휴전기의 부적절한 사용(프랑스어의 부당한 사용[14])인바, 제23(나)항과는 달리 반역이 제23(바)항에 반하는 행위를 요구하지는 않으며 휴전기의 부적절한 사용만으로 충분한 것이다. 1946년의 뉴렘베르그 국제군사재판소 판결에서는 헤이그규정상의 휴전기 부적절한 사용금지가 동 규정 이전부터 오랫동안 시행되어 왔으며 1907년 이래 전쟁법 위반으로 처벌되어 왔다고 한다.[15] 동 금지는 두 가지 좁은 의미를 갖고 있는바, 백기의 부적절한 사용은 이것이 휴전기로 사용될 경우뿐만 아니라 항복의사를 나타낼 때도 해당된다.[16]

제23(바)항은 제네바협약의 식별표장은 물론 적의 제복과 군기 그리고 자국기의 부적절한 사용도 금지한다.

---

11) Hague Regulations, *Supra* note 1, pp.85–6.
12) *Ibid.*, p.86.
13) Scott, *Supra* note 10, p.126, 130; 386, 392.
14) *Ibid.*, p.126, 388.
15) International Military Tribunal (Nuremberg), Judgment and Sentences (1946), 41 *AJIL* 172, p.218 (1947).
16) T. E. Holland, *The Laws of War on Land (Written and Unwritten)* 45 (1908) 참조.

9.1.2 1977년 제1의정서

9.1.2.1 관련규정

제1추가의정서 제37조는 다음과 같이 규정한다.

"(1) 적을 배신행위로 살해, 상해 또는 포획하는 것은 금지된다. 적으로 하여금 그가 무력충돌 시, 적용 가능한 국제법상의 보호를 부여받을 권리가 있다거나 의무가 있다고 믿게 할 적의 신념을 유발하는 행위로서 그러한 신념을 배신하는 행위는 바로 배신행위가 된다. 아래의 행위들은 배신행위의 예이다.

① 정전 또는 항복 목적인 것처럼 협상을 위장하는 것.

② 상처나 병으로 인하여 무능력한 것처럼 위장하는 것.

③ 민간인이나 비전투원처럼 위장하는 것.

④ 국제연합 또는 중립국, 비전쟁 당사국의 부호, 표장, 제복을 사용함으로서 피 보호자격으로 위장하는 것.

(2) 전쟁의 위계는 금지되지 아니한다. 그러한 위계는 적을 오도하거나 무모하게 행동하도록 하는 것이나, 이는 전시에 적용되는 국제법 규칙에 위반되지 아니하며 또한 법에 의한 보호와 관련하여 적의 신뢰를 유발하지 아니하기 때문에 배신행위가 아닌 기타 행위들을 말한다. 다음은 그러한 위계의 예이다. 위장, 유인, 양동작전, 오보의 이용 등"[17]

---

17) Protocol I, *Supra* note 2, p.645.

제38조는 또한 다음과 같이 규정한다.

"(1) 적십자 · 적신월 · 적사자태양 등 식별표장, 제 협약 및 본 의정서에 의하여 부여된 다른 표장, 부호, 신호의 부당한 사용은 금지된다. 무력충돌에 있어서 정전기를 포함하여 국제적으로 승인된 보호표장, 부호 또는 신호와 문화재의 보호표장을 고의적으로 남용하는 것 역시 금지된다.

(2) 국제연합의 식별표장을 국제연합에 의하여 승인된 것 이외로 사용하는 것은 금지된다."[18)]

제39조는 또한 다음과 같이 규정한다.

"(1) 중립국 및 충돌비당사국의 기, 군표장, 기장, 제복을 무력충돌 시에 사용하는 것은 금지된다.

(2) 공격에 참가하는 중에 또는 군사작전을 엄폐, 지원, 보호 또는 방해하기 위하여 적대당사국의 기, 군사표장, 기장, 제복을 사용하는 것은 금지한다.

(3) 본조 또는 제37조 1항(가)호의 어느 것도 간첩행위 및 해전 시, 사용에 적용되는 일반적으로 승인된 기존 국제법규에 영향을 미치지 아니한다."[19)]

---

18) *Ibid.*
19) *Ibid.*, pp.645-6.

9.1.2.2 분석 : 불법한 배신행위

가. 제37조

제37상의 배신이란 용어(제1의정서 입안자들은 반역을 더 선호함)는 세 가지 복합요소로 구성되어 있다. 즉 ① 일정상황에서 보호가 인정되는 국제법 규범의 존재 (적이 보호를 받을 자격이 있거나 부여할 의무가 있는 경우), ② 그러한 상황이 야기한 적의 신념을 유발하는 행위, ③ 그러한 신념을 배신할 의도 등이다. 전투원은 합법적으로 책략을 이용 적기만을 시도할 수 있기 때문에 공격을 면하기 위하여 허위의 법적 자격을 창출하는 것이 허용되지 않는다. 이러한 예외에 있어서 잘못된 행위를 하게 되면 향후 사례에서의 면제존중 침해에 대한 책임이 있게 된다.

제37조는 총체적으로 모든 배신행위를 금지하지는 않는다.[20] 동 내용은 헤이그규정 제23(나)항에서 적대 당사자의 살해 또는 상해를 초래하는 불법 배신행위의 제한을 열거하는바, 규정된 행위의 내용에는 체포까지 확대된다.[21] 따라서 재산파괴를 야기하는 배신행위는 해당되지 않는다.[22] 적대 당사자를 살인, 상해 또는 포획할 배신의도가 있는 경우가 아니라도 어떠한 이유에서든지 그러한 의도가 이행되는 경우에 적용된다.[23] 의도의 이행이 성공하지 못한 경우, 즉 적대 당사자의 살인, 상해 또는 포획을 하지 못한 경우 일종의 애매한 배신행위가 존재하게 된다.[24]

적 살해에 관하여 제37조의 범위는 헤이그규정 제23(나)항보다 작은 것으로 보인다. 솔프(Solf)가 제시한 예를 보면 자신의 사령관 보좌를 위하여 적 군인에게 뇌물을 주는 것에도 관심을 가지는바, 이것은 제23(나)항의 범주에 해당될 것이나 제37조에서는 제외되게 된다. 이는 동 행위가 자국 군대행위에 대하여 국제법이 자

---

20) J. de Preux, 'Article 37', *Commentary on the Additional Protocols* 429, p.432 참조.
21) W. A. Solf, 'Article 37', *New Rules* 201, p.203 참조.
22) *Ibid.*, p.204 참조.
23) F. Kalshoven and L. Zegveld, *Constraints on the Waging of War* 94 (ICRC, 3rd edn, 2001). *Per Contra,* K Ipsen, 'Perfidy', 3 *EPIL* 978, p.980 참조.
24) De Preux, *Supra* note 20, pp.432-3.

신을 보호한다는 피해자의 신뢰를 포함하지 않게 될 것이기 때문이다.[25] 그러므로 제37조 보다 광범위한 정도로 헤이그규정을 대체하지 않는다는 것을 인식하는 것이 중요하다.[26] 제37조는 배신행위의 네 가지 예를 제시한다.

(1) 휴전이나 항복기를 달고 협상의도를 기만하는 것. 이는 헤이그규정 제23(바)항 내용과 비교하여 두 가지 차이가 있다. ① 제37조는 항복의도 기만을 명백히 언급한다(백기게양으로 가능). ② 지적한 바와 같이 제37조는 배신행위를 적의 살해, 상해 또는 포획행위로 제한하나, 제23(바)항은 목적에 관계없이 휴전기의 부적절한 사용을 허용하지 않는다. 적의 살해, 상해 또는 포획 및 항복의도 기만 배신행위는 동일한 사람에 의해 행해질 필요는 없다. 항복백기를 들고 있는 전투원이 동료(엎드려 기다리고 있는)와 공모한다면, 백기를 든 자를 전쟁포로로 하기위해 동료가 적군에게 사격을 행하게 되는데, 이 경우도 배신행위가 성립된다. 그러므로 공모는 명백한 배신행위의 핵심이 된다. 여러 전투상황에서 일부 개인은 다른 사람이 전투 중에 항복하기도 한다. 공모 없이, 존 듀가 사격을 고집한다고 해서 이 사실이 리차드 로가 백기게양을 기만하고 있다는 것을 의미하지는 않는다. 적 당사국 군대는 불필요한 위협에 노출될 필요가 없으며 리차드 로가 무장해제 조치를 할 것을 요구할 수 있다.[27]

(2) 부상이나 병으로 무력화되었다고 위장하는 것, 즉 전투력 상실상태. 이의 불가피한 요건은 적의 살해, 상해 또는 체포이며, 전투원이 자신의 생명을 구

25) Solf, *Supra* note 21, p.204.
26) *Ibid.*
27) *Law of War Workshop* 7-30-7-31 (US Army Judge Advocate General, 1999) 참조.

하기 위하여 죽은 척 하는 것으로는 충분하지 않다.[28] 배신행위는 동 행위가 무방비 상태의 적을 살해, 상해 또는 포획할 의도 및 동 의도가 수행될 때 성립하게 된다.[29]

(3) 민간인이나 비전투원 지위 위장. 이는 호기심에 관한 것이며 어떤 점에서는 잘못된 규정이다. 외형적으로 보면 군복을 벗고 평상복을 착용하면 이러한 전투원의 지위가 갑자기 변화된다. 관습국제법상 불법전투원이 되는 자의 행위는 이 자가 전쟁포로의 지위를 거부하거나 민간복장으로 폭력행위를 하여 국내 형사소송법에 적용되는 경우이다. 그러나 군복을 벗은 그 자체가 바로 전쟁법 위반은 아니다. 동 의정서 제37조는 이 모든 것을 바꾼 것으로 보인다. 제37(1)(다)항에 따라 군복을 배신목적으로 벗고 적을 살해, 상해 또는 포획하고자 하여 상대가 이자를 민간인이라고 믿도록 하면 이러한 행위는 전쟁법 그 자체의 직접적 위반이 된다. 일반적으로 동 의정서가 군복을 벗은 전투원에 대하여 엄격한 규제를 부여하지 않기 때문에 사실상 이 점에 있어서의 관습국제법 기준에 관한 논쟁이 그리 심하지 않다는 것은 놀라운 일이다. 새로운 규제의 유일한 요점을 어떻게 설명할 수 있을까? 그 답은 제37(1)(다)항은 명목상의 언급에 불과할 뿐 그 이상이 아니라는 것이다. 이의 애매한 의문이 제44(3)항의 추가 조항으로 해결된다.

"본 항의 요구에 복종하는 행위는 제37(1)(c)에서 의미하는 배신행위로 간주되지 않는다."[30]

---

28) R. R. Baxter, 'The Duties of Combatants and the Conduct of Hostilities (Law of the Hague)', *International Dimensions of Humanitarian Law* 93, p.123 (UNESCO, 1988) 참조.
29) Kalshoven and Zegveld, *Supra* note 23, p.94 참조.
30) Protocol I, *Supra* note 2, p.647.

국제적십자위원회 논평조차도 '제37(1)(다)항과 제44(3)항 간에는 용어상 어떤 모순이 있다' 라는 것을 인정한다.[31]

(4) 유엔이나 중립국으로 표시하거나 동 복장으로 보호를 받는 지위로 위장. 여기에서의 금지는 적을 살해, 상해 또는 포획하기 위하여 보호를 받으려는 시도와 관계된다. 유엔에 관한 근거 전제는 논쟁 밖에 있으며[32], 유엔군이 무력충돌 가담 시, 제37조가 적용되지 않을 것이다(적군 표장과 군복의 부당사용에 관한 제39조가 적용된다 하더라도).[33]

나. 제38조

동 조항에는 세 가지 금지 유형이 있다.

(1) 제네바 표장, 표시 또는 신호의 부적절한 사용. 이것은 제네바 표장의 부적절한 사용에 대한 헤이그규정 제23(바)항에서 그 금지를 상세히 하고 있다. 제38조의 초점은 '부적절한 사용' 이란 표현이다(제23(바)항의 경우처럼). 따라서 제38조의 적용은 적의 어떤 배신적 살해, 상해 또는 포획에 관한 것이 아니다.[34] 여기에 동 의정서 제38조와 제37조 간의 중요 차이가 있게 된다.

(2) 휴전기나 문화재 보호표장을 포함 국제적으로 공인된 보호표장, 표시 또는 신호의 고의적 남용. 규제는 적의 배신적 살해, 상해 또는 포획 장소에서 독립적으로 되며, 그 결과 휴전기가 새로이 언급되게 된다. 제37(1)(가)항은 휴전기를 달고 하는 협상 위장도 금지하나 적의 살해, 상해 또는 포획을 초래

31) J. de Preux, 'Article 44', *Commentary on the Additional Protocols* 519, p.537.
32) de Preux, *Supra* note 20, p.439 참조.
33) Solf, *Supra* note 21, p.206 참조.
34) J. de Preux, 'Article 38', *Commentary on the Additional Protocols* 445, p.448 참조.

하는 배신적 사용의 경우에 한한다. 제38조는 휴전기의 고의적 남용 언급에 있어 헤이그규정 제23(바)항의 다양한 금지에 의존한다. 유일한 문어적 차이는 제23(바)항에 있는 '부적절한 사용' 의 최초표현이 제38조에서는 '고의적인 남용' 으로 대체되었다는 것이다. 이 두 문구의 실질적 차이는 명백하지 않다.[35] 제23(바)항 및 제38조의 위반이 되나 제37(1)(가)항 위반은 아닌 휴전기의 고의적 남용 사례는 후퇴나 증원 시, 시간을 벌기 위한 목적에서만 그 사용이 가능하다.[36] 국제적으로 공인된 보호표장, 표시 또는 신호의 고의적 남용에 관한 제38조의 비난은 개방되어 있다. 그 범주는 기존 보호표장과 표시 그리고 향후 채택 예정인 표장과 표시 모두의 고의적 남용을 포함할 정도로 충분히 넓다.[37] 이스라엘이 사용한 명백한 보호표장이 제39조 범주에 속한다고 믿을 만한 충분한 이유가 있다.[38]

(3) 유엔 표시의 무허가 사용. 유엔 표시는 제37(1)(라)항에서 이미 언급되었으나, 이는 적의 살해, 상해 또는 포획을 초래하는 배신적인 사용의 경우에 한한다. 제38조상 무허가 사용의 거부는 절대적인 것이다. 그럼에도 불구하고 제38조 및 제37(1)(라)항의 유엔보호는 유엔 자신이 무력충돌에 가담하지 않는 상황에만 국한되는 것으로 이해하여야 한다.[39]

다. 제39조

제39조는 다음과 같이 금지한다.

35) *Ibid.*, pp.456-8 참조.
36) *Operational Law Handbook* 20 (US Army Judge Advocate General School, 2003).
37) de Preux, *Supra* note 34, 456, p.458 참조.
38) W. A. Solf, 'Article 38', *New Rules* 207, p.211 참조.
39) de Preux, *Supra* note 34, p.459 참조.

(1) 중립국의 기, 군의 표장, 기장 또는 제복의 사용.

(2) 군사작전의 방어, 보호 또는 방해 목적이나 공격가담 시 적기, 군장, 기장 또는 군복의 사용. 이것은 적기, 기장 및 군복의 부적절한 사용이 무엇인가를 정의하기 위한 명백한 시도인 것이다(헤이그규정 제23(바)항에서는 허용되지 아니함).[40] 이 문제는 1947년 논쟁이 되었던 스코제니(Skorzeny) 재판에 의해 제기되었는바, 미 군사법원은 1944년 12월 벌지(Bulge) 전투에서 전투 참가 전에 미 군복을 착용한 독일군을 방면하였다.[41] 이 결정과는 달리 제39조는 공격 이전 단계를 포함 군사작전과 직접 관련된 모든 상황뿐만 아니라 공격 중 적의 군복 및 기장사용이 합법하지 않다고 규정한다.[42] 이는 모든 적의 군복 사용이 반드시 부적절하다는 것은 아니다. 보급품 부족이나 기만 의도 없이 적 군복을 착용한 군대 구성원 자신이 어느 교전국에 속하는 가에 대한 혼동을 피하기 위하여 그 대안으로 군복을 입었다면 전쟁법 위반행위가 아니다.[43] 포획된 적 차량, 탱크 등은 적국 표시를 삭제한 후에만 전투에 사용될 수 있다.[44] 또한 탈출하는 전쟁포로는 자신의 신분을 속이기 위하여 적 기장을 떼어내지 않고서도 적 군복 착용이 허용된다[45](이들이 위장 중 공격행위를 하지 않는 한).[46] 간첩에 관하여는 특별관리가 된다.

제39(3)항에서 명백히 언급된 것처럼, 제37(1)항이나 제39(1),(2)항 어느 것도 해전시에도 적용된다. 군함은 전통적으로 작전 중인 경우를 제외하고는 허위로 중립

40) J. de Preux, 'Article 39' *Commentary on the Additional Protocols* 461, p.466 참조.
41) Trial of Skozeny et al. (US Military Court, Germany, 1947), 11 *LRTWC* 90, p.93.
42) de Preux, *Supra* note 40, 466, p.471 참조.
43) Holland, *Supra* note 16, p.45 참조.
44) W. A. Solf, 'Article 39', *New Rules* 211, p.214 참조.
45) de Preux, *Supra* note 40, p.467 참조.
46) S. Oeter, 'Methods and Means of Combat', *Handbook* 105, p.202 참조.

색깔을 표시함으로써 자신을 위장할 권리가 인정되어 왔다.[47] 허위 중립기 사용을 허용하는 고전적 규칙에 의하지 않고 1995년 산레모 매뉴얼은 특히 군함이 병원선, 무역선, 여객선, 유엔기에 의해 보호되는 선박 등으로 오인되는 것을 금지한다.[48] 최근 여러 현대해전이 수평선 너머의 표적에 대하여도 이루어짐으로 허위로 중립기를 사용하는 것은 그 중요성이 감소되었다. 그러나 시각적 확인이 적아를 식별하는 가장 믿을만한 수단인 경우 물과 같은 색깔로 하는 것은 효과적인 기계가 된다.[49] 오늘날 군함을 위장하는 가장 효과적인 조치는 군함에서는 나오는 전자파 방출을 차단하는 것이다.[50]

9.1.2.3 합법적 기계

기계는 헤이그규정 제24조와 제1의정서 제37(2)항에 의해 보장된다. 제37(2)항이 설명하듯이, 기계는 오도하거나 무모하게 행동하도록 하는 것이다. 그러나 기계는 ① 전쟁법 위반이 아니며, ② 배신행위가 아니다. 왜냐하면 기계는 전쟁법 상의 보호에 관한 적의 신뢰를 초래하는 것이 아니기 때문이다.

제37조는 네 가지 유형의 기계, 즉 위장, 유인, 모의작전 및 허위정보 등을 제시한다. 이외에도 분명히 수용 가능한 기계가 무수히 많이 있다. 예를 들면, 충돌 당사국은 적의 두뇌에 환상을 각인시키기 위하여 허위의 전자, 시각, 음향 또는 기타 수단 사용이 허용된다.[51] 적의 컴퓨터 자료변경이 허용되며 적 본부에서 나온 지시를 허위로 하급부대에 전달하는 것도 허용된다.[52] 교전국은 기습공격 및 매복을

47) e. g., *Annotated Supplement*, p.511 참조.
48) *San Remo Manual on International Law Applicable to Armed Conflicts Sea*, pp.184–5 (L. Doswald-Beck ed., 1995).
49) M. T. Hall, 'False Color and Dummy Ships: The Use of Ruse in Naval Warfare', 68 *ILS* 491, pp.497–8 (J. N. Moore and R. F. Turner eds., 1995).
50) *San Remo Manual, Supra* note 48, p.184 참조.
51) de Preux, *Supra* note 20, p.441 참조.
52) M. n. Schmitt, 'Wired Warfare: Computer Network Attack and the *Jus in Bello*', 76 *ILS* 187, p.206 (*Computer Network Attack and International Law, M. N. Schmitt and B. T. O'Donnell eds.,* 2002) 참조.

설정하거나 가짜 시설물 및 무기를 위치시키거나 허위로 암호를 사용 할 수 있다.[53] 포탑이 전방을 향하지 않다고 해서 이것이 항복 표시로 인정되지 는 않기 때문에 탱크가 포탑을 후방으로 돌려놓고 있다가 행동개시 시, 이를 전방으로 향하는 것은 합법적 기계이다.[54]

잘못된 정보를 흘리거나 전투원으로 하여금 폭동, 반란 또는 도주를 사주하는 것과 같은 심리전은 합법하다고 할 수 있다.[55] 교전자는 적의 통화체제 및 신용을 손상시키기 위하여 적 화폐의 위조가 허용된다.[56]

9.1.3 기계 및 배신에 관한 기타 내용

기계와 배신의 구별은 제1의정서에서만 다루지는 않았으며 다른 규정에서도 표현되었다.

(1) 1923년 헤이그 공전법규 제21조에 따라, 항공기는 선전용으로 이용될 수 있다.[57] 이것은 피해자에게도 적용되며 반란선동 및 도주권고 전단지 살포에도 이용된다.[58]

(2) 1923년 전시 방송통제에 관한 헤이그규칙 제10조에 따라, 정상적인 그리고

53) de Preux, *Supra* note 20, p.443 참조.
54) Law of War Workshop, *Supra* note 27, pp.7-31 참조.
55) Oeter, *Supra* note 46, p.203 참조.
56) F. A. Mann, *The Legal Aspect of Money* 481 (5th edn, 1992) 참조.
57) Hague Rules of Air Warfare, 1923, *Laws of Armed Conflicts* 207, p.210.
58) K. J. Madders, 'War, Use of Propaganda in', 4 *EPIL* 1394, id. 참조.

합법적인 목적 이외의 라디오 전파남용은 전쟁법 위반에 해당한다.[59] 동 규칙을 입안한 법학자위원회는 각서에서 동 조항이 기계로서 신호나 메시지 혼란을 막기 위하여 입안되었다고 설명하였다.[60]

(3) 1980년 재래식 무기협약에 부속된 지뢰, 부피트랩 및 기타 장치 사용금지 또는 제한에 관한 의정서 제6조는 부피트랩 사용에 있어 '반역 및 배신에 관한 무력충돌 시, 적용 가능한 국제법규' 를 언급한다.[61]

(4) 국제형사재판소 로마규정 제8(2)항은 전쟁범죄의 정의에 다음 행위를 포함한다.

> "⑦ 제네바협약의 특별 표장과 마찬가지로 휴전기나 깃발 또는 적이나 유엔의 군기장 및 군복의 부적절한 사용으로 사망 또는 심각한 개인적 피해 초래.
>
> ⑧ 적 국민이나 군대에 속하는 개인을 무자비하게 살해 및 상해하는 것."[62]

제8(2)(나)항은 '적대국민 또는 군대' 라는 최초의 언급을 변경함이 없이 헤이그 규정 제23(나)항과 동일하다(현 어법상 적 당사국의 민간인 또는 전투원을 의미[63]). 제8(2)(나)(7)호가 헤이그규정 제23(바)항에서 나온 것임은 분명하다.[64] 그러나 제1의정서 제37조와 같이 그 결과 살해나 개인적인 피해가 있을 것을 요구한다. 중립국이 아닌 깃발, 군 기장 또는 유엔 복장에 대한 언급이 또한 추가되었다.

---

59) Hague Rules for the Control of Radio in Time of War, 1923, 32 *AJIL*, Supp., 1, 2, 10 (1938).
60) Commission of Jurists, Commentary on the Hague Rules for the Control of Radio in Time of War, *ibid.*
61) Protocol on Prohibitions or Restrictions on the Use of Mines, Body Traps and Other Devices (ProtocolII). 이는 과도하거나 무차별적인 효과를 초래할 수 있는 특정재래식 무기의 규제 또는 금지에 관한 협약 부속서임, 1980, *Laws of Armed Conflicts* 179, 185, 187.
62) Rome Statute of the International Criminal Court, 1998, 37 *ILM* 999, p.1007 (1998).
63) M. Cottier, 'Article 8(2)(b)(?)', *Commentary on the Rome Statute of the International Criminal Court* 217, p.224 (O. Triffterer ed., 1999). 참조.
64) M. Cottier, 'Article 8(2)(b)(vii)', *ibid.*, 202, p.203 참조.

9.2 간첩행위

9.2.1 간첩행위의 정의

헤이그규정 제24조는 적에 대한 정보수집에 필요한 조치원용을 방해하지는 않는다. 동 규정은 또한 교전자가 전자장치, 도청, 암호해독 및 항공 또는 위성사진을 포함 여하한 정보수집 수단을 원용할 수 있음을 나타내고 있다. 기술발달에도 불구하고 적군 후방에 있는 지상 인적자원 즉 간첩을 대체할만한 것이 우리 시대에는 아직 없다. 간첩행위는 헤이그규정 제29조에서 다음과 같이 정의한다.

> "개인이 적국에 통신할 의도로 교전국의 작전 지역에서 정보를 수집하거나 수집노력을 비밀로 또는 허위로 가장하여 행동하면서 할 경우 간첩이 될 수 있다. 따라서 위장복을 입지 않고 정보수집 목적으로 적 군대의 작전지역에 침투한 군인은 간첩으로 고려되지 않는다. 즉 전파를 목적으로 자국 군대나

적국 군대에서 공개적으로 임무를 수행하는 군인 및 민간인, 긴급전달 및 군대나 영토의 상이한 지역 간 통신을 유지할 목적으로 기관에 파견된 개인 등이 이 부류에 속한다."[65]

1923년 헤이그 공전법규 제27조도 비슷하게 규정한다.

"교전국 또는 중립국 항공기 탑승자가 비밀로 또는 허위로 가장하여 행동하며 상공에서 적대국에게 정보전달을 목적으로 교전국 작전지역이나 교전국 관할지역 내에서 정보를 획득하거나 획득하려고 하면 간첩이 될 수 있다."[66]

본 규정을 입안한 법학자위원회가 인정한 것처럼, 이는 헤이그규정 제29와 유사한 내용이다.[67] 공전법규 제27조는 항공관측을 말하는 것이 아니라 항공기 탑승 중 개인의 간첩행위를 언급한 것이라고 주장되었다.[68] 그러나 이러한 내용의 해석은 복잡한 것으로 보인다. 헤이그규정 제29조의 간첩행위 정의는 세 가지 복합요인을 갖고 있는바, 즉 행위가 ① 교전국 작전지역에서 있어야하며, ② 적을 위한 정보수집 또는 전달이 되어야 하고, ③ 비밀로 또는 허위로 가장하여 수행되어야 한다. 이 세 가지 조건에 대한 일부 논평을 보면 다음과 같다.

(1) 적 군대의 작전 지역이란 용어는 간첩이 실제로 적 영토 내에서 활동하기 때문에 만족스럽지 않다. 전선을 넘어 작전지역을 제한한 필요가 없다. 부각될

65) Hague Regulations, *Supra* note 1, pp. 84-5.
66) Hague Rules of Air Warfare, *Supra* note 57, p. 212.
67) Commission of Jurists, Commentary on the Hague Rules of Air Warfare, 32 *AJIL*, *Supp.*, 1, 12, p.28 (1938).
68) G. B. Demarest, 'Espionage in International Law', 24 *DJILP* 321, p.335 (1995-6).

필요가 있는 것은 간첩행위가 전선의 적국 지역에서도 행해질 수 있다는 것이다. 전선의 자국 쪽에 있는 자가 비밀로 라디오 신호를 감청 또는 도청을 하여도 이는 간첩이 아니다. 간첩은 실제로 적 통제지역에 있어야 한다.

(2) 간첩행위는 상대교전국을 위하여 정보나 메시지를 조사 또는 전달하는데 국한되며 파업행위는 제외된다. 간첩행위는 세 가지 방식으로 행해질 수 있는 바, 즉 간첩은 ① 자신이 정보를 수집하고, ② 다른 사람에게서 얻은 정보를 전달하거나, ③ 내용에 무관하게 아무런 정보가 들어있지 않아도 적 영토를 통하여 긴급히 전달할 수 있다.

(3) 가장 중요한 것은 간첩행위가 비밀로 또는 허위로 가장하여 수행되어야 한다. 간첩행위는 위장된 행동이므로, 즉 전투원이 민간인 신분으로 위장하거나 적 군대의 구성원으로 위장하는 것이다. 전투원은 안내나 정찰 임무로 적 전선의 후방으로 보내질 수 있다. 그러나 동 임무가 전투원으로서 실제 신분을 감출의도 없이 공개적으로 수행되면 간첩행위가 되지 않을 것이다. 헤이그 공전법규 제27조의 석명각서에서 법학자 위원회는 '항공기가 적 후방에서 공개적으로 수행하는 정찰은 간첩활동으로 취급되어서는 안 된다' 라고 하였다.[69]

69) Commission of Jurists, *Supra* note 67, p. 28.

9.2.2 간첩의 형사소추

간첩이 적에게 나포되면 소추 및 처벌될 수 있다. 재판 필요성은 헤이그규정 제30조에서 강조된다.

> "간첩행위로 체포된 간첩은 사전 재판 없이 처벌되어서는 아니 된다."[70]

문제는 간첩행위 형사소추에 대한 진정이다. 간첩행위가 동 행위에 개입한 국가에게는 전쟁법 위반이 되지 않음은 논란의 여지가 없다. 그러나 자국을 위해서 간첩행위를 범한자의 지위는 무엇인가? 전쟁법상 교전국이 간첩을 고용하는 것을 허용한다 하더라도 간첩자신은 전쟁범죄인으로 고려될 수 있다고 주장되곤 하였다.[71] 그러나 이것이 오늘날의 법률은 아니다.[72] '간첩행위 변증법'[73]이라 불리는 현대적 분석에서는 다르다. 간첩행위는 간첩을 고용하는 국가 또는 고용된 자에게는 전쟁법 위반이 아니다.[74] 간첩은 전쟁범죄자가 아니다. 대신 그 활동의 비밀로 인하여 그는 불법 전투원이며 따라서 전쟁포로의 지위가 부여되지 않는다. 1949년 프레쉐(Flesche) 사건의 네덜란드 특별 파기환송재판소는 다음과 같이 언급한다.

> "간첩행위는 전쟁수단으로 인정되며 따라서 간첩을 고용하는 국가에게는 국제범죄가 아니며 관계자도 전쟁범죄자가 아니다."[75]

---

70) Hague Regulations, *Supra* note 1, p. 85.
71) L. Oppenheim, 2 *International Law* 422 (H. Lauterpacht ed., 7th edn, 1952). 참조.
72) E. Rauch, 'Espionage', 2 *EPIL* 114, p.115. 참조.
73) J. de Preux, 'Article 46', *Commentary on the Additional Protocols* 561, p.563.
74) R. R. Baxter, 'So-Called "Unprivileged Belligerency": Spies, Guerrillas, and Saboteurs', 28 *BYBIL* 323, pp.330-1 (1951) 참조.
75) *Flesche case (Holland, Special Court of Cassation,* 1949), [1949] AD 226, p.272.

그러므로 간첩이 체포되면 소추 및 처벌될 수 있다. 그러나 간첩행위의 이해관계에 대하여는 교전국의 국내형법을 근거로 한다.[76] 대체적으로 혐의는 간첩행위 그 자체가 될 것이다. 그러나 만일 간첩이 소추국에 충성맹세를 할 경우 반역죄 책임이 따른다. 제30조는 간첩행위로 체포된 간첩을 언급하는바, 과거 간첩이 그 이후의 단계에서 체포되면 어떻게 되는가? 이 문제는 제31조가 규정하고 있다.

> "자신이 속한 군대에 재편입한 간첩이 적에게 체포되면 전쟁포로로 취급되며 이전 간첩행위에 대하여는 어떠한 책임도 제기되지 않는다."[77]

이것은 간첩의 지위를 불법 전투원으로 강조한 특이한 규정이다. 동 규정은 분명히 간첩행위가 기타 위험한 임무와 마찬가지로 전투원에게 국한된다. 즉 임무종결로 그 위험은 종료된다. 어떠한 유사면제도 민간 간첩에게는 존재하지 않는다. 상기 프레쉐 사건에서 밝혀진 것처럼, 독일 민간인은 네덜란드에 있는 나치 독일을 위하여 간첩활동에 가담했다. 이 사람은 1940년 나치의 네덜란드 침공 전야에 체포되었고 이후 침투군에 의해 석방되었다. 2차 대전 종결 이후 재판에 회부되었을 때 그는 제31조를 원용하였으나 네덜란드 특별파기환송재판소에 의해 거부되었다.

> "제29조가 민간인에게 적용된다 하여도 제31조는 군 임무 종사자에게만 적용된다. 이는 본 내용에서 분명히 나타나며 그리고 여러 학자들이 명백히 이

76) *Ibid.* 참조.
77) Hague Regulations, *Supra* note 1, p. 85.

를 언급하였다."[78]

제31조는 전투원인 모든 간첩에게 적용되는데, 이자가 적 군복 및 기장 착용을 한 경우에도 동일하다. 통상 이러한 사용은 전범이 될 것이다. 그러나 적 군복을 입고 있는 간첩도 불법 전투원이 된다. 이러한 입장은 제1의정서 제39(3)항에서 분명히 하였으며 동 규정상에는 아무런 언급이 없으나 이에 관하여 제37(1)(라)항은 간첩행위에 적용될 수 있는 일반적으로 인정된 현존 국제법규에 영향을 주어야 한다고 한다. 적 군복을 입고 있는 간첩은 자신의 임무를 종료하였으나 체포된 경우 자신의 간첩행위에 대하여 형사책임을 묻지 않는다.[79] 제1의정서 제46조는 간첩행위 문제를 다음과 같이 규정한다.

1. 동 협약이나 의정서의 기타 규정에 관계없이 간첩행위에 가담 중 적 당사국 권한 내에 들어가는 충돌당사국 군대의 구성원은 전쟁포로의 권리를 갖지 않으며 따라서 간첩으로 처리될 수 있다.
2. 자국을 위해서 그리고 반대 당사국 통제 영토에서 정보수집 또는 수집시도를 하는 충돌 당사국 군대 구성원은 자신이 활동 중 자국 군대 복장을 입은 경우 간첩행위에 가담한 것으로 고려되어서는 아니 된다.
3. 자신이 의지하는 당사국을 위하여 적대당사국 영토 내에서 군사적 가치가 있는 정보수집 또는 수집시도를 하는 적대당사국 점령지 주민인 충돌당사국 군대의 구성원은 이 자가 허위인체 행위를 하거나 고의적으로 비밀로 행위 하지 않는 한 간첩행위에 가담한 것으로 고려되어서는 아니 된다.

78) Flesche case, *Supra* note 75, p. 272.
79) De Preux, *Supra* note 40, p. 469. 참조.

4. 적대당사국 점령지 주민이 아니며 동 영토에서 간첩행위에 가담한 충돌 당사국 군대의 구성원은 전쟁포로의 권리를 상실하지 않으며 이 자가 자신이 속한 군대에 재편입하기 전에 체포되지 않는 한 간첩으로 취급될 수 없다.[80]

본질적으로 상기내용은 헤이그규정에 있는 간첩행위의 전통적 규칙을 재확인한다.[81] 그러나 여전히 법적인 측면에서는 차이가 있다.

(1) 의정서는 군대 구성원만을 언급하나, 헤이그규정은 가능한 간첩으로서 군인과 민간인 모두를 언급한다.[82]
(2) 의정서 상, 적대 당사국 통제 영토가 보다 제한적인 의미인 교전국의 작전지역으로 대체되었다. 간첩은 통상 의사결정 과정의 중심에 가까이 그리고 군사작전의 실제수행 지역이 아닌 배후에 인구가 많은 지역에서 활동한다. 사실상 전투원이 공개적으로 수행하는 합법적 정찰 임무는 적국 내부에서 수행될 수 있다.[83]
(3) 의정서는 정부수집만 언급하여 메시지 전달문제는 별개로 언급하지 않는다. 물론 현대 통신시대에는 그 중요성이 감소되었다.
(4) 의정서는 전투원이 작전 중 자국 군대의 군복을 입은 경우 간첩으로 고려될 수 없다고 명기함으로써 '허위 가장 및 비밀로' 라는 의미를 분명히 한다. 아마도 여기서의 군복이란 단어는 문제의 활동에 대하여 비밀이 없다는 것을 나타내는 모든 고정 식별표시에 적용된다.[84]
(5) 점령지에서 주민 전투원은 이자가 활동 중 체포되지 않는 한 간첩으로 취급

80) Protocol Ⅰ, *Supra* note 2, p.649.
81) De Preux, *Supra* note 73, p.563. 참조.
82) On civilians as spies, K. Ipsen, 'Combatants and Non-Combatants', *Handbook* 65, pp.98-9.
83) W. A. Solf, 'Article 46', *New Rules* 263, p.265. 참조.
84) De Preux, *Supra* note 73, p.566. 참조.

될 수 없다. 즉, 이 자가 자신이 속하는 군대에 재편입하지 않는다 하더라도 주민 전투원이 관련되는 한 간첩행위 책임은 소멸될 것이다. 점령지에 비주민 전투원에 관하여는 이들이 면제를 받기 위해서는 자신의 군대에 재편입해야 한다. 그러나 장거리 기습 명령이 떨어진 경우 점령지 내에서조차 재편입 행위가 가능하다는 것이 지적되어야 한다.[85)]

85) *Ibid.*, p.570. 참조.

9.3 적 재산 포획 및 파괴

적 재산 포획 및 파괴 문제는 점령지에서는 상당한 결과를 초래하며 따라서 1899/1907년 헤이그규정[86] 및 1949년 제네바협약 (Ⅳ)[87]의 다양한 규정에서 다루어진다. 적대행위에서 야기된 재산의 심각한 결과에 주의를 기울여야 한다. 본 장에서는 ① 약탈, ② 전리품, ③ 노획물, ④ 적 재산의 파괴나 포획 등을 구분할 필요가 있다.

9.3.1 약탈

1899/1907년 헤이그규정은 습격 (제28조)[88] 및 점령지 약탈 (제47조)[89] 그리고

86) Hague Regulations, *Supra* note 1, pp. 89–92. 특히 제46조 2항, 47, 52, 53, 55, 56. 참조.
87) Geneva Convention (Ⅳ) Relative to the Protection of Civilian Persons in Time of War, 1949, *Laws of Armed Conflicts* 495, p.517 (Article 53).
88) Hague Regulations, *Supra* note 1, p. 84.
89) *Ibid.*, p.89.

도시 및 기타 장소에서의 약탈을 규정한다. 도시나 장소의 약탈금지는 헤이그협약(Ⅸ)(제7조)[90]의 해군부대에 의한 연안 공격을 그대로 나타내고 있다. 습격을 당할 경우조차도 도시나 장소의 약탈은 국제형사재판소 로마규정 제8(2)(나)(16)호상의 전쟁범죄가 된다.[91] 1954년 헤이그 문화재협약은 절도는 물론 문화재(제4(3))[92]에 반하여 지시된 횡령 및 만행 등 약탈도 금지한다.

약탈에 대한 보호는 죽은 자의 탈취를 금하는 제네바협약 (Ⅰ)(제15조)[93] 및 (Ⅱ)(제18조)[94]에 의해 군 부상자 및 병자에게도 인정된다. 민간 부상자 및 병자의 약탈도 동일하게 제네바협약 (Ⅳ)(제6조)[95]에 의해 허용되지 않으며, 동 규정은 약탈에 대한 보다 일반적인 금지를 추가한다(제33조).[96] 양 규정은(점령지만이 아닌) 도처에 있는 민간주민 보호를 다루는 협약내용을 갖고 있다.

약탈은 공적 또는 사적으로 적의 재산이나 사적 목적의 개인재산의 약탈을 의미한다.[97] 약탈자가 재산을 스스로 취하지 않고 친척이나 친구에게 양도 또는 자선단체에 기부한다 하더라도 그 목적이 사적이면 이러한 행위는 약탈이 된다.[98] 약탈은 통상 전투원이 행하나 민간인도 금지된다.[99] 2003년 이라크 사담후세인정권 전복사건에서 보여준 것처럼, 약탈자는 사실상 적 민간인이 될 수 있다.

---

90) Hague Convention (IX) Concerning Bombardment by Naval Forces in Time of War, 1907, *Laws of Armed Conflicts* 811, 813.
91) Rome Statute, *Supra* note 62, p. 1007.
92) Hague Convention for the Protection of Cultural Property in the Event of Armed Conflict, 1954, *Laws of Armed Conflicts* 745, p.748.
93) Geneva Convention (Ⅰ) for the Amelioration of the Condition of the Wounded and Sick in Armed Forces in the Filed, 1949, *Laws of Armed Conflicts* 373, pp.380-1.
94) Geneva Convention (Ⅱ) for the Amelioration of the Condition of the Wounded, Sick and Shipwrecked Members of Armed Forces at Sea, 1949, *Laws of Armed Conflicts* 401, p.409.
95) Geneva Convention (Ⅳ), *Supra* note 87, pp. 506-7.
96) *Ibid.*, p.511.
97) Cf. A. A. Steinkamm, 'Pillage', 3 *EPIL* 1029, id.
98) E. H. Feilchenfeld, *The International Economic Law of Belligerent Occupation* 30 (1942). 참조.
99) A. Zimmermann, 'Article 8(2)(b)(xvi)', *Commentary on the Rome Statute of the International Criminal Court*, *Supra* note 63, 237, p.238. 참조.

9.3.2 전리품

관습국제법에 따라 야전에서 포획한 적국에 속하는 공공재산에 대한 권원(權原)은 동 재산의 군사적 성격에 관계없이 교전국 군대가 이를 포획하면 자동적으로 획득한다(무기나 탄약뿐 아니라 화폐 및 식량창고도 해당됨).[100] 이에는 제네바 협약(Ⅰ)(제2,3조 및 35조)상 부상자 및 병자의 치료가 보장된다는 조건으로 의료 수송 및 공급품도 포획된다.[101]

전리품은 주로 적의 정부재산이 해당되며 적의 사유재산은 일부 선정된 것을 제외하고는 전장에서 포획이 되지 않는다. 따라서 무기 및 탄약, 군사정비, 군용지 및 유사품 등은 이들이 사유재산이다 하더라도 전장에서는 전리품으로 포획이 허용된다.[102]

전리품 규제 법률이 기본적으로 조약의 형태로 입법화되지 않았기 때문에 '전장' 이란 용어도 문어적으로 해석할 필요는 없다. 1985년 이스라엘 최고재판소는 모든 작전구역이 육전 시, 전리품 법률 적용의 전장으로 간주될 수 있다고 주장하였다.[103] 모든 전리품 포획의 경우, 이는 포획국의 재산이 되며 이를 포획하는 개인이나 부대의 것과는 다르다.[104] 개별군인이 전리품을 보유하려고 한다면(전쟁 승리기념으로) 이러한 행위는 약탈이 될 것이다.

---

100) Y. Dinstein, 'Booty in Land Warfare', 1 *EPIL* 432, id. 참조.
101) Geneva Convention (Ⅰ), *Supra* note 93, p.387.
102) W. G. Downey, 'Captured Enemy Property: Booty of War Seized Enemy Property', 44 *AJIL* 488, pp.494-5 (1950) 참조.
103) H. C. 574/82, Al Nawar v. Minister of Defence et al., 39(3) Piskei Din 449, 471. (The judgment is excerpted in English in 16 *IYHR* 321 (1986).
104) Downey, *Supra* note 102, p.500.

9.3.3 노획물 및 금제품

군함과 같은 적 정부재산은 해전 시, 전리품으로 포획될 수 있고 그 권원도 자동적으로 이전된다.[105] 그러나 해전에 있어 가장 심각한 문제는 적 사유선박 및 화물이 판결에 따라 노획물로 획득 및 몰수가 되는가에 있다.[106] 노획물은 두 가지 측면에서 전리품과 다른데, 즉 ① 노획물은 공공재산과는 달리 사적인 것이며, ② 노획물 권원은 사법절차 이후에만 이전된다.[107] 이러한 절차는 노획물을 획득한 교전국 국내재판소에 의해 수행된다.[108] 1907년 헤이그협약 상의 국제포획재판소 설치시도가 실패로 끝나 동 협약은 더 이상 효력발생이 되지 않았다.[109] 전리품처럼 노획물은 교전국에게 속하지 이를 포획한 개인이나 국가에 속하지 않는다.

모든 적 사유 선박은(요트 포함) 노획물로써 포획 및 몰수의 대상이 된다. 그러나 병원선 및 이와 유사한 보호대상 선박은 제외한다.[110] 문제는 선박의 적성 결정에 관하여 제기되는바, 이에 관한 규칙은 다음과 같다. ① 선박이 적기 게양 시, 이는 결정적인 적성 증거가 된다. ② 선박이 중립기 게양 시, 이는 본래 중립성격의 증거가 된다. ③ 교전국 지휘관이 중립기를 게양한 선박이 사실상 적 선박이라고 의심할 경우 임검 및 수색권한을 행사할 자격이 있다(만일 기상조건이 좋지 않아 해상에서의 임검 및 수색이 위험할 경우 동 선박을 항구로 우회시킬 수 있음).[111] 선박의 적성은 등록, 소유 및 통제를 포함한 여러 기준을 근거로 격전될 수 있

105) W. Rabus, 'Booty in Sea Warfare', 1 *EPIL* 434, id. 참조.
106) D. H. N. Johnson, 'Prize Law', 3 *EPIL* 1122, pp.1122-3 참조.
107) Rabus, *Supra* note 105, pp.434-5 참조.
108) Johnson, *Supra* note 106, p.1125 참조.
109) Hague Convention (XII) Relative to the Creation of an International Prize Court, 1907, *Laws of Armed Conflicts* 825. Introductory Note, id. 참조.
110) *San Remo Manual, Supra* note 48, pp.205-8. 참조.
111) *Ibid.,* pp.187-91. 참조.

다.[112]

적 개인화물이 적 개인상선에 적재되어 있을 경우 목적에 관계없이 선박과 함께 노획물로 포획될 수 있다.[113] 그러나 적 선박에 있는 화물은 적성을 가지나 이것은 해상 지휘관이 아닌 포획재판소에 의해 해결되어야 한다고 반박할 수 있다.[114]

중립선박에 있는 적 개인화물은 중립수역 밖에서 포획 및 몰수될 수 있으나 다음의 세 가지 조건 중 하나에 해당되어야 한다. ① 선박이 봉쇄를 침파하거나, ② 선박이 임검 및 수색에 저항하거나, ③ 화물이 전시 금제품일 경우 등이다.[115] 금제품은 궁극적으로 적 통제지역으로 향하며 무력충돌 시, 사용되기 쉬운 물품으로 정의된다.[116] 적 통제지역으로 가는 화물의 목적지가 금제품 정의에 중요한 요인이 된다. 화물이 적 통제지역으로 목적지를 향하는 경우 금제품 수송이 직접적이든 전재(轉載)이든 또는 육로 운송이든 관계없다.[117]

군용으로 분명히 쓰이는 물품(무기 및 탄약 등)은 절대적 금제품이 되며[118], 이와 반대로 일부품목(의약품)은 금제품이 될 수 없는 자유품목이 된다.[119] 전쟁용으로 제공되지 않는 물품을 금제품으로 하고자 하면 교전국은 사전에 특정 금제품 목록을 통지하여야 한다.[120](통상 조건부 금제품으로 알려짐)[121]

금제품이 적 통제지역으로 향하여야만 하기 때문에 적 영토로 수출되는 상품은 포함되지 않는다.[122] 이와는 달리 해상에서의 적 수출(수입과는 다름)은 금제품으로 포획될 수 없다. 해상에서의 적 수출은 노획물로 포획 및 몰수될 수 있으나, 다

112) *Ibid.*, pp.193-4. 참조.
113) *Ibid.*, p.205. 참조.
114) *Ibid.*, p.195. 참조.
115) *Ibid.* 참조.
116) *Ibid.*, p.215.
117) *Annotated Supplement*, p.383.
118) '절대적 금제품'의 고전적 정의에 관하여는, Article 22 of the London Declaration Concerning the Laws of Naval Warfare(비준되지 아니함), 1909, *Laws of Armed Conflicts* 843, pp.847-8. 참조.
119) *San Remo Manual, Supra* note 48, p.217. 참조.
120) *Ibid.*, p.216. 참조.
121) For a classical definition of 'conditional contraband', Article 24 of the London Declaration, *Supra* note 118, p.848. 참조.
122) San Remo Manual, *Supra* note 48, p.216. 참조.

만 다음의 경우 즉 ① 이들이 적 상선에 의해 운송되거나, ② 봉쇄를 침파하거나 임검 및 수색에 저항하는 중립선박에 의해 운송되는 경우이다.

헤이그 공전법규에 따르면 적 민간 항공기 및 그 화물은 적 사유 선박처럼 동일한 법제도에 따라야 한다. 즉 이들은 판결에 의해 노획물로 포획 및 몰수된다.[123] 산레모 매뉴얼은 이를 관습국제법으로 확인한다(의무 항공기는 제외).[124]

중립수역 밖에 있는 중립상선은 교전국의 임검 및 수색을 받게 되는데, 이는 동 선박의 중립성격을 확인하고 화물을 확인하기 위한 목적에서이다.[125] 중립상선(및 민간항공기)은 중립화물과 마찬가지로 노획물로 포획 및 몰수가 되는데, 다음의 조건이 있다. 즉 ① 선박이나 항공기가 금제품 운송 또는 금제품이 되는 화물을 운송하는 경우, ② 선박이나 항공기가 봉쇄를 침파한 경우, ③ 서류가 불법 또는 위조된 경우, ④ 이들이 직접적의 통제로 활동하는 경우, ⑤ 이들이 해군작전수역 내에 적용되는 규정을 위반한 경우, ⑥ 이들이 적 군대를 수송하는 경우 등이다.[126]

9.3.4 기타 적 재산의 파괴 및 포획

전리품 및 노획물 상황과는 달리 적 재산은 이것이 군용으로 사용되지 않는 한 파괴 및 포획에서 면제된다. 헤이그규정 제23(사)항은 이를 다음과 같이 금지하였다.

123) Hague Rules of Air Warfare, *Supra* note 57, pp.215-6 (Chapter VII).
124) San Remo Manual, *Supra* note 48, p.211. 참조.
125) W. Heinschel von Heinegg, 'Visit, Search, Diversion, and Capture in Naval Warfare': 'Part I, The Traditional Law', 29 *CYIL* 283, 299 (1991); 'Part II, Developments since 1945', 30 *ibid.*, 89, 115 (1992). 참조.
126) *San Remo Manual, Supra* note 48, pp.212-6, 219-20 참조.

"적 재산의 파괴나 포획이 불가피하게 전쟁 상, 필요에 의해 요구되지 않는 한 동 재산을 파괴 또는 포획하는 것."[127]

여기서의 예외는 광범위한바, 적 재산의 파괴는 전쟁 상, 불가피하다는 특성이다. 모든 공습과 폭격 특히 건물지역에서의 전투는 많은 파괴를 야기한다. 그러나 전시 무차별적으로 적 재산을 파괴하면 변명의 여지가 없게 된다. 중요한 문제는 파괴가 '전쟁 필요성' 에 의해 요구되는가에 있다. 1948년 인질사건에서 미 군사재판소는 전시 적 재산의 파괴 그 자체가 하나의 목적인 경우는 국제법 위반이라고 하였다.[128] 왜냐하면 재산의 파괴와 적군의 제압 간에는 합리적인 관련이 있어야 하기 때문이다.[129] 적 재산의 파괴를 정당화하는 합리적 관련은 여러 상황에서 설정될 수 있는바, 즉 공격 시(적 부대가 차지하는 건물에 대한 공격), 방어 시(요새 준비시 주택파괴) 및 탱크 및 중장비의 이동 등이다. 합리적 관련이 없으면 적 재산의 파괴는 전쟁법 위반의 경우와 같이 그 이유가 없게 된다.

1991년 이라크의 퇴각 군인들이 수백 개의 쿠웨이트 유전을 대규모로 방화하였으나 이로부터 아무런 군사적 이익도 얻지 못하고 적 재산을 이유 없이 파괴한 사례가 되고 말았다. 초토화 작전은 해당지역이 적이 아닌 교전국에 속하게 될 경우 퇴각군대가 행할 수 있다는 것을 상기해야 한다.

군사작전의 일부인 주택파괴는 전투 이후 제재조치로 수행되는 주택파괴와는 구별되어야 한다. 이스라엘은 점령지에서 테러에 대한 전투 시, 이러한 조치를 원용하였다. 이스라엘 정책을 지지함에 있어 주장하기를, 수류탄을 집 밖으로 던졌

127) Hague Regulations, *Supra* note 1, p.83.
128) *Hostage case (USA v. List et al.)* (American Military Tribunal, Nuremberg, 1948), 11 NMT 757, p.1230, 1253.
129) *Ibid.,* pp.1253-4.

고 이 집이 군사기지가 된 경우 이를 파괴하는 즉각적인 군사행동과 제재조치로서의 파괴와는 차이가 없다는 것이다.[130] 그러나 일단 전투 목적으로 사용되었다 해서 민간대상물이 항시 군사목표로 된다고 믿는 것은 잘못이다. 전투가 진행되는 한, 점령지에서는 물론 기타 재산의 파괴가 허용된다. 단 군사작전상 필요한 경우에 한한다.[131] 그러나 군사작전에 따른 재산의 파괴는 더 이상 현대 전쟁법과 양립하지 않는다.[132]

군사적 필요에 의해 정당화되지 않고 불법으로 무자비하게[133] 수행된 광범위한 재산의 파괴와 횡령은 제네바협약 (Ⅳ)의 중대한 위반이 된다.[134] 이처럼 이는 1993년 (舊)유고국제범죄재판소 규정 제2(라)항의 범죄이며[135], 1998년 로마규정 제8(2)(가)(4)항에 따라 전쟁범죄가 된다.[136] 사실상 양 규정은 동일한 내용에 관하여 별개의 그리고 독자적인 범죄를 규정하고 있다. 구유고 규정은 처벌되는 전쟁법규 및 관습위반이 군사적 필요성에 의해 정당화되지 않는 대도시, 소도시, 마을의 무자비한 파괴나 황폐화를 제3(나)항에 포함하며[137], 제3(마)항은 공공 또는 사유재산의 약탈도 포함한다.[138] 로마규정 제8(2)(나)(8)항은 파괴나 포획이 전쟁 필요에 의해 불가피하게 요구되지 않는 한 적 재산의 파괴나 포획을 전쟁범죄로 열거한다.[139] 분명히 이는 헤이그조약 제23(8)항의 문구를 그대로 재생한 것이며, 로

130) M. Shamgar, 'The Observance of International Law in the Administered Territories', 1 *IYHR* 262, p.274 (1971). 참조.
131) Article 53 of Geneva Convention (IV), *Supra* note 87, p.517. 참조.
132) Y. Dinstein, 'The Israel Supreme Court and the Law of Belligerent Occupation: Demolitions and Sealing Off of House', 29 *IYHR* 285, p.290, 293-5 (1999). 참조.
133) 불법하게 그리고 무차별적으로라는 두 부사는 분명히 과도한 사용임을 나타난다. W. J. Fenrick, 'Article 8(2)(a)(iv)', *Commentary on the Rome Statute of the International Criminal Court, Supra* note 63, p. 183, id..
134) Geneva Convention (IV), *Supra* note 87, p. 547 (Article 147).
135) Statute of the International Tribunal for the Prosecution of Persons Responsible for Serious Violations of International Humanitarian Law Committed in the Territory of the Former Yugoslavia Since 1991 (ICTY), Report of the Secretary-General Pursuant to Paragraph 2 of Security Council Resolution 808 (1993), 32 *ILM* 1159, p.1192 (1993).
136) Rome Statute, *Supra* note 62, p.1006.
137) ICTY Statute, *Supra* note 135, p.1192.
138) *Ibid.,* p.1193.
139) Rome Statute, *Supra* note 62, p. 1007.

마규정 제8(2)(나)(8)이 제8(2)(나)(4)[140]와 그 성격이 아주 유사하므로 이들 두 조항에 있어서 전쟁범죄의 차이는 분명하지 않다.

140) A. Zimmermann, 'Article 8(2)(b)(xiii)', *Commentary on the Rome Statute of the International Criminal Court, Supra* note 63, 227, p.228.

9.4 교전국 배상

9.4.1 교전국 배상의 개념

적대행위 중 적이 전쟁법을 위반하면 침해를 받은 교전국은 이미 당한 피해에 대한 향후 구제나 전쟁범죄에 대한 개인의 궁극적인 처벌보다는 적이 무력충돌 시, 전쟁법 위반이나 그 반복을 계속하지 않았는데 더욱 관심이 있게 된다. 문제는 적으로 하여금 더 이상의 위반을 저지하고 전쟁법 준수를 어떻게 독려하는가에 있다. 법률 위반국가가 향후 법을 준수하도록 하기 위하여 관습국제법상 발전된 고전적인 수단인 교전국 배상을 원용하는 것이다.[141]

교전국 배상은 평시 배상과 혼동되어서는 아니 된다.[142] 교전국 배상은 통상 무력충돌행위를 규제하는 법률에 반하는 행위로 이루어지나, 이는 타방당사국의 전

---

141) Oeter, *Supra* note 46, p.204.
142) 평시 무력배상에 관하여는, Y. Dinstein, *War, Aggression and Self-Defence* 194-203 (3rd edn, 2001) 참조.

쟁법 위반에 대응하여 일방 무력충돌당사국의 행위가 이루어지기 때문에 정당화된다.[143] 중요한 개념은 적절한 상황에서 일방 교전국의 최초 전쟁법 위반은 적당사국의 위반에 대한 반작용으로 그 타당성이 인정된다. 단 이러한 역 위반은 보복이 아닌 최초 위반의 재발을 금지할 목적인 것이다.[144]

전쟁법 위반에 대한 최상의 억제수단은 상호 우려를 하는 것인바, 많은 전쟁법이 (통상 전쟁의 여지가 없는 평시에 제정 또는 수용됨) 실제 무력충돌 시. 적용되기에는 어려움이 있는 것으로 입증된다. 전쟁법규가 군사적 및 전략적으로 자신들의 손을 묶는다는 인식에도 불구하고, 교전국은 법규위반 시, 상호고통이 따른다는 것을 알게 된다.

관습국제법은 다음의 다섯 가지 조건이행에 따라 교전국 배상을 규제한다.[145]

(1) 적에 의한 전쟁법 준수를 확실하게 하려는 항의 또는 기타 시도가 우선되어야 한다(이의 무익함이 시작부터 분명하지 않는 한).[146]

(2) 교전국 배상의뢰 이전에 경고를 해야 한다.

(3) 교전국 배상은 전쟁법의 최초위반과 비례하여야 한다.

(4) 교전국 배상 착수 결정은 개별 전투원에 의해 될 수 없으며 고위기관에 넘겨져야 한다.

(5) 적이 전쟁법 위반을 중지할 경우 교전국 배상은 존중되어야 한다.

사전 항의나 경고의 주요목적은 적의 전쟁법 위반이 우연이라기보다는 고의적

143) C. Greenwood, 'The Twilight of the Law of Belligerent Reprisals', 20 *NYIL* 35, p.38 (1989).
144) 국제법위원회에서 통용된 '대응조치'란 용어는 무력충돌과 관련 없는 배상문제의 일부에 적용된다. 따라서 이것이 교전국 배상은 대체하는 것은 아니다. *Report of the International Law Commission*, 53rd Session 325 (2001) (고의적으로 잘못된 행위에 대한 국가책임의 초안규정 논평).
145) W. A. Solf, 'Article 51', *New Rules* 296, p.312 참조.
146) F. Kalshoven, *Belligerent Reprisals* 340 (1971) 참조.

이라는 것을 확립하기 위한 것이다.147) 상대가 이러한 항의 및 경고에 무감각하다면 적은 동 위반이 반복될 수 있음을 보여준다. 위반 및 역 위반의 평가가 단순한 문제가 아니므로 네 번째 조건이 도입되었다. 이는 교전국 배상이 이행되기 전에 침해를 받은 국가 고위층의 고의를 확보하려고 입안되었다. 다섯 번째 조건은 교전국 배상의 성격을 억제조치로 표현한 것이다. 그러나 가장 중요한 조건은 비례성에 관한 세 번째 조건이다. 비례성은 공평을 의미하는 것이 아니라 관행상 교전국 배상이 통상 본래의 위반보다 어느 정도 강한 면이 있다하더라도 과도해서는 안 된다는 것을 의미한다.148)

교전국 배상은 그 종류에 있어 일정할 필요는 없다. A국이 B국에 있는 민간대상물을 폭격할 경우 B국은 다시 A국에 있는 민간대상물을 폭격하여 이에 대응할 필요는 없다. 때로는 B국에서 폭격을 받은 대상이 A국에서는 직접적 폭격대상이 아닌 경우도 있다. B국이 동일 분야에서의 조치를 하려고하나 A국의 조치에 상응하는 기술능력이 부족할 경우 B국은 다른 유형의 교전국 배상으로 대응하게 되는데, 단 이 경우 비례성이 준수되어야 한다. 따라서 교전국 배상이 일정하지 않은 경우 본래 위반에 대한 비례성 정도를 정확히 평가하기는 더욱 어렵다.149)

일반적으로 교전국 배상은 최초의 위반으로 피해자가 된 국가가 수행해야 하며 동 위반에 책임 있는 국가를 직접 상대해야 한다. 그러나 연합전투시에는 B국에 대한 A국의 전쟁법 위반이 C국에 의한 행위가 되어 각자 모든 연합국의 공동 이해관계를 충족할 목적에서 교전국 배상이 제기될 수 있다.150) 그러나 교전국 배상은 교전국간의 관계에서 국한되어야 하며 중립국에 대하여 이루어져서는 안

147) 본장의 '우연한' 위반에 관하여는, F. J. Hampson, 'Belligerent Reprisals and the 1977 Protocols to the Geneva Conventions of 1949', 37 *ICLQ* 818, p.840 (1988). 참조.
148) *Annotated Supplement*, pp.339-40 n. 43. 참조.
149) G. Schwarzenberger, 2 *International Law as Applied by International Courts and Tribunals: The Law of Armed Conflicts*, p.453 (1968). 참조.
150) M. Akehurst, 'Reprisals by Third States', 44 *BYBIL* 1, pp.15-18 (1970). 참조.

된다.[151)]

교전국 배상의 다음과 같은 세 가지 다양한 유형을 구별할 필요가 있다.

(1) 전쟁법의 향후 복원을 보장하기 위해 제정된 순수하고 합법적인 교전국 배상. 이는 입증이 필요 없는 동 규정의 예외가 된다.

(2) 국가의 합법적 행위를 정당화하는 사유만 되는 교전국 배상.[152)] 이는 동 규정의 순수예외가 아닌 위반 그 자체가 된다.

(3) 궁극적으로 국가관행으로 확립되게 될 상호 교전국 배상의 확대. 최초에는 이러한 행위가 순수한 교전국 배상이 되었으나 시간이 지남에 따라 신법으로서 전쟁법에 흡수되었다. 요지는 동 규정의 예외가 바로 규정 그자체가 되었다는 것이다. 그 예로서, 교전국 배상과 역 배상의 순환으로 제2차 대전시 최초로 시작된 '표적구역' 폭격관행에 대한 언급이 가능하게 되었다는 것이다.[153)] 당시 법적 입장이 무엇이든 '표적구역' 폭격이 오늘날 제1의정서 제5(5)(가)와 양립한다는 것은 기록할만한 일이다.[154)]

9.4.2 특별교전국 배상의 금지

상기에서 언급한 다섯 가지 조건이 모두 충족된다고 해서 교전국 배상이 모두

151) R. Leckow, 'The Iran-Iraq Conflict in the Gulf: The Law of War Zones', 37 *ICLQ* 629, pp.639-40 (1988). 참조.
152) R. Bierzanek, 'Reprisals as a Means of Enforcing the Laws of Warfare: The Old and the New Law', *The New Humanitarian Law of Armed Conflict* 232, p.237 (A. Cassese ed., 1979).
153) E. Rosenblad, 'Area Bombing and International Law', 15 *RDMDG* 53, p.66 (1976) 참조.
154) Protocol Ⅰ, *Supra* note 2, p.651.

해결될 수 있는 것은 아니다. 어떤 교전국 배상은 특별히 제네바협약으로 해결되는바, 동 협약 (Ⅰ) 제46조는 다음과 같이 선언한다.

> "협약에 의한 부상자, 병자, 개인, 건물 또는 보호 장비에 대한 배상은 금지된다."[155]

제네바협약 (Ⅱ) 제47조는 동일 개념을 반복하면서 조난자를 대상에 추가시키고 건물을 선박으로 대체하였다.[156] 제네바협약 (Ⅲ) 제13조에서 다음과 같이 규정한다.

> "전쟁포로에 대한 배상조치는 금지된다."[157]

이에 관하여 제네바협약(Ⅳ)은 제33조에서 다음과 같이 언급한다.

> "피보호자 및 이들 재산에 대한배상은 금지된다."[158]

이와 유사하게 헤이그 문화재협약 제4(4)항은 다음과 같이 동 협약 당사국의 의무를 규정한다.

> "문화재에 대한 배상 방식으로 지시된 어떠한 행위도 삼가야 한다."[159]

---

155) Geneva Convention (Ⅰ), *Supra* note 93, p.391.
156) Geneva Convention (Ⅱ), *Supra* note 94, p.417.
157) Geneva Convention (Ⅲ) Relative to the Treatment of Prisoners of War, 1949, *Laws of Armed Conflicts* 423, p.435.
158) Geneva Convention (Ⅳ), *Supra* note 87, p.511.
159) Hague Cultural Property Convention, *Supra* note 92, p.748.

특별 교전국 배상에 대한 예외는 제1의정서 상, 상당히 광범위하며 일곱 가지 다른 내용으로 이를 금지하고 있다.

(1) 제20조는 제2부에서(부상자, 병자, 조난자, 의료 및 종교인, 의무부대 및 수송을 다루는) 개인과 피 보호대상에 대한 배상을 금지한다.[160] 동 규정의 주요목적은 제네바협약 (Ⅰ)과 (Ⅱ)에 의한 배상으로 보호되지 않는 개인과 대상 특히 민간 부상자 및 병자 그리고 민간 의료대상에 적용하기 위한 것이다.[161]
(2) 제51(6)항은 배상방식으로 민간주민이나 민간인에 대한 공격을 허용하지 않는다.[162]
(3) 제52(1)항은 민간 대상이 배상 대상이 되어서는 안 된다고 한다.[163]
(4) 제53(다)항은 역사적 기념물, 국민의 문화 또는 정신적 유산인 예술작품이나 예배장소가 배상 대상이 되는 것을 금지한다.[164]
(5) 제54(4)항은 주민 생존에 불가피한 대상물은 배상 대상으로부터 보호된다.[165]
(6) 제55(2)항은 배상방식으로 자연환경에 대한 공격이 금지된다고 선언한다.[166]
(7) 제56(4)항은 위험한 물리력을 포함하는 시설(댐, 제방, 원자력 발전소 등)은 이들이 군사목표라 하더라도 배상 대상이 되지 않는다고 한다.[167]

---

160) Protocol Ⅰ, *Supra* note 2, p.637.
161) M. Bothe, 'Article 20', *New Rules* 137, p.140. 참조.
162) Protocol Ⅰ, *Supra* note 2, p. 651.
163) *Ibid.,* p.652.
164) *Ibid.*
165) *Ibid.,* p.653.
166) *Ibid.*
167) *Ibid.,* p.654.

또한 제2의정서 제3(2)항은 1980년 재래식 무기협약에 부가된 것으로서, 배상방식으로 민간인에 대한 기뢰, 부비트랩 및 기타 장치를 명하는 것을 금지한다.[168] 이러한 전반적인 금지가 교전국 배상을 모두 해결하지는 않으나 가장 종합적인 내용이 된다.[169] 일부 교전국 배상은 여전히 구속적이지 않으나 그 수가 그리 많지는 않다. 무엇보다도 어떠한 특별 조약규정에서도 교전국 배상방식으로 적 전투원에 대한 금지무기의 사용 가능성을 배제하지는 않는다.[170] 이것은 특히 교전국 배상이 다양한 경우에 해당되는데, 특히 불법무기에 대한 적 의존도가 교전국 배상으로 역 사용되도록 자극한다는 점은 사실이다.

금지무기 범위에 있어서 교전국 배상의 도입이 반드시 위반에 대한 가장 강한 대응은 아니다. 따라서 1925년 제네바 가스전쟁 의정서에서 다수 국가가 유보를 하였는데, 이는 적국 군대가 동 의정서를 존중하지 않을 경우 체약국 자신도 동 의무에 구속되지 않으려고 하기 때문이다.[171] 이러한 유보는 중대한 위반의 경우 조약법에 의해 일반적으로 허용된 대응을 훨씬 초과하게 된다.[172] 이 결과 동 의정서를 최초의 비이용 합의로 본다는 것이다.[173] 형평한 교전국 배상은(기간이 제한됨) 의정서를 위반한 적에게 침해를 당한 국가의 의무를 전면적으로 폐지한다기보다는 이것이 더욱 인간적이라는 것을 입증하게 될 것이다.[174]

여러 면에서 오래전부터 있어온 교전국 배상의 자유를 감소시키고자 하는 개념이 오늘날 관심을 끌게 되었다. 전쟁법상 교전국 배상의 이론적 기초가 되는 상호

---

168) Protocol II, *Supra* note 61, p.186.

169) G. B. Roberts, 'The New Rules for Waging War: The Case against Ratification of Additional Protocol I', 26 *VJIL* 109, p.142 (1985–6). 참조.

170) C. Pilloud and J. Pictet, 'Article 51', *Commentary of the Additional Protocols* 613, p.627 참조.

171) Geneva Protocol for the Prohibition of the Use in War of Asphyxiating, Poisonous or Other Gases, and of Bacteriological Methods of Warfare, 1925, *Laws of Armed Conflicts* 115, pp.121–7.

172) R. R. Baxter and T. Buergenthal, 'Legal Aspects of the Geneva Protocol of 1925', 64 *AJIL* 853, pp.869–73 (1970) 참조.

173) P. H. Oppenheimer, 'A Chemical Weapons Regime for the 1990s: Satisfying Seven Critical Criteria', 11 *WILJ* 1, p.23 (1992–3).

174) F. Kalshoven, 'Belligerent Reprisals Revisited', 21 *NYIL* 43, p.74 (1990) 참조.

주의 또는 상호억제가 현대 인권법과는 맞지 않는다.[175] 개인이 인권 국제법에 의해 직접 귀속될 경우, 이러한 권리가 국적국가에 대한 잘못으로 폐지 또는 정지될 수 없다. 결국 적에게 체포된 경우 합법적 전투원 자신의 생명보호를 위한 인권은 해당국가가 전쟁법을 위반하였기 때문에 부인될 수는 없다는 것이다.[176]

A국 군대 구성원이 B국 전쟁포로를 살해한 경우, B국은 (제네바협약 (Ⅲ)에 따라) A국 전쟁포로에 대한 교전국 배상 원용이 허용되지 않는다.[177] 동일원칙 적용 시, 동일 적국에 속하는 전투원이 행한 전쟁법 위반을 이유로 선량한 시민이 고통을 받게 된다.[178] 선량한 시민에 대한 교전국 배상은 인권의 기본인 개인책임 개념과 대조된다.[179]

이와 유사하게 자연환경에 대한 보존관심을 전 인류가 가지게 되는바, 교전국이 자연환경에 피해를 야기했다고 해서 타방에 의한 피해협상을 정당화 할 수 없다. 자연환경에 대한 추가피해를 예방하는 것이 중요하나 이러한 목적으로 부가적인 파괴를 하려 한다면 이는 조화롭지 못하다. 이는 화를 내어 공연히 실패를 야기하는 속담과 유사한 것일 것이다.

그럼에도 불구하고 피침해국은 전쟁법을 무시하고 행동하는 적에 대한 교전국 배상이 금지된다고 결론내릴 필요는 없다. 피침해국이 교전국 배상을 준비한다면 이로 인하여 인권, 자연환경, 역사적 기념물 및 기타 유사한 것에 치명적인 영향을 주어서는 안 된다는 것이 유일한 제한이나, 그렇다고 모든 민간 대상물이 교전국

175) T. Meron, 'Convergence of International Humanitarian Law and Human Rights Law', *Human Rights and Humanitarian Law: The Quest for University* 97, 100 (D. Warner ed., 1997) 참조.
176) Cf. Q. Wright, 'The Outlawry of War and the Law of War', 47 *AJIL* 365, p.373 (1953).
177) A. R. Albrecht, 'War Reprisals in the War Crimes Trials and in the Geneva Conventions of 1949', 47 *AJIL* 590, p.612 (1953). 참조.
178) Kalshoven, *Supra* note 146, p.43. 참조.
179) T. Meron, 'The Humanization of Humanitarian Law', 94 AJIL 239, p.250 (2000).

배상에서 보호되어야 할 이유는 없다.[180] B국의 주민이 A국에 의해 대규모 폭격을 받으면 제1의정서에 있는 것처럼 B국에 의한 교전국 배상으로부터 모든 A국 민간 대상물을 보호하는 것이 왜 중요한가? 동 의정서는 전쟁법 위반발생시 피침해국이 반대 당사국에게 부당한 처우를 받게 된다는 비합리적 기대를 전제로 한다.

2000년 쿠프레스킥(Kupreskic) 사건의 (舊)유고국제범죄재판소 판결에서 민간인에 대한 교전국 배상금지가 1977년 제1의정서 채택으로 관습국제법이 되었다고 하였다.[181] 그러나 이러한 지나친 주장은 설득력이 있지는 않다.[182] 국가관행은 동 의정서 규정을 확실히 보장해 주지는 않는다. 1999년 제1의정서 비준으로 영국은 명백한 그리고 상세한 비준 선언을 하였는바, 즉 적대당사국이 동 의정서 제55~51조의 위반으로 심각한 그리고 고의적인 공격을 수행할 경우 영국은 이를 적대 당사국에게 해당조항 위반중지 강제에 필요한 조치를 취할 자격이 있다고 간주한다.[183] 영국의 유보선언이 교전국 배상 원용을 위한 전통 국제법 요구사항을 정확히 수용한 것이어서 이것이 엄격하게 준수되어 왔다.[184]

9.4.3 인질

민간인을 인질로 잡는 관행은 과거에 교전국 배상과 밀접하게 관련된 것으로,

180) Kalshoven and Zegveld, *Supra* note 23, pp.144-5. 참조.
181) International Criminal Tribunal for the Former Yugoslavia, Trial Chamber, *Prosecutor v. Kupreskic et al.* (2000), Case IT-95-16-T, paras. pp.527-33.
182) C. J. Greenwood, 'Belligerent Reprisals in the Jurisprudence of the International Criminal Tribunal for the Former Yugoslavia', *International and National Prosecution of Crimes under International Law 539, pp.550-6 (H. Fischer, C. Kress and S. R. Lüder des.,* 2001) 참조.
183) Ratification of the Additional Protocols by the United Kingdom of Great Britain and Northern Ireland, 1998, 38 *IRRC* 186, pp.189-90 (1998).
184) Kalshoven and Zegveld, *Supra* note 23, p.146.

이는 인질을 담보로 향후 이들 공동체 주민의 선행을 보장할 목적으로 구금시키는 것이다.[185] 1948년 말 인질사건에서 미 군사재판소는 인질이나 보복성의 포로살상은 특정상황의 최후 단계에서 정당화될 수 있다고 선언하였다.[186] 그러나 동 판결은 나오자마자 비판을 받았으나, 제2차 대전 중 이에 관한 법적 입장이 무엇이든[187], 제네바협약 (Ⅳ) 제34조는 어떠한 자격이나 예외에 관계없이 인질이 금지된다고 선언한다.[188] 이것이 오늘날의 관습국제법임은 의문의 여지가 없다.

인질에 대한 규정은 이들의 처형 금지보다는 광범위하다. 그러나 이와 반대의 제안에도 불구하고, 인질은 이들이 궁극적으로 살해되지는 않는다 하더라도 결코 처형될 수는 없다고 한다.[189]

인질은 제네바협약 (Ⅳ)[190]의 중대한 위반이 된다. 이는 구유고 전범재판소규정 제2(자)항의 소추범죄이며[191] 로마규정 제8(2)(가)(8)항의 전쟁범죄이다.[192] 관행상 전시 인질 피해자가 민간인이라 하더라도 이들만이 동 규정의 유일한 수혜자로 간주될 이유는 없다. 민간인, 전투원 또는 중립국 사람조차도 인질이 될 수 없다.[193]

---

185) Hostage case, *Supra* note 128, p.1249.
186) *Ibid.*, p.1253.
187) Lord Wright, 'The Killing of Hostages as a War Crime', 25 *BYBIL* 296, pp.299-310 (1948) 참조.
188) Geneva Convention (Ⅳ), *Supra* note 87, p.511.
189) N. Keijzer, 'Introductory Observations', 39 *RDMDG* 69, p.78 (2000) 참조.
190) Geneva Convention (Ⅳ), *Supra* note 87, p.547 (Article 147).
191) Statute of the ICTY, *Supra* note 135, p.1192.
192) Rome Statute, *Supra* note 62, p.1006.
193) W. D. Verwey, 'The International Hostages Convention and National Liberation Movements', 75 *AJIL* 69, pp.79-80 (1981) 참조.

The Conduct of Hostilities under the Law
of International Armed Conflict

무력분쟁법상의 적대행위

제10장

전쟁범죄, 지휘책임 및 항변

The Conduct of Hostilities under the Law of International Armed Conflict

10.1 전쟁범죄의 정의

각 교전국은 자국군대 구성원의 행위에 대하여 국제법상 국가책임을 진다. 국가는 규율 및 법령을 유지할 의무가 있으며, 모든 군대구성원은 자신이 복무하는 국가의 군법 및 형법에 복종해야하고 위반 시, 자국의 군사 또는 민간법원에 소추된다. 전쟁피해자 보호를 위한 4개 제네바협약이 규정하는 것처럼, 체약국은 본 협약에 대하여 중대한 위반행위를 범하였거나 또는 범할 것을 명령한 자에게 적용되는 형벌규정에 필요한 입법조치를 할 것을 규정한다.[1)]

그러나 교전국에 의한 자체규제가 충분하지 않은, 즉 오래전에는 전범을 이유로 한 개인처벌을 타국 특히 적국이 소추하는 것을 국제법상 허용하지 않았으나 2차 대전 종결에 따라 국제무력충돌법 위반의 전쟁범죄가 뉴렘베르그 국제군사재

1) Geneva Convention(I) for the Amelioration of the Condition of the Wounded and Sick in Armed Forces in the Field, 1949, Laws of Armed Conflicts 373, 391 (Article 49, first Paragraph); Geneva Convention(II) for the Amelioration of the Condition of Wounded, Sick and Shipwrecked Members of Armed Forces at Sea, 1949, ibid., 401, p.418 (Article 50, first Paragraph); Geneva Convention(III) Relative to the Treatment of Prisoners of War, 1949, ibid., 423, pp.475-6 (Article 129, first Paragraph); Geneva Convention(IV) Relative to the Protection of Civilian Persons in Time of War, 1949, *ibid.*, 495, pp.546-7 (Article 146, first Paragraph).

판소[2], 동경극동군사재판소[3], 및 (舊)유고국제재판소[4] 등 3개 국제재판소에서 소추되어 왔다. 뉴렘베르그 및 동경재판소는 1940년대 활동을 종료하였으나 유고재판소(1993년 창설)는 활동을 하고 있다. 3개 재판소가 특징을 공유하는바, 즉 뉴렘베르그재판소는 나치 독일의 주요 전범에 국한하였고, 동경재판소는 제국주의 일본의 전범에 그리고 (舊)유고재판소는 (舊)유고에만 국한되었다. 보다 일반적인 관할권을 갖는 상설국제형사재판소는 1998년 로마에서 입안된 규정에 의거 2002년부터 활동을 시작하였다.[5] 이의 성공전망은 여전히 관망 중에 있다.

전쟁범죄는 규정된 행위를 위반한 개인의 형사책임을 수반하는 전쟁법 위반행위이다. 과거에는 모든 전쟁법 위반이 전쟁범죄라고 하였으나[6], 이러한 주장은 실제 국가관행에서는 지지를 받지 못하였다. 로터팩트(Rauterpacht)가 지적한 것처럼, 교과서 집필자나 군교범 및 공식선언 등에서 전쟁법규 위반과 전쟁범죄를 구분하지 못하였다.[7]

전범에 관한 유일한 구속력 있는 정의는 없으나, 1945년 뉴렘베르그재판소 헌장 제6(나)항은 다음과 같이 정의하였다.

> "전쟁범죄: 즉 전쟁법규 또는 관습의 위반. 이러한 위반은 다음을 포함한다. 점령지에서나 기타목적으로 주민을 살인, 불법대우 또는 노예로 추방, 전쟁포로나 해상종사자 살인 또는 불법대우, 인질살해, 公的 또는 私的 재산의 약탈, 군사적 필요로 정당화되지 않는 대도시, 소도시 또는 마을의 무자비한 파

2) 동 절차는 유럽 주요 전범소추 및 처벌에 관한 런던합의에 부가된 국제군사재판소 헌장에서 주장된다. 1945, *Laws of Armed Conflicts* 911, p.913.
3) 동 절차는 최고사령관인 맥아더 장군이 발표한 극동군사재판소헌장에 근거한다. 1946, 14 *DSB* 361 (1946).
4) 유고전범재판소는 안보리 결의 제827호에 의해 설립되었다. 동 재판소는 1991년 이후 구유고 영토에서 자행된 국제인도법의 중대한 위반에 책임있는 자의 소추를 위한 국제재판소규정에 따라 활동한다. Report of the Secretary-General Pursuant to Paragraph 2 of Security Council Resolution 808 (1993), 32 *ILM* 1159 (1993).
5) Rome Statute of the International Criminal Court, 1998, 37 *ILM* 999 (1998).
6) US Department of the Army, *Filed Manual: The Law of Land Warfare* 178 (FM 27-10, 1956).
7) H. Lauterpacht, 'The Law of Nations and the Punishment of War Crimes', 21 *BYBIL* 58, p.77 (1944).

괴 또는 황폐화"[8)]

1946년 뉴렘베르그재판소 판결은 다음과 같이 선언하였다.

"전범에 관하여, 동 헌장 제6조에서 정의한 범죄는 국제법상 전범으로 이미 인정되었다. 이는 1907년 헤이그협약 제46, 50, 52 및 56조 그리고 1929년 제네바협약 제2,3,4,46조 및 51조에 해당된다. 동 규정 위반자에 대한 처벌은 합의하에 원만히 해결되었다."[9)]

제6(나)항의 전범에 대한 정의가 완전하지 않아, 뉴렘베르그재판소는 이를 다음과 같이 언급한다.

"1907년 헤이그협약은 특정한 전쟁방식을 금지하였다. 이에는 죄수의 비인간적 대우, 독가스 무기사용, 휴전기의 부적절한 사용 및 이와 유사한 내용을 포함한다. 이러한 금지내용 중 대다수가 동 협약 이전에 이미 시행되어 왔으나 1907년 이래 전쟁법 위반으로 처벌될 수 있는 범죄로 되었다. 그러나 헤이그협약은 이러한 관행을 범죄로 지정하지 않았으며 규정하지도 않았고 위반자 처벌이나 재판을 하는 법정에서도 아무런 언급도 하지 않았다. 그러나 과거 여러 해 동안 군사재판소는 동 협약에 규정된 육전법규를 위반한 개인을 처벌하려고 하였다."[10)]

---

8) Charter of the International Military Tribunal, *Supra* note 2, p.914.
9) International Military Tribunal (Nuremberg), Judgment and Sentences, 1946, 41 *AJIL* 172, p.248 (1947).
10) *Ibid.*, p.218.

전쟁범죄에 관한 가장 최근의 가장 상세한 정의가 1998년 로마규정 제8(2)항에 나온다.

"이 규정의 목적상 '전쟁범죄'란 다음을 말한다.

가. 1949년 8월 12일자 제네바협약의 중대한 위반, 즉 관련 제네바협약의 규정상 보호되는 사람 또는 재산에 대한 다음의 행위 중 어느 하나.

(1) 고의적 살해.

(2) 고문 또는 생물학적 실험을 포함한 비인도적인 대우.

(3) 고의로 신체 또는 건강에 커다란 고통이나 심각한 위해의 야기.

(4) 군사적 필요에 의하여 정당화되지 아니하며 불법적이고 무분별하게 수행된 재산의 광범위한 파괴 또는 징수.

(5) 포로 또는 다른 보호인물을 적국의 군대에 복무하도록 강요하는 행위.

(6) 포로 또는 다른 보호인물로부터 공정한 정식재판을 받을 권리를 고의적으로 박탈.

(7) 불법적인 추방이나 이송 또는 불법적인 감금.

(8) 인질행위.

나. 확립된 국제법 체제 내에서 국제적 무력충돌에 적용되는 법과 관습에 대한 기타 중대한 위반, 즉 다음 행위 중 어느 하나.

(1) 민간인 주민 또는 적대행위에 직접 참여하지 아니하는 민간인 개인에 대한 고의적 공격.

(2) 민간 대상물, 즉 군사 목표물이 아닌 대상물에 대한 고의적 공격.

(3) 국제연합헌장에 따른 인도적 원조나 평화유지임무와 관련된 요원,

시설, 자재, 부대 또는 차량이 무력충돌에 관한 국제법에 따라 민간인 또는 민간 대상물에게 부여되는 보호를 받을 자격이 있는 한도에서 그들에 대한 고의적 공격.

(4) 예상되는 구체적이고 직접적인 제반 군사적 이익과의 관계에 있어서 명백히 과도하게 민간인에 대하여 부수적으로 인명의 살상이나 상해를, 민간 대상물에 대하여 손해를, 또는 자연환경에 대하여 광범위하고 장기간의 중대한 피해를 야기한다는 것을 인식하고서도 의도적인 공격의 개시.

(5) 어떤 수단에 의하든, 방어되지 않고 군사 목표물이 아닌 마을 · 촌락 · 거주지 또는 건물에 대한 공격이나 폭격.

(6) 무기를 내려놓았거나 더 이상 방어수단이 없이 항복한 전투원을 살해하거나 부상시키는 행위.

(7) 사망 또는 심각한 신체적 상해를 가져오는, 제네바협약상의 식별표장 뿐만 아니라 휴전 깃발, 적이나 국제연합의 깃발 또는 군사표식 및 제복의 부적절한 사용.

(8) 점령국이 자국의 민간인 주민의 일부를 직접적 또는 간접적으로 점령지역으로 이주시키거나, 피점령지 주민의 전부 또는 일부를 피점령지내 또는 밖으로 추방시키거나 이주시키는 행위.

(9) 군사목표물이 아닌 것을 조건으로, 종교 · 교육 · 예술 · 과학 또는 자선 목적의 건물, 역사적 기념물, 병원, 병자와 부상자를 수용하는 장소에 대한 고의적 공격.

(10) 적대 당사자의 지배하에 있는 자를 당해인의 의학적 · 치과적 또는

병원적 치료로서 정당화되지 아니하며 그의 이익을 위하여 수행되지 않는 것으로서, 당해인의 사망을 초래하거나 건강을 심각하게 위태롭게 하는 신체의 절단 또는 여하한 종류의 의학적 또는 과학적 실험을 받게 하는 행위.

(11) 적대국 국가나 군대에 속한 개인을 배신적으로 살해하거나 부상시키는 행위.

(12) 항복한 적에 대하여 구명을 허락하지 않겠다는 선언.

(13) 전쟁의 필요에 의하여 반드시 요구되지 아니하는 적 재산의 파괴 또는 몰수.

(14) 적대 당사국 국민의 권리나 소송행위가 법정에서 폐지, 정지 또는 불허된다는 선언.

(15) 비록 적대 당사국 국민이 전쟁개시 전 교전국에서 복무하였을지라도, 그를 자신의 국가에 대한 전쟁 수행에 참여하도록 강요하는 행위.

(16) 습격에 의하여 점령되었을 때라도, 도시 또는 지역의 약탈.

(17) 독이나 독성 무기의 사용.

(18) 질식가스, 유독가스 또는 기타 가스와 이와 유사한 모든 액체 · 물질 또는 장치의 사용.

(19) 총탄의 핵심부를 완전히 감싸지 않았거나 또는 절개되어 구멍이 뚫린 단단한 외피를 가진 총탄과 같이, 인체 내에서 쉽게 확장되거나 펼쳐지는 총탄의 사용.

(20) 과도한 상해나 불필요한 고통을 야기하는 성질을 가지거나 또는 무력충돌에 관한 국제법에 위반되는 무차별적 성질의 무기, 발사

체, 장비 및 전투방식의 사용. 다만, 그러한 무기, 발사체, 장비 및 전투방식은 포괄적 금지의 대상이어야 하며, 제121조와 제123조에 규정된 관련 조항에 따른 개정에 의하여 이 규정의 부속서에 포함되어야 한다.

(21) 인간의 존엄성에 대한 유린행위, 특히 모욕적이고 품위를 손상시키는 대우.

(22) 강간, 성적 노예화, 강제매춘, 제7조 제2항 바호에 정의된 강제임신, 강제불임 또는 제네바협약의 중대한 위반에 해당하는 여하한 다른 형태의 성폭력.

(23) 특정한 지점, 지역 또는 군대를 군사작전으로부터 면하도록 하기 위하여 민간인 또는 기타 보호인물의 존재를 이용하는 행위.

(24) 국제법에 따라 제네바협약의 식별표장을 사용하는 건물, 장비, 의무부대와 그 수송수단 및 요원에 대한 고의적 공격.

(25) 제네바협약에 규정된 구호품 공급의 고의적 방해를 포함하여, 민간인들의 생존에 불가결한 물건을 박탈함으로써 기아를 전투수단으로 이용하는 행위.

(26) 15세 미만의 아동을 군대에 징집 또는 모병하거나 그들을 적대행위에 적극적으로 참여하도록 이용하는 행위."[11]

---

11) Rome Statute, *Supra* note 5, pp.1006-8.

상기 정의는 상세하기는 하나 전쟁법의 모든 위반에 적용되지는 않는다. 가항에 있는 1949년 제네바협약의 중대한 위반에 관하여는 동 협약의 특별규정을 그대로 담고 있다.[12] 물론 이러한 중대한 (통상적이 아닌) 위반은 실제로 전범이 된다.[13] 나 항에 있는 추가전범은 주로 일반적으로 승인된 관습국제법규를 지칭한 것이다. 그러나 상기 정의의 일부내용이 수용되지 않아 결국 체약국만이 구속을 받게 된다.[14]

로마규정상의 전범에 관한 정의가 관습국제법과 일치하는 내용일 경우는 이미 상기 장에서 언급되었다. 논란이 되는 정의 부분에 관하여, 그 주요한 예가 점령국이 자국의 민간 주민 일부를 직접적 또는 간접적으로 점령지역으로 이주시키는 것을 언급한 제8(2)(나)항의 내용이다. 점령국에 의한 주민의 강제이주 금지는 제네바협약 (Ⅳ) 제49조에 포함되어 있다.[15] 그럼에도 불구하고 피보호자의 점령지 밖으로의 이전을 중대한 위반으로 언급하는 동 협약 제147조는[16] 이를 점령국에 의한 피점령국 주민의 점령지 이주라고 보지 않는다.[17]

로마규정은 1977년 제1추가의정서를 답습하는데, 여기서는 점령국에 의한 주민의 점령지 영토로의 이전을 동 의정서의 중대한 위반으로 열거한다.[18] 그러나 이러한 내용이 이미 관습국제법에서 나온 사실과는 달리, 제8(2)(나)(8)호는 직접적 또는 간접적이라는 문구를 삽입하고 있다(제네바협약(Ⅳ)이나 동 의정서에는 나와 있지 아니함). 이는 이스라엘이 점령하는 영토에서의 정치적 해결을 목적으로 한

12) Geneva Convention(Ⅰ), *Supra* note 1, p. 392 (Article 50); Geneva Convention(Ⅱ), *ibid.*, p.418 (Article 51); Geneva Convention(Ⅲ), ibid., p.476 (Article 130); Geneva Convention(Ⅳ), *ibid.*, p.547 (Article 147).

13) 이것은 1949년 제네바협약 추가의정서 제85조 5항 및 1977년 국제무력충돌시 피해자 보호에 관한 의정서(Protocol Ⅰ)에서 언급하고 있다. *Laws of Armed Conflicts* 621, 672. 문제는 동 제85조 5항이 제1의정서 그 자체의 중대한 위반을 범죄로 한다는 것이다. 동 의정서상의 일부 중대한 위반이 분명히 전범이 아니다.

14) G. Venturini, 'War Crimes', 1 *Essays on the Rome Statute of the International Criminal Court* 171, pp.172-7 (F. Lattanzi and W. A. Schabas eds., 1999). 참조.

15) Geneva Convention(Ⅳ), *Supra* note 1, p.516.

16) *Ibid.*, p.547.

17) O. Gross, 'The Grave Breaches System and the Armed Conflicts in the Former Yugoslavia', 16 *MJIL* 783, p.815 (1995). 참조.

18) Protocol Ⅰ, *Supra* note 13, pp.671-2 (Article 85(4)(a)).

제네바협약 밖의 정치적 이유에서였다.[19]

전쟁범죄만이 전시 행해질 수 있는 유일한 국제법 위반범죄는 아니다. 전쟁 그 자체가 (전쟁법에 반하여 행해질 경우) 평화에 반하는 범죄가 될 수 있기 때문이다.[20] 또한 전쟁과정 중에 범한 행위가 인도주의에 반하는 범죄[21] 또는 집단학살죄에 해당할 수 있으나[22], 이러한 범죄는 평시에도 있을 수 있는 범죄로서 전쟁법의 범주를 벗어나는 범죄이다.

19) M. Bothe, 'War Crimes', 1 *The Rome Statute of the International Criminal Court: A Commentary* 379, p.413 (A. Cassese, P. Gaeta and J. R. W. D. Jones eds., 2002) 참조.
20) Y. Dinstein, 'The Distinctions between War Crimes and Crimes against Peace', 24 *IYHR* pp.1–17 (1994) 참조.
21) Y. Dinstein, 'Crimes against Humanity after Tadic', 13 *LJIL* pp.373–93 (2000) 참조.
22) Y. Dinstein, 'The Collective Human Rights of Religious Groups: Genocide and Humanitarian Intervention', 30 *IYHR* pp.227–41 (2000) 참조.

10.2 전범과 불법 전투원의 차이

전범은 불법전투원과는 구별되어야 한다. 이들은 여덟 가지 점에서 서로 다르다.

(1) 불법전투원은 전투원이어야 한다. 민간인은 그 정의상 비전투원이며 따라서 합법적 또는 비합법적 전투원이 될 수 없다. 한편 전범은 전투원이 될 필요가 없다. 민간인은 또한 전쟁범죄를 범할 수 있다. 예를 들면 항복한 적에 대하여 구명을 허락하지 않겠다는 선언 (로마규정 8(2)(나)(12)은 민간각료에 의해 발표될 수 있다.

(2) 상기에서 나온 것처럼 전쟁법은 합법적 전투의 지위를 부인하며, 위반자는 국내 법률체계상의 범죄행위에 대하여 통상적인 형사제제에 따르게 된다. (즉 국제법은 보호수단으로서 합법적) 전투원에게 적용될 수 있는 위장막을 제거한 것에 불과하다. 반대로 전쟁법이 직접 전범행위를 나타낸 경우, 국제법상 이러한 피의자에 대한 처벌이 주어진다. 전범은 국제법(전쟁법)에 의해 재판을 받게 되나 불법전투원은 국내법으로 소추된다.

(3) 불법전투원은 동시에 전범이 될 수 있다. 고의적으로 전쟁법을 심각하게 위반하는 경우가 이에 해당된다(전쟁법 존중을 요구하는 합법적 전투조건을 무시). 동일인이 불법전투원이며 전범일 경우 적국은 이에 대하여 하나의 지위만을 선택하여 처리할 수 있다.

(4) 상기에서 고찰한 바와 같이, 간첩은 자신이 속하는 군대에 재편입할 기회를 갖기 이전에 간첩행위로 체포될 경우 불법전투원으로 재판에 회부될 수 있다. 동일한 법적 제도가 간첩 이외의 일부 불법전투원에게 적용가능하다.[23] 어쨌든 이것은 위반자가 향후 소추 및 처벌에 따라야 하나 전쟁범죄의 경우는 그렇지 아니하다. 한번 전범은 항상 전범인 것이다. 전범의 비규제적 성격이 로마규정 제29조에 나와 있는바, '재판소의 관할 범죄에 대하여는 어떠한 시효도 적용되지 아니 한다' 라고 하며[24], 이는 1968년 전범 및 인도에 반하는 범죄에 대한 법적 제한을 적용하지 않는 협약에서도 수용되었다.[25] 또한 1974년 인도에 반하는 범죄 및 전범에 대한 법적 제한을 적용하지 않는 유럽협약은 법적 제한기간이 당시에 소멸되지 않는 경우 동 협약 효력발생 이전의 범죄행위에도 적용된다고 한다.[26] 이는 명백한 조약 규정상 반대가 없는 국내법상의 제한도 전범에 적용될 수 있다는 것을 암시한다. 이 경우에도 국내 소추목적의 전범규정은 타국 국내법체계에 영향을 주지 않는다고 평가되어야 한다. 이는 국제법에 따라 전범의 비규제적 성격에 대한 영향을 줄 여지가 없다는 것을 말한다.

23) R. R. Baxter, 'The Municipal and International Law Basis of Jurisdiction over War Crimes', 28 *BYBIL* 382, pp.392-3 (1951) 참조.
24) Rome Statute, *Supra* note 5, p. 1018.
25) Convention on the Non-Applicability of Statutory Limitations to War Crimes and Crimes against Humanity, 1968, [1968] *UNJY* 160, p.161 (Article Ⅰ).
26) European Convention on the Non-Applicability of Statutory Limitations to Crimes against Humanity and War Crimes, 1974, 13 *ILM* 540, p.541 (1974) (Article 2(2)).

⑸ 불법전투원은 전쟁포로의 지위를 갖지 않는다. 제네바협약(Ⅲ) 제5조는 '교섭을 통하여 적의 수중에 들어간 자가 전쟁포로에 속하는가의 여부에 대하여 의문이 생길 경우 그러한 자들은 그들의 신분이 관할재판소에 의하여 결정될 때까지 본 협약의 보호를 받게 된다' 라고 선언한다.[27] '의심' 이 생긴다는 문제는 이 자체가 의심으로부터 자유롭지 않다는 것이다.[28] 제1의정서 제45조는 전쟁포로의 자격여부에 관하여 의문이 있을시 그는 그러한 자격을 계속 보유한다고 한다.[29] 그러나 본 조항 입안자들의 예방조치에도 불구하고 의심이 생길 수 있는바, 이러한 의심이 동료에 의해 반박될 경우 그 자체가 가정적일 수 있다는 것이다.[30] 여하튼 국내법상 범죄로 불법전투원을 기소하기 위한 법적 기회는 전쟁포로의 지위가 부인되는 경우에만 존재한다. 전범의 지위는 완전히 다른바, 본 사안은 전투원으로서 전쟁법의 중대한 위반 혐의가 있는 전쟁포로의 지위를 가진 자와 관련된다. 물론 유죄는 사법절차에 의해 결정될 수 있다. 피고가 법정에서 유죄로 되지 않는 한 전쟁포로로서의 자격이 소멸되지는 않는다. 유죄 이후 어떤 일이 생기는가? 제네바협약(Ⅲ) 제85조는 다음과 같이 열거한다.

"억류국의 법령에 의하여 소추된 포로는 유죄판결을 받은 경우라 하더라도 본 협약의 혜택을 향유한다."[31]

---

27) Geneva Convention(Ⅲ), *Supra* note 1, p.432.
28) R. R. Baxter, 'The Duties of Combatants and the Conduct of Hostilities (Law of the Hague)', *International Dimensions of Humanitarian Law* 93, pp.108-9 (UNESCO, 1988) 참조.
29) Protocol Ⅰ, *Supra* note 13, p.648.
30) J. de Preux, 'Article 45', *Commentary on the Additional Protocols* 543, pp.550-1 참조.
31) Geneva Convention (Ⅲ), *Supra* note 1, p. 459.

제85조의 의미는 유죄 이후의 시간과 관련되는 것으로 논쟁의 여지가 있다.[32] 본 조항의 입법역사를 보면 전쟁범죄를 포함한다는 것을 분명히 보여준다.[33] 그러나 본 내용의 문구를 보면 억류국의 소추에 적절한 것이 된다. 그 결과 국제법 따라 행해진 전쟁범죄 재판에게도 해당되지 않는다는 것이다. 이러한 이유로 1952년 카프러(Kappler) 사건에서 이태리 최고군사재판소는 전범은 제85조의 범주에서 제외된다고 하였다.[34] 전쟁포로가 전범으로 유죄가 된다하여도 제네바협약(Ⅲ)의 혜택을 향유 한다. 이들은 위반행위 정도에 따라 형평하게 처리될 수 있다. 제85조가 의미하는 것은 동 협약에 규정된 일정한 절차요구가 충족되어야 한다는 것이다.[35] 이는 동 협약 제119조에서 분명히 언급되었는바, 형사소추가 진행 중인 전쟁포로는 일반 전쟁포로 송환 시 석방될 필요가 없다는 것이다.[36]

(6) 불법전투원이 적의 국내형법상 범죄혐의로 기소된 경우, 소추국은 동 범죄나 범죄인 중 합법적 관련이 있는 피고인에 대하여 관할권을 설정하여야 한다. 불법전투원의 경우 합법적 관련은 영토, 능동적 성격(위반자의 국적), 수동적 성격(피해자의 국적) 또는 보호원칙 등이 될 수 있다.[37] 혐의가 전범 쪽에 더 있을 경우 관할권 문제에 있어서의 주요 고려사항은 문제의 범죄가 국제법 그 자체에 의해 정의된다는 것이다. 다음의 주요 원칙은 보편성에 있는바, 즉 모든 국가는 전범을 기소 및 처벌할 권한이 있다는 것이다.[38] 이의 주요 요지는 교전국이 범죄행위지나 피해자 국적에 관계없이 적 전범에 대한

32) *Commentary, III Geneva Convention* pp.415–6, 423–5 (ICRC, J. de Preux ed., 1960) 참조.
33) *Ibid.*, p.416. 참조.
34) *Kappler case (Italy, Supreme Military Tribunal,* 1952), 49 AJIL 96, p.97 (1955).
35) *Commentary, Supra* note 1, pp.470–1. 참조.
36) Geneva Convention(Ⅲ), *Supra* note 1, pp.470–1.
37) 보호원칙 및 영토권과 수동적 원칙의 차이에 관하여는, Y. Dinstein, 'The Extra-Territorial Jurisdiction of States: The Protective principle', 65 (II) *AIDI* 305, pp.306–11 (Milan, 1994) 참조.
38) Y. Dinstein, 'The Universality Principle and War Crimes', 71 ILS 17–37 (*The Law of Armed Conflict: Into the Next Millennium, M. N. Schmitt and L. C. Green eds.,* 1998) 참조.

형사절차 진행이 허용된다는 것이다. 이와 유사하게 중립국도 (적대행위에 참여하지 않는다는 사실에도 불구하고) 전범을 소추할 수 있다.[39]

(7) 불법전투원이 국내형법상 범죄를 행한다는 가정 하에, 적국은 이자를 기소 또는 기소하지 않을 자유가 있다. 처벌대상 범죄는 국내법 체계에 반해서만 행해지는 것이므로 당해 국가의 기소재량은 국제법상 자유롭다. 이와 반대로 모든 국가는 기소나 범죄인 인도 등으로 전범을 진압할 국제법상의 구속을 받게 된다. 전쟁범죄가 되는 제네바협약의 중대한 위반에 관한 관할권 선언의무가 동 협약의 내용에 분명히 규정되어 있다.[40] 일부 기소재량이 개인적 사건에 허용되는 것이 합리적인 것으로 보인다.[41] 그러나 원칙적으로 전범을 재판에 회부하는 국가의 의무는 무조건적이다.

(8) 불법전투원이 국제법상의 범죄를 범하지 않는 한, 이들의 소추는 국내법원에서만 할 수 있다. 그러나 분명히 전범처리는 관할권이 귀속된 경우 국제재판소에서 진행될 수 있다.

---

39) Baxter, *Supra* note 23, p.392. 참조.

40) Geneva Convention (Ⅰ), *Supra* note 1, p. 391 (제49조 2항); Geneva Convention (Ⅱ), *ibid.*, p.418 (제50조 2항); Geneva Convention (Ⅲ), ibid., p.476 (제129조 2항); Geneva Convention (Ⅳ), *ibid.*, p.547 (제146조 2항).

41) Anonymous, 'Punishment for War Crimes: Duty – or Discretion?', 69 *Mich.LR* 1312, pp.1330–4 (1970–1) 참조.

10.3 지휘책임

중대한 위반자에 대하여 효과적인 형사제재조치 부과를 의무화하고 있는 제네바협약 규정에 따라, 체약국은 위반혐의가 있거나 위반을 명한 자를 재판에 회부할 것이 요구된다.[42] 이와 유사하게 로마규정 제25(3)(나)항은 국제형사재판소 관할권에 해당하는 범죄를 명한 자는 처벌받을 책임이 있다고 한다.[43] 지휘관이 전범을 행할 것을 명령한 경우 적어도 동 명령을 발한 지휘관도 그 결과에 대하여 위반자 자신과 동등한 책임이 있다. 이는 어떤 예외적 상황에서 부하가 상관의 명령복종으로 행동한 것이라는 사실로부터 어떤 혜택을 받을 수 있기 때문이다. 그러나 지휘관은 이와 유사한 이익을 향유할 수 없다.

명령을 발한다는 것은 작위행위이며 따라서 부하의 전범에 대해 지휘관의 형사

42) *Supra* note 40.
43) Rome Statute, *Supra* note 5, p.1016.

책임을 인지하기는 쉽다. 전범을 명한 지휘관에 대한 사법절차 문제가 상당히 어렵다는 것은 분명하다. 지휘관이 부하에게 한 명령을 부인한 경우 그리고 증거나 단서가 없는 경우 명령의 존재는 추정될 수밖에 없다.[44] 더욱 복잡한 양상은 지휘관의 명령에 관계없이 부하가 행한 전범에 대한 지휘관 책임이다. 여기에서 지휘관은 태만행위 즉 스스로 전쟁범죄를 행한 부하의 적절한 감독통제 실패에 대한 책임이 있다는 것이다.[45] 지휘책임은 지휘관이 수동적으로 ① 전범예방 조치를 회피하거나 ② 전쟁범죄 피의자 처벌을 삼가는 경우에 발생한다.[46] 지휘책임은 거의 직무유기라는 것이 강조되어야 한다. 지휘관은 부하의 행위에 대한 대리책임이라기보다는 자신의 행위(태만)에 책임이 있다는 것이다.[47]

핵심적인 문제는 지휘관이 부하의 전쟁범죄 행위를 알고 있었는가이다. 이를 전혀 알지 못한 경우 부하의 전범에 지휘관이 책임질 이유가 없다. 1948년의 고급지휘관 사건에서 미 군사재판소가 설명한 것처럼 범죄행위는 범죄행위 위반자의 복종만을 근거로 해서는 상급지휘관 개인에게 귀속되지 않는다.[48] 이에 대하여 재판소는 다음과 같이 언급하였다.

> "개인적인 태만이 있어야 한다. 이는 동 행위가 간접적으로 자신에게 관련되는 경우나 부하의 형사상 과실을 적절히 감독하지 못한 경우에만 발생한다. 후자의 경우 부하의 무모하고 부도덕한 행위를 묵인한 개인적 태만이 된다."[49]

---

44) *The Abbaye Ardenne case (Trial of K. Meyer) (Canadian Military Court, Germany,* 1945), 4 LRTWC 97, p.108 (1948). 참조.
45) K. Ambos, 'Superior Responsibility', 1 *Rome Statute Commentary, Supra* note 19, pp. 823, 851. 참조.
46) '군지휘관이 군사재판을 지시할 수는 있으나, 피고의 유죄 및 처벌을 지시할 수는 없다'라는 것이 충실히 준수되어 왔다. W. Fenrick, 'Reaction', 39 *RDMDG* 86, p.88 (2000).
47) I. Babtekas, 'The Contemporary Law of Superior Responsibility', 93 *AJIL* 573, p.577 (1999). 참조.
48) *The High Command case (USA v. von Leeb et al.)* (American Military Tribunal, Nuremberg, 1948), 11 NMT 462, p.543.
49) *Ibid.,* pp.543-4.

1946년 미 최고재판소의 야마시타(Yamashita) 판결에 따르면 인지하고 있다는 사실이 불가피한 것은 아니라고 한다.[50] 그러나 이것은 판결에 대한 그릇된 해석으로 보이며[51] 이 경우 재판소의 다수는 다음과 같이 언급하였다.

> "혐의는 위반자가 범행을 했거나 그러한 행위를 지시했다는 것에 의한 것이 아니며 결과적으로 어떠한 위반도 이에 반하여 책임을 지는 것은 아니다. 그러나 이는 혐의의 요지가 광범위하고 다양한 특정 잔혹행위를 이들이 범하도록 허가함으로서 부하의 작전을 통제하는 군 지휘관으로서 위반자에 의한 불법 의무위반이 된다는 사실을 간과한 것이다."[52]

마지막 부분의 일부 내용은 지휘관이 부하의 범죄 내용에 관하여 알고 있어야 한다는 것이다. 군사검토위원회 사건의 초기 분석에서는 다음과 같이 강조하였다.

> "잔혹행위는 그 수가 많으며 관련된 사람도 많고 피고의 무지 주장이 믿을 수 없을 정도로 다양하다."[53]

이러한 극단적인 상황에서, 사실상의 인지부족은 범죄인의 태만에서만 야기될 수 있다. 1948년 동경재판소의 다수 판결에서, 지휘관의 책임은 다음 두 가지 상황 중 한 가지에 해당하면 성립한다고 법적으로 표현되어 있다.

---

50) *In re Yamashita (Supreme Court of the United States,* 1946), 327 US [Supreme Court Reports] 1. This interpretation of the majority's position is largely derived from the sharp dissent of Justice Murphy, ibid., p.28.
51) W. H. Parks, 'Command Responsibility for War Crimes', 62 *Mil.LR* 1, p.87 (1973). 참조.
52) *In re Yamashita, Supra* note 50, p.14.
53) Quoted by F. A. Hart, 'Yamashita, Nuremberg and Vietnam: Command Responsibility Reappraised', 25 *NWCR* 19, p.24 (1972–3).

(1) 지휘관이 이러한 범죄행위를 알고 있으며 자신의 권한으로 향후 동 범죄를 방지할 조치를 취하지 못하였음을 인지하고 있는 경우
(2) 지휘관이 이러한 것을 알려고 하지 못한 데 대한 과실이 있는 경우[54]

전쟁범죄 행위를 실질적 또는 구체적으로 알고 있음에도 불구하고 행위한 것은 지휘관의 잘못으로 돌릴 수 있다.[55]

제2차 대전 이후 판례법에서 발전된 규범이 최근의 조약법에 반영되었는바, 제1의정서 제80(2)항은 이를 다음과 같이 규정한다.

> "부하가 동 의정서나 협약을 위반했다고 해서 상관이 형사 또는 규율책임을 지는 것은 아니다. 단 지휘관이 당시 상황에서 결정을 내리도록 할 수 있는 정보를 갖고 있거나 위반을 예방 또는 억제할 권한내에서 모든 가능한 조치를 취하지 않은 경우 및 이러한 위반을 행하려고 하거나 행하고 있다는 것을 안 경우는 상관이 책임이 있다."[56]

상기의 주요 문구는 '상관이 결정 가능하도록 한 정보를 갖고 있다' 라는 내용인데 이는 불어본에서는 '결정을 가능하도록 하는 정보' 로 되어 있었다. 동 의정서에 대한 국제적십자위원회의 공식논평에서는 불어본이 우선되어야 한다는 것을 확실

54) International Military Tribunal for the Far East (Tokyo), 1948, [1948] *AD* 356, p.367.
55) *Trial of Admiral Toyoda* (American Military Tribunal, Tokyo, 1949), quoted by Parks, *Supra* note 51, p.72. 참조.
56) Protocol Ⅰ, *Supra* note 13, p.672.

하게 주장한다.[57] 그러나 이는 지휘관이 실질적으로 더 상세히 알고 있어야 한다는 것을 의미하지는 않는다.[58] 불어본은 지휘관이 구체적으로 알 수 있어야 한다는 개념과는 일치하나, 구체적인 인지는 가능한 정보에 한정되어야 한다.

지휘관은 정보에 관한 자신의 눈과 귀를 막고 부하의 비행을 그에게 돌릴 경우 책임이 생길 수 있다. 분명히 우리는 관련 시간 요소를 보아야 하는바, 즉 정보가능시기 및 전범행위시점 등이다.[59] 정보는 완전할 필요가 없는바, 단편적일 경우라도 지휘관이 추가조사를 착수하기에 충분한 경각심을 줄 수 있다.[60] 또한 정보는 공식적인 보고에만 국한되지 않으며 부하가 행한 전범에 대한 유명 대중매체 보도에서도 얻을 수 있다.[61] 또한 대중매체 보도가 지휘관에게 전달될 수 없는 경우는 지휘관이 부하에 대한 조치를 기대할 수 없다. 이와 반대로 부하의 전범행위에 대한 정보가 보고서로 지휘관에게 전달되었으나 지휘관이 동 보고서를 숙독하지 못하여 조치를 하지 못했다는 주장은 일반적으로 허용되지 않을 것이다.[62] 일시적으로 지휘관이 사령부에 부재한 것도 비조치에 대한 항변이 되지 않는다.[63]

유고재판소규정 제7(3)항은 다음과 같이 규정한다.

> "동 규정 제2~5조에서 언급된 어떤 행위를 부하가 하였다는 사실로 상관이 형사책임을 지는 것은 아니다. 단 부하가 그러한 행위를 하려고 하거나 또는 한 것을 알거나 또는 사유가 있을 경우 상관이 이런 행위를 예방하는데 필요한 그리고 합리적인 조치 또는 위반자 처벌을 하지 않았을 경우는 그렇지 아

57) J. de Preux, 'Article 86', *Commentary on the Additional Protocols* 1005, p.1014.
58) M. L. Smidt, *'Yamashita, Medina, and Beyond: Command Responsibility in Contemporary Military Opterations'*, 164 Mil.LR 155, pp.203-4 (2000).
59) De Preux, *Supra* note 57, p.1014. 참조.
60) B. B. Jia, 'The Doctrine of Command Responsibility: Current Problems', 3 *YIHL* 131, pp.159-60 (2000) 참조.
61) C. N. Crowe, 'Command Responsibility in the Former Yugoslavia: The Chances for Successful Prosecution', 29 *URLR* 191, p.226 (1994-5) 참조.
62) *Hostage case* (USA v. List et al.) (American Military Tribunal, Nuremberg, 1948), 11 NMT 1230, p.1260, 1271 참조.
63) *Ibid.,* p.1260 참조.

니하다."[64]

동 조항에 관한 (유엔사무총장의) 공식적 논평은 다음과 같다.

"그러므로 상위직에 있는 사람은 동 규정상의 범죄행위를 불법하게 명한 것에 대하여는 개인적인 책임이 있다고 주장된다. 그러나 이자는 부하의 불법행위억제 또는 범죄예방을 하지 못한데 대한 책임이 있다고 주장되어야 한다. 이러한 책임과 형사과실은 상위직에 있는 자가 부하의 범죄의도 및 범죄행위를 알고 있거나 알만한 이유가 있는 경우 그리고 이러한 범죄행위를 예방 또는 억제시키거나 범죄자를 처벌하는데 필요한 그리고 합리적인 조치를 취하지 않은 경우에 적용된다."[65]

여기서 다시 상급지휘관의 형사과실 적용을 보게 된다. 2001년 세레비치(Celebici) 사건의 (舊)유고항소재판소에서는 지휘관 책임문제를 해결함에 있어 중요한 것은 지휘관의 공식적 직책이 아니라 부하의 전범행위에 대한 효과적인 통제나 권한행사를 실질적으로 할 수 있는가에 있다는 판결을 제시하였다.[66] 2000년 브라질 사건에서 재판소는 이를 그럴듯하게 논평하였다.

"지휘관이 자신의 의무를 이행할시 당연한 주의를 하였으나 범죄 의도나 범

64) ICTY Statute, *Supra* note 4, p.1194.
65) *Ibid.*, p.1175.
66) International Criminal Tribunal for the Former Yugoslavia, Appeals Chamber, *Prosecutor v. Delalic et al. ('Celebici' case)* (2001), Case IT-96-21-A, 40 ILM 630, p.669 (2001).

죄행위를 완전히 알지 못한 경우 이러한 사실로 인하여 지휘관에 불리하게 주장될 수 없다. 그러나 지휘관의 특별한 지위 및 당시 상황 고려 시 이러한 무지가 그의 의무 태만에 의한 것이면 방어될 수 없다. 즉 이 지휘관은 동 규정 의미 내에서 인지를 하여야 한다는 것이다."[67]

지휘책임을 다루는 가장 최근의 협약은 로마규정인데, 동 협약 제28조는 다음과 같이 선언한다.

"1. 동 규정에 따른 재판소 관할범죄의 형사책임에 관하여, 군 지휘관 또는 사실상 군 지휘관으로서 행동하는 자는 자신의 실효적인 지휘와 통제 하에 있거나 또는 경우에 따라서는 실효적인 권위와 통제 하에 있는 군대가 범한 재판소 관할범죄에 대하여 그 군대를 적절하게 통제하지 못한 결과로서 다음과 같은 형사책임을 진다.

(1) 군 지휘관 또는 사실상 군 지휘관으로서 행동하는 자가 군대가 그러한 범죄를 범하고 있거나 또는 범하려 한다는 사실을 알았거나 또는 당시 정황상 알았어야 하고,

(2) 군 지휘관 또는 사실상 군 지휘관으로서 역할을 하는 자가 그들의 범행을 방지하거나 억제하기 위하여 또는 그 사항을 수사 및 기소의 목적으로 권한 있는 당국에 회부하기 위하여 자신의 권한 내의 모든

67) International Criminal Tribunal for the Former Yugoslavia, Trial Chamber, *Prosecutor v. Blaskic* (2000), Case IT-95-14-T, para. 332.

필요하고 합리적인 조치를 취하지 아니한 경우.

2. 1항에 기술되지 않은 상급자와 하급자의 관계와 관련하여 다음의 경우 상급자는 자신의 실효적인 권위와 통제 하에 있는 하급자가 범한 재판소 관할범죄에 대하여 하급자를 적절하게 통제하지 못한 결과로서의 형사책임을 진다.

(1) 하급자가 그러한 범죄를 범하고 있거나 또는 범하려 한다는 사실을 상급자가 알았거나 또는 이를 명백히 보여주는 정보를 의식적으로 무시하였고,

(2) 범죄가 상급자의 실효적인 책임과 통제 범위내의 활동과 관련된 것이었으며,

(3) 상급자가 하급자의 범행을 방지하거나 억제하기 위하여 또는 그 문제를 수사 및 기소의 목적으로 권한 있는 당국에 회부하기 위하여 자신의 권한 내의 모든 필요하고 합리적인 조치를 취하지 아니한 경우."[68]

다른 협약과는 달리 로마규정은 지휘책임규정이 군 지휘관뿐만 아니라 민간 상급자에게도 적용됨을 분명히 한다.[69] 제28조 제1항과 2항을 주의 깊게 비교하면 민간인 관련 내용에 있어 (1)부하의 범죄행위와 민간상급자의 실효적인 책임과 통

68) Rome Statute, *Supra* note 5, p.1017.
69) C. K. Hall, 'The Third and Fourth Sessions of the UN Preparatory Committee on the Establishment of an International Criminal Court', 92 *AJIL* 125, p.130 (1998). 참조.

제간의 분명한 관련을 추적해야 하며, (2)민간상급자의 인지에 관하여는 이용 가능한 정보를 의도적으로 무시한 경우 엄격한 요구조건이 따른다.[70] 첫 번째 요점은 타인의 범죄행위로 기소된 민간인이 사실상 상급자로서 실효적인 책임과 통제를 하였는가를 입증할 특별한 필요가 있다는 것이다.[71] 두 번째 요점은 금지를 제기함으로서 군 지휘관과 비교하여 민간상급자의 책임을 제한하는 것으로 보인다.[72]

로마규정이 최초로 이 문제를 명백히 언급하였다하더라도 현 관습국제법상 실효적인 책임과 통제 입장에서 민간인이 더 강하다는 것은 전쟁법이 지휘책임을 구분하였기 때문이다.[73] 군사문제 지시에 있어 적극적으로 참여하는 고위 정치인 즉 국방부장관 등은 군 지휘관과 유사할 수 있다는 것이 인정되어 왔다.[74] 오늘날은 이러한 영향을 받게 되는 민간인의 범주가 더 확대되어 졌다. 세레비치 사건의 유고항소재판소에서는 다음과 같이 언급한다.

> "항소재판소는 민간인 리더가 자기 부하의 행위나 실효적 통제 하에 있는 자의 범죄행위와 관련하여 책임이 있을 수 있다는 규정상의 논란을 고려하지 않는다."[75]

70) G. R. Vetter, 'Command Responsibility of Non-Military Superiors in the International Criminal Court (ICC)', 25 *YJIL* 89, 114-5 (2000). 참조.
71) 당국과 통제간의 차이에 관하여는, A. D. Mitchell, 'Failure to Halt, Prevent or Punish: The Doctrine of Command Responsibility for War Crimes', 22 *Syd.LR* 381, p.403 (2000). 참조.
72) M. Lippman, 'Humanitarian Law: The Uncertain Contours of Command Responsibility', 9 *TJCIL* 1, p.89 (2001-2) 참조.
73) S. Boelaert-Souminen, 'Prosecuting Superiors for Crimes Committed by Subordinates: A Discussion of the First Significant Case Law since the Second World War', 41 *VJIL* 747, pp.769-70 (2000-1) 참조.
74) L. C. Green, 'War Crimes, Extradition and Command Responsibility', 14 *IYHR* 17, p.53 (1984).
75) *Celebici case, Supra* note 66, p. 668.

10.4 허용 및 비허용 항변

기타 국제범죄와 같이 전범은 두 가지 구성요소가 필요한바, 즉 범죄행위 및 범죄의도 또는 적어도 범죄를 인지하고 있어야 한다는 것이다.[76] 범죄의 본질적 구성요소 즉 필수요소는 로마규정 제30조에 나와 있다.

> "1. 달리 규정되지 않는 한, 사람은 고의 및 인지하여 중대한 범죄를 범한 경우에만 재판소 관할범죄에 대하여 형사책임을 지며 처벌을 받는다.
>
> 2. 본 조의 목적상 다음의 경우 고의가 있다.
>
> 가. 행위와 관련하여, 사람이 그 행위에 관여하려고 의도한 경우.
>
> 나. 결과와 관련하여, 사람이 그 결과를 야기하려고 의도하였거나 또는 사건

76) Y. Dinstein, 'Defences', 1 *Substantive and Procedural Aspects of International Criminal Law: The Experience of International and National Courts* 371, pp.371-2 (G. K. McDonald and O. Swaak-Goldman eds., 2000). 참조.

의 통상적인 경과에 따라 그러한 결과가 발생할 것을 알고 있는 경우.

3. 본 조의 목적상 "인지"라 함은 어떠한 상황이 존재한다는 것 또는 사건의 통상적인 경과에 따라 어떠한 결과가 발생할 것이라는 것을 알고 있음을 말한다. '인식하다' 및 '인식하고서'는 이에 따라 해석된다."[77]

브래스킥(Blaskic) 사건에서 (舊)유고재판소가 분명하게 언급한 것처럼, 요구되는 정도가 직접적인 범죄의도에 해당될 필요는 없으며 심각한 형사과실이 될 수 있는 부주의가 있으면 된다.[78]

10.4.1 허용 가능한 항변

사실의 흠결은 주장 가능한 항변으로 해석될 수 있다.[79] 전범관련 주요항변은 다음과 같다.

10.4.1.1 사실의 착오

사실의 착오항변은 로마규정 제32(1)항에서 인정된다.

"1. 사실의 착오는 그것이 범죄성립에 요구되는 주관적 요소를 흠결시키는

77) Rome Statute, *Supra* note 5, p.1018.
78) Prosecutor v. Blaskic, *Supra* note 67, para. 152.
79) 대륙 법률가는 항변의 두 가지 유형 즉 정당화와 변명을 구분하려고 하며, 일부 학자는 국제형사법상의 차이를 도입하려고 한다. A. Cassese, 'Justifications and Excuses in International Criminal Law', 1 *Rome Statute Commentary, Supra* note 19, 951, pp.951-3. 그러나 어떠한 차이도 관습 또는 조약법상 관행으로 도출된 것은 없다. Ibid., pp.954-5. 참조.

경우에만 형사책임 조각사유가 된다."[80]

즉, 범죄피의자의 행위가 정직하나 사실의 존재를 착오하고 이것이 사실이라는 것을 재판소가 인정할 경우 그 행위는 합법적인 것으로 항변되나 그렇지 않을 경우 전쟁범죄 행위가 된다. 사실의 착오항변은 사실무지가 항변이 된다는 잘 확립된 원칙에 의한다. 국제적십자위원회 표준 매뉴얼은 다음의 예를 제공한다. 즉 포병지휘관이 적 지휘소라 믿고 포격을 개시하였으나 후에 자신은 이를 전혀 모른 상태에서 학교로 밝혀진 경우이다.[81] 분명히 이러한 항변의 성공은 사실의 착오에 관한 피고 믿음의 신뢰성에 달려 있다.

10.4.1.2 법률의 착오

법률의 착오 항변 역시 특정상황에서 인정되는바, 로마규정 제32(2)항은 다음과 같이 규정한다.

> "2. 특정 유형의 행위가 재판소의 관할범죄인지 여부에 관한 법률의 착오는 형사책임 조각사유가 되지 아니한다. 그러나 법률의 착오가 범죄성립에 요구되는 주관적 요소를 흠결시키는 경우나 제33조에 규정된 바와 같은 경우에는 형사책임 조각사유가 될 수 있다."[82]

법률무지가 항변이 되지 않는다는 규범은 국내법 체계에서는 널리 수용되었으

80) Rome Statute, *Supra* note 5, p. 1019.
81) A. P. V. Rogers and P. Malherbe, *Model Manual on the Law of Armed Conflict* 250 (ICRC, 1999).
82) Rome Statute, *Supra* note 5, p.1019.

나, 전범재판에서는 자동적으로 적용되지는 않는다. 1945년 페루스(Peleus) 사건에서 법무관은 '어떠한 해군장병이나 군인도 국제법 도서관을 가지고 다닐 수 없으며 이 문제에 대해 교수에게 즉각적으로 접근할 수도 없다' 라고 하였다.[83] 제1의정서와 마찬가지로 제네바협약은 충돌당사국이 평시 및 전시에 이러한 내용을 전파할 의무를 부과하며 그 결과 이들이 군대 및 민간주민 모두에게 알려지게 되었다.[84] 그러나 이것이 완전히 이행된다하여도 전쟁법상의 지시에 관한 모든 계획이 전투원 및 우발계획에 전부 적용되기에 충분하고 다양하며 종합적인 계획이 될 수는 없다. 특정조건에서는 법률의 착오결과 이를 인정할 수밖에 없다.

전범의 불법성이 어떤 사람에게 분명한 경우 이는 부인될 수 없다. 어떤 행위가 그 성격상 객관적으로 범죄가 되는 경우 피고는 자신 행위의 합법성에 있어 주관적인 믿음 주장을 이유로 무죄가 되지는 않을 것이다. 행위가 명백히 불법한 경우 어떠한 반박이유도 성립되지 않으며 어떠한 증거도 피고의 주관적 마음 상태에 관하여 허용되지 않을 것이다.[85]

10.4.1.3 강박

강박에 대한 항변은 로마규정 제31(1)(라)에 나와 있다.

> "1. 본 규정에서 정한 여타의 형사책임 조각사유에 부가하여, 행위 시에 다음의 경우에 해당되면 형사책임을 지지 아니한다.
>
> 라. 재판소의 관할범죄를 구성하는 것으로 주장된 행위가 자신 또는 다

83) *In re Eck and Others (The Peleus case)*, [1946] AD 248, p.249.

84) Geneva Convention(I), *Supra* note 1, p. 391 (Article 47); Geneva Convention(II), *ibid.*, p.417 (Article 48); Geneva Convention(III), ibid., p.475 (Article 127); Geneva Convention(IV), *ibid.*, p.546 (Article 144); Protocol I, *Supra* note 13, p.670 (Article 83).

85) Y. Dinstein, *The Defence of 'Obedience to Superior Orders' in International Law* pp.29-30 (1965). 참조.

른 사람에 대한 급박한 사망 또는 계속적이거나 급박한 중대한 신체 적 위해의 위협으로부터 비롯된 강박에 의하여 야기되었고, 그러한 위협을 피하기 위하여 합리적으로 행동한 경우. 다만, 그 자가 피하고자 하는 것보다 더 큰 위해를 초래하려고 의도하지 않아야 한다. 그러한 위협은,

(1) 다른 사람에 의한 것이거나,

(2) 그 사람의 통제범위를 넘어서는 기타 상황에 의하여 형성된 것일 수도 있다."[86]

마지막 문구가 의미하는 것처럼, 동 조항은 위협에 의한 강박과 상황에 의한 강박에 차이를 둔다.[87] 이전 시나리오에서, 피고가 피하려고 하는 급박성 때문에 결과적으로 타인에 의한 위협으로 나타나게 된다. 후자의 조건은(비례성으로 기술된) 피고가 타인 통제 밖의 상황에 의하여 발생되는 치명적 결과를 피하려고 할 때(분노에 의한 방화 등) 적용되게 된다.

그 윤곽이 어떠하든 강박의 항변은 법원이 도덕적 선택을 할 수 없어 행위를 했다고 인정할 경우, 피고가 국제범죄라고 생각하는 행위에 형사상책임이 있다고 주장되지는 않는다는 것이다(즉 이자에게 가용한 선택은 상황의 규제로 인하여 도덕적으로 무효화 된다는 것이다). 형사책임의 진정한 척도인 도덕적 선택은 뉴렘베르그재판소의 1946년 재판에서 분명해졌다.[88] 도덕적 선택의 흠결은 피고가 합리적인 생각으로 행위를 하지 못하여 자신이나 자신과 가까운 타인에게 사망이나 중

86) Rome Statute, *Supra* note 5, pp.1018-19.
87) K. Ambos, 'Other Grounds for Excluding Criminal Responsibility', 1 *Rome Statute Commentary, Supra* note 19, 1003, p.1038. 참조.
88) International Military Tribunal (Nuremberg), *Supra* note 9, p.221.

대한 피해를 야기하게 됨을 의미한다. 우리는 강박에 의한 항변적용을 제한하는 세 가지 중요한 자격요건에 주의하여야 한다.

(1) 이것이 우세하려면, 강박항변은 피고가 자신에게 혐의가 되는 전범행위를 순수히 행하려하지 않았으며 강박이 없었다면 동 행위를 피하게 되었다라는 확고한 증거가 예견되어야 한다.[89]
(2) 1848년 아인자트그루펜(Einsatgrupen) 사건에서 확인된 것처럼, 강박항변은 범죄로 야기된 실질적 피해가 위반행위를 하지 않음으로써 피고에게 발생되는 잠재적 피해보다 더 크다고 입증된 경우에 우세할 수 있다.[90] 구체적으로 피고가 며칠간의 구금으로 위협을 받게 되어 타인을 살해한 전범혐의가 있을 경우. 강박에 의한 항변은 거부될 것이다.[91] 피하려고 한 피해에 반해서 야기된 피해가 더 커야 되는 필요성이 로마규정에서 강조된다.
(3) 강박항변이 살인사건에도 수용되는가의 여부는 중요한 문제이다. 이는 아인자트그루펜 사건의 나치말살단에 의한 유대인 대량살상에서 언급되었다.

> "죄 없는 자가 자신의 생명을 끊거나 자신이 비난하는 범죄행위를 피하기 위하여 심각한 피해를 당할 것을 요구하는 법은 없다."[92]

궁극적으로 강박항변은 사실상의 이유로 처리되나[93], 인용된 문장에 나타난 전

89) Dinstein, *Supra* note 76, p.374. 참조.
90) *Einsatzgruppen case (USA v. Ohlendorf et al.)* (American Military Tribunal, Nuremberg, 1948), 4 NMT 411, p.471.
91) *Ibid.*
92) *Ibid.*, p.480.

체적인 법률내용은 날카롭게 비판을 받아왔다.[94] 1997년 에르데모빅(Erdemovic) 사건 판결에서, 유고항소재판소는 다음과 같이 주장하였다.

> "강박은 무지한 생명을 앗아간 국제법상의 전쟁범죄 혐의가 있는 군인에게 완전한 항변을 제공할 수는 없다."[95]

그러나 아인자트그루펜 결정이 국제책임을 지지하는 견해와 일치하지 않음을 다수 판사가 알게 되어,[96] 이들 판사들은 여러 국내법 체계를 조사하여 다양한 접근을 하였는데 그 중 대부분은 시민법과 보통법 국가 간의 차이를 나타내는 것으로서, 전자는 통상 모든 범죄의 일반적 항변으로 강박을 인정하나 후자는 기본적으로 살인은 제외한다.[97] 이러한 상이한 국가 관행을 평가하면서 다수 판사들은 어떠한 일반적 법원칙도 없으며 어떠한 관습법규도 이를 정형화하지 못하였다는 결론에 도달하였다.[98] 정치적 고려 측면에서 다수 판사는 무지한 사람의 생명을 앗아간 전쟁범죄에는 보호 법률의 예외를 적용하였다.[99]

본인은 피고가 살인의 전범을 행하였을 경우 강박을 이유로 면제될 수 없다는 것이 정확한 접근이라고 믿는다. 이러한 경향은 피고의 생명이 타인의 생명보다 윤리적으로 또는 법적으로 더욱 가치가 있지 않다는 단순한 이유에서 찾을 수 있다. 그 결과 사람이 자신의 생명을 구하기 위하여 피해자의 생명을 빼앗게 되었다는 것은 항변이 되지 않는다.

---

93) *Ibid.*
94) L. Oppenheim, 2 *International Law* 571-2 (H. Lauterpacht ed., 7th edn, 1952). 참조.
95) International Criminal Tribunal for the Former Yugoslavia, Appeals Chamber, *Prosecutor v. Erdemovic* (1997), Case IT-96-22-A, 111 ILR 298, p.373.
96) *Ibid.*, p.338.
97) *Ibid.*, pp.346-55.
98) *Ibid.*, pp.344, 363.
99) *Ibid.*, pp.373-4.

본인은 최종분석에서 강박에 직면 시, 생과사의 선택이기는 하나 항시 선택의 여지가 있다고 믿는다. 도덕적 선택이 전혀 존재하지 않을 경우 이의 일반적 의미는 도덕적 관점에서 볼 때 행위자가 처벌 가능한 행위이나 책임이 면제된다. 물론 타인의 생명이 위험에 처한 경우는 도덕적으로 용인되지 않는다. 이 문제를 회피하려는 시도가 에르데모빅 사건의 항소재판에서 반대의견으로 나타났다. 본인의 도덕적 선택에 관한 견해를 인용한 후[100] 스테판 판사는 다음과 같이 의견을 제시하였다.

> "본 문장 및 강박에 관한 일부사건에서 도덕적 선택이 배제되었음을 인정되나, 그 자체가 강박에 따른 행위자의 목숨과 피해자 목숨간의 선택에만 국한되어 있다는 것은 주목할 만하다. 피해자의 운명이 결정되어 있고 행위자에 남겨진 모든 것이 피해자를 죽음에 이르게 하는 문제만 있는 경우에는 이를 반드시 강한 사건으로 볼 수는 없다."[101]

피해자 운명의 결정여부에 관한 문제(사람의 강박에 대한 반응이 어떠하든) 및 사람이 강박에 저항할 경우 모든 가능성에 있어 이자에게 무슨 일이 생기게 되는 문제는 행위 당시를 숙고하여야만 한다. 중요한 순간에 사람이 신에게 기도하는 것이 허용되지 않는다.

10.4.1.4 정신이상

로마규정 제31(2)(가)항은 다음의 경우에는 형사책임이 면제된다고 규정한다.

100) Dinstein, *Supra* note 85, p.152.
101) *Prosecutor v. Erdemovic, Supra* note 95, p.455.

> "사람이 자신의 행위의 불법성이나 성격을 평가할 수 있는 능력이나 자신의 행위를 법의 조건에 따르도록 통제할 수 있는 능력을 훼손시키는 정신적 질환 또는 결함을 겪고 있는 경우."[102]

정신이상은 전범소추를 금하는 하나의 방어수단이며 이는 따라서 모든 사람의 정신 상태에 달려있음을 전제로 한다. 제31(1)(가)항에 의하면 두 가지 종합요소가 확립되어야 한다고 한다. 즉 (1)사람이 정신적 질환 또는 결함을 겪고 있는 경우와 (2)이러한 질환이나 결함의 결과 사람이 자신행위의 불법성이나 성격을 평가할 수 있는 능력의 훼손 등이다.[103] 두 번째 요소는 이러한 능력의 단순한 감소가 아닌 파괴를 요구한다.[104]

10.4.1.5 중독

로마규정 제31(1)(나)항은 다음의 경우에는 형사책임이 면제된다고 규정한다.

> "사람이 자신의 행위의 불법성이나 성격을 평가할 수 있는 능력이나 자신의 행위를 법의 요건에 따르도록 통제할 수 있는 능력이 훼손된 중독 상태에 있는 경우. 다만, 중독의 결과로서 자신이 재판소 관할범죄를 구성하는 행위에 관여하게 될 것임을 인식하였거나 또는 그 위험을 무시하고 자발적으로 중독된 경우는 그러하지 아니하다."[105]

102) Rome Statute, *Supra* note 5, p.1018.
103) P. Krug, 'The Emerging Mental Incapacity Defense in International Criminal Law: Some Initial Questions of Implementation', 94 *AJIL* 317, p.322 (2000) 참조.
104) A. Eser, 'Article 31', *Commentary on the Rome Statute of the International Criminal Court* 537, p.546 (O. Triffterer ed., 1999) 참조.
105) Rome Statute, *Supra* note 5, p. 1018.

중독은 알코올이나 약물 소비로 연유되나 일반적으로는 자신에 의해 연유된다. 무능력 상태가 초래되었을 시, 적용 제외에 따라 제31(1)(나)항은 기타 자발적인 중독의 경우 무죄를 허용한다.[106] 에세르(Eser)는 제안하기를, 본 규정은 불합리와 가깝다고 한다.[107] 전범재판 시, 이러한 항변의 타당성이 주장된 선례는 없다.

10.4.1.6 자신 및 타방의 합법적 항변

로마규정 제31(1)(다)항은 다음의 경우에는 형사책임이 면제된다고 규정한다.

> "사람이 급박하고 불법적인 무력사용으로부터 자신이나 다른 사람을 방어하기 위하여 또는 전쟁범죄의 경우 자신이나 다른 사람의 생존을 위하여 필수적인 재산이나 군사적 임무를 달성하는데 필수적인 재산을 방어하기 위하여 자신이나 다른 사람 또는 보호되는 재산에 대한 위험의 정도에 비례하는 방식으로 합리적으로 행동한 경우. 군대가 수행하는 방어작전에 그자가 관여되었다는 사실 자체만으로는 본 호에 따른 형사책임 조각사유를 구성하지 아니한다."[108]

자신 및 타인의 합법적 방어는 세력보호의 방패막으로 될 수 있는 것으로 전범책임에서 제외된다. 일부 특별한 상황에서 방어는 재산보호에까지 확장된다.[109] 취한 행위가 인체 또는 재산 보호를 목적으로 하였는가의 여부에 관하여는, 방어 적용의 주요원칙이 관련자가 합리적으로 행동하고 위험에 대하여 비례성 있는 태

---

106) W. A. Schabas, 'General Principles of Criminal Law in the International Criminal Court Statute (PartIII)', 6 *EJCCLCJ* 400, p.423 (1998).
107) Eser, *Supra* note 104, p. 547. 참조.
108) Rome Statute, *Supra* note 5, p. 1018.
109) Ambos, *Supra* note 87, p. 1033. 참조.

도로 행동하여야 한다는 것이다.[110] 그러므로 피할 수 있는 것 보다 더 큰 피해를 과도하게 초래하는 것은 허용되지 않는다.[111]

10.4.2 허용되지 않는 항변

여러 그럴듯한 항변이 전범재판의 전형으로 나타나는데 이는 기각되어야 한다.

10.4.2.1 국내법 준수

전쟁법이 개인에 대한 직접적 의무부과 시, 이러한 의무에 반하는 국내법 규정은 국제법상 무효이다. 고급지휘관 사건의 미 군사재판소는 다음과 같이 선언하였다.

> "국제법이 국내법 또는 정부명령과 충돌 시, 국제법이 우선되어야 한다. 그러므로 국제형사법에 반하는 명령은 무효이며 동 명령에 따라 국제법을 위반한 자에게는 어떠한 보호도 제공될 수 없다."[112]

1947년의 정의(Justice) 사건에서 미 군사재판소는 국내법 준수항변이 기본적으로 잘못된 개념에서 근거한다고 한다. 즉 국내법(나치독일법 등)이 전범행위를

110) Eser, *Supra* note 104, p. 549. 참조.
111) Ambos, *Supra* note 87, p. 1034.
112) *High Command case, Supra* note 48, p.508.

강제하는 경우 동 법률의 제정 또는 이행 자체가 범죄에 해당하며 이는 어떠한 항변도 되지 않는다.[113]

10.4.2.2 상부명령 준수

상부명령 준수항변은 전범재판의 가장 특징적인 것이나, 런던헌장 제8조에 의하면 명령에 따라 행동한 사람은 처벌의 경감사유로 고려될 수는 있으나 책임이 면제되지는 않는다는 사실이다.[114] 동 규정의 의미는 상부명령 준수사실이 형사책임 평가에 전혀 역할을 해서는 안 된다는 것이며 (어떠한 변론과 관련하여서도) 이는 단지 처벌의 평가에 관련될 뿐이다.[115] 뉴렘베르그재판소는 일부 부적절한 내용으로 도덕적 선택기준을 도입하면서 제8조의 규정을 충분히 보장하였다.[116] 로마규정 제33(1)항은 다양한 용어를 사용하고 있다.

> "1. 어떠한 자가 정부의 명령이나 군대 또는 민간인 상급자의 명령에 따라 재판소 관할범죄를 범하였다는 사실은, 다음의 경우를 제외하고는 그자의 형사책임을 면제시켜 주지 아니 한다.
>
> 가. 그 자가 정부 또는 관련 상급자의 명령에 따라야 할 법적 의무 하에 있었고,
>
> 나. 그 자가 명령이 불법임을 알지 못하였으며,
>
> 다. 명령이 명백하게 불법적이지는 않았던 경우."[117]

---

113) *Justice case (USA v. Altstoetter et al.)* (American Military Tribunal, Nuremberg, 1947), 3 NMT 954, p.984.
114) Charter of the International Military Tribunal, *Supra* note 2, pp.914-15.
115) Dinstein, *Supra* note 85, p. 117.
116) International Military Tribunal (Nuremberg), *Supra* note 9, p.221.
117) Rome Statute, *Supra* note 5, p.1019.

로마규정의 기본 교훈은 런던헌장과 동일한바, 즉 상부명령 준수로는 항변이 되지 않는다는 것이다. 런던헌장과는 달리 동 규정은 법률의 착오에 의한 항변 관련 예외를 인정한다(제32조 2항). 세 가지 종합적인 요소가 충족되면(명령복종의 법적의무존재, 명령불법성에 대한 무지 및 명령이 분명히 불법하지 않다는 사실) 형사책임이 면제될 수 있다. 이러한 내용은 보다 광범위한 문제의 단편적 해결책이 된다. 법률의 착오 항변관점에서 보면 상부명령 준수는 잘못된 것이 아니다. 동시에 독자적인 관계에서 상부명령 준수에 초점을 맞추는 것은 잘못된 것이다. 제33조 1항 입안자는 상부명령 준수와 사실의 착오 및 강박항변간의 기타 가능한 결합을 무시하였다.

본인의 견해로는 법률의 착오, 사실의 착오 및 강박 간에 아무런 차이도 없다. 왜냐하면 관행상 모두가 상부명령 준수사실과 혼재되어 있기 때문이다. 증거를 통하여 강박상태에서 명령에 복종하였거나 사태의 진정한 국면이나 명령의 불법성을 알지 못한 경우 형사책임이 면제되어야 한다.

이에 관한 정확한 법적 입장은[118] 다음과 같이 요약된다. 상부명령에 복종한 자는 그 자체로 항변이 될 수는 없으나 기타 상황과 관련하여 허용 가능한 항변 범주 내에서 고려될 수 있는 실질적 요소가 된다는 것이다. 이러한 법률에 대한 성명이 에르데믹 사건의 (舊)유고항소재판소 다수 판결에 그대로 나타나게 되었다.[119]

10.4.2.3 공적 지위 및 면제

켈센(Kelsen) 및 기타 학자에 따르면, 전범은 국제법상 국가에 귀속되며 어떠한

118) Dinstein, *Supra* note 85, pp.88, 214, 252 참조.
119) '우리는 상부명령 준수가 항변이 되는 것은 아니나, 사실상 강박이나 사실의 착오 등을 평가함에 있어 고려될 수 있다는 견해를 취한다.' *Prosecutor v. Erdemovic, Supra* note 95, p.333.

형사책임도 국가기관으로서 자신의 능력 내에서 행위하는 개인에게 돌릴 수 없다.[120] 그러나 런던헌장 제7조는 반대 입장을 취하는바, 사람의 공적지위가 이자의 책임을 면하게 하는 것은 아니며 그 처벌도 경감되지 않을 것이라고 한다.[121] 뉴렘베르그재판소는 책임의 공식적 면제에 대해 다음과 같이 반박하였다.

> "특정상황에서 국가대표를 보호하는 국제법원칙은 국제법상 범죄로 비난을 받는 행위에는 적용될 수 없다. 이러한 행위를 한 자는 적절한 절차에 있어 처벌을 면하기 위하여 자신의 공적지위를 통해 보호될 수 없다."[122]

로마규정 제27(1)항은 더욱 상세히 규정한다.

> "1. 이 규정은 공적 지위에 근거한 어떠한 차별 없이 모든 자에게 평등하게 적용되어야 한다. 특히 국가 원수 또는 정부 수반, 정부 또는 의회의 구성원, 선출된 대표자 또는 정부 공무원으로서의 공적 지위는 어떠한 경우에도 그 개인을 이 규정에 따른 형사책임으로부터 면제시켜 주지 아니하며, 또한 그 자체로서 자동적인 감형사유를 구성하지 아니한다."[123]

오늘날의 일반규칙으로서 개인행위의 국가귀속이 국가책임을 발생한다하더라도 국가를 위해 행위한 개인의 형사책임이 없어지는 것은 아니다.[124] 국가행위에

120) H. Kelsen, 'Collective and Individual Responsibility in International Law with Particular Regard to the Punishment of War Criminals', 31 *CLR* 530, pp.549-52 (1942-3). 참조.
121) Charter of the International Military Tribunal, *Supra* note 2, p.914.
122) International Military Tribunal (Nuremberg), *Supra* note 9, p.221.
123) Rome Statute, *Supra* note 5, p.1017.
124) Article 58 and Commentary, Draft Articles on Responsibility of States for Internationally Wrongful Acts, *Report of the International Law Commission*, 53rd Session pp.363-5 (2001). 참조.

대한 개별 형사책임의 존재가 전범에 적용 가능한 일부 국가관리 주로 외교관 및 국가원수 등의 관할면제 가능성을 무효로 하지는 않는다. 이 문제의 중요성은 2002년 체포영장 사건에서 국제사법재판소가 벨기에는 혐의가 전범행위라 하더라도 콩고 외무장관이 향유한 관할권 면제를 존중해야 한다고 선언한 것에 많은 주목을 끌었다는 것이다.[125]

동 재판소가 국내법원이 관련되는 경우에 한해서만 관할면제 문제를 언급하였다하더라도[126], 국제형사절차 문제를 무시하는 것은 잘못된 권고가 될 것이다. 이에 관한 안전한 측면을 고려 로마규정 제27(2)항은 다음과 같이 규정한다.

> "국내법 또는 국제법상으로 개인의 공적 지위에 따르는 면제나 특별한 절차 규칙은 그 자에 대한 재판소의 관할권 행사를 방해하지 아니한다."[127]

동 규정은 가해자가 향유할 수 있는 관할면제의 당사국에 의한 포기에 해당한다.[128] 이러한 포기는 합법적인바, 이는 관할면제가 형사책임 면제와 혼동되어서는 안 되기 때문이다. 체포영장사건에서 동 재판소는 다음과 같이 강조하였다.

> "관할면제가 성격상 절차적인 반면, 형사책임은 실질적인 법률문제이다. 관할면제는 특정기간이나 특정위반에 대한 소추를 금지할 수 있다. 그러나 모든 형사책임이 적용되는 사람에게는 무죄로 할 수는 없다."[129]

125) 2000년 4월 11일 체포영장에 관한 사건 (Congo v. Belgium), 2002, 41 *ILM* 536, p.557 (2002).
126) *Ibid.*
127) Rome Statute, *Supra* note 5, p.1017.
128) 로마규정상의 상세한 처벌경감사유에 관하여는, P. Gaeta, 'Official Capacity and Immunities', *Rome Statute Commentary, Supra* note 19, 975, pp.992-5. 참조.
129) *Arrest Warrant case, Supra* note 125, p.551.

10.4.3 처벌경감

책임면제를 이유로 허용될 수 없다고 주장된 항변은 영장사건과 같은 상황의 결론이 내려질 경우 처벌경감으로는 고려될 수 있다.

상기에서 고찰한 바와 같이, 상부명령 준수사실이 어떠한 항변 범주에서 제외된다는 런던헌장 제8조는 동 정의에서 그렇게 하도록 요구한다고 재판소가 결정할 경우 처벌경감 사유가 된다고 한다.[130] 분명히 처벌경감이 허용되는 경우라 하여도, 이것은 강제적이 아니라 재판소의 재량에 달려 있다. 특히 상부명령 준수가 경감요인으로 거부될 수 있음을 알아야 한다. 따라서 뉴렘베르그재판소는 이를 제한적으로 언급하였다.

> "군인에게 조차도 상부명령은 군사적 이유나 정당화 없이 무자비하게 충격적이며 광범위한 범죄가 행해진 경우 경감으로 고려될 수 없다."[131]

상부명령 준수로 범죄가 대단하지 않은 행위를 한 자에 대하여 관대한 처벌이 부과된 사례가 다수 있다.[132] 에르데모빅 사건에서 재판소는 다음과 같이 기록하였다.

> "재판소는 군대나 민간기관에서 하위 계급자가 상부명령을 항변으로 주장할 경우 보다 관대함을 나타내는 경향이 있다."[133]

130) Charter of the International Military Tribunal (Nuremberg), *Supra* note 2, pp.914-15.
131) International Military Tribunal (Nuremberg), *Supra* note 9, p.283.
132) Dinstein, *Supra* note 85, pp. 188, pp.205-6 참조.
133) International Criminal Tribunal for the Former Yugoslavia, Trial Chamber, *Prosecutor v. Erdemovic, Sentencing Judgment* (1996), Case IT-96-22-T, 108 ILR 180, p.199.

그러나 재판소는 첨언하기를, 상부명령 준수는 그 명령이 행위자의 행동에 영향을 준 경우 처벌 경감사유가 되나 범죄행위를 행할 준비가 되어 있을 때는 그렇지 않다고 한다.[134]

134) *Ibid.*, p.200.

The Conduct of Hostilities under the Law of International Armed Conflict

무력분쟁법상의 적대행위

제11장

결론

The Conduct of Hostilities under the Law of International Armed Conflict

전쟁법의 기본 원칙은 논의의 대상이 아니며, 동 원칙은 (전투원과 민간인) 구별원칙, 민간인에게 불필요한 고통을 야기하지 않을 원칙, 공격에 있어서의 비례성 원칙 등으로 이는 국제무력충돌 시, 적대행위를 규제하는 최고의 법률이다. 그러나 근본적인 것에서 시작하여 세부적으로 들어가면 합의가 안 된 부분이 많다는 것이다. 본인의 견해로는 오늘날 전쟁법은 다음과 같은 주요문제에 직면해 있다고 본다.

(1) 전쟁법이 취해야 하는 방향에 관한 갈등은 1977년 제1추가의정서 입안시 제기되었다. 사반세기가 지난 이후 비타협적인 이론적 불일치 및 다양한 관행(개인은 물론 국가 간에도)으로 인하여 어려움이 있었던바, 미국은 자신이 주도하는 국제 분야에 있어 동 의정서 체약국을 분리시키려는 잘못된 노선을 추구하여 왔다. 동 의정서 규정들이 논란의 여지가 없다 하여도, 합법적 전투원 조건이나 민간인에 대한 교전국 대상의 활용과 같은 문제에 대한 심각하고 다양한 의견을 과소평가하는 것은 바람직하지 않다. 그럼에도 불구하고 문제의 판도라 상자를 개방함으로서 이러한 문제를 재검토 하려는 분명한 욕구가 없다는 것이다.

(2) 제2차 대전 이후 지속적으로 주장되어 온 핵심은 핵무기의 합법성 문제였다. 1996년 국제사법재판소의 권고적 의견에서도 교전국이 이러한 무시무시한 무기를 사용할 수 있는 상황에 대한 적극적인 논의를 하였다. 핵무기 금지 또는 제한을 하는 유일한 안전책은 다자조약을 채택하는 것이라고 생각한다. 통상 전쟁법의 다른 분야에서는 국가의 관행이 조약법 보다 선행되기 때문에 적어도 금지무기 영역에 있어서는 관습국제법이 일반적으로 조약

법의 형성에 영향을 주었다는 것을 명심해야 한다.

(3) 오늘날 전쟁법의 여러 규범적 규정들이 급변하는 전쟁방식 및 수단에 거의 대처할 수 없다는 것이다. 그러나 이러한 가정은 완화되어야 하는바, 이는 지난 몇 년간 지속적인 국가 간 무력충돌로 무기체계 및 전달체계에 있어 지속적인 법칙을 보여주었기 때문이다. 이러한 변혁은 국제공동체로 하여금 일부 미래무기(레이저 또는 환경변화기술의 과학적 시나리오 등)를 고려하도록 하였다. 컴퓨터 망 공격으로 요약되는 기타 새로운 현상을 분석하고 밝혀내야 한다. 그러나 첨단기술도 기본원칙의 결정적인 구속에는 영향을 미칠 수 없다는 것이 언급되어야 한다.

(4) 과학적으로 제조된 신제품의 등장으로 기존법률의 적용이 도전을 받게 되었으나, 최신 과학기술 병기를 갖고 있지 않는 사람들이 선택한 전쟁방식에서 나온 위기와 전쟁법이 상호 직면하고 있다는 인식 때문에 우리는 이러한 사항을 간과해서는 안 된다. 연성폭탄(정밀유도폭탄)의 접근 애로로 점차 인간폭탄 및 인간방패에 의존하게 되었고, 그 결과 모든 법률구조가 위협을 받게 되었다. 전쟁법의 전형은 전투원과 군사목표(공격에 노출된)를 민간인 또는 민간목표(공격에서 면제된)와 구별하는 것이다. 이러한 첨예한 이분법을 유지하는 것은 야만적인 현대전 방시에 있어서 중요한 보루가 되기 때문이다. 이러한 보루는 민간인을 인간 방패로 하여 전투원으로 활용하고자하는 경향 및 혼성전투원 및 (불법) 전투원으로서 점차 민간인을 활용하는 경향 등에 의해 손상된다. 정확히는 전시 민간인을 최대한 보호한다는 욕망 때문에 국제공동체는 구별원칙을 약화시키는 어떠한 시도도 집요하게 반대하여야 한다.

(5) 확실히 상기에서 언급된 발전과 관계없이 전쟁법상 민간인에게 부여되는 보호는 최적은 아니다. 2차 대전 종결 이래 관습국제법상의 중요한 진전에도 불구하고 오늘날의 법률에는 상당히 애매한 점이 많이 있다. 특히 전시 민간인의 공격면제는 이들이 ①전쟁노력을 지원하는 산업공장에 일하거나 ②명백한 군사 목표물 근처에서 거주하거나 일하는 경우 ③전투 시 방비지역에 있거나 ④주요 통신선을 따라 정기적으로 이동하는 경우(항구, 공항, 교량통과, 주요 고속도로 주행 등)에는 만족스럽지 못하다. 또한 민간인 식량공급이 동시에 배급 또는 감소될 수 있으나(특히 자신의 국가가 봉쇄를 당한 경우), 유감스럽게도 이에 관한 구속력 있는 법률은 점령지 밖에서 적용가능하며 외부로부터의 인도적 지원을 위한 자유통과를 보장하는 법률은 없다. 인도적 지원 문제에 있어서와 같이 이러한 공백은 채워져야 한다. 또한 추상적인 내용을 변화하는 전쟁조건에 맞게 해석한다면 법률적 애매함이 제거될 수도 있다. 문제는 이를 어떻게 해석하는가에 있다. 현행 법률상 흠결된 주요 내용으로는 ①사용자에게 우호적이며 종합적인 군사목표물의 정의(성격, 위치, 목적이나 용도에 속하는 기준 규범에 물론 함축되어 있다)가 이에 해당되는바, 이는 완전치 못한 합법적 공격 목표 예시 목록으로 수용되어야 한다. ②부차적인 민간인 피해가 어느 것인지 또는 예상되는 군사적 이익과 관련하여 과도한 것은 어떤 상황인지를 예시하는 구체적 기준이 마련되어야 한다.

(6) 법률을 기도문과 혼동해서는 안 된다. 법률을 규정하고 반복하는 것만으로는 충분치 않고 그 의미가 있도록 하기 위해서는 규범이 현실과 접목되어야 한다는 것이다. 전쟁법의 성격은 교전국들이 위반 및 악화에 대하여 상호비

방을 한다는데 있다. 효과적인 감독 및 분쟁해결 구조가 부재하기 때문에 전쟁법의 사실상 이행을 보증할 방법은 없다. 지금까지 설정된 어떠한 구조도 많은 성공을 거두지는 못하였다. 전쟁법의 심각한 위반에 대하여 전범에게 개인적인 형사책임을 물을 필요가 있다는데 대하여 점차적으로 인식을 한다 하여도, 국제형사재판소의 미래는 여전히 의문스럽다. 전쟁법의 적절한 이행보증 문제는 가까운 장래에 분명히 우리와 함께 할 것이다.

21세기에는 사반세기 마다 제네바협약을 정기적으로 검토하는 전통이 발전되어 왔다. 과거 십년간 진행된 검토과정은 주로 무기(비핵무기) 분야에 있었으며, 이 밖에 종합적인 무기금지 문제가 여러 방향에서(화학무기에서 지뢰에 이르기까지) 압력을 받게 되었다. 따라서 이 분야에서의 작은 진전으로 다른 분야의 무기력 상태에 활력을 불어 넣을 수 있다. 전쟁법의 실제 의제는 결코 무기 문제에만 국한되지는 않는다. 우리는 금세기에도 전쟁법의 주요 내용에 관하여 정기적인 검토를 하는 전통이 재현되기를 희망하며, 이러한 검토 필요성은 의무적이라고 본다.

The Conduct of Hostilities under the Law of International Armed Conflict

본 번역서는 2011년도 인하대학교 교내연구비 지원에 의해 이루어졌음.

Yoram Dinstein
Professor Emeritus of International Law at Tel Aviv University
Member of the Institute of International Law
Former Humboldt Fellow at the Max Planck Institute for International Law
Editor of the Israel Yearbook on Human Rights

김 현 수
인하대학교 법학전문대학원 국제법 교수
한국해사법학회 부회장
대한국제법학회 이사
해양환경·안전학회 이사
지역수산관리기구회의 정부대표단
국가지명위원회 위원

무력분쟁법상의 적대행위

| 초판 1쇄 발행 / 2011년 7월 25일 |
저 자 / Yoram Dinstein	역 자 / 김현수	펴낸이 / 이정수	펴낸곳 / 연경문화사
등록 / 1-995호	주소 / 서울시 강서구 가양3동 1488-4 진농빌딩
대표전화 / 02-332-3923	팩시밀리 / 02-332-3928	이메일 / ykmedia@korea.com
값 25,000원	ISBN 978-89-8298-128-9 93360